新质生产力

发展

创新驱动发展

数字经济

计算机软件

互联网+

信息产业

大模型

生成式人工智能

未来产业

大数据

云计算

新业态

关键软件

算法

区块链

新产业

新模式

技术秘密

技术调查官

开源软件

国际合作

知识产权法官论坛

计算机软件法律保护
理论与实践研究

◎张晓津　著

知识产权出版社

全国百佳图书出版单位

——北京——

图书在版编目（CIP）数据

计算机软件法律保护理论与实践研究 / 张晓津著. — 北京：知识产权出版社，2025.1
ISBN 978-7-5130-9164-0

Ⅰ.①计… Ⅱ.①张… Ⅲ.①软件开发—法律保护—研究—中国 Ⅳ.①D922.174

中国国家版本馆CIP数据核字（2023）第250616号

责任编辑：李陵书　　　　　　　　　责任校对：王　岩
封面设计：纺印图文　　　　　　　　责任印制：刘译文

计算机软件法律保护理论与实践研究
张晓津　著

出版发行：**知识产权出版社** 有限责任公司	网　　址：http://www.ipph.cn
社　　址：北京市海淀区气象路 50 号院	邮　　编：100081
责编电话：010-82000860 转 8165	责编邮箱：lilingshu_1985@163.com
发行电话：010-82000860 转 8101/8102	发行传真：010-82000893/82005070/82000270
印　　刷：三河市国英印务有限公司	经　　销：新华书店、各大网上书店及相关专业书店
开　　本：880mm×1230mm　1/32	印　　张：16.375
版　　次：2025 年 1 月第 1 版	印　　次：2025 年 1 月第 1 次印刷
字　　数：455 千字	定　　价：96.00 元

ISBN 978-7-5130-9164-0

第 三 章

计算机软件的专利法律保护

第四章

计算机软件的商标、竞争及合同法律保护

第 五 章

计算机软件的法律救济方式研究

第 一 章

计算机软件的法律
保护状况

计算机软件产业给世界经济带来的变革，在进入21世纪后速度愈发加快。全球新一轮科技革命和产业变革深入发展，软件和信息技术服务业迎来新的发展机遇。[1] 软件产业是新一代信息技术产业的核心和灵魂，是数字经济发展的基础，在世界各国经济发展中都起着至关重要的作用，尤其是在云计算、大数据、人工智能、物联网、区块链等新兴领域，将迎来更多新挑战和新机遇。事实表明，软件产业和相关信息服务业已经成长为全球第一大产业，2022年全球软件行业市场规模达到1.3万亿美元。[2] 我国软件产业也保持了较高的发展速度，2022年全国软件和信息技术服务业规模以上企业超3.5万家，累计完成软件业务收入108126亿元。[3] 为此，各国都力图通过不同保护路径加强对计算机软件的法律保护，为其营造良好的社会法律环境，促进软件产业的规范健康发展。本章通过梳理计算机软件的国际法律保护状况和我国的法律保护发展历程、相关状况，结合当前全球人工智能技术快速发展对经济社会发展和人类文明进步所产生的深远影响，提出计算机软件法律保护所面临的相关法律风险和挑战。

| 第一节 |

计算机软件的国际法律保护状况

计算机软件作为重要的智力劳动成果之一，软件产业作为信息产

1　参见《"十四五"软件和信息技术服务业发展规划》，载工业和信息化部网站，上载时间：2022年7月6日，访问时间：2023年4月21日，https://www.miit.gov.cn/jgsj/ghs/zlygh/art/2022/art_f43c068acfb14f15b8daf4238945deb0.html。

2　《2022年中国软件及信息化行业的市场需求与供给分析》，载搜狐网，上载时间：2023年4月13日，访问时间：2023年8月1日，https://www.sohu.com/a/666188717_120245260。

3　《2022年软件和信息技术服务业统计公报》，载工业和信息化部网站，上载时间：2023年1月31日，访问时间：2023年4月21日，https://www.miit.gov.cn/gxsj/tjfx/rjy/art/2023/art_77b5e552aacc47e3a682c4527a4fab7f.html。

业和未来产业的核心，既关系到社会经济和文化建设，更关系到国家的信息安全和国防安全，是国家重要的战略产业。如何加强对计算机软件的法律保护，促进软件产业和数字经济健康发展，是各国面临的共同课题。由于计算机软件的研究开发成本相对较高，而其复制却极其容易且费用低廉，因此软件侵权盗版等问题不同程度地制约了各国软件产业的进一步发展，我国软件产业也面临同样的问题。作为数字经济发展的基础，当前计算机软件在全球经济发展中的作用尤为重要。加强对计算机软件的法律保护不仅关涉对权利人相关权利的保护，保护软件开发者的利益和开发软件的积极性，更与一国数字经济和未来产业发展密切相关。如何确定对计算机软件的保护程度，如何平衡权利人的利益与社会公众利益，如何确保著作权、专利权等所起到的激励创作和鼓励发明的作用所能够产生的社会收益，大于因限制使用相关作品或专利等所带来的成本，推动计算机技术和数字经济的不断融合和发展，已成为各国普遍关注和讨论的重要问题。当司法机关面对尚无立法规定的新技术、新产业、新业态、新模式而引发的相关诉讼，面对因科技进步而引发的软件法律保护新问题时，应如何确立新类型案件中相关软件法律保护的裁判规则，强化国际数字治理，也是各国司法机关面临的重大课题。目前大多数国家对计算机软件的法律保护规定散见于著作权法、专利法、商标法、商业秘密法、反不正当竞争法、反垄断法以及合同法等法律条文中，构建了较为全面的计算机软件法律保护体系，其中著作权法和专利法保护方式通常为两种主要的保护路径。

一、计算机软件保护的国际发展历程

（一）关于版权法保护方式的缘起

从计算机软件法律保护方式的发展看，菲律宾于1972年在版权法中提出计算机程序的保护，是第一个采用版权法保护计算机程序的国家，但并未引起国际社会的充分重视；美国于1980年修改其1976年

《美国版权法》的内容，其中第101条规定"计算机程序是为了产生某种结果而直接或间接地用于计算机的一组语句或指令"，正式把计算机程序列入版权法保护的范围；[1] 欧洲共同体（以下简称欧共体）于1991年5月颁布的《欧共体计算机程序法律保护指令》，明确要求各成员国要将计算机程序视为《保护文学和艺术作品伯尔尼公约》（以下简称《伯尔尼公约》）所规定的文字作品给予著作权保护；针对数据库保护问题，欧盟1995年通过了《欧盟数据库指令》（EU Database Directive），在对数据库进行版权保护的同时，对数据库提出了特殊权利保护的保护模式。

虽然世界知识产权组织（World Intellectual Property Organization，WIPO）于1978年公布了《保护计算机软件示范法条》，该法条规定运用专利法、著作权法、不公平竞争法和商业秘密法的手段来保护计算机软件；还于1983年提出了《计算机软件保护条约》草案，要求参加条约的国家的国内法律达到一定的"最低要求"，以防止和制裁侵犯软件权利人权利的行为。但各国考虑到制定专门法或是缔结新的条约都存在较大难度，因此上述两个文件都没有引起各国的广泛关注。相反，美国的做法引起了各国的兴趣，即在本国著作权法中增加一个保护客体，将计算机软件列入著作权国际公约，就可以实现保护目的。此后，对计算机软件的著作权保护方式逐渐为大多数国家所接受。1994年，关税及贸易总协定（以下简称关贸总协定）乌拉圭回合谈判签署了《与贸易有关的知识产权协议》（Agreement on Trade Related Aspects of Intellectual Property Rights，以下简称TRIPS协议），明确提出将计算机程序作为《伯尔尼公约》1971年文本的文字作品予以保护，因此

---

[1] 美国版权局于1964年就开始进行计算机程序版权登记，但当时美国并没有版权法，1976年颁布的《美国版权法》并未规定对计算机程序的保护。参见陈红：《国外对计算机软件的知识产权保护》，载《政治与法律》2002年第1期，第89页。

《伯尔尼公约》中的基本原则和文字作品保护的相关规定应当适用于对计算机软件的保护。

随着网络技术和数字技术的发展和保护需要，各国都陆续开始修改原有的版权法，世界知识产权组织于1996年12月20日提出《世界知识产权组织版权条约》（WIPO Copyright Treaty，WCT）及《世界知识产权组织表演和唱片条约》（WIPO Performances and Phonograms Treaty，WPPT），以解决国际互联网环境下应用数字技术而产生的版权保护新问题。《世界知识产权组织版权条约》中第4条对计算机程序、第5条对数据汇编（数据库）的保护作了规定。再如美国于1998年颁布了《数字千年版权法案》（Digital Millennium Copyright Act，DMCA）；欧盟为适应数字技术发展的需要，2001年制定了《欧盟信息社会版权指令》（Directive on the Harmonization of Certain Aspects of Copyright and Related Rights in the Information Society），对版权法进行了修改。[1] 该指令体现了世界知识产权组织1996年《世界知识产权组织版权条约》及《世界知识产权组织表演和唱片条约》的精神，提出各成员国应于2002年12月22日前将其纳入本国的法律体系。

（二）关于专利法保护方式的提出

尽管各国在发展初期大多采用著作权法保护计算机软件，但由于版权法的保护方式存在不足之处，而计算机软件的价值往往体现在为解决某一问题而采取的技术方案上，通常计算机软件的设计开发者所要保护的并非仅仅是版权法所能够保护的程序的表达方式，而是程序所体现出的技术方案本身。因此包括美国、日本等国家开始转向寻求通

---

1 欧洲联盟（European Union，简称欧盟）的前身是欧共体，于1993年11月正式更名。《欧盟信息社会版权指令》，即《2001年5月22日欧洲议会和欧盟理事会关于协调信息社会中版权和相关权若干方面的第2001/29/EC号指令》（Directive 2001/29/EC of the European Parliament and of the Council of 22 May 2001 on the Harmonization of Certain Aspects of Copyright and Related Rights in the Information Society）。

过专利法等保护计算机程序。虽然《欧洲专利公约》（European Patent Convention）中明确不保护计算机程序，但欧盟有关计算机软件保护方式的争论一直在继续。[1]

从计算机软件专利保护的国际发展历程看，经历了从否定计算机软件的可专利性到通过专利保护计算机软件的过程。而对于通过专利保护计算机软件的实践，通常可划分为三个发展阶段，即通过软件与硬件的结合认可其专利性的"装置专利"时代，通过将软件存放于存储媒体的形式认可其专利性的"软件媒体专利"时代，利用软件形成的经营模式和商业方法专利得到认可的"经营模式专利"时代。[2]近年来，各国通过专利法保护计算机软件的范围越来越宽，尤其是引起许多争论的商业方法软件专利的保护问题为各国专利审查部门所关注，而人工智能、云计算、大数据等相关领域的专利保护问题则不断进入各国专利审查机关的视野。

（三）关于利益平衡理论的适用

利益平衡理论，可以说在知识产权领域表现得最为充分，因而被视为知识产权法律的基本理论，成为各国立法所遵循的准则，也逐渐成为司法实践的重要考量原则。如早在美国联邦最高法院1984年审理的索尼（SONY）案中，就驳回了权利人有关索尼公司制造销售的Bebamax家用录像机使用户非法录制其享有版权的电视节目，构成侵权的诉讼主张，认定录像机具有"实质性非侵权用途"（substantial non-infringing uses），用户录制相关电视节目系出于合理使用目的，索尼公司的涉案行为不构成帮助侵权，确立了权利人维权不得妨碍科技进步

1　余翔、刘珊：《欧盟对计算机软件相关发明的专利保护》，载《电子知识产权》2005年第6期，第37–41页。

2　关于计算机软件专利保护的国际发展历程，将在本书第三章结合相关典型案例予以详述。

的原则。[1] 此后在TRIPS协议中第7条规定，"知识产权的保护与权利行使，目的在于促进技术的革新、技术的转让与技术的传播，以及以有利于社会及经济福利的方式去促进技术知识的生产者与使用者互利，并促进权利与义务的平衡。"这一规定直接体现了世贸组织成员方对知识产权保护利益平衡原则适用的共识。

　　从知识产权法的整个制度看，利益平衡要求授予的知识产权不仅应当"充分而有效"，还应当"适度与合理"。私权保护是知识产权利益平衡的前提，"适度与合理"保护的要求则使知识产权的私权保护受到利益平衡原则的制约，即知识产权人的私权保护不能超越知识产权法需要保障的利益平衡目标。[2] 尽管计算机软件的法律保护涉及既要保护软件开发者的利益，又要鼓励软件的开发与应用，还要考虑对软件产业发展的促进等问题，但其中最根本的目的在于通过对计算机软件提供法律保护，最终促进社会经济、科技的发展与社会的进步。正如英国知识产权委员会《知识产权与发展政策相结合》报告[3] 中所申明的，虽然"知识产权在极大程度上被普遍视为一种经济或商业权利，如同TRIPS协议的有关规定"，但"最好将知识产权看作国家和社会帮助促进实现人类经济权利和社会权利的一种手段"，"无论怎样称呼知识产权，我们最好将它视作公共政策的一种手段，授予个人或机构一些经济特权，以实现更大的公共利益，而这些特权只是一种

1　Sony Corp. v. Universal City Studios, 464 U.S. 417, 441 (1984).

2　冯晓青：《利益平衡论：知识产权法的理论基础》，载《知识产权》2003年第6期，第36页。

3　该报告是第一个站在发展中国家利益的角度，由发达国家赞助和完成的知识产权报告。该报告对发展中国家的知识产权制度状况进行充分调研，提出无论是富裕国家还是贫穷国家，都应把知识产权看作发展的工具，构建更加合理的知识产权体系。

目标实现手段，其本身并非目标。"[1] 因此，对计算机软件进行法律保护的根本目的在于促进经济与科技的发展和社会的进步，而不是仅仅为了保护权利人的利益。

二、数字经济对计算机软件法律保护的影响

关于计算机软件的法律保护问题，如何对计算机软件予以保护是伴随计算机行业和软件产业的发展才进入研究视野的课题，早在20世纪90年代我国《计算机软件保护条例》颁布前后，法学界就有许多学者对该问题予以关注，并已取得了相当多的研究成果。但总体来说，国际社会将计算机软件纳入知识产权法律保护领域不过五十余年，我国对计算机软件的法律保护仅有三十余年的时间。尽管各国通过立法、司法、行政执法实践对计算机软件法律保护进行了不懈探索，但软件侵权盗版现象作为全球性问题仍然存在。随着计算机技术的不断发展和进步，尤其是网络技术的不断发展，人工智能、信创、大数据、自动驾驶等数字经济重点领域的不断革新，在该领域出现了许多有待研究和探讨的新问题。

（一）数字经济的相关影响

当前，人类社会正在进入以数字化生产力为主要标志的发展新阶段，而计算机软件在数字化进程中发挥着重要的基础支撑作用。软件对融合发展的有效赋能、赋值、赋智，全面推动经济社会数字化、网络化、智能化转型升级，持续激发数据要素创新活力，加快产业数字化进程，为数字经济开辟了广阔的发展空间。

针对数字经济发展对信息技术产业和社会经济发展的巨大影响，各国都予以广泛关注。如美国自1998年以来就数字经济和数字国家发

1　英国知识产权委员会：《知识产权与发展政策相结合》，载英国知识产权委员会网站，上载时间：2002年9月22日，访问时间：2023年12月12日，http://www.iprcommission.org/graphic/documents/final_report.htm。

布了13份研究报告，深入探讨数字经济发展的前沿和热点问题。1998年至2003年，除2001年外，美国商务部均发布了年度数字经济报告，这对早期数字经济理念的普及起到了重要推动作用。2010年，美国商务部提出"数字国家"（Digital Nation）概念。此后的五年，美国国家电信和信息管理局（NTIA）联合经济和统计管理局（ESA）连续发布6份"数字国家"报告，主要围绕基础设施、互联网、移动互联网等方面进行统计和分析。[1] 上述报告分析了信息技术对美国经济的影响，提出以电子通信和计算机为代表的高技术产业已成为美国经济的主要推动力，广义上的信息技术产业，包括计算机软硬件、有线电视服务商以及新兴的互联网相关产业，已成为美国经济保持高速增长的关键因素，对经济发展有着深远而重大的影响。

再如欧盟针对数字经济和创新发展所带来的数据量激增，互联网海量数据对个人数据安全和隐私带来的影响等问题，在数据保护方面于2016年4月27日通过了《通用数据保护条例》（General Data Protection Regulation，GDPR）。该保护条例是在欧盟此前1995年《数据保护指令》（Data Protection Directive，95/46/EC指令）基础上历经四年讨论通过的，于2018年5月25日生效，被认为是欧盟有史以来最为严格的网络数据管理法规，适用范围极为广泛，任何收集、传输、保留或处理涉及欧盟所有成员国内的个人信息的机构组织均受该条例的约束。此后，欧盟于2020年2月19日发布《欧洲数据战略》（A European Strategy for Data），提出形成由"健康、环境、能源、农业、流动性、金融、制造业、公共行政和技能"这九个安全的技术基础设施和治理机制组成的公

---

1 《美国数字经济发展历程及对我国数字经济发展的启示》，载《新经济导刊》2022年第3期，上载时间：2022年11月21日，访问时间：2023年8月1日，https://mp.weixin.qq.com/s?__biz=MzI5MzkwMTQ0Mw==&mid=2247487813&idx=1&sn=410ae8a29b5cd9685675a5448622a2ff&chksm=ec6a54a9db1dddbf86f45a68786f451ef3b548a1328c394ad9835648a3d041b37e3876230c47&scene=27。

共数据空间，并允许整个欧盟公共部门和企业采取较低的成本以可信赖的方式交换数据，旨在使欧盟成为世界上最具竞争力的"数据敏捷型经济体"。2021年，欧盟成员国就《数据治理法案》（Data Governance Act，DGA）达成一致。作为《欧洲数据战略》的重要支柱，该法案由欧盟委员会于2020年11月25日提出提案，旨在实现公共部门数据再利用、加大对数据中介服务的信任、促进欧盟成员国间数据共享、建立数据市场新规则。[1] 2023年11月9日《数据法案》（Data Act）在欧洲议会以压倒性多数获得通过，[2] 自2024年1月11日起生效，自2025年9月12日起在欧盟适用。[3] 该法案由欧盟委员会于2022年2月提出，对哪些主体可以在何种条件下获取相关数据，如何使更多的私人主体或公共机构可分享数据，保护商业秘密禁止数据非法流动等内容作出了规定。

同时，新加坡、智利、新西兰于2020年6月12日签署《数字经济伙伴关系协定》（Digital Economy Partnership Agreement，DEPA），旨在加强三国间数字贸易合作并建立相关规范的数字贸易协定。我国于2021年11月正式申请加入《数字经济伙伴关系协定》，成员国于2022年8月成立中国加入工作组，全面启动谈判。[4] 《数字经济伙伴关系协定》包括16个模块，包括数字产品及相关问题的处理、数据问题、数字

1　贸促会研究部：《欧盟通过〈数据治理法案〉》，载中国国际贸易促进委员会官网，上载时间：2021年12月8日，访问时间：2023年11月1日，https://www.ccpit.org/a/20211208/20211208vqyf.html。

2　Parliament Backs Plans for Better Access to, and Use of, Data，载欧洲议会官网，上载时间：2023年11月9日，访问时间：2023年11月11日，https://www.europarl.europa.eu/news/en/press-room/20231106IPR09025/parliament-backs-plans-for-better-access-to-and-use-of-data。

3　Data Act Enters into Force: What It Means for You，载欧盟委员会官网，上载时间：2024年1月11日，访问时间：2024年1月17日，https://commission.europa.eu/news/data-act-enters-force-what-it-means-you-2024-01-11_en。

4　《DEPA和CPTPP这两项进展工作如何？商务部回应》，载凤凰网，上载时间：2023年11月9日，访问时间：2023年11月9日，https://finance.ifeng.com/c/8UZc1HYNcae。

身份、新兴趋势和技术、创新与数字经济等内容。我国如能加入《数字经济伙伴关系协定》，将有助于在新发展格局下与各成员国加强数字经济领域合作，促进创新和可持续发展。

（二）人工智能的相关挑战

1.人工智能的快速发展

人工智能（Artificial Intelligence，AI），根据中国电子技术标准化研究院等单位编写发布的《人工智能标准化白皮书（2018版）》，是指利用数字计算机或者数字计算机控制的机器模拟、延伸和扩展人的智能，感知环境、获取知识并使用知识获得最佳结果的理论、方法、技术及应用系统。人工智能是围绕智能活动而构造的人工系统，是知识的工程，是机器模仿人类利用知识完成一定行为的过程。根据人工智能是否能真正实现推理、思考和解决问题，可以将人工智能分为弱人工智能和强人工智能。弱人工智能是指不能真正实现推理和解决问题的智能机器，其没有自主意识。从目前人工智能的应用场景来看，当前人工智能仍是以特定应用领域为主的弱人工智能，如图像识别、语音识别等生物识别分析，智能搜索、智能推荐、智能排序等智能算法。商业模式主要集中在应用感知智能技术，如身份认证，基于人脸识别的门禁、打卡及安防，以语音识别、语义理解为核心的智能客服、语音助手等。强人工智能是指有自我意识的真正能思维的智能机器，可分为类人（机器的思考和推理类似人的思维）与非类人（机器产生了和人完全不一样的知觉和意识，使用和人完全不一样的推理方式）两大类。从一般意义上来说，达到人类水平的、能够自适应地应对外界环境挑战的、具有自我意识的人工智能称为"通用人工智能"、"强人工智能"或"类人智能"。强人工智能不仅在哲学上存在巨大争论（涉及思维与意识等根本问题的讨论），在技术上的研究也具有极大的挑战性。强人工智能当前鲜有进展，有专家预测至少在未来几十年内难以实现。因此，目前我们所讨论的应该是处于弱人工智能发展阶段的人工智能技术。

当前，全球人工智能技术快速发展，对经济社会发展和人类文明进步产生深远影响，给世界带来巨大机遇。近年来，人工智能在各个领域的应用取得了长足的进步和迅速发展，如智能机器人、无人驾驶、智能家居等，引起了全世界的广泛关注。再如美国OpenAI于2022年11月30日发布ChatGPT，2024年2月16日发布视频生成模型Sora；百度公司2023年2月7日官宣文心一言（ERNIE Bot）3月对公众开放，同时谷歌也正式宣布其聊天机器人Bard面世，社会公众对生成式人工智能的需求在全球范围内激增，一时间生成式人工智能、机器学习等成为网络热词。英国法院和法庭司法机构于2023年12月12日发布《人工智能司法人员适用指南》［Artificial Intelligence（AI）Guidance for Judicial Office Holders］，协助司法人员使用人工智能。[1] 作为新一轮产业变革的核心驱动力，人工智能将催生新的技术、产品和商业模式等，会给社会生活和法律调整带来重大变革。为抓住人工智能发展机遇，发达国家和地区纷纷将人工智能提升为国家战略，一些主要科技企业也不断加大资金和人力投入，抢占人工智能发展的制高点，以期在新一轮国际竞争中掌握主导权和话语权。当前全球科技企业在人工智能领域进行了大量专利布局，相关专利涵盖大数据、云计算、传感器、计算机视觉、语音识别、自然语言理解和深度学习应用等基础技术到通用技术的多个层面，但AI芯片、深度学习算法和类脑智能这些人工智能最为核心和关键技术的研究尚处于博弈之中，是全球科技界发展的重点。

2.人工智能的治理

人工智能技术快速发展的同时，也给人类社会带来难以预知的各种风险和复杂挑战，如网络安全、数据保护、知识产权、国际贸易等方面均亟待加强治理。人工智能治理攸关全人类命运，是世界各国面临的共同课题。2023年10月18日，中央网信办发布了《全球人工智能治理

1　《英国允许法官使用ChatGPT写裁决书，官方指南全文翻译》，载中美法律评论微信公众号，2024年1月31日。

倡议》[1]，围绕人工智能发展、安全、治理三方面系统阐述了人工智能治理中国方案。该倡议坚持以人为本、智能向善，引导人工智能朝着有利于人类文明进步的方向发展；坚持相互尊重、平等互利，反对以意识形态划线或构建排他性集团，恶意阻挠他国人工智能发展；主张建立人工智能风险等级测试评估体系，不断提升人工智能技术的安全性、可靠性、可控性、公平性；支持在充分尊重各国政策和实践基础上，形成具有广泛共识的全球人工智能治理框架和标准规范，支持在联合国框架下讨论成立国际人工智能治理机构；加强面向发展中国家的国际合作与援助，弥合智能鸿沟和治理差距等。在世界和平与发展面临多元挑战的背景下，各国应秉持共同、综合、合作、可持续的安全观，坚持发展和安全并重的原则，通过对话与合作凝聚共识，构建开放、公正、有效的治理机制，共同促进全球人工智能健康有序安全发展。

欧盟注重布局人工智能监管领域，先后发布人工智能伦理准则并出台《人工智能白皮书》。欧盟委员会于2021年4月提出《人工智能法案》（The Artificial Intelligence Act）草案，欧洲议会和欧盟理事会就草案进行了多轮修订和讨论。欧洲议会于2023年6月以499票赞成、28票反对和93票弃权，高票通过了该草案，推动该法案进入立法程序三方谈判的最后阶段。2023年12月8日，在历经马拉松式谈判后，欧洲议会、欧盟成员国和欧盟委员会三方达成协议，该法案将成为全球首部人工智能领域的全面监管法规。[2] 欧盟内部市场专员蒂埃里·布雷东（Thierry Breton）在社交媒体上发文表示："欧盟成为第一个为人工智能使用设立明确规则

---

1 《全球人工智能治理倡议》，载中央网络安全和信息化委员会办公室网站，上载时间：2023年10月18日，访问时间：2023年10月20日，http://www.cac.gov.cn/2023-10/18/c_1699291032884978.htm。

2 张兆卿、刘昕宇：《欧盟就〈人工智能法案〉达成协议》，载新华网，上载时间：2023年12月9日，访问时间：2023年12月9日，http://www.xinhuanet.com/2023-12/09/c_1130017052.htm。

的地区。《人工智能法案》不仅是一本规则手册，也将成为欧盟初创企业和研究人员引领全球人工智能竞赛的助推器。"该草案将严格禁止"对人类安全造成不可接受风险的人工智能系统"，包括有目的地操纵技术、利用人性弱点或根据行为、社会地位和个人特征等进行评价的系统等；该草案还要求人工智能公司对其算法保持人为控制，提供技术文件，并为"高风险"应用建立风险管理体系；每个欧盟成员国都将设立一个监督机构，确保这些规则得到遵守。后续，该立法草案仍须得到欧盟成员国和议会的正式批准，但这项协议标志着欧盟朝着具有里程碑意义的人工智能监管法规迈出重要步伐。有学者在接受专访时表示，欧盟各方最终就《人工智能法案》达成协议，是各方妥协的结果，这既有来自欧盟内部的迫切需求，也有来自外部环境的压力。从欧盟内部的迫切立法需求看，欧盟各国都认同发展人工智能能使欧盟获得竞争优势，在未来全球治理中赢得话语权，并且各国也有产业和经济发展的实际需求；从欧盟外部看，包括中国、美国、英国在内的国际治理主体，都在快速地推进关于人工智能治理的规则建设，外部环境也决定了欧盟需要尽快形成和推出自己的规则。[1]

3.生成式人工智能的相关法律保护

生成式人工智能（AIGC），是指通过人工智能自动生成内容的技术，ChatGPT、文心一言、Sora等都是基于大型语言模型训练、调试、优化的聊天机器人应用，基于种类丰富的海量数据训练的深度学习算法，展现出强大的语言理解和文字、视频内容生成能力，同时在应用过程中也出现数据安全、隐私保护、伦理道德等方面的挑战。针对生成式人工智能产品的法律保护问题，各国都在进行相关探索。

1　《"里程碑式"！欧盟就全球首部全面监管AI的〈人工智能法案〉达成协议》，载搜狐网CRI国际在线，上载时间：2023年12月9日，访问时间：2023年12月10日，https://www.sohu.com/a/742775927_115239。北京师范大学法学院博士生导师、中国互联网协会研究中心副主任吴沈括接受中央广播电视总台环球资讯广播记者专访时提出该观点。

（1）著作权领域

美国版权局（USCO）于2023年3月16日发布人工智能新规及《包含人工智能生成内容的作品登记指南》[1]，表明人工智能自动生成的作品不受版权法保护，与有自然人参与创作的Photoshop作品不同，通过Midjourney、Stability AI、ChatGPT等平台自动生成的作品完全由AI完成，并且训练的数据是基于人类创作的作品，因此其不受版权法保护。在该登记指南的"背景情况"部分，提及此前已经受理的涉及AI的作品登记情况。一是2018年受理的基于计算机算法运行自动生成的视频作品，基于申请人的陈述，审查员查明该作品不包含任何人类的创作，经过多个程序审查最终以"没有基于人类因素的任何独创性贡献"驳回其申请；二是近期审查的包含人类创作的元素与人工智能Midjourney生成的绘画相结合的作品，2023年2月美国版权局认定人类创作作品中包含人工智能生成绘画的，构成可版权作品，但人工智能生成绘画本身不能受到版权法的保护；三是将人工智能技术作为作者或者合作作者的申请，或是在"创作作者"或"给版权局的备注"部分说明中，表明该作品由人工智能生成或是得到人工智能的帮助。还有的申请未披露包含人工智能生成物，但在作品名称或致谢部分提及人工智能技术的名称。

该指南明确，美国版权局认为，非常确定的是，版权保护的只能是人类创作的作品。宪法和版权法中的"作者"一词，从根本上排除了非人类。美国版权局的登记政策和相关规定反映了法律规定或司法指引

---

1 Copyright Office Launches New Artificial Intelligence Initiative，News Net Issue 1004，载美国版权局网站U.S. Copyright Office，上载时间：2023年3月16日，访问时间：2023年12月11日，https://www.copyright.gov/newsnet/2023/1004.html。Copyright Registration Guidance: Works Containing Material Generated by Artificial Intelligence，Federal Register / Vol. 88, No. 51 / Thursday, March 16, 2023 / Rules and Regulations.

在这一问题上的态度。[1]同时，该指南还提出："这一政策并不意味着技术工具不能成为创作过程的一部分，长期以来作者使用工具来创作作品或进行改写、转换，改编都有明确的作者资格。例如，使用Adobe Photoshop编辑图像的视觉艺术家仍然是修改后图像的作者，音乐艺术家在创建录音时可能会使用吉他踏板等效果。在每种情况下，重要的都是人类对作品的表达和'实际形成'等作者资格传统元素的创造性的控制程度。"[2]

　　此外，由于人工智能必须通过对已有作品或资料的收集和以"深度学习"为基础进行，而这种未经权利人许可的行为如不构成合理使用，则具有较高的侵权风险，权利人对此予以举证也有较高的难度。美国作家协会（Authors Guild）曾发布公开信呼吁从事生成式人工智能的科技公司除非经许可或付费，必须立即停止使用有著作权的作品。[3]截至2023年7月中旬，这封信已获得了超过一万名作者的联署，其中包括了多位国际知名作家。目前，美国已出现多起相关著作权权

---

1 In the office's view, it is well established that copyright can protect only material that is the product of human creativity. Most fundamentally, the term "author", which is used in both the Constitution and the Copyright Act, excludes non-humans. The office's registration policies and regulations reflect statutory and judicial guidance on this issue.

2 This policy does not mean that technological tools cannot be part of the creative process. Authors have long used such tools to create their works or to recast, transform, or adapt their expressive authorship. For example, a visual artist who uses Adobe Photoshop to edit an image remains the author of the modified image,and a musical artist may use effects such as guitar pedals when creating a sound recording.In each case, what matters is the extent to which the human had creative control over the work's expression and "actually formed" the traditional elements of authorship.

3 Open Letter to Generative AI Leaders, 载The Authors Guild网站，上载时间：2023年7月1日，访问时间：2023年12月21日，https://authorsguild.org/app/uploads/2023/07/Authors-Guild-Open-Letter-to-Generative-AI-Leaders.pdf。

利人起诉人工智能公司的案件，如"崔布雷诉OpenAI集体诉讼"案，
"匿名作家诉OpenAI集体诉讼"案，"西尔弗曼诉OpenAI集体诉
讼"案，"盖蒂图像公司诉稳定迭代人工智能公司"案，"安德森等
诉稳定迭代人工智能、Midjourney和DeviantArt公司"案，"匿名者诉
GitHub、微软及OpenAI"案，以及"《纽约时报》诉微软及OpenAI
案"。[1] 其中，除GitHub等被诉侵权案外，其他案件涉及的主要是人工
智能在深度学习过程中，未经许可也未支付任何费用而大量使用他人
享有著作权的作品进行训练问题。除通过诉讼方式外，还有的新闻出
版机构使用编程代码阻止OpenAI、谷歌等人工智能企业浏览其网站以
获取培训数据。[2] 法国市场监管机构于2024年3月对美国谷歌公司处以
2.5亿欧元的罚款，原因是谷歌公司在未经法国出版商和新闻机构同意
的情况下，擅自使用其内容训练聊天机器人Bard，被认定违反了欧盟
相关法规。[3]

　　而GitHub等被诉侵权案，则直接指向人工智能的相关核心软件。
原告主要指控微软与OpenAI通过GitHub平台和使用由其开发的Copilot

1　孙远钊：《"人工智能"与美国著作权法：对应和挑战》，载个人图书馆网，上载时
　　间：2023年11月7日，访问时间：2023年12月12日，http://www.360doc.com/conte
　　nt/23/1107/16/79001134_1103118457.shtml。
2　《起诉OpenAI和微软，〈纽约时报〉打响维权第一枪》，载环球网，上载时间：
　　2023年12月28日，访问时间：2023年12月29日，https://3w.huanqiu.com/a/
　　de583b/4FwtTF1RV4f。该案原告提出，OpenAI和微软旗下的聊天机器人吸收了其几
　　百万篇的原创文章，不仅可以将原报道逐字逐句地"复制"给提问的用户，还可模仿其
　　写作风格，对文章进行提炼、总结，甚至被当作可靠信源；同时，原告还提到了AI语言
　　模型的另一个通病——"AI幻觉"，即AI会生成并传播虚假、无意义等内容。作为第一
　　家起诉科技巨头侵犯其版权的美国大型媒体，该案受到广泛关注。此前，《纽约时报》
　　在与OpenAI和微软就"内容付费"进行商谈，但双方未达成协议。
3　《谷歌因违规收集训练数据被法国处以2.5亿欧元罚款》，载新浪网，上载时间：2024
　　年3月24日，访问时间：2024年3月27日，https://finance.sina.com.cn/jjxw/2024-03-
　　24/doc-inapktfz1250435.shtml。

软件通过互联网抓取大量信息用于开发其人工智能软件，尤其是可将人类自然语言转化为程序代码的Codex模型，以挑战GitHub的核心产品人工智能编码辅助工具GitHub Copilot以及OpenAI Codex等两套软件的合法性。原告认为，上述软件违反了其服务条款与隐私政策，包括不当抓取或窃取网络信息，未遵循相关的开源代码许可协议（如GPL2.0、LGPL等）；违反《数字千年版权法案》第1202条不得移除权利管理信息的规定；违反《加州消费者隐私法》等。

此外，意大利最高法院于2023年1月就意大利广播电视公司被诉侵害著作权案作出裁决，对算法软件生成图片的独创性判断作出回应。该案原告2018年起诉意大利广播电视公司将其通过分形艺术编辑器Apophysis软件创作的数字图像作品《夜的芬芳》（The scent of the night），用作音乐节固定舞台布景，请求赔偿损失并删除网站上的节目等。一审、二审法院支持了原告的请求，被告2021年向意大利最高法院提出再审请求。被告提出将由软件生成的图像认定为作品有误，该图像是以花卉为主题的数字图像，是具有自相似性的分形图像（self-similarity），在不同大小比例上重复其形状，这一过程完全由软件通过数学算法处理形状、颜色和细节实现。所谓的作者仅仅选择了算法并认可了计算机生成的结果，因此原告主张权利的图像不受著作权法保护。意大利最高法院驳回其再审请求并认为，在图像生成过程中使用软件，这一事实本身并不足以排除作品创作属性，而是需要更严格地去判断是否存在一定程度的独创性，需要法院去评估对工具的使用是否以及在多大程度上反映了使用者的独创性贡献。该案是世界范围内由最高法院作出的回应算法软件生成图片的第一案，意大利学术界认为，尽管该案发生时还无AIGC概念，但根据该判决可推知人工智能创作的作品是用户智慧的结晶，有必要核实软件的使用是否以及在多大程度上吸收了艺术家的独创性表达。如果经过评估，艺术家的创造性投入超过了人工智能软件的贡献，那么此时该生成内容应受到著作权法的保护。[1]

（2）专利领域

英国最高法院2023年12月20日作出的塞勒诉英国知识产权局涉人工智能机器DABUS发明专利申请案的判决，[2] 明确专利发明人必须是自然人。该案中，美国计算机科学家斯蒂芬·塞勒（Stephen Thaler）称，其创造的人工智能机器DABUS发明了食品或面包容器和警示灯两项专利，英国知识产权局以发明人必须是人类或企业为由，驳回了其申请。塞勒提起诉讼，英格兰和威尔士高等法院和上诉法院均未支持其请求，英国最高法院认为，根据英国专利法的相关规定发明人必须是自然人，DABUS不是人类，就不是发明人；而且，塞勒也不因其拥有DABUS机器而享有申请涉案专利的权利，因此驳回其请求。该案判决书还提及，针对这两项专利申请，申请人曾向世界各国专利局提出平行申请，因而此案更为重要。

此外，英格兰和威尔士高等法院还曾于2023年11月21日作出Emotional Perception AI案判决，[3] 推翻了英国知识产权局BL/O/542/22审查决定，认为涉案与人工智能神经网络（Artificial Neural Network，

---

1 李康、钟一：《意大利最高法院判定算法软件生成图片构成作品》，载知识产权创新与竞争研究中心微信公众号，2024年3月11日。CUPLCass. civ., Sez. I, Ord., (data ud. 09/01/2023) 16/01/2023, n. 1107.

2 Thaler v. Comptroller-General of Patens, Designs and Trademarks, [2023] UKSC 49. Thaler (Appellant) v. Comptroller-General of Patents, Designs and Trademarks (Respondent)，载英国最高法院网站，上载时间：2023年12月20日，访问时间：2023年12月22日，https://www.supremecourt.uk/cases/uksc-2021-0201.html。参见《"里程碑意义"！英最高法院裁定：AI发明的事物不能注册专利》，载光明网，上载时间：2023年12月22日，访问时间：2023年12月22日，https://m.gmw.cn/2023-12/22/content_1303608590.htm。

3 Emotional Perception AI Ltd v. Comptroller-General of Patents, Designs and Trademarks, [2023] EWHC 2948 (Ch). 参见张鹏、牟雨菲、孙杰：《英国人工智能创新专利保护的最新进展及与其他法域的比较》，载知产前沿微信公众号，2023年12月19日。

ANN）有关的专利申请不适用《英国1977年专利法》中可专利技术的法定排除项，具有可专利性。该专利申请涉及一种向用户提供媒体文件推荐的系统和方法，涉及ANN的训练以及使用，用于识别语义相似的文件。其主要用于训练人工智能以反映人类对刺激（例如音频，音乐，图像，视频或文本）的主观反应，使用人工神经网络来识别两个文件的内容之间的相似性。

　　判决认为，该发明专利申请涉及的ANN有两种类型，即硬件ANN和软件ANN。硬件ANN是装有电子元件的实体盒子，包含硬件形式的节点和层，节点类似于大脑中的神经元，层类似于大脑中的神经网络层。软件ANN是指ANN通过软件实现，以计算机仿真的形式存在，在这种情形下，传统计算机运行一个软件，使计算机能够仿真硬件ANN。据此得出两个判断：第一，涉案人工智能发明不是计算机程序。英国知识产权局认为，涉案发明专利申请是一个计算机程序，根据《英国1977年专利法》第1条（2）（c），计算机程序应当排除在专利保护范围之外。对此，英国高等法院存在不同的观点。英国高等法院认为，硬件ANN显然不涉及任何计算机程序。如果涉案发明仅通过硬件ANN实施，则该发明不应当被排除在专利主题范围之外。软件ANN并非执行人类预先设定的一系列指令或代码，而是通过自我训练不断调整节点参数，从而实现预期的文件推荐功能。软件ANN实质上是在不同于基础计算机软件的层面上运行，与硬件ANN的运行方式相同，如果硬件ANN不是计算机程序，则软件ANN也不是。因此，涉案发明专利申请不是计算机程序，《英国1977年专利法》第1条（2）（c）的排除项对该案不适用。第二，假定涉案发明属于计算机程序，若该发明解决了计算机外部技术问题，提供了一种外部技术效果，则其并非对计算机程序本身的权利要求，不应当被排除在专利保护范围之外。该案发明以文件传输形式将数据转移到了计算机系统之外，具有外部技术效果，具有实质性的技术贡献，不属于计算机程序"本身"，不应当被排除在专利主题范围之外。

| 第二节 |

我国计算机软件的法律保护状况

我国于1990年制定《著作权法》，于1991年制定《计算机软件保护条例》，将计算机软件纳入著作权法的保护体系之下。目前，我国已经形成计算机软件保护的综合法律保护体系，从著作权法、专利法、商标法、反不正当竞争法、反垄断法、民法典合同编等多个角度可对计算机软件提供法律保护，并可针对相关侵权行为实施行政救济、民事救济和刑事救济。如前所述，尽管各国在计算机软件的保护方式和途径问题上始终存在较大争议，但对计算机软件主要采取著作权法保护和专利法保护的模式，仍然是目前国际上较为通行的做法。与国际社会的主要保护路径基本一致，著作权法和专利法也是我国计算机软件较为常见的保护路径。

一、我国计算机软件著作权法律保护体系

（一）关于国内立法方面

我国于1990年颁布了《著作权法》，1991年颁布了《著作权法实施条例》，1991年颁布《计算机软件保护条例》，1992年颁布《计算机软件著作权登记办法》。上述法律法规于2001年年底和2002年针对网络技术的发展分别作了相应修改，此后《著作权法》还分别于2010年和2020年进行了第二次和第三次修改，2002年1月起施行的新修改的《计算机软件保护条例》，于2013年进行了第二次修改，2002年2月颁布了新的《计算机软件著作权登记办法》。最高人民法院于2002年发布了《关于审理著作权民事纠纷案件适用法律若干问题的解释》，对著作权法修正后涉及的一些具体问题如何操作提供了指导。针对信息网络传播权的保护问题，在2006年7月施行、2013年1月修改的《信息网络传播权保护条例》，以及2012年11月通过、2020年12月修改的《最高

人民法院关于审理侵害信息网络传播权民事纠纷案件适用法律若干问题的规定》中做了专门规定。

在追究侵权人的刑事责任方面，我国于1997年修改的《刑法》规定了7个侵犯知识产权罪的罪名，其中第二百一十七条规定了侵犯著作权罪，第二百一十八条规定了销售侵权复制品罪；[1] 后最高人民法院于1998年发布《关于审理非法出版物刑事案件具体应用法律若干问题的解释》；2004年年底又发布《最高人民法院、最高人民检察院关于办理侵犯知识产权刑事案件具体应用法律若干问题的解释》，该司法解释降低了四种罪的起刑点，其中包括侵犯著作权罪；2020年12月通过的《刑法修正案（十一）》将侵犯著作权罪的最高刑期从七年有期徒刑提高到十年，将销售侵权复制品罪的最高刑期从三年有期徒刑提高至五年，进一步加大了惩治力度。同时，在侵犯著作权罪中对"通过信息网络向公众传播"这一侵权手段予以明确，首次明确规定避开或破坏技术措施的行为可构成侵犯著作权罪，加强对侵犯著作权犯罪行

1　1997年修改的《刑法》第二百一十七条规定："以营利为目的，有下列侵犯著作权情形之一，违法所得数额较大或者有其他严重情节的，处三年以下有期徒刑或者拘役，并处或者单处罚金；违法所得数额巨大或者有其他特别严重情节的，处三年以上七年以下有期徒刑，并处罚金：（一）未经著作权人许可，复制发行其文字作品、音乐、电影、电视、录像作品、计算机软件及其他作品的；（二）出版他人享有专有出版权的图书的；（三）未经录音录像制作者许可，复制发行其制作的录音录像的；（四）制作、出售假冒他人署名的美术作品的。"第二百一十八条规定："以营利为目的，销售明知是本法第二百一十七条规定的侵权复制品，违法所得数额巨大的，处三年以下有期徒刑或者拘役，并处或者单处罚金。"

为的精准打击。[1]

在有关对侵权人进行行政处罚方面，国家版权局于1997年开始施行《著作权行政处罚实施办法》，2009年4月21日对其进行了修改。2013年，国务院对《计算机软件保护条例》进行部分修改，将第二十四条第二款修改为"有前款第一项或者第二项行为的，可以并处每件100元或者货值金额1倍以上5倍以下的罚款；有前款第三项、第四项或者第五项行为的，可以并处20万元以下的罚款"。该修改将此前对第二十四条第一款第（三）项、第（四）项或者第（五）项行为的处罚数额上限由5万元调整至20万元。

我国著作权法规定计算机软件属于作品的范畴，将其纳入著作权保护体系，并在附则中规定计算机软件的保护办法由国务院另行规定。对此，有的学者曾经对计算机软件保护条例与著作权法的关系问题

1　《刑法修正案（十一）》是1997年《刑法》全面修改以来，对第三章第七节侵犯知识产权罪相关条款的首次修改。除第二百一十六条假冒专利罪未作调整外，本节其余七条均予以修改，并增加第二百一十九条之一。其中《刑法》第二百一十七条修改为："以营利为目的，有下列侵犯著作权或者与著作权有关的权利的情形之一，违法所得数额较大或者有其他严重情节的，处三年以下有期徒刑，并处或者单处罚金；违法所得数额巨大或者有其他特别严重情节的，处三年以上十年以下有期徒刑，并处罚金：（一）未经著作权人许可，复制发行、通过信息网络向公众传播其文字作品、音乐、美术、视听作品、计算机软件及法律、行政法规规定的其他作品的；（二）出版他人享有专有出版权的图书的；（三）未经录音录像制作者许可，复制发行、通过信息网络向公众传播其制作的录音录像的；（四）未经表演者许可，复制发行录有其表演的录音录像制品，或者通过信息网络向公众传播其表演的；（五）制作、出售假冒他人署名的美术作品的；（六）未经著作权人或者与著作权有关的权利人许可，故意避开或者破坏权利人为其作品、录音录像制品等采取的保护著作权或者与著作权有关的权利的技术措施的。"《刑法》第二百一十八条修改为："以营利为目的，销售明知是本法第二百一十七条规定的侵权复制品，违法所得数额巨大或者有其他严重情节的，处五年以下有期徒刑，并处或者单处罚金。"

进行了深入的研究和探讨。[1] 对二者关系的观点主要包括两种，一是认为计算机软件保护条例属于特别法，著作权法为一般法，对于特别法未予规定的，应适用一般法；二是认为除《计算机软件保护条例》明确引用著作权法的相关条文外，著作权法的一般规定不适用于计算机软件，对于计算机软件的保护应依照《计算机软件保护条例》的有关规定处理。本书认为，虽然第二种观点表面看来似乎有违一般法与特别法关系的基本准则，但反映了问题的本来面目。司法实践中，对于计算机软件纠纷，除涉及保护条例中明确引用的著作权法相关条文外，法院通常也仅引用《计算机软件保护条例》的有关规定进行裁决。[2]

（二）关于国际保护方面

在涉及计算机软件国际保护的双边条约和国际条约方面，我国曾于1992年1月与美国签订《关于保护知识产权的谅解备忘录》；[3] 1992年7月加入《伯尔尼公约》；1992年9月发布《实施国际著作权条约的规定》；1994年4月正式签署TRIPS协议，将计算机程序列入保护的范围。

TRIPS协议第10条规定："无论以源代码或以目标代码表达的计算

1　宋慧献：《唐广良：综论软件保护与相关立法》，载《中国版权》2004年第1期，第28-31页。该文提出《著作权法》规定计算机软件保护办法由国务院另行制定，意味着授权国务院对计算机软件保护制度进行设计，而《计算机软件保护条例》就是国务院设计的计算机软件特别保护制度。《计算机软件保护条例》与著作权法的关系并非特别法和一般法的关系。

2　参见北京市中级人民法院（1995）中知初字第20号民事判决书。在有的案件中，法院会引用著作权法中有关法律责任的条款，但该条款与《计算机软件保护条例》的规定是相一致的，参见北京市第二中级人民法院（2003）二中民初字第6227号民事判决书。

3　我国司法机关曾以该备忘录为依据确认美国微软公司对相关软件所享有的著作权受到中国法律的保护，参见美国微软公司诉北京巨人电脑公司侵犯软件著作权纠纷案，见程永顺：《计算机软件与网络纠纷案件法官点评》，知识产权出版社2004年版，第57-65页。在美国微软公司诉北京巨人电脑公司案中，美国微软公司作为MS-DOS 6.0和Windows 3.1等计算机软件的著作权人，根据《关于保护知识产权的谅解备忘录》主张其权利自备忘录签署之日起受到中国法律的保护，对被告北京巨人公司的软件侵权行为提起诉讼，法院最终判决被告承担停止侵权、赔礼道歉、赔偿损失的法律责任。

机程序，均应作为《伯尔尼公约》1971年文本所指的文字作品给予保护。"[1] 虽然《伯尔尼公约》本身并不涉及对计算机软件的保护问题，但TRIPS协议中已经明确将计算机程序作为文字作品予以保护，因此《伯尔尼公约》中的基本原则和文字作品保护的相关规定应当适用于对计算机软件的保护。如版权自动保护原则和独立性原则，[2] 著作权人应当享有的署名权、复制权、翻译权等精神权利和经济权利。1996年世界知识产权组织推出的《世界知识产权组织版权条约》第4条对计算机程序、第5条对数据汇编（数据库）的保护作了规定，并明确了该条约规定的计算机程序、数据汇编（数据库）的保护范围，与《伯尔尼公约》第2条的规定一致，并与TRIPS协议的有关规定相同。

2001年11月，我国加入世界贸易组织，受TRIPS协议约束，国内法提供的对计算机软件的保护不得低于TRIPS协议规定的标准，我国又对《计算机软件保护条例》和《著作权法》进行修改，使我国软件保护法律法规体系更好地适应国内外新的发展形势。2006年12月，我国决定加入《世界知识产权组织版权条约》，该条约于2007年6月在我国正式生效。

近年来，我国持续加强知识产权国际合作，积极参与全球知识产权治理体系建设，加强知识产权领域多边合作，持续提升知识产权国

1　郑成思：《关贸总协定与世界贸易组织中的知识产权协议》，学习出版社1994年版，第142-144页。

2　版权自动保护原则是指符合享受国民待遇的作者所创作的作品，不需要履行任何手续，如登记或加注版权标记等，就可依据国民待遇原则在公约成员方中享有版权；版权独立性原则，是指成员方对享有国民待遇的作者的作品所提供的保护，只能依据本国法律和《伯尔尼公约》提出的最低要求，这种保护不能低于公约的最低要求，也不管作品来源国对作品的版权是如何保护的。该原则实际上是知识产权地域性的具体体现。

际影响力和竞争力。[1] 2020年11月，我国与东盟十国及日本、韩国、澳大利亚、新西兰正式签署《区域全面经济伙伴关系协定》（Regional Comprehensive Economic Partnership，RCEP）。[2] 该协定第11章知识产权部分包含14节共计83条，其中第17条"政府使用软件"条款明确了应当使用非侵权计算机软件的要求，第75条"数字环境反侵权的有效行动"规定了民事救济和刑事救济程序适用于数字环境中侵犯著作权或相关权利以及商标权的行为。[3] 我国于2021年11月正式申请加入新加坡、智利、新西兰三个国家签署的《数字经济伙伴关系协定》，并成立中国加入工作组，全面启动谈判，也有助于推动我国与各成员国加强数字经济领域的合作和发展。

二、我国计算机软件专利法保护的发展进程

（一）计算机软件的可专利性问题

根据我国《专利法》第二十五条的规定，对智力活动的规则和方法不授予专利权。智力活动的规则和方法是指导人们思维、分析和判断的规则和方法，具有抽象思维的特点，因此不能被授予专利权。国家知识产权局制定的《审查指南2001》还对仅涉及智力活动的规则和方法的发明申请进行了例举，其中包括"计算机程序本身"。[4] 由于计算机程序离不开算法或者逻辑运算，因此计算机软件往往被列入智力

---

1 《"十四五"国家知识产权保护和运用规划》，载国家知识产权局网站，上载时间：2021年10月11日，访问时间：2023年11月10日，https://www.cnipa.gov.cn/art/2021/10/11/art_2758_170644.html。

2 《区域全面经济伙伴关系协定（RCEP）15日正式签署 中国加入全球最大自贸区》，载中国政府网，上载时间：2020年11月16日，访问时间：2023年11月6日，https://www.gov.cn/xinwen/2020-11/16/content_5562034.htm。

3 《RCEP协定文本》，载RCEP中文网，访问时间：2023年1月6日，https://cn.rcepnews.com/rcep-chinese。

4 国家知识产权局：《审查指南2001》，知识产权出版社2001年版，第（2-5）页。

活动的规则和方法的范围。显然，这种判断思路不利于对计算机软件的专利保护，因此国家知识产权局在《审查指南2006》和《专利审查指南2010》[1]中增加了"如果一项权利要求在对其进行限定的全部内容中既包含智力活动的规则和方法的内容，又包含技术特征，则该权利要求就整体而言并不是一种智力活动的规则和方法，不应当依据专利法第二十五条排除其获得专利权的可能性"。

同时，还进一步明确，涉及计算机程序的发明是指为解决发明提出的问题，全部或部分以计算机程序处理流程为基础，通过计算机执行按上述流程编制的计算机程序，对计算机外部对象或者内部对象进行控制或处理的解决方案。涉及计算机程序的解决方案并不必须包含对计算机硬件的改变。如果涉及计算机程序的发明专利申请的解决方案执行计算机程序的目的是解决技术问题，在计算机上运行计算机程序从而对外部或内部对象进行控制或处理所反映的是遵循自然规律的技术手段，并且由此获得符合自然规律的技术效果，则这种解决方案属于《专利法实施细则》第二条第一款所说的技术方案，属于专利保护的客体。[2]

（二）专利审查指南的相应修改

我国现行《专利审查指南2010》自2010年2月1日施行以来，经过六次修改，其中针对第二部分第九章的内容进行了三次修改。其中，《专利审查指南2010（2019年修订）》在第二部分第九章增设了第6节，涉及人工智能、"互联网+"、大数据以及区块链等新领域、新业态相关发明专利申请，一般包含算法或商业规则和方法等智力活动的规则和方法特征，该节旨在根据专利法及其实施细则，对这类申请的审查

1　国家知识产权局：《审查指南2006》，知识产权出版社2006年版，第（2-6）页；国家知识产权局：《专利审查指南2010》，知识产权出版社2010年版，第（2-6）页。

2　国家知识产权局：《审查指南2006》，知识产权出版社2006年版，第（2-142）页；国家知识产权局：《专利审查指南2010》，知识产权出版社2010年版，第（2-142）页。

特殊性作出规定。其中第6.1节规定了审查基准，审查应当针对要求保护的解决方案，即权利要求所限定的解决方案进行。在审查中，不应当简单割裂技术特征与算法特征或商业规则和方法特征等，而应将权利要求记载的所有内容作为一个整体，对其中涉及的技术手段、解决的技术问题和获得的技术效果进行分析。该节还明确"如果权利要求涉及抽象的算法或者单纯的商业规则和方法，且不包含任何技术特征，则这项权利要求属于专利法第二十五条第一款第（二）项规定的智力活动的规则和方法，不应当被授予专利权。""对一项包含算法特征或商业规则和方法特征的权利要求是否属于技术方案进行审查时，需要整体考虑权利要求中记载的全部特征。如果该项权利要求记载了对要解决的技术问题采用了利用自然规律的技术手段，并且由此获得符合自然规律的技术效果，则该权利要求限定的解决方案属于专利法第二条第二款所述的技术方案。例如，如果权利要求中涉及算法的各个步骤体现出与所要解决的技术问题密切相关，如算法处理的数据是技术领域中具有确切技术含义的数据，算法的执行能直接体现出利用自然规律解决某一技术问题的过程，并且获得了技术效果，则通常该权利要求限定的解决方案属于专利法第二条第二款所述的技术方案。"

2023年12月21日，《专利法实施细则》修改公布后，国家知识产权局公布了一系列配套的部门规章和规范性文件，包括2023年12月修改的《专利审查指南2023》。《专利审查指南2023》对第二部分第九章第6节的相关内容进行了修改，第6.1.2节"根据专利法第二条第二款的审查"增加以下内容："如果权利要求的解决方案涉及深度学习、分类、聚类等人工智能、大数据算法的改进，该算法与计算机系统的内部结构存在特定技术关联，能够解决如何提升硬件运算效率或执行效果的技术问题，包括减少数据存储量、减少数据传输量、提高硬件处理速度等，从而获得符合自然规律的计算机系统内部性能改进的技术效果，则该权利要求限定的解决方案属于专利法第二条第二款所述的技术方案。如果权利要求的解决方案处理的是具体应用领域的大数据，利用分类、聚类、回归分析、神经网络等挖掘数据中符合自然规律的内在关联关系，据此解决如何提升具体应用领域大数据分析可靠性或精确性的技术问题，并获得相应的技术效果，则该权利要求限定的解决方案属于专利法第二条第二款所述的技术方案。"

第6.1.3节在对涉及人工智能、"互联网+"、大数据以及区块链等相关发明专利申请进行创造性审查时提出："如果权利要求中的算法与计算机系统的内部结构存在特定技术关联，实现了对计算机系统内部性能的改进，提升了硬件的运算效率或执行效果，包括减少数据存储量、减少数据传输量、提高硬件处理速度等，那么可以认为该算法特征与技术特征功能上彼此相互支持、存在相互作用关系，在进行创造性审查时，应当考虑所述的算法特征对技术方案作出的贡献。""如果发明专利申请的解决方案能够带来用户体验的提升，并且该用户体验的提升是由技术特征带来或者产生的，或者是由技术特征以及与其功能上彼此相互支持、存在相互作用关系的算法特征或商业规则和方法特征共同带来或者产生的，在创造性审查时应当予以考虑。"同时，《专利审查指南2023》还将根据相关审查基准给出包含算法特征或商业规则和方法特征的发明专利申请的审查示例由10个增加至15个，新增的5个审查示例包括"一种深度神经网络模型的训练方法""一种电子券使用倾向度的分析方法""一种知识图谱推理方法""一种金融产品的价格预测方法""一种用于适配神经网络参数的方法"。

从目前我国专利审查指南的上述规定可以看出，国家知识产权局对于计算机程序专利申请并非不予授权，判断涉及计算机程序的发明申请是否具备可专利性的标准是看其是否符合解决技术问题、获得技术效果、构成技术方案这三个条件，只有为了解决技术问题且能够产生技术效果的构成技术方案的计算机程序才属于可受到专利保护的客体。

《2021年世界五大知识产权局统计报告》[1] 显示，五局2021年细分技术领域的分布情况中，专利申请占比份额最高的技术领域是"计算机技术"，占美国专利商标局专利申请量的14%，占我国国家知识产权局专利申请量的13%；五局专利授权量同比2020年增长10%，我国国家知识产权局授权专利中，处于领先地位的技术领域包括"计算机技术"等。

三、数字经济对我国计算机软件保护的新挑战

对于计算机软件的法律保护问题，我国法学界早在1990年《著作权法》和1991年《计算机软件保护条例》颁布前后，曾对该问题进行了大量的研究，搜集总结了国外保护计算机软件的许多有益经验，并对我国计算机软件的保护途径、计算机软件的保护范围、侵权判断等问题提出建议和设想[2]。此后，随着相关司法实践的不断丰富和发展，学者开始通过案例分析计算机软件法律保护中存在的问题；而随着网络技术、大数据、云计算、人工智能等新技术的快速发展，计算机软件法律保护中出现了许多有待研究和解决的新问题，学者也有论及。如曾引起广泛讨论的开放源代码软件的保护问题，商业方法软件专利的保护问题，P2P软件所带来的网络环境下软件保护，网络游戏直播画面保护，网络环境下的软件不正当竞争行为认定等新问题，以及数字经济迅猛发展可能对全球计算机软件产业法律保护带来的新挑战等。

1　《2021年世界五大知识产权局统计报告》，载国家知识产权局网，上载时间：2023年5月31日，访问时间：2023年12月29日，https://www.cnipa.gov.cn/module/download/down.jsp?i_ID=185466&colID=90。

2　如郑成思、应明和唐广良等学者都对此作了深入的专门研究。参见郑成思：《计算机、软件与数据的法律保护》，法律出版社1987年版；应明：《计算机软件的版权保护》，北京大学出版社1991年版；唐广良、董炳和、刘广三：《计算机法》，中国社会科学出版社1993年版；中国软件登记中心、中国计算机报社：《计算机软件著作权保护工作手册》，电子工业出版社1993年版；此外，学者刘江彬也对此作了研究。参见刘江彬：《计算机法律概论》，北京大学出版社1992年版。

（一）计算机软件保护的战略机遇

计算机软件是新一代信息技术的灵魂，是数字经济发展的基础，是建设制造强国、质量强国、网络强国、数字中国的关键支撑。习近平总书记在中共中央政治局第三十四次集体学习时强调，数字经济发展速度之快、辐射范围之广、影响程度之深前所未有，正在成为重组全球要素资源、重塑全球经济结构、改变全球竞争格局的关键力量。要站在统筹中华民族伟大复兴战略全局和世界百年未有之大变局的高度，统筹国内国际两个大局、发展安全两件大事，充分发挥海量数据和丰富应用场景优势，促进数字技术与实体经济深度融合，赋能传统产业转型升级，催生新产业新业态新模式，不断做强做优做大我国数字经济。习近平总书记还强调，要全面推进产业化、规模化应用，培育具有国际影响力的大型软件企业，重点突破关键软件，推动软件产业做大做强，提升关键软件技术创新和供给能力。[1] 可见，计算机软件和数字技术服务作为促进数字经济发展的关键支撑，迎来了战略发展机遇期。

1.数据要素治理

随着数字经济的快速发展，数据作为新型生产要素的重要性日益凸显，已经成为与土地、劳动力、资本、技术等并列的生产要素之一，逐步融入生产生活各环节，深刻影响并重构着经济社会结构，成为数字经济时代影响全球竞争的关键战略性资源。2022年12月，中共中央、国务院印发《关于构建数据基础制度更好发挥数据要素作用的意见》（以下简称《数据二十条》）[2]，提出数据作为新型生产要素，是

1　习近平：《不断做强做优做大我国数字经济》，载求是网，上载时间：2022年1月15日，访问时间：2023年10月6日，http://www.qstheory.cn/dukan/qs/2022-01/15/c_1128261632.htm。

2　《中共中央　国务院关于构建数据基础制度更好发挥数据要素作用的意见》，载中国政府网，上载时间：2022年12月19日，访问时间：2023年1月17日，https://www.gov.cn/zhengce/2022-12/19/content_5732695.htm。

数字化、网络化、智能化的基础，已快速融入生产、分配、流通、消费和社会服务管理等各环节，深刻改变着生产方式、生活方式和社会治理方式。数据基础制度建设事关国家发展和安全大局。为加快构建数据基础制度，充分发挥我国海量数据规模和丰富应用场景优势，激活数据要素潜能，做强做优做大数字经济，增强经济发展新动能，构筑国家竞争新优势提出该意见。《数据二十条》要求"以维护国家数据安全、保护个人信息和商业秘密为前提，以促进数据合规高效流通使用、赋能实体经济为主线，以数据产权、流通交易、收益分配、安全治理为重点，深入参与国际高标准数字规则制定，构建适应数据特征、符合数字经济发展规律、保障国家数据安全、彰显创新引领的数据基础制度，充分实现数据要素价值、促进全体人民共享数字经济发展红利，为深化创新驱动、推动高质量发展、推进国家治理体系和治理能力现代化提供有力支撑。"2023年8月22日，财政部发布了《企业数据资源相关会计处理暂行规定》，明确了数据资源"入表"的适用范围、会计处理使用准则以及列示和披露要求，[1] 该规定已于2024年1月1日起施行。该规定涉及的将符合无形资产定义和确认条件的数据资源确定为无形资产的相关规定，是对数据资产化的最终确认，被业内认为是国家层面首次对数据资产"入表"建立相关规范。

数据要素安全治理作为数据基础制度的四大组成部分之一，贯穿数据流通交易的各个环节，涉及数据要素市场培育的方方面面，发挥着不可替代的重要作用，既有利于保障国家数据安全，也有利于维护企业、个人数字权益。只有建立健全安全可控的数据要素治理制度，才能真正实现数据要素市场的高质量发展。长远来看，《数据二十条》的

---

[1]　《财政部关于印发〈企业数据资源相关会计处理暂行规定〉的通知》，载中国政府网，上载时间：2023年8月1日，访问时间：2023年12月29日，https://www.gov.cn/gongbao/2023/issue_10746/202310/content_6907744.html。

出台，对于我国加快推进数字经济发展具有里程碑意义。[1] 数据要素作为数字经济的重要组成部分，数据的存储、加工、流通、应用等环节都与数据安全息息相关。根据2017年6月施行的《网络安全法》，2021年9月施行的《数据安全法》及《关键信息基础设施安全保护条例》，2021年11月施行的《个人信息保护法》，我国已对数据保护和监管形成"三法一条例"的格局。

2.数字中国建设

近年来，我国扎实推进网络强国、数字中国建设，为高质量发展赋能增效，为构建网络空间命运共同体提供坚实基础，为推进世界互联网发展贡献中国智慧。2023年9月习近平总书记在黑龙江省考察时首次提出"新质生产力"，强调加快形成新质生产力。习近平总书记主持召开新时代推动东北全面振兴座谈会并发表重要讲话，[2] 指出要加快传统制造业数字化、网络化、智能化改造，推动产业链向上下游延伸，形成较为完善的产业链和产业集群。积极培育新能源、新材料、先进制造、电子信息等战略性新兴产业，积极培育未来产业，加快形成新质生产力，增强发展新动能。2023年10月，根据中共中央、国务院印发的《党和国家机构改革方案》，国家数据局正式挂牌成立，负责协调推进数据基础制度建设，统筹数据资源整合共享和开发利用，统筹推进数字中国、数字经济、数字社会规划和建设等。

2023年2月，中共中央、国务院印发《数字中国建设整体布局规

1　周民：《完善数据要素治理制度，保障数据流通交易安全〈数据二十条〉解读》，载国家发展和改革委员会网站，上载时间：2022年12月20日，访问时间：2022年12月28日，https://www.ndrc.gov.cn/xxgk/jd/jd/202212/t20221219_1343659_ext.html。

2　《习近平主持召开新时代推动东北全面振兴座谈会强调 牢牢把握东北的重要使命 奋力谱写东北全面振兴新篇章》，载《人民日报》2023年9月10日第1版。

划》（以下简称《数字中国规划》)[1]。《数字中国规划》提出，到2025年，基本形成横向打通、纵向贯通、协调有力的一体化推进格局，数字中国建设取得重要进展。到2035年，数字化发展水平进入世界前列，数字中国建设取得重大成就。数字中国建设体系化布局更加科学完备，经济、政治、文化、社会、生态文明建设各领域数字化发展更加协调充分，有力支撑全面建设社会主义现代化国家。

《数字中国规划》指出，要做强做优做大数字经济，培育壮大数字经济核心产业，研究制定推动数字产业高质量发展的措施，打造具有国际竞争力的数字产业集群。可见，建立自立自强的数字技术创新体系是建设数字中国的关键。在供给侧，信创产业致力于聚焦突破高端芯片、操作系统、工业软件等关键技术，加强通用处理器、云计算和软件关键技术的一体化研发，重点布局5G、云计算、大数据、人工智能、物联网、数字孪生、边缘计算等新一代信息通信技术、集成技术和XR、自动驾驶等新型数字科技，并支持开源社区的蓬勃发展。在需求侧，重点行业加快了数字化创新应用，从党政、金融向关键基础行业扩展，并最终延伸至全行业。

在2023年世界互联网大会乌镇峰会期间，11月8日发布了由中国网络空间研究院牵头，由全球互联网领域高端智库和研究机构参与编撰的《中国互联网发展报告2023》和《世界互联网发展报告2023》蓝皮书。[2] 其中，《中国互联网发展报告2023》从数字基础设施建设、数字经济发展和网络内容建设等九个方面，展示中国互联网发展的新情

---

1 《中共中央 国务院印发〈数字中国建设整体布局规划〉》，载中国政府网，上载时间：2023年2月27日，访问时间：2023年10月10日，https://www.gov.cn/zhengce/2023-02/27/content_5743484.htm。

2 李汶键、刘雨婷:《〈中国互联网发展报告2023〉〈世界互联网发展报告2023〉蓝皮书发布》，载光明网，上载时间：2023年11月8日，访问时间：2023年11月9日，https://politics.gmw.cn/2023-11/08/content_36952148.htm。

况、新进展、新成效。数据表明，从2012年到2022年，中国数字经济规模从11万亿元增长到50.2万亿元，互联网上市企业数量从50余家增长至近160家。截至2023年6月，中国网民规模已达10.79亿人，互联网普及率为76.4%，中国累计建成开通5G基站超过293.7万个，5G移动电话用户数达6.76亿人；IPv6的活跃用户达到7.67亿人，占互联网网民总数的71%，形成世界上最庞大的数字社会。上述数据，清晰展现了数字中国建设取得的进展。《世界互联网发展报告2023》则立足全球视野，对世界互联网发展情况进行分析、总结和评估，客观反映2023年度互联网领域的主要趋势，为全球互联网发展提供借鉴。

（二）我国软件产业的发展路径

1.我国软件产业的发展状况

我国软件产业起步晚，[1] 为推进软件产业的发展，国家及政府相关部门对软件产业一直采取积极鼓励的政策，并为大力发展软件产业提供了一系列政策支持，营造了较好的外部环境。[2]《国务院关于印发鼓励软件产业和集成电路产业发展若干政策的通知》（国发〔2000〕18号）、《国务院关于印发进一步鼓励软件产业和集成电路产业发展若干政策的通知》

---

1 应明老师曾回顾了我国软件产业的发展历史，虽然20世纪50年代末国家就组织科研人员研究计算机的硬件和软件，但直到20世纪80年代初，软件的研究开发仍旧依赖于国家财政拨款。那时我国没有软件产业，软件的开发基本上是科研模式，往往以软件通过科技成果鉴定为最终结果。在这种模式下，软件的工业化、商品化无从谈起。为了开创我国的软件产业，通过了推动软件工程标准的认定和软件保护法律的起草和颁布的意见。参见冯承中：《软件研发怪圈原因何在——应明评析改革开放初创建软件产业先决条件》，载《电子知识产权》2001年第11期，第62~64页。

2 2000年国务院出台的《鼓励软件产业和集成电路产业发展若干政策》，从投融资、税收、技术、出口、收入分配、人才、装备及采购、企业认定、知识产权、行业管理等多个方面为软件产业提供了比较系统的环境支持，极大地调动了各部门、地方政府和企业的积极性，使我国软件产业的发展进入快车道；为了尽快提高我国软件产业的总体水平和国际竞争力，国家颁布和实施了《振兴软件产业行动纲要（2002年至2005年）》，提出进一步明确发展目标和重点，采取切实有效措施加快我国软件产业的发展。

（国发〔2011〕4号）印发以来，我国集成电路产业和软件产业快速发展，有力支撑了国家信息化建设。党的十八大以来，我国软件和信息技术服务业进入结构优化、快速迭代的关键期，顶层设计持续加强，促进政策不断细化，资金扶持力度不断加大，逐步形成完善的政策体系。

国务院于2008年6月印发实施《国家知识产权战略纲要》[1]，其中版权部分涉及扶持计算机软件、信息网络等版权相关产业发展；加大盗版行为处罚力度，重点打击大规模制售、传播盗版产品的行为；有效应对互联网等新技术发展对版权保护的挑战，妥善处理保护版权与保障信息传播的关系等内容。2020年7月，国务院印发《新时期促进集成电路产业和软件产业高质量发展的若干政策》，其中知识产权政策部分涉及鼓励企业进行集成电路布图设计专有权、软件著作权登记，严格落实集成电路和软件知识产权保护制度，加大知识产权侵权违法行为惩治力度。加强对集成电路布图设计专有权、网络环境下软件著作权的保护，积极开发和应用正版软件网络版权保护技术，有效保护集成电路和软件知识产权；探索建立软件正版化工作长效机制。凡在中国境内销售的计算机（含大型计算机、服务器、微型计算机和笔记本电脑）所预装软件须为正版软件，禁止预装非正版软件的计算机上市销售等相关规定。在市场应用政策部分涉及进一步规范集成电路产业和软件产业市场秩序，加强反垄断执法，依法打击各种垄断行为，做好经营者反垄断审查，维护集成电路产业和软件产业市场公平竞争；加强反不正当竞争执法，依法打击各类不正当竞争行为等内容。

2021年3月编制的《中华人民共和国国民经济和社会发展第十四个五年规划和2035年远景目标纲要》（以下简称"十四五"规划）指出，要加强关键数字技术创新应用，加快推动数字产业化和产业数字

1　《国家知识产权战略纲要》，载中国政府网，上载时间：2008年6月5日，访问时间：2023年11月7日，https://www.gov.cn/gongbao/content/2008/content_1018942.htm。

化，充分发挥海量数据和丰富应用场景优势，促进数字技术与实体经济深度融合，催生新产业新业态新模式，赋能传统产业转型升级。要加快推动数字产业化，培育壮大人工智能、大数据、区块链、云计算、网络安全等新兴数字产业，提升通信设备、核心电子元器件、关键软件等产业水平。[1] 2021年9月，国务院印发《知识产权强国建设纲要（2021—2035年）》[2]。明确指出要实施知识产权强国战略，回应新技术、新经济、新形势对知识产权制度变革提出的挑战，加快推进知识产权改革发展，建设中国特色、世界水平的知识产权强国。要建立健全新技术、新产业、新业态、新模式知识产权保护规则，探索完善互联网领域知识产权保护制度，研究构建数知识产权保护规则，完善开源知识产权和法律体系，研究完善算法、商业方法、人工智能产出物知识产权保护规则，规范知识产权数据交易市场，推动知识产权信息开放共享，充分实现知识产权数据资源的市场价值。

2021年11月，工业和信息化部发布的《"十四五"软件和信息技术服务业发展规划》对我国软件业发展进行了系统性规划，指出到2025年，规模以上企业软件业务收入突破14万亿元，年均增长12%以上，工业APP突破100万个，建设2—3个有国际影响力的开源社区，高水平建成20家中国软件名园。[3] 目前，软件产业已经成为国家发展的重要支柱，工业和信息化部发布的数据显示，2023年1—5月，我国软件

1　《中华人民共和国国民经济和社会发展第十四个五年规划和2035年远景目标纲要》，载中国政府网，上载时间：2021年3月13日，访问时间：2023年3月3日，https://www.gov.cn/xinwen/2021-03/13/content_5592681.htm。

2　《中共中央 国务院印发〈知识产权强国建设纲要（2021—2035年）〉》，载中国政府网，上载时间：2021年9月22日，访问时间：2023年11月7日，https://www.gov.cn/zhengce/2021-09/22/content_5638714.htm。

3　《"十四五"软件和信息技术服务业发展规划》，载工业和信息化部网站，上载时间：2022年7月6日，访问时间：2023年4月21日，https://www.miit.gov.cn/jgsj/ghs/zlygh/art/2022/art_f43c068acfb14f15b8daf4238945deb0.html。

业务收入43238亿元，同比增长13.3%，运行态势平稳向好。[1]

2.我国软件产业的发展路径

目前，正在进入以数字化等新质生产力为主要标志的发展新阶段，计算机软件在数字化进程中发挥着重要的基础支撑作用。在《"十四五"规划》中5次提到软件，可见计算机软件对国民经济的发展具有重要的意义。计算机软件作为信息技术关键载体和产业融合关键纽带，将成为我国"十四五"时期抢抓新技术革命机遇的战略支点，同时全球产业格局加速重构也为我国带来了新的市场空间。因此，要充分认识软件产业发展的重要性和紧迫性，加快实施国家软件发展战略，不断提升软件产业创新活力，夯实产业发展基础，为构建新发展格局提供有力支撑。

我国软件产业的发展，与数字产业化和产业数字化进程具有密切关联。一方面，在数字产业化进程中，要加速新一代信息技术迭代创新、群体突破，加速数字产业化进程。要加快培育云计算、大数据、人工智能、5G、区块链、工业互联网等领域具有国际竞争力的软件技术和产品；支持小程序、快应用等新型轻量化平台发展；加快第六代移动通信（6G）、量子信息、卫星互联网、类脑智能等前沿领域软件技术研发。另一方面，在产业数字化过程中，要推动传统产业数字化、网络化、智能化转型升级，持续激发数据要素创新活力，加快产业数字化进程。其中工业软件是工业领域数字化、智能化转型的"加速器"。当前我国工业软件市场已处于快速发展期，2023年上半年工业软件产品收入1247亿元，同比增长12.8%。[2] 中共中央、国务院印发的《质量强国建

1　董丽：《我国软件产业迎来快速发展期》，载《中国财经报》2023年7月13日第5版。

2　运行监测协调局：《2023年上半年软件业经济运行情况》，载工业和信息化部网站，上载时间：2023年7月25日，访问时间：2023年12月16日，https://www.miit.gov.cn/gxsj/tjfx/rjy/art/2023/art_293566e9dd0c483ea1169f620679572c.html。

设纲要》，也支持工业软件关键技术突破、推动制造业智能化发展。[1]
因此，要面向数控机床、集成电路、航空航天装备、船舶等重大技术装备以及新能源和智能网联汽车等重点领域需求，发展行业专用工业软件，组件库、工具库、数据库、场景库、解决方案库、试验床等，为数字经济形势下工业软件的发展提供良好的生态环境。[2]

在软件开发过程中，对于开源软件的应用成为全球软件技术和产业创新的主导模式。开源软件已覆盖软件开发的全域场景，全球97%的软件开发者和99%的企业使用开源软件，基础软件、工业软件、新兴平台软件大多基于开源，开源软件已经成为软件产业的创新源泉，基于全球开发者众研、众用、众创的开源生态正加速形成。我国顺应全球开源发展趋势，在体系化推进开源基金会、开源代码托管平台、开源协议、开源社区建设等方面取得了积极成效。木兰系列许可证自2019年8月推出木兰宽松许可证第一版已陆续向国际社会发布，[3] 国内10家企业发起的开放原子开源基金会已于2020年6月成立，同时鸿蒙移动操作

---

1 《中共中央 国务院印发〈质量强国建设纲要〉》，载中国政府网，上载时间：2023年2月6日，访问时间：2023年11月10日，https://www.gov.cn/zhengce/2023-02/06/content_5740407.htm。

2 《"十四五"软件和信息技术服务业发展规划》，载工业和信息化部网站，上载时间：2022年7月6日，访问时间：2023年4月21日，https://www.miit.gov.cn/jgsj/ghs/zlygh/art/2022/art_f43c068acfb14f15b8daf4238945deb0.html。

3 《木兰宽松许可证》《木兰公共许可证》《木兰开放作品许可协议》等，载中国开源云联盟网站，上载时间：2019年8月至2022年12月，访问时间：2023年11月6日，http://license.coscl.org.cn/。木兰系列许可证以中英文双语发布。

系统、欧拉服务器操作系统、统信软件桌面操作系统开源稳步推进。[1]《"十四五"软件和信息技术服务业发展规划》也指出,要大力发展国内开源基金会等开源组织,加快建设开源代码托管平台等基础设施,完善开源软件治理规则,普及开源软件文化。要面向互联网、云计算、大数据、人工智能、自动驾驶、区块链、操作系统等领域需求,支持布局基础性、前瞻性开源项目;要建立开发者友好的参与机制,持续优化壮大开源社区,构建开源软件生态;要完善开源软件的知识产权托管、生态治理等相关机制,探索建立开源软件知识产权基金,研究制定符合我国法律法规的开源协议;要积极参与全球开源治理,加强与国际开源组织交流合作,提升在全球开源体系中的影响力。[2]

需要注意的是,使用开源软件也存在风险与挑战,如开源断供风险、创新开发风险、知识产权侵权风险等。开源软件并不是公共领域的软件,其著作权人通过开源许可协议将开源软件的复制权、修改权、发行权等部分权利许可协议相对方使用,但被许可人只有在遵守开源许可协议的前提下,才可行使相关权利。如果相关主体没有按照开源许可协议使用开源软件,则可能存在著作权等侵权风险,司法实践中已出现因违反开源许可协议而被诉侵犯著作权的案件。有观点认为,在承认并保护原权利人的著作权基础上,应明确开源许可协议的效力、开源著作权纠纷的管辖适用依据,建立开源登记制度,赋予开源社区原告资格,构

1　杨光:《中国开源　向LINUX学什么》,载《中国信息化周报》2023年9月18日第8版。截至2022年12月底,开源欧拉社区企业成员数超过600家,商业累计装机部署数量达300万套;"开放鸿蒙"项目吸引150余家企业或组织达成生态合作,代码行数达到1亿多行,近5100位个人开发者参与代码共建;统信deepin操作系统自问世以来持续更新超过210次,全球下载量近1亿次,海外用户超过300万人,向307个国际开源项目提交了超过1000万行代码。

2　《"十四五"软件和信息技术服务业发展规划》,载工业和信息化部网站,上载时间:2022年7月6日,访问时间:2023年4月21日,https://www.miit.gov.cn/jgsj/ghs/zlygh/art/2022/art_f43c068acfb14f15b8daf4238945deb0.html。

建合理的开源著作权风险防控机制。[1]

（三）人工智能对我国计算机软件保护的挑战

1.人工智能产业发展与专利保护

人工智能技术的飞速发展，对计算机软件产业的发展以及知识产权法律等领域带来较大冲击。当前全球科技企业在人工智能领域进行了大量专利布局，相关专利涵盖大数据、云计算、传感器、计算机视觉、语音识别、自然语言理解和深度学习应用等基础技术到通用技术的多个层面，但AI芯片、深度学习算法和类脑智能这些人工智能最为核心和关键技术的研究尚处于博弈之中，是全球科技发展的重点。我国企业和科研院所虽在人工智能通用技术（如图像识别、语音识别等）的研究上取得了一定进展，但在人工智能芯片、算法、类脑智能领域还需要进一步积累，尚需加强芯片、算法以及前沿技术的研究，以掌握人工智能的核心技术。目前人工智能领域的关键技术，主要包括机器学习、知识图谱、自然语言处理、计算机视觉、人机交互、生物特征识别、虚拟现实/增强现实等。从我国的人工智能产业发展看，也具备了一定的技术和产业基础，在芯片、数据、平台、应用等领域集聚了一批人工智能企业，人工智能在金融、安防、客服等行业领域已实现应用，在特定任务中的语音识别、人脸识别、图像识别等技术的精度和效率已远超人工，包括在司法领域也在推广试用语音识别、人脸识别等技术。面对体现全面技术创新的这一新领域，如要使我国的人工智能技术和产业得到发展，在世界相关领域掌握一定的国际话语权，就必须做好产业发展的战略布局，必须加强人工智能领域的知识产权保护。因为创新是引领发展的第一动力，而知识产权保护是激励创新的基本手段，是创新原动力的基本保障，是国际竞争力的核心要素。

---

1 肖建华、柴芳墨：《论开源软件的著作权风险及相应对策》，载《河北法学》2017年第6期，第2页。

党的十八大提出"实施创新驱动发展战略"，党的十九大明确要求"强化知识产权创造、保护、运用""推动互联网、大数据、人工智能和实体经济深度融合"，党的二十大提出"加强知识产权法治保障，形成支持全面创新的基础制度。"国务院于2017年7月发布《新一代人工智能发展规划》，提出建立人工智能技术标准和知识产权体系，特别指出加强人工智能领域的知识产权保护，健全人工智能领域技术创新、专利保护与标准化互动支撑机制，促进人工智能创新成果的知识产权保护。该发展规划是基于人工智能技术的迅速发展将深刻改变人类社会生活、改变世界的预测，提出的抓住机遇、构筑优势发展人工智能技术，加快建设创新型国家和世界科技强国的政策。[1] 2017年12月，工业和信息化部还出台了《促进新一代人工智能产业发展三年行动计划（2018—2020年）》，推动人工智能技术研发和产业化发展。2022年8月12日，科技部发布《关于支持建设新一代人工智能示范应用场景的通知》，提出充分发挥人工智能赋能经济社会发展的作用，围绕构建全链条、全过程的人工智能行业应用生态，打造形成一批可复制、可推广的标杆型示范应用场景。首批支持建设智慧农场、智能港口、智能矿山、智能工厂、智慧家居、智能教育、自动驾驶、智能诊疗、智慧法院、智能供应链十个示范应用场景。其中，智慧法院的相关内容包括针对诉讼服务、审判执行、司法管理等法院业务领域，运用非结构化文本语义理解、裁判说理分析推理、风险智能识别等关键技术，加强庭审笔录自动生成、类案智能推送、全案由智能量裁辅助、裁判文书全自动生成、案件卷宗自适应巡查、自动化审判质效评价与监督等智能化场景的应用示范，有效化解案多人少矛盾，促进审判体系和审

1　管育鹰：《人工智能带来的知识产权法律新问题——国外发展动向与我国应对路径思考》，载中国法学网，上载时间：2019年5月9日，访问时间：2023年11月10日，http://iolaw.cssn.cn/zxzp/201905/t20190509_4876367.shtml。

判能力现代化。[1]

国家知识产权局发布的相关数据显示，我国数字经济核心产业专利创新呈现蓬勃发展态势。2016—2022年，我国数字经济核心产业发明专利授权量年均增速达18.1%。截至2022年年底，我国数字经济核心产业发明专利有效量达160万件，占发明专利总有效量的38%，为我国数字经济发展提供了有力支撑。根据世界知识产权组织划分的35个技术领域的统计数据，截至2023年6月底，我国国内有效发明专利增速排名前三的技术领域，分别是计算机技术管理方法、计算机技术、基础通信程序，分别同比增长56.6%、38.2%和26%。[2]

从目前我国人工智能相关专利的情况看，专利申请主要集中在图像识别、语音识别、智能家居，以及无人驾驶、无人机领域，AR/VR虚拟现实、增强现实类，类脑/智能机器人，人工脑包括智能穿戴等。但从其技术内容看，涉及人工智能核心高端技术的专利申请还有待增加，专利申请大多还是集中在自身的外观或结构上，如机器人的外观、机器人的构造、智能穿戴设备的结构等相对低端层面。尽管总体数量相对较多，但应用型专利占很高的比例，基础性专利的权利人则大多为起步较早的国外科技企业。以深度学习为例，目前相关国内专利中涉及神经网络、深度学习模型和框架的专利方案占比低，大多是探索采用深度学习算法解决和提高如图像识别与搜索、人脸识别、道路交通等领域和行业中的应用型专利。我国的高新技术企业虽然在人工智能研究方面投入也很大，但专利数量和基础性专利的积累相对较弱，有必要通过

1　《科技部关于支持建设新一代人工智能示范应用场景的通知》，载中国政府网，上载时间：2022年8月15日，访问时间：2023年8月14日，https://www.gov.cn/zhengce/zhengceku/2022-08/15/content_5705450.htm。

2　《国务院新闻办就2023年上半年知识产权工作有关情况举行发布会》，载中国政府网，上载时间：2023年7月18日，访问时间：2023年11月21日，https://www.gov.cn/lianbo/fabu/202307/content_6892775.htm。

相关行业协会等将国内企业之间的竞争通过专利交叉许可等方式，进一步形成合力整体参与国际竞争。人工智能标准涉及的共性技术领域多，我国应加快制定人工智能各领域的标准体系，明确相关专利与技术标准之间的相互制约和依存关系，建立统一完善的标准体系，以专利和技术标准的融合促进我国人工智能产业的发展。因此，在目前弱人工智能发展阶段，本书认为人工智能领域的知识产权保护应该不断加强，而不必过多担忧技术垄断的问题，以不断激励创新；而所谓强人工智能时代到来之际的知识产权保护制度设计，现阶段可以暂时留白，跟随技术进步的脚步，待到能基本看清其庐山真面目，可再行筹划设计。

司法实践中已经出现了涉及人工智能领域的专利授权确权的行政纠纷案件，主要涉及无人机、机器人、语音识别、人脸识别、自动驾驶、智能家居等应用领域，也出现了取得涉人工智能专利授权的权利人维权的民事侵权纠纷案件。中共中央办公厅、国务院办公厅于2018年2月6日印发的《关于加强知识产权审判领域改革创新若干问题的意见》指出，作为对创新的产权制度安排和激励机制，知识产权制度是创新原动力的基本保障，要"树立保护知识产权就是保护创新的理念"，不断增强我国经济的创新力和竞争力。对于司法实践中的上述案件，法院应积极回应人工智能领域的产业发展和需求，主动更新知识，认真学习了解人工智能技术和产业的发展状况，在此基础上再根据我国专利法的相关规定对其可专利性以及是否构成专利侵权等问题进行考量。

本书认为，对目前处于弱人工智能发展阶段的人工智能技术给予专利保护是十分必要的，尤其是还要考虑到国家参与国际竞争的需要，将人工智能的专利保护与标准化工作的开展结合起来，通过对人工智能及其产业发展具有基础性、支撑性、引领性作用的标准化的推进，力争占领产业竞争的制高点。我国企业在积极整合技术资源和技术优势，及时跟踪相关国际企业的专利申请动态和布局策略，深入了解和掌握技术领先企业的技术投入和研究方向，做好该领域专利布局的基础上，还应抓住契机，积极推动我国人工智能关键技术的相关专利进入国际和国内标准，避免以往在DVD、通信等相关技术领域受制于人的情况再次发生。

关于人工智能领域的技术标准问题，前述《新一代人工智能发展规划》中就提出了建立人工智能技术标准，加强人工智能标准框架体系研究，逐步建立并完善人工智能基础共性、互联互通、行业应用、网络安全、隐私保护等技术标准；同时，提出加快推动无人驾驶、服务机器人等细分应用领域的行业协会和联盟制定相关标准；鼓励人工智能企业参与或主导制定国际标准。此后，中国电子技术标准化研究院等单位编写发布的《人工智能标准化白皮书（2018版）》对国内外人工智能标准的现状进行了总结，并结合我国的情况提出了人工智能标准体系以及对人工智能标准化工作的重点建议。同时，也提出了人工智能领域标准化工作所面临的问题和挑战，包括由于人工智能的技术和相关产品都还在快速发展之中，业界对其概念、内涵、应用模式、智能化水平等尚难达成共识，现有标准化工作基础较为薄弱；人工智能标准涉及的共性技术领域多，涉及不同的标准化技术委员会，需要加强标准化的顶层设计，避免工作交叉重复。人工智能作为国内外关注的前沿技术，行业巨头正在加快谋篇布局，我国在人工智能领域的创新能力有待进一步提升等。

因此，我国有必要直面和解决《人工智能标准化白皮书（2018版）》中提出的上述挑战和问题，加快制定人工智能各领域的标准体系，明确相关专利与技术标准之间的相互制约和依存关系，建立统一完善的标准体系，以专利和技术标准的融合促进我国人工智能产业的发展。

2.生成式人工智能的相关法律保护

为了促进生成式人工智能健康发展和规范应用，维护国家安全和社会公共利益，保护公民、法人和其他组织的合法权益，《生成式人工智能服务管理暂行办法》[1] 经国家互联网信息办公室审议通过，并经国家发展和改革委员会、教育部、科学技术部、工业和信息化部、公安部、国家广播电视总局同意，自2023年8月15日起施行。该办法明确规定，国家坚持发展和安全并重、促进创新和依法治理相结合的原则，采取有效措施鼓励生成式人工智能创新发展，对生成式人工智能服务实行包容审慎和分类分级监管；鼓励生成式人工智能算法、框架、芯片及配套软件平台等基础技术的自主创新，平等互利开展国际交流与合作，参与生成式人工智能相关国际规则制定；推动生成式人工智能基础设施和公共训练数据资源平台建设。促进算力资源协同共享，提升算力资源利用效能。推动公共数据分类分级有序开放，扩展高质量的公共训练数据资源。鼓励采用安全可信的芯片、软件、工具、算力和数据资源。

　　在司法实践中，也出现了与人工智能生成物相关的案件，有的涉及人工智能生成文字、有的涉及生成图片的保护问题。在认定构成我国著作权法保护的文字作品或美术作品的案件中，主要是考虑创作者在人工智能生成作品过程中所发挥的个性化选择和安排的作用；认定不属于我国著作权法保护的作品的案件，则主要是基于著作权法关于作品应由自然人创作完成的规定。此外，我国法院已受理涉及相关画师起诉"Trik AI"未经许可使用其作品作为训练数据训练AI模型的侵权案件。[2]

（1）菲林诉百度案

　　在北京互联网法院2019年4月审结的菲林律师事务所诉百度公司

1　该办法明确，生成式人工智能技术，是指具有文本、图片、音频、视频等内容生成能力的模型及相关技术。

2　北京互联网法院于2023年11月受理四位画师起诉行吟公司、伊普西龙公司等训练数据侵权案，原告主张"Trik AI"生成的图片有明显模仿其作品的痕迹，故起诉被告违法使用其作品训练AI模型。参见《小红书被指偷画师作品炼AI获立案》，载凤凰网，上载时间：2023年11月29日，访问时间：2023年12月16日，https://tech.ifeng.com/c/8V6vVblLqd4。

侵害著作权案中，[1] 首次对计算机软件智能生成报告的版权问题作出回应，认为计算机软件智能生成的报告不构成著作权法意义上的作品，不受著作权法的保护。该案原告利用"威科先行"法律信息库，设置相应的检索条件，由该计算机软件智能生成了《关于影视娱乐行业司法数据的分析报告》，并在此报告的基础上整理创作了《菲林丨影视娱乐行业司法大数据分析报告——电影卷·北京篇》。原告发现被告未经许可发布被诉侵权文章，认为侵犯了其对涉案文章的著作权，故诉至法院。

法院经审理认为，从分析报告生成过程看，选定相应关键词使用"可视化"功能自动生成的分析报告，涉及的内容体现出针对相关数据的选择、判断、分析，具有一定的独创性。但是根据现行法律规定，文字作品应由自然人创作完成。虽然计算机软件智能生成的此类"作品"在内容、形态，甚至表达方式上日趋接近自然人，但根据现实的科技及产业发展水平，若在现行法律的权利保护体系内可以对此类软件的智力、经济投入予以充分保护，则不宜对民法主体的基本规范予以突破，故自然人创作完成仍应是著作权法上作品的必要条件。上述分析报告的生成过程中，软件开发者（所有者）没有根据其需求输入关键词进行检索，软件使用者仅提交了关键词进行搜索，该分析报告并未传递二者思想、感情的独创性表达，故二者均不应成为该分析报告的作者。二者不能以作者身份署名，应在分析报告中添加生成软件的标识，标明系软件自动生成的作品。

（2）腾讯诉盈讯案

在广东省深圳市南山区人民法院2019年12月审结的涉及人工智能软件Dreamwriter的腾讯公司诉盈讯公司侵害著作权及不正当竞争案[2] 中，自2015年以来，原告主持创作人员使用其关联公司自主研发的

---

1 参见北京互联网法院（2018）京0491民初239号民事判决书。

2 参见广东省深圳市南山区（2019）粤0305民初14010号民事判决书。

Dreamwriter智能写作助手每年可以完成大约30万篇作品，其中包括2018年发表的《午评：沪指小幅上涨0.11%报2671.93点 通信运营、石油开采等板块领涨》的财经报道，涉案文章发表时末尾注明"本文由腾讯机器人Dreamwriter自动撰写"，对被告未经许可发布相同文章的行为，原告提起诉讼。

法院经审理认为，涉案文章的生成过程主要经历数据服务、触发和写作、智能校验和智能分发四个环节。在上述环节中，数据类型的输入与数据格式的处理、触发条件的设定、文章框架模板的选择和语料的设定、智能校验算法模型的训练等均由主创团队相关人员选择与安排。从整个生成过程来看，如果仅将Dreamwriter软件自动生成涉案文章的这两分钟时间视为创作过程，确实没有人的参与，仅仅是计算机软件运行既定的规则、算法和模板的结果，但Dreamwriter软件的自动运行并非无缘无故或具有自我意识，其自动运行的方式体现了原告的选择，也是由Dreamwriter软件这一技术本身的特性所决定。因此，法院认为，从涉案文章的外在表现形式与生成过程来分析，该文章的特定表现形式及其源于创作者个性化的选择与安排，并由Dreamwriter软件在技术上"生成"的创作过程均满足著作权法对文字作品的保护条件，法院认定涉案文章属于我国著作权法所保护的文字作品，被告的涉案行为构成侵权。

（3）AI文生图案

在北京互联网法院2023年审理的李某锴与刘某春涉AI文生图侵害作品信息网络传播权案中，[1] 原告使用开源软件Stable Diffusion通过输入提示词的方式生成涉案图片，被告在其百家号账号发布的文章中配图使用了涉案图片。法院认定在涉案图片生成过程中，原告通过设计提示词、设置参数的方式来对生成图片的画面元素和画面布局进行具

---

[1] 参见北京互联网法院（2023）京0491民初11279号民事判决书，该判决已一审生效。

有个性化的选择和安排，最终得到涉案图片。该图片能够体现出原告的独创性智力投入，属于美术作品，被告的涉案行为侵犯了涉案图片的著作权。

该案为人工智能生成图片著作权第一案，引起社会广泛关注和讨论。有观点认为，该案认定自然人对其利用人工智能大模型生成图片在符合一定条件下享有著作权，有利于实现著作权"激励作品创作"的内在目标，保护和强化人在人工智能产业发展中的主导地位；也有观点认为，人工智能生成内容不具有独创性，不构成作品，不值得、不需要、不应当动用产权制度和社会成本予以激励或保护，该案应驳回原告的诉讼请求；[1] 还有观点认为，人工智能的研发者需要设计算法和模型，并使用大量的数据"训练"人工智能，但研发者和使用者均不能基于其自由意志直接决定人工智能生成的内容，该内容并非由人类以人工智能为工具创作的内容。同时，进一步提出不对人工智能生成物的内容提供著作权保护，不意味着人工智能与著作权法及其他知识产权法无关，其背后的计算机程序当然属于著作权法保护的作品，其涉及的技术方案也可能被授予专利权。[2]

3.虚拟数字人的保护问题

虚拟数字人（Digital Human / Meta Human），是运用多项人工智能技术创造出来的与人类形象接近的数字化人物形象，目前在影音娱乐、电商带货、虚拟社交等行业领域广泛应用。在浙江省杭州市中级人民法院2023年审理的魔珐公司诉四海公司首例涉虚拟数字人侵害著作

---

1 熊文聪：《对全球首例"AI生成图片受著作权保护"案的评述》，载知产前沿网，上载时间：2023年12月7日，访问时间：2023年12月11日，https://www.163.com/dy/article/ILCFOVNI0530W1MT.html。

2 王迁：《再论人工智能生成的内容在著作权法中的定性》，载政法论坛微信公众号，2023年6月28日。

权、表演者权及不正当竞争案[1] 中，判决结合人工智能技术应用及虚拟数字人发展现状，从权利主体、客体、权利归属等多层面分析虚拟数字人在现有著作权法框架下不享有相关权利，首次对于虚拟数字人从创建到使用过程中涉及的虚拟数字人本体、中之人、虚拟数字人经营者等多方主体的著作权或邻接权进行界定，厘清了虚拟数字人的表演者权归属。该案原告综合应用多项人工智能技术打造了超写实虚拟数字人Ada，并于2019年10月通过公开活动予以发布，于同年10月、11月通过bilibili平台发布两段视频，一段用以介绍虚拟数字人Ada的场景应用，一段记录真人演员（即中之人）徐某与虚拟数字人Ada的动作捕捉画面。被告于2022年7月使用原告发布的相关视频发布两段被诉侵权视频，并在片头片尾替换了有关标识。

　　一审法院认为，虚拟数字人系通过建模、智能合成、动作捕捉及其他数字技术手段所制作出的具有外貌、声音等方面的特征和行为模式的虚拟角色的可视化呈现形象。虚拟数字人不是自然人，不具有作者身份，在弱人工智能盛行的当下，人工智能创作成果的智力创作空间有限，即使人工智能生成的内容具有独创性，能够构成具体类型的作品，也不归属于虚拟数字人。在现有的著作权法律体系的框架下，虚拟数字人不享有著作权和邻接权。涉案虚拟数字人的表现形式借鉴了真人的体格形态，同时又通过虚拟美化的手法表达了作者对线条、色彩和具体形象设计的独特的美学选择和判断，构成美术作品。使用Ada形象的相关视频构成视听作品或录像制品。原告享有上述作品的财产性权利及录像制作者权。因虚拟数字人Ada系经过对"中之人"徐某实时语音生成及动作捕捉而成，并非在真人表演的基础上所产生的新的表演。徐某符合著作权法关于表演者的相关规定，其作为原告公司

1　参见浙江省杭州市中级人民法院（2023）浙01民终4722号民事判决书，杭州互联网法院（2022）浙0192民初9983号民事判决书，该案获评2023年度人民法院十大案件。

员工，系进行职务表演，结合双方书面约定，应由原告享有表演者权中的财产性权利。被告发布两段被诉侵权视频侵害了原告涉案视听作品、美术作品、录像制品及表演者的信息网络传播权。一审法院判决被告消除影响并赔偿经济损失及维权费用12万元，二审法院判决驳回上诉，维持原判。

4.关于人工智能相关著作权保护的思考

如前所述，目前人工智能技术的发展尚处于弱人工智能的阶段，机器所创作出来的作品，仍然是由软件开发者开发完成的程序创作出来的，其本质仍然是对人的智能的应用。但随着机器学习能力的增强，深度学习技术的深入发展，可能会带来超出人类预设的程序，而由有自我意识的真正能思维的智能机器创作出作品的情况发生，也就是通常所说的强人工智能时代的到来。在强人工智能时代，确实需要我们去思考有自我意识的智能机器创作完成的作品，或是开发出来的技术方案能否受到著作权法或是专利法的保护，以及相关知识产权的权利应归属机器还是人类等问题。但在当前持续时间可能相对较长的弱人工智能时代，应该还不存在上述问题的讨论。

首先，关于人工智能创作物是否应受到著作权法的保护问题。根据著作权法的相关规定，构成作品的要件包括其是否具有独创性以及是否能够以有形形式复制，其中重要的考量在于创作物本身是否系独立创作，是否具备独创性。在现行著作权法的原理和框架下，独创性的判断往往同创作者的人格属性密切相关，作品通常被理解为人类思想情感的表达。人工智能在弱人工智能时代，仍属于创作工具，其运行的过程并未脱离人类作为软件开发者预设的算法，其创作过程与人的参与和个性化选择等直接相关，人工智能创作物本质上仍然是人类作者思想的表达。此时，人工智能创作物如果符合"独创性"条件，仍应被认定为作品，仍应受到著作权法的保护。但人工智能如果发展到强人工智能时代，该人工智能创作物的完成已经在一定程度上摆脱了人类预设的软件算法，更多的是在人工智能自我意识、自我思维的状态下完成，在其符合独创性条件的情况下，能否将其纳入现行著作权法的框架，作为与创作者人格属性相关的作品得到保护就成为有待研究的问题。在此情况下，本书认为即使要赋予其作品法律地位，也需要对现行法律进行一定程度的修改，将与人类人格属性密切相关的作品概念进行适度拓展，将人工智能创作物涵盖在内。

其次，关于人工智能创作物的权利归属问题。如果人工智能创作物符合著作权法规定的作品构成要件，可以受到著作权法的保护，那该作品的著作权应如何确定权利归属？人工智能能否成为作品的作者？根据我国现行《著作权法》第二条和第九条的规定，我们可以看到作品的创作者仍然限于中国公民、外国人、无国籍人等人类的范围内，现行法律无法将非人类的创作者纳入作者的范畴。如在长沙动物园诉当代商报社等侵害著作权及不正当竞争案中，法院认为"海豚所作出的表演，实质上是因驯养员的训练而产生的条件反射，是驯养员训练思维的一种机械性、生理性反映工具，海豚不具有法律上的人格意义，既不是表演者，也不能构成著作权的权利主体"。而在美国猿猴自拍照案中，摄影师认为是其事先设置好拍摄设备后远离设备，猿猴前去自拍，才有了猿猴自拍的照片，照片版权应归属摄影师；而某动物保护组织则认为照片版权应归属猿猴。后美国版权局于2014年12月22日发布的文件中明确规定了作品的人类创作条件。

在弱人工智能时代，符合作品构成要件的人工智能创作物的著作权也应当归属于人类，这与著作权法鼓励人类创作的初衷也是一致的，至于其著作权人是归属于软件程序开发者，还是使用程序完成创作物的使用者，则应根据其贡献度进行个案综合判断。在强人工智能时代，人工智能创作物由人工智能有意识地自主完成，其创作物的完成与人类无直接关系，则其著作权的归属可以考虑学界的相关观点，归属人工智能的实际控制者，对人工智能给予其在作品上署名的权利。[1]

四、利益平衡理论在我国的适用

我国现行《计算机软件保护条例》第一条规定，该条例的立法目的是："为了保护计算机软件著作权人的权益，调整计算机软件在开发、传播和使用中发生的利益关系，鼓励计算机软件的开发与应用，促进软件产业和国民经济信息化的发展。"可见，在对计算机软件进行法律保护时，既要使应该得到知识产权保护的独创设计切实得到保护，以充分调动计算机软件行业从事创造性开发工作的积极性；同时也要注意保护程度不应影响我国相关软件产品的推广应用和软件产业的发展。也就是说，应当在既有利于鼓励计算机软件的开发和创新，又有利于软件的传播和应用的层面上设计相应的制度架构。

（一）把握计算机软件法律保护的几个平衡关系

1.关于软件法律保护程度与国家经济发展水平之间的平衡

计算机软件法律保护的根本目标是促进社会经济和科技的进步，而事实上，每个国家的社会经济和科技发展状况存在很大的区别，因此虽然根本目标在表面上是一致的，但实质上其内涵不可能完全相同，这就涉及对计算机软件的法律保护程度与国家经济发展水平之间的平衡问题。

对于该平衡关系的把握，是解决相关法律制度合理性问题的根本所在。法律总是基于一定的社会状况而设计的，为了促进本国的社会经济和科技的发展，而创设符合本国国情的相关法律制度，才可能最终实现法律制度设计的根本目标。也就是说，这里的"社会"是多样化的，既包括发达国家经济、文化、科技相对领先的社会状况，也包括许

1　吴汉东、张平、张晓津：《学者对话法官：人工智能对知识产权法律保护的六大挑战》，载《中国法律评论》2018年第2期，第1—24页。

多发展中国家经济与科技发展水平相对落后的社会状况。而要处理好该平衡关系，就要在严格考察本国社会经济发展状况的基础上，寻求适合本国国情的法律保护路径。有的学者提出，如同发达国家早期那样，发展中国家对于计算机软件也应有一定的仿制和借鉴的空间；立法在追求权利义务双方利益平衡的前提下，总是有所侧重的。在不同的时期不同的经济发展阶段下有着不同的立法要求，因此应根据各国国情、社会发展状况、社会发展方向等情况来决定应侧重保护哪一方的利益。[1]

从我国计算机软件产业的发展状况看，软件产业发展起步较晚，但保持了较高的发展速度。[2]工业和信息化部统计数据显示，2022年，我国软件业务收入突破10万亿元，同比增长11.2%，高于GDP增速8.2个百分点。[3]虽然我国计算机软件产业总体发展势头较好，但仍应注重平衡好软件保护程度与经济发展水平之间的关系。此前，曾有学者质疑我国《计算机软件保护条例》中有关计算机软件最终用户法律责任的严格程度，尽管最高人民法院相关司法解释[4]已将之限于商业性使用的软件用户，但毕竟从法律规定的层面上来说，该规定确实有超水平保护之嫌。因此，对于我国计算机软件法律保护的合理限度问题，应注重考虑

---

1 寿步：《合理保护知识产权是中国的必然选择》，载《上海交通大学学报（哲学社会科学版）》2006年第2期，第5-11页。

2 我国在世界软件产业中的份额从2000年的1.20%增长到2003年的2.64%，2003年全行业共完成软件与系统集成销售收入1633亿元，其中出口20亿美元，分别同比增长48.5%和33.3%。参见信息产业部经济体制改革与经济运行司：《2003年中国软件产业发展现状与发展趋势》，载软件和信息服务业网，上载时间：2004年7月9日，访问时间：2023年11月12日，http://csso.com.cn/tbbd1.php?id=277。

3 黄昂瑾：《加快软件产业高质量发展　为数字经济注入更多活水》，载央广网，上载时间：2023年7月7日，访问时间：2023年11月1日，https://tech.cnr.cn/ycbd/20230707/t20230707_526319010.shtml。

4 2002年10月通过的《最高人民法院关于审理著作权民事纠纷案件适用法律若干问题的解释》第二十一条规定，计算机软件用户未经许可或者超过许可范围商业使用计算机软件的，依据《著作权法》和《计算机软件保护条例》的相关规定承担民事责任。

我国软件产业的发展现状，立足于本国的实践，对接高标准国际经贸规则。正如英国知识产权委员会的报告所指出的："应当从最有利于每个发展中国家发展的角度来建议适合于该国的知识产权方案，它也应列入国际社会和各国政府的决策指南。"[1]

对该平衡关系的把握，要注意避免过度强化技术进步而可能忽视软件权利人保护的情况。计算机软件产业发展的关键在于创新，而创新也离不开对已有成果的借鉴和参考，有的学者提出，如果在后开发者在作出其独创性贡献的同时，采用了他人软件中受法律保护的部分，但在后开发的软件产品确实比原有产品更加优秀，法律在确认侵权行为存在并进行相应处理的同时，不应完全否定在后开发者所作出的独创性贡献，不应制止、封杀在后开发的优秀程序产品的应用和推广。理由是知识产权制度的目的是有利于社会的发展和进步。[2] 本书认为，上述学者的观点表面看来似乎对在后开发的侵权产品不加制止，但显然并非如此，学者的意思应当是对于具有独创性贡献的侵权产品在进行相应处理如去除或改变侵权内容之后，可以进行应用和推广。[3] 这实际上还是一个对平衡关系的把握问题，如果一味强调社会公众的利益和社会科技的进步，不仅可能导致打击软件开发者开发软件的积极性，同时还可能因此助长侵权人的侵权行为，不利于计算机软件产业和社会经济与技术的发展。

1　英国知识产权委员会：《知识产权与发展政策相结合》，载英国知识产权委员会网站，上载时间：2002年9月22日，访问时间：2023年12月12日，http://www.iprcommission.org/graphic/documents/final_report.htm。

2　应明：《关于处理计算机程序相似性版权纠纷的问题》，见郑成思主编：《知识产权文丛（第三卷）》，中国政法大学出版社2000年版，第375页。

3　当然许多计算机程序的开发是存在延续性的，可能无法通过简单的删改而达到停止侵权的目的，此时为了实现推广应用在后开发产品的目的，可能最好的方式是在软件权利人和侵权开发者之间达成和解，通过授权许可对方使用其程序作品。

2.关于权利人利益与社会公众利益之间的平衡

对于权利人与社会公众利益之间的平衡问题，郑成思教授曾经撰文纠正了一些模糊认识，其中包括对公共利益的理解问题。其主要观点为"任何私权与公共利益之间，都不仅有'平衡'问题，而且有前者服从后者的问题，不惟知识产权如此。任何私权的所有人与使用人、所有权人与用益权人之间、不同权利之间，则是另外一种'平衡'问题。这两组问题是不应被混淆的。而作为知识产权客体的信息（无论是技术方案、作品，还是商标标识），由于可以被多人分别独立使用，在知识产权领域把使用人的利益与公共利益混淆的事就经常发生。现在的多数'知识产权平衡论'均存在这种混淆，而这又是进行知识产权战略研究之前必须搞清楚的基本理论问题。"[1] 这主要涉及对所谓社会公共利益的理解问题，社会公共利益显然不应理解为多个侵权行为人的个体利益的集合，而是应当真正从社会发展的高度，理解对于实现社会经济发展和社会进步密切相关的公共利益。

对于计算机软件来说，一般可以理解存在两个方面的公共利益：一是获取并使用新开发的计算机软件的公共利益，二是鼓励计算机软件开发和创作的公共利益。[2] 这两个方面的公共利益的保护对于计算机软件的产业和社会经济与科技的发展具有重要的意义。要平衡这两方面的利益关系，就要在通过对软件的法律保护，实现对权利人的保护，鼓励更多的社会公众投入软件开发和创作的基础上，同时保护社会公众充分享用社会新知识的权利，使其能够以合理的对价和适当的方式获取并使用相关计算机软件产品。因此，对于与计算机软件相关的合理使用制度

---

1 郑成思：《中国知识产权保护现状与定位问题》，载《今日中国论坛》2005年第2-3期，第118-121页。

2 英国知识产权委员会的报告提出要"协调两种公共利益的关系，一种是使用新知识及新知识产品的公共利益，一种是刺激发明创造物质和文化进步所依靠的新知识及新产品的公共利益。"

的完善就显得十分重要。从我国《计算机软件保护条例》对合理使用的有关规定看，似乎仅涉及了计算机软件的研究开发人员，这种对软件最终用户的合理使用行为的界定显然不够规范，合理使用应当包括商业性使用用户之外的所有用户；尤其是对于技术措施的保护而带来的对合理使用范围的限缩问题，实质上也是对公众获取和使用软件的更多限制。

此外，利益平衡理论还要求我们应当将权利人因相应的法律保护可以取得的利益与社会公众因此所要付出的成本相平衡，避免出现因限制社会公众对软件的使用所付出的成本超出因著作权的鼓励创作作用而产生的收益的情况。这里主要讨论有关计算机软件产品的合理价格问题。大量盗版产生有很多时候被归咎于正版软件价格的昂贵。由于正版软件高昂的价格，使得社会公众无法通过合理的成本支出取得相应的知识产品，也就无法保护公众对于合理获取知识产品的公共利益的实现。事实上，相关软件企业已经开始尝试向发展中国家的市场推行价格相对其他市场较低价格的软件，以促进软件的正版化。如美国微软公司曾于2005年2月在我国市场推出正版增值计划，其中包括优惠购买正版软件并推出获得正版软件的三种便捷途径。[1] 实质上，软件的正版价格是否在合理的范围内，也并没有绝对科学的评判标准，但至少适当降低正版价格，通过销售和许可数量的增加，也可以使权利人的利益得到实现，同时也保障了合理获取软件和使用软件的公共利益实现的可能。

3.关于计算机软件法律保护与禁止权利滥用的平衡

计算机软件的法律保护还应防止过度保护的倾向，禁止软件权利人滥用权利而给社会公共利益带来负面影响。有观点认为，权利滥用现象存在与否，与权利保护的法律制度水平的高与低不是一回事也无必然

---

1 苏娟：《微软：秋后算账 温柔一刀》，载《中国知识产权报》2005年3月2日第7版。

联系。本书认为，二者确实并不是一个问题，但二者之间还是存在一定联系的。要禁止权利人滥用权利，就应在通过法律赋予其相应权利之初，充分考量权利人的权利与社会公众利益之间的平衡，并在综合分析判断的基础上，合理地确定权利人相应权利的保护范围。当然权利的滥用有时与权利的授予情况并无直接关系，合法的权利也存在被滥用的可能，但这种情况不应成为赋予权利时考虑权利滥用倾向的否定理由。如在商业方法软件专利的保护问题上，在能否授予专利权，是否会带来权利滥用，是否会引起垄断并阻碍社会科技进步等都应成为予以考量的问题。

（二）计算机软件保护利益平衡的相对性问题

保持计算机软件权利人与社会公众之间的利益平衡，对这个平衡"度"的把握还需要进一步的深入研究。因为这种平衡是一种永无止境的动态的平衡，是在不断调整中维持的平衡。由于社会经济、技术、文化意识等多方面制约和影响，知识产权权利人和社会公共利益之间，绝对的平衡状态在现实中是不存在的。[1] 随着科学技术的发展和进步，随着相关国家社会经济、文化的发展和演进，软件法律保护中的平衡可能会成为不平衡，而通过修改相关的法律，最终又会达成新的平衡。

从总体上说，由于这种平衡关系与一个国家社会经济和科技发展水平密切相关，随着社会经济和科技发展水平的逐步提高，相应的法律制度也应遵从上述经济发展关系的变化而变化。如发展中国家在其社会科技发展水平相对落后的情况下，可能所选择的软件保护水平相对较低，但在科技取得不断进步的情况下，其可能据此调整相关的法律制度设计，赶上或接近发达国家的保护水平；同时，计算机软件法律制度也应随着科技的不断发展变化而变化。因为新技术的出现往往会带来法律

1　袁泳：《知识产权法与技术、文化创新》，载《北京大学学报》1997年第5期，第99–107页。

制度的变化，如在著作权法领域，每一次技术的革新都会打破原有的平衡，而通过相关法律规定的修改才能恢复平衡状态，即达到一种新的平衡状态，这在印刷技术、广播电视技术、数字技术、网络技术、人工智能等发展方面都可以得到证明。[1]

作为农业经济和工业经济后的新型经济形态，数字经济主要是指以使用数字化的知识和信息作为关键生产要素、以现代信息网络作为重要载体、以信息通信技术的有效使用作为效率提升的一系列经济活动所表现的经济形态。美国在进入21世纪之初连年发布数字国家报告加强数字领域顶层设计，积极布局云计算、大数据、人工智能等前沿领域，其中基础软件和工业软件属于美国数字经济发展的重要领域，也是软件产业的基础和制高点。[2] 对于全球经济产生重大影响的数字经济必然会对建立在一国经济发展水平上的相关法律制度的调整具有重要的作用，通过相应的调整，来实现对新的经济关系的协调和平衡。

（三）计算机软件法律保护利益平衡理论在司法中的运用

计算机软件的法律保护问题，与相关科技进步与技术发展紧密相连，而法律的滞后性又是天然存在的。司法实践中，常常出现相关的法律规定尚未根据科学技术的发展进行相应的调整，就已经出现了相关新类型案件的情形。法官不能拒绝裁判，因而就需要法官在考量相关利益平衡的基础上依据相关法律的原则条款进行裁决。针对知识产权与科技进步密切关联的特点，日本田村善之教授提出应坚持有条件的法定主义原则与利益平衡原则，认为知识产权不仅与知识创造者的利益息息相关，而且与社会公众的利益息息相关，其正当化根据不仅应当考虑知识

---

[1] 虽然有的观点认为商业方法软件专利的问题完全可以通过有关计算机程序的审查指南的规定予以解决，但其相对仍欠具体的针对性和可操作性。

[2] 李西林、张谋明、游佳慧：《美国数字经济发展回顾与展望》，载《服务外包》2022年第1-2期，第68-71页。

创造者的利益，更应当充分考虑公众的利益。[1]

1.科技进步与法律制度建设

法律制度建设的发展往往是与科技的发展和进步相伴的，尤其是与科技进步关系极为密切的知识产权保护制度。知识产权法律制度发展变化的历史就是科技进步历史的写照，而其中与计算机软件保护相关的法律制度本身就是伴随科技的进步才出现的法律领域。科技进步表现为知识总量的增殖、知识生产能力的增长以及知识在经济和社会发展中的应用等方面。科技、经济和社会呈一体化发展趋势。现代科技活动，不论是知识的生产和再生产，还是知识的消费和技术转移，都牵涉到复杂的社会关系，甚至产生许多前所未有的社会关系。这些社会关系有着深刻的利益背景和复杂的利益体系，充满着利益矛盾和冲突，科技进步呼唤着法治建设，法律是科技进步的保护神和推进器，科技进步需要法律的保障和推进，科技活动引起的社会关系需要法律加以调整。[2]然而法律的变革由于需要通过严格的立法程序，因此法律对新技术新业态新模式等领域的调整往往会大大落后于相关社会关系的实践，从而常常迫使司法走在立法的前面。我国司法机关已经审理的相关涉及人工智能生成物的著作权认定等问题的新类型案件，就是伴随人工智能技术快速发展带来的数字经济领域法律规制的新问题，是司法裁判先行探索的典型例证。

2.司法走在立法前面的例证

司法先于立法作出相关裁判的例证很多，除了因科技的发展进步而需要司法在先裁判，还包括由于社会经济生活的发展变化而带来的问

---

1 转引自李扬：《知识产权法基本原理（Ⅰ）——基础理论》，中国社会科学出版社2013年版，第84页。

2 罗玉中：《知识经济与法律》，北京大学出版社2001年版，第27页。

题，[1] 其中主要是基于技术的不断发展而带来的问题。如因网络技术的发展而带来的网络著作权侵权问题的解决，网络域名纠纷的处理，网络非法解密行为的认定等问题，都是先由法官根据相关法律的基本原则先行作出裁决，之后才出现了对著作权法及计算机软件保护条例相关规定的修改。尽管法律因应科技的发展进行相应修改和调整的范围可能并不大，有些可能仅仅是在原有法律框架内的微调，[2] 但对于司法裁判者来说，其是在没有现成的法律条文或在先司法案例的基础上，在诉讼中针对新技术的发展为不同的利益群体探寻新的利益平衡点，其难度是可想而知的。司法裁判者往往要深入调研，厘清相关技术的本质，明晰行业发展动向，广泛听取业界和学界的意见，对难点问题专题讨论，以尽可能作出最有利于相关行业和社会经济发展的裁判，充分发挥规范引领作用，促进相关行业的自律和新产业新模式的有序发展。

对于计算机软件这一与科技的发展变化联系更为紧密，创新性也更为活跃的领域来说，出现司法必须在立法之前作出裁判的可能性更大。如国际公约对计算机软件反向工程问题没有明确的规定，各国法律在对软件反向工程的应对上，主要有两种情况：一是以美国为代表的通过司法来判断处理的形式，二是欧盟通过立法的形式明确规定的情况。美国的经验表明，司法要通过个案具体分析判断，具有极强的挑战性，因此美国的许多判例也曾出现联邦地方法院与上诉法院对反向工程是否合法的判决结果完全相反的情况；再如本书讨论的有关P2P文件共享软件技术给著作权制度带来的挑战问题，能否将之纳入现有法律制度中的信息网

---

1 如北京市第二中级人民法院审理的两起有关商标即发侵权和反向假冒的案件（即天朝化工案和枫叶服装案），法院在实践中先于立法作出了侵权的判决，此后立法才对此作出了规定。

2 如关于网络传输的保护问题曾引起学者的多方争论，其中也曾有学者坚持提出网络单行立法的建议，但最终国际上和国内的普遍做法都是将之纳入已有的法律保护体系，增加有关信息网络传播权和其他相关权利的规定。

络传播的范畴，如何界定与之相关的软件开发者、网络服务提供者和软件用户的法律责任，如何寻求三者之间的利益平衡等问题，在我国最高人民法院有关信息网络传播权的司法解释对此作出明确规定之前，司法也曾在相关诉讼中面临建立所谓"新秩序"的任务。[1]

3.利益平衡理论的司法运用

当司法面对缺乏明确法律规定的涉及计算机软件保护的前沿问题时，应如何处理新技术环境下所产生的新的利益关系，如何作出公平、公正的裁判，往往受到广泛关注。在司法实践中，法官通常会基于对相关法律基本原则的分析，结合案件涉及的技术事实和法律适用等焦点问题推导出相应的结论，似乎与利益平衡没有直接的关系。但实质上，法官是在不自觉地进行着各方利益的平衡，不自觉地以现有法律规定为基础，创设新的利益平衡机制。关于利益平衡理论，美国法上存在平衡检测法（Balancing Test），是指法院在宪法中适用用以衡量相互冲突的利益关系的司法原则，如个人权利与政府权力之间，或是州政府权力与联邦主权之间的冲突关系。[2]虽然该方法适用于宪法范围内，但其作为一项基本原则，也应当可以适用于其他领域。因此，实质上，法官走在立法之前的裁判就是对利益平衡理论的运用，在审理涉及计算机软件相关前沿问题的案件时，也应当以促进我国社会经济和技术的进步为根本出发点，对各方相关利益作出平衡。

---

1 有观点评论，美国审理Napster案法官的任务是如何在新经济与传统产业之间寻求利益的平衡点，在现有版权保护法律制度与网络空间新型游戏规则之间寻求兼顾权利人、中介服务人与消费者之间的权利义务新秩序。参见芦琦：《关于与MP3相关的音乐著作权的法律问题及其分析》，载中国法院网，上载时间：2002年10月10日，访问时间：2023年8月1日，https://www.chinacourt.org/article/detail/2002/10/id/14622.shtml。

2 Bryan A. Garner, Editor in Chief, Black's Law Dictionary, Seventh Edition, West Group, 1999, at page 138.

第 二 章

计算机软件的著作权法律保护

| 第一节 |

计算机软件著作权保护相关基本问题

长期以来，各国都将著作权法作为计算机软件保护的主要法律路径，我国亦是如此。我国《计算机软件保护条例》第一条即开宗明义表明："为了保护计算机软件著作权人的权益，调整计算机软件在开发、传播和使用中发生的利益关系，鼓励计算机软件的开发与应用，促进软件产业和国民经济信息化的发展，根据《中华人民共和国著作权法》，制定本条例。"本节在此前章节已简要梳理我国计算机软件著作权法律保护体系发展历程的基础上，对计算机软件纳入著作权保护体系的保护要件进行分析，同时结合司法实践中的典型案例对计算机软件的保护客体问题进行讨论。

一、计算机软件著作权的保护要件和保护范围

（一）计算机软件著作权的保护要件

我国现行《计算机软件保护条例》第四条规定：[1] "受本条例保护的软件必须由开发者独立开发，并已固定在某种有形物体上。"根据该条规定，软件受保护必须具备独创性和可复制性，这是软件受到著作权法律保护所必须具备的条件。[2]

软件的独创性与著作权法保护的其他客体一样，并不要求很高的

1　参见现行《计算机软件保护条例》第四条。

2　关于作品的构成要件，我国2020年修正的《著作权法》第三条将其修改为，"本法所称的作品，是指文学、艺术和科学领域内具有独创性并能以一定形式表现的智力成果"。而计算机软件作为我国著作权法规定的一种作品形式，其应符合著作权法关于作品的构成要件。此前，"著作权法修正草案一审稿"，曾采用"具有独创性并能以某种有形形式复制"的表述，但考虑到口述作品等不一定需要以某种有形形式复制的修改建议，因此做了上述调整。

创作水平，只要具有"创造性火花"[1]即可。由于软件的创作往往是借助机器进行的，且具有功能性、工具性和技术性等特征，因而其独创性判断较之一般文字作品而言，相对困难。对于其独创性判断问题，曾有学者通过对某软件独创性鉴定的实例，说明应结合软件开发文档所反映的开发对象、开发过程的连续性、实际开发过程记录的真实性、开发软件所投入的创作力度、程序完整性等因素，判断软件的独创性。[2]而《欧盟计算机程序保护指令》则要求，判断计算机软件的独创性不得使用有关质量或美学价值的标准，判断标准就是是否为作者的智力创造。[3]

在司法实践中，对于计算机软件独创性的判断也是法官面临的一个难题，有时需要考虑可供选择的表达方式是否有限的问题。如在北京市第二中级人民法院审理的英才华网公司诉集聘公司等侵害计算机软件著作权案中[4]，法院认定原告作为该公司网站后台管理系统中11个涉案软件的独立开发者，其对涉案软件所享有的著作权应当受到我国法律的保护。虽然其中的"validate.js"和"common.js"软件属于实现一般校验功能的软件，但对相关信息进行校验的方式并非唯一的表达方式，被告提出上述软件属于通用软件，不具有独创性，不应受到著作权法的保护的抗辩主张，依据不足。但在日本东京高等法院审理的系统科学公司

1　在美国Feist案中，法官提出了创造性火花（即Creative Spark）的概念，参见Feist Publications Inc. v. Rural Telephone Service Co., 499 U.S. 340 (1991)。

2　陈雪、王桂海：《论计算机软件原创性鉴定》，载《中国版权》2004年第1期，第19-21页。

3　参见《欧盟计算机程序保护指令》（Directive 2009/24/EC of the European Parliament and of the Council of 23 April 2009 on the Legal Protection of Computer Programs），该指令于2009年4月23日修正。关于计算机程序的独创性问题，指令表述为"the author's own intellectual creation"。See Christopher Voss, The Legal Protection of Computer Programs in the European Economic Community, 11 Computer L. J. 441 (1992)，in UIC John Marshall Journal of Information Technology & Privacy Law, Vol.11 Fall 1992, at Page 441-459.

4　参见北京市第二中级人民法院（2005）二中民初字第5号民事判决书。

诉东洋公司侵权案中[1]，法院提出了其对计算机软件独创性的法律解释，否定了其中一个程序的独创性，引起了法律界的关注。法院认为原告主张权利的四个程序中的CA-7Ⅱ的从主机输入数据后的处理例行程序以及功能简单的打印机例行程序，是非常普通的命令组合，不具有独创性，理由是该程序是以公共的普通的表现形式表现某个思想。由于计算机软件表现形式的选用受到比较严格的硬件、系统、语法等条件的限制，以致可供选择的范围较窄，任何一个人计划得到一个更为有效的使用计算机的效果，将很可能产生类似于现有程序的结果。上述两个案件虽然结论不同，但都在独创性判断过程中考虑了可供选择的表达方式是否有限的问题。[2]

关于软件的可复制性，或者可固定性、有形性，主要是为了固定作品后便于作品的传播和使用。虽然我国现行《计算机软件保护条例》第四条规定了"并已固定在某种有形物体上"，但并不能将其机械理解为只能将计算机软件固定在存储器、磁盘或光盘等计算机外围设备上，或者是记录在纸张等其他有形物上。随着计算机软件技术和互联网技术的不断发展，在计算机软件销售方式上，此前经历过盒装软件销售阶段以及网络销售阶段。盒装销售方式是通过销售光盘或磁盘软盘形式来发行软件，用户购买光盘或磁盘后获得软件使用授权，再在特定计算机上安装软件进行使用；网络销售方式是直接到网络软件商店付费下载软件后再进行安装使用，而无须通过购买软件取得软件的有形载

---

1 邹忭：《日本法院对计算机程序"独创性"的判决》，见中国软件登记中心、中国计算机报社编：《计算机软件著作权保护工作手册》，电子工业出版社1993年版，第145—147页。

2 我国现行《计算机软件保护条例》第二十九条规定，软件开发者开发的软件，由于可供选用的表达方式有限而与已经存在的软件相似的，不构成对已经存在的软件的著作权的侵犯。该条是从软件侵权判断的角度规定的，但其中涉及的可供选用的表达方式是否有限问题也应成为判断软件独创性的因素之一。

体。而随着云计算技术的发展，在软件即服务（Software as a Service，SaaS）模式下，软件服务提供商将相关软件统一安装和部署在自己的服务器上，用户可根据需求向软件服务提供商订购所需的应用软件服务并支付费用，并通过互联网获得相应软件在一定期限内的使用权。在该模式下，用户不再购买软件，也无须再专门支出资金用于配置相关软件系统，通过租用平台软件直接进行使用，而由软件服务提供商提供相应技术支持和软件维护。

（二）计算机软件著作权的保护范围

根据我国计算机软件保护条例的相关规定，计算机软件包括计算机程序及其有关文档。其实文档本身是可以作为文字作品受到著作权法的保护的，无须再通过计算机软件专门对文档进行保护。之所以将文档包含在计算机软件之内，是由于技术是不断更新的，计算机软件也很可能出现程序和文档以外的新的内容，因此，将计算机软件作为一个整体来保护，就避免了一旦增加新内容又要修改立法的麻烦，[1] 不但符合计算机软件技术的发展趋势，而且软件各创作者的利益均可得到充分的体现，能够真正反映完成软件的科研过程的全貌。

1.计算机程序

许多国家都将计算机软件等同于计算机程序，我国计算机软件保护条例虽然规定计算机软件包括程序和文档，但大多数情况下，在司法实践中涉及的主要还是有关程序的纠纷。计算机程序，是指为了得到某种结果而可以由计算机等具有信息处理能力的装置执行的代码化指令序列，或者可以被自动转换为代码化指令序列的符号化指令序列或者符号化语句序列，同一计算机程序的源程序和目标程序为同一作品。[2]

1　如法国、英国、匈牙利都采用了将软件的全部列为保护对象的做法。参见郑成思：《计算机、软件与数据的法律保护》，法律出版社1987年版，第209页。

2　参见我国《计算机软件保护条例》第三条第（一）项的规定。

（1）源程序和目标程序

所谓源程序，指未经编译的按照一定的程序设计语言规范书写的文本文件，是一系列人类可读的计算机语言指令。源程序不能直接在计算机上执行，需要用"编译程序"将源程序编译为二进制形式的代码。所谓目标程序，是源程序经过"编译程序"编译所得到的二进制代码，是可直接被计算机运行的机器码集合。虽然人无法直接读取和理解目标程序，但是可以被计算机直接识别并直接以此来驱动计算机程序运行，因为这一显著的功能性特点还曾在学术界引起过目标代码能否享有版权的激烈争论。[1]

在早期的司法实践中，也经历了对于目标程序是否应当纳入软件保护范围受到著作权法保护的争论过程。如在1982年苹果公司诉富兰克林公司案[2]中，富兰克林公司为了使其开发的程序ACE100能够兼容苹果公司生产的Apple Ⅱ型电脑，复制了Apple Ⅱ型电脑部分操作系统程序和编译程序的目标代码。原告起诉富兰克林公司侵犯了其计算机软件的版权，因为不仅相关程序的指令相同，甚至软件上还留存有苹果公司软件开发人员的姓名。但美国宾夕法尼亚东区地方法院认为，系统程序、目标代码程序等不受版权法保护，判定苹果公司败诉。苹果公司不服上诉至联邦第三巡回上诉法院，法院认定目标代码所表达的程序应该受到版权法的保护，任何能够通过某种机器或设备被复制、传播的作品都应受到版权法的保护，这符合版权法规定的有形性和固定的要求，最终判决苹果公司胜诉。

（2）字库与计算机软件

在我国的司法实践中，计算机软件权利人要求保护的相关内容是否属于计算机程序，能否作为计算机软件受到法律保护，也是存在一定

1　应明：《计算机软件的版权保护》，北京大学出版社1991年版，第96页。

2　Apple Computer, Inc. v. Franklin Computer Corp., 714 F. 2d 1240 (3d Cir. 1983).

争议的。如在北大方正公司诉潍坊文星公司等侵害计算机软件著作权案中，就涉及字库是否属于计算机软件的问题。该案原告主张被告复制发行的"文星2000字处理系统V3.1"软件侵犯了其开发完成的"方正兰亭软件V4.0"的著作权，方正兰亭软件是多款TrueType格式的GBK字库的集成，其中，包括原告主张潍坊文星公司侵权的12款GBK字库。一审法院经审理判定原告创作完成了方正兰亭字库，由各个文字的坐标数据和指令构成的方正兰亭字库可以被计算机执行，属于我国计算机软件保护条例所规定的计算机软件，应当受到相关法律的保护。[1]

二审法院则认为，字库是为了使计算机等具有信息处理能力的装置显示、打印字符而收集并按照一定规则组织存放在存储设备中的坐标数据和函数算法等信息的集合。字库中的坐标数据和函数算法是对字型笔画所进行的客观描述；在运行时，通过特定软件的调用、解释，这些坐标数据和函数算法被还原为可以识别的字型。字库中对数据坐标和函数算法的描述并非计算机程序所指的指令，并且字库只能通过特定软件对其进行调用，本身并不能运行并产生某种结果，因此，字库不属于计算机软件保护条例所规定的程序，也不是程序的文档。原审法院关于字库属于计算机软件保护条例规定的计算机软件的认定有误。

对此问题，有的学者也认为，不能因为字体被嵌入至系统或光盘内部，能够与计算机软件程序一起被安装至用户终端的硬盘上就认为这些字体也构成软件作品。作为美术作品的字体在被进行数字化处理、制成字库并内置于文档软件后，其作品性质不会改变，若其他软件公司未经许可将该字库复制到自己的软件中供用户安装、使用，并不算是对计

1　该案还涉及侵犯美术作品著作权问题，原告主张方正兰亭字库作为美术作品受到保护，法院认为，该字库中的字型是方正公司独立创作完成的文字的数字化表现形式，是由线条构成的具有审美意义的平面造型艺术作品，属于我国著作权法规定的美术作品，应受我国著作权法的保护。参见北京市高级人民法院（2005）高民终字第00443号民事判决书，北京市第一中级人民法院（2003）一中民初字第4414号民事判决书。

算机软件的侵权。[1]

此后，最高人民法院2012年5月在北大方正公司诉暴雪公司等侵害计算机软件著作权案中，[2] 明确了对计算机中文字库法律属性的认定。该案中，一审法院认为应将字库中的汉字和字符作为独立的美术作品根据著作权法予以保护，汉字和字符的指令代码不能构成计算机程序。[3] 最高人民法院二审审理认为："诉争字库中的字体文件的功能是支持相关字体字型的显示和输出，其内容是字型轮廓构建指令及相关数据与字型轮廓动态调整数据指令代码的结合，其经特定软件调用后产生运行结果，属于计算机系统软件的一种，应当认定其是为了得到可在计算机及相关电子设备的输出装置中显示相关字体字型而制作的由计算机执行的代码化指令序列，属于著作权法意义上的作品。"作为字型轮廓构建指令及相关数据与字型轮廓动态调整数据指令代码的结合的计算机中文字库，应作为计算机程序而不是美术作品受到著作权法的保护。计算机中文字库运行后产生的单个汉字，只有具有著作权法意义上的独创性时方能认定其为美术作品。因而判定被告侵犯原告对诉争字库计算机软件的复制权、发行权以及信息网络传播权。

（3）数据文件与计算机软件

在上海市高级人民法院审理的精雕公司诉奈凯公司侵害计算机软件著作权案中，[4] 双方当事人争议的焦点问题包括原告精雕CNC雕刻系统中的JDPaint软件输出的、采取加密措施的Eng格式数据文件，是否属

1　王迁：《知识产权法教程（第七版）》，中国人民大学出版社2021年版，第99页。

2　参见最高人民法院（2010）民三终字第6号民事判决书。

3　参见北京市第一中级人民法院（2007）一中民初字第5362号民事判决书，北京市高级人民法院（2007）高民初字第1108号民事判决书。杨青、郭婉祺：《字体侵权类型及案例分析》，载《中国律师》第4期，第82页。

4　参见上海市高级人民法院（2006）沪高民三（知）终字第110号民事判决书。该案为最高人民法院于2015年4月15日发布的第48号指导案例。

于计算机软件著作权的保护范围。法院经审理认为，Eng文件是JDPaint软件在加工编程计算机上运行所生成的数据文件，其所使用的输出格式即Eng格式是JDPaint软件的目标程序经计算机执行产生的结果。该格式数据文件本身不是代码化指令序列、符号化指令序列、符号化语句序列，也无法通过计算机运行和执行，对Eng格式文件的破解行为本身也不会直接造成对JDPaint软件的非法复制。此外，该文件所记录的数据并非JDPaint软件所固有，而是软件使用者输入雕刻加工信息而生成的，这些数据不属于JDPaint软件的著作权人精雕公司所有。因此，Eng格式数据文件中包含的数据和文件格式均不属于JDPaint软件的程序组成部分，不属于计算机软件著作权的保护范围。

2.文档

文档，是指用来描述程序的内容、组成、设计、功能规格、开发情况、测试结果及使用方法的文字资料和图表等，如程序设计说明书、流程图、用户手册等。虽然我国计算机软件保护条例规定了对计算机程序的文档的保护，但司法实践中单独主张侵犯"文档"著作权的纠纷并不多见。在北京市朝阳区人民法院审理的图形天下公司诉金启元公司侵害计算机软件著作权案[1] 中，原告指控被告制作销售的软件侵犯了其 "Go2Map-Mapping Information Platform 天下地图信息平台系统V6.0"软件著作权。法院经审理查明：被告的软件与原告的软件使用不同的开发语言，软件源程序不相同，运行环境也不相同，而二者的文档有部分相同。法院认定被告侵犯了原告涉案软件文档的著作权。该案明确了在计算机软件程序不侵权，而文档出现侵权的情况下，仍然属于侵犯计算机软件著作权的行为，但在裁判文书的表述上应明确界定，侵犯的是文字形式的文档的软件著作权。按照我国《计算机软件保护条

---

1 参见北京市第二中级人民法院（2005）二中民终字第02178号民事判决书，北京市朝阳区人民法院（2004）朝民初字第14809号民事判决书。

例》第二条的规定，计算机软件包括计算机程序及其有关文档，侵犯文档著作权的行为也属于侵犯软件著作权的行为；但从各国对计算机软件的保护状况看，大多限于对计算机程序的保护，并不包括文档，因为文档可以作为著作权法所保护的一般文字作品受到保护。

在重庆市渝中区人民法院审理的诚智公司诉棣拓公司侵害著作权案[1] 中，对于原告提出的其对《用户操作手册》等计算机软件相关文档享有著作权的主张，法院认为文档是为描述计算机程序服务的，其内容的选择受到描述对象的客观限制，可予以著作权法保护的文档还应具备独创性。原告的《用户操作手册》从"序""概述""系统运行环境"到"系统使用操作""实例讲解""常见错误分析"，通过文字、图表、图片等形式向用户介绍"诚智鹏尺寸链计算及公差分析软件"的运行环境、使用操作方法等。原告需要举证证明其《用户操作手册》中描述其软件程序功能、使用方法的文字和图表等具备独创性，只有《用户操作手册》中描述程序内容、组成、设计、功能、使用方法的文字和图表具有独创性的表达才能得到著作权法的保护，属于公有领域的表达部分也不受著作权法的保护。对于原告在《用户操作手册》中用户使用该软件时会出现的用户界面图和程序运行中用户与计算机之间的对话框界面图，法院认为，用户界面在计算机屏幕上体现了程序运行的过程和结果，是为了让用户实现对计算机的操作，对话框是程序指引用户进行下一步的操作或进行相关提示或警示，用户界面及对话框界面均体现的是用户与计算机之间的交流，对话框也体现在用户界面中，用户界面和对话框均不属于著作权法意义上的作品，不应当受到著作权法的保护。被告在《DTAS尺寸链和公差分析专家系统》PDF文件中使用和原告相似的用户界面图和对话框图介绍被告软件的使用方法和功能不构成

---

1 参见重庆市第五中级人民法院（2020）渝05民终8655号民事判决书，重庆市渝中区人民法院（2020）渝0103民初13844号民事判决书。

侵权。有观点进一步分析提出,考虑相关文档的独创性时,应分别审查和判断计算机软件相关的文字描述、专业术语、图表、图形的独创性特征,并提出计算机软件文档比一般受著作权法保护的作品,其独创性认定会有更高的专业性要求。[1]

3.不受计算机软件著作权保护的内容

(1)数据资料

计算机软件包括计算机程序和文档,计算机程序在运行过程中所调用的相关数据资料是否属于计算机软件的保护范围,在司法实践中还存在一定的争议。有观点认为,数据资料是包含在计算机程序之中的,因此也应属于计算机软件的保护范围;也有观点认为,相关数据资料虽被计算机程序所调用,但并非程序本身,因此不属于计算机软件的保护范围。[2] 司法实践中,曾出现计算机软件权利人针对计算机软件程序所调用的数据资料主张权利的案件。在北京市第二中级人民法院审理的弘历通公司诉鑫三汛公司侵害计算机软件著作权案[3]中,弘历通公司主张鑫三汛公司的"布道者"软件中使用了弘历通公司"弘历V5.0"软件中的"公司大事""指标说明""行情数据"栏目的内容,侵犯了其软件的著作权。法院经审理认为,上述三个栏目的内容作为汇编作品受到我国著作权法的保护。上述三个栏目的内容系"弘历V5.0"软件和"布道者"软件计算机程序运行所使用的电子数据库内容,该电子数据库的内容可视为各自计算机软件作品的一部分。因此,"布道者"软件系在"公司大事""指标说明""行情数据"三个栏目中含有侵权内容的计算机软件。

---

1 谢琼、胡冰倩:《计算机软件相关文档构成作品的独创性考量》,载《人民司法》2022年第8期,第89页。

2 应明:《计算机软件的版权保护》,北京大学出版社1991年版,第99页。

3 参见北京市第二中级人民法院(2009)二中民终字第13号民事判决书。

　　在最高人民法院二审审理的张某奎与五一嘉峪公司、姜某侵害计算机软件著作权案[1]中，原告张某奎主张blog.txt是其创作的文字作品，ieblog.dmp是其为了介绍调试方法，创设场景后，利用Windows系统生成的内存文件，其中包含其设计的出错信息、能够被恢复出来的blog.txt。wera7fb.tmp.mdmp和wera4cd.tmp.hdmp是其将注册表文件进行修改，创设场景后系统生成的两个文件，包括其修改后的注册表信息以及触发故障的信息。memory.zip是计算机生成的dmp文件。一审法院认为，该案中的txt文件是计算机程序调用的数据，dmp文件是计算机生成的数据，均不属于我国著作权法规定的文字作品，也不符合计算机软件保护条例意义上"文档"的定义。综上，原告对《格蛊汇编》实验资料中的.txt和.dmp文件不享有著作权。二审法院认为，dmp文件是系统错误的内存转储文件，该文件记录了系统错误的详细信息，是计算机自动生成的数据，不符合计算机软件保护条例意义上"文档"的定义，不属于著作权法保护的作品。

　　（2）思想

　　根据思想—表达二分法原则（idea/expression dichotomy），著作权法的保护并不延及思想。我国《计算机软件保护条例》第六条明确规定："本条例对软件著作权的保护不延及开发软件所用的思想、处理过程、操作方法或者数学概念等。"可见，受到著作权法保护的计算机软件应仅涉及计算机程序及文档，并不延及开发软件所需的思想、处理过程、操作方法或者数学概念等，也就是说著作权法保护的是思想的表达而非思想本身。如在美国莲花公司诉宝蓝公司案（Lotus v. Borland案）中就涉及此问题。地区法院认为Lotus1-2-3的菜单结构和命令用语属于受保护的表达，宝蓝公司为了使自己的程序能与主流产品

1　参见最高人民法院〔2021〕最高法知民终1414号民事判决书，上海知识产权法院〔2020〕沪73知民初414号民事判决书。

Lotus1-2-3相兼容，照抄了Lotus1-2-3的菜单结构和命令用语。一审法院认定侵权成立，二审法院认为，菜单的层级结构的作用只是操作某一程序，属于操作方法，这与在键盘上按下某个键，实质上是相同的；如果原告对菜单享有专有权利，不仅对后续软件开发者不公平，而且对广大用户也是不公平的，并可能妨碍软件技术的发展和进步。[1] 因此，最终驳回了原告的请求。

再如在北京市高级人民法院一审审理的汉王公司诉精品公司等侵害计算机软件著作权案，以及汉王公司诉名人电脑公司等侵害计算机软件著作权案中，被控侵权的中山名人软件、精品汉笔软件与原告主张权利的汉王手写识别软件在识别程序的某些关键特征点属性上存在相同或近似之处，但识别程序整体是否相同或实质相似难以作出判定。法院认为，汉王手写识别软件中识别程序的关键特征点属于技术方案的范畴，不属于著作权法及计算机软件保护条例的保护对象。[2]

二、计算机软件的概念和分类

关于计算机软件的界定，并不统一。世界上大多数国家和国际组织原则上采用了世界知识产权组织《保护计算机软件示范法条》的表述方法，即计算机软件包括程序、程序说明和程序使用指导三项内容，其中"程序"是指在与计算机可读介质合为一体后，能够使计算机具有信息处理能力，以标志一定功能、完成一定任务或产生一定结果的指令集合；"程序说明"是指用文字、图解或其他方式，对计算机程序中的指令所作的足够详细的、完整的说明、解释。"程序使用指导"是指除了程序、程序说明，用以帮助理解和实施有关程序的其他辅助材料。但该

---

1 寿步：《计算机软件著作权保护》，清华大学出版社1997年版，第156-157页。

2 参见北京市高级人民法院（2000）高知初字第78号、第89号民事判决书。两案判决后，当事人不服上诉至最高人民法院，最终双方当事人达成和解，撤回上诉。参见最高人民法院（2005）民三终字第3号、第4号民事裁定书。

定义对"程序"的界定并不准确，按照该定义，计算机软件的源程序可能会被排除在"计算机软件"之外。因此各国在参考这一定义时，通常将"在与计算机可读介质合为一体后"这一条件删除。

根据我国计算机软件保护条例的有关规定[1]，计算机软件是指计算机程序及其有关文档。计算机程序，是指为了得到某种结果而可以由计算机等具有信息处理能力的装置执行的代码化指令序列，或者可以被自动转换为代码化指令序列的符号化指令序列或者符号化语句序列。其中的"代码化指令序列"即通常所称的目标代码程序，"符号化指令序列"和"符号化语句序列"均指源代码程序，前者指汇编语言（机器语言）源程序，后者指高级语言源程序。同一计算机程序的源程序和目标程序为同一作品；文档，是指用来描述程序的内容、组成、设计、功能规格、开发情况、测试结果及使用方法的文字资料和图表等，如程序设计说明书、流程图、用户手册等。

根据美国软件出版商协会对软件的分类，计算机软件可分为商业软件、共享软件、自由软件和公有软件四类，这实质上是根据软件的发行方式进行的划分。[2]

商业软件（commercial software），是以发展软件产业、从事经营性活动等理念为基础，面向社会公众发行的商品化软件。美国微软公司等大多数软件公司在经营中形成根据现行知识产权保护制度，通过市场化和商品化来回收研发投资并获取商业利润的商业软件运行模式。其特征主要包括：权利人对软件保留相关法律赋予的所有权利，并向用户收

---

1 我国《计算机软件保护条例》于2013年进行了修改。

2 根据软件的用途，可分为系统软件、应用软件和支持软件；根据软件标准化程度，可分为专用软件、通用软件、群件、组件、中间件。参见刘金凤、赵鹏舒、祝虹媛：《计算机软件基础》，哈尔滨工业大学出版社2012年版，第45-46页。

取使用费，同时依照约定，提供计算机软件的可执行目标程序[1]和相关说明文本，并提供包括版本更新在内的相应的技术服务。

共享软件（shareware）[2]，是指通过互联网络在线服务或用户之间的复制等途径传播的软件。这种软件通常在所附说明中向用户表明权利人保留对该软件的相应权利，该软件属于试用软件，用户试用一定阶段后，如要继续使用，则应向权利人办理注册付费手续。[3] 由于该类软件的发行方式可以节省包装、广告等成本支出，因此用户付费往往不高。共享软件实质上也属于商业软件，只是在一定条件下向公众开放了复制权。[4]

自由软件（free software），是指以发展软件科学应用、奉献社会等理念为基础，向社会公开软件的源代码，保障软件自由流通，而不收取相关费用的软件。用户有修改软件的自由，并可自由传播，但其在传播时也必须公开软件源代码。自由软件，从技术特征上也可称为开放源代码软件（open source software，以下简称开源软件），二者的主要区

1　通常商业软件的权利人并不向用户提交相应软件的源代码，但随着自由软件运行模式的出现，商业软件的权利人也开始实施向用户披露源代码的新战略。如美国微软公司就曾于2001年5月宣布其推出共享源代码新战略，即今后将与合作伙伴及客户共享Windows等软件的源代码。

2　除该译法外，我国还存在"试用软件"的译法。本书认为从该类软件的发行方式看，似乎译为"试用软件"更为贴切。但考虑到"共享软件"已为学界所熟知，本书亦采用了该译法。

3　为防止有人在试用期满后，既不注册又要继续使用，共享软件通常采用以下几种方式：准共享软件（quasi-shareware），即在该软件中没有提供完整的功能，待注册后才能取得含有完整功能的软件；弱共享软件（crippleware），即在试用一段时间或一定次数以后就不能再使用的软件，在注册以后，经供应商进行处理后方可正常使用；提醒型共享软件（negware），即在程序的开始、运行中间、结束时，会反复提醒使用者注册交费，有时还伴有声响，注册后可正常使用软件。参见李顺德：《计算机软件的知识产权保护》，载《电子知识产权》1998年第10期，第28页。

4　应明：《从微软的"共享源码"新战略看软件流通机制的演进》，载《电子知识产权》2001年第11期，第54页。

别在于给出定义的角度不同，自由软件更强调精神层面的内容，而开源软件则是从技术层面上讲的。[1]

公有软件（public domain software），是指权利人已经明确声明放弃权利，或者相关权利的有效期届满，因而不再受法律保护的软件。对这类软件，公众可任意复制、发行、修改等，或将修改版本作为商业软件发行。

上述四类软件反映了计算机软件不同的流通方式，"从商业软件运行模式的形成，到自由软件运动的兴起并逐步走向商业化运行，再到微软公司宣布将实施共享源码新战略，正是软件流通机制的一个演进过程，反映了软件研发者为了平衡自己同广大用户之间的利益关系而进行的探索"。[2] 本章所涉及的著作权法律保护问题，主要涉及的是商业软件，其中包括实质为商业软件的共享软件，以及表面上叛逆著作权法，而实质上借助著作权法保护的开源软件。

| 第二节 |

计算机软件权利人的著作权及权利限制

各国著作权法所规定的计算机软件著作权人所享有的具体权项虽然不尽相同，但大都规定计算机软件著作权人依法享有相关的经济权利和精神权利。根据我国计算机软件保护条例，计算机软件著作权人享有

---

1 有的学者认为，开源软件中对被许可人限制较严的许可证涉及的为自由软件，如GNU下的GPL许可证，而开源软件的范围较宽，存在允许以其他许可证方式再许可的许可证。参见杨林村：《开放源码软件及许可证法律问题和对策研究》，知识产权出版社2004年版，第8页。转引自Bruce Perens, Open Source: Voices from the Open Source Revolution, http://www.oreilly.com/catalog/opensource/book/perens.html。

2 应明：《从微软的"共享源码"新战略看软件流通机制的演进》，载《电子知识产权》2001年第11期，第56页。

所规定的经济权利、精神权利，以及禁止他人规避或破坏权利人为保护其软件作品而采取的技术措施的权利[1]，禁止他人删改其在作品上标示的权利管理信息的权利[2]。而后两项权利实质是伴随网络技术的发展而新增加的两项权利，虽然严格讲其并非著作权的内容，但毕竟拓展了计算机软件著作权人的相关权利，因此在此一并讨论。然而，为保持权利人和社会公众利益之间的平衡，任何权利都应受到一定的限制。计算机软件著作权人所享有的权利本身也应受到合理的限制，避免因保护著作权人的利益而损害社会公众的合法利益。

一、经济权利

经济权利是指著作权人对作品所享有的使用权和获得报酬权，又称著作财产权。根据我国现行《计算机软件保护条例》第八条第一款的有关规定，软件著作权人享有复制权、发行权、出租权、信息网络传播权、翻译权等经济权利。其中复制权是指将软件制作一份或者多份的权利；发行权是指以出售或者赠与方式向公众提供软件的原件或者复制件的权利；出租权是指有偿许可他人临时使用软件的权利，但是软件不是出租的主要标的的除外；信息网络传播权是指以有线或者无线方式向公众提供软件，使公众可以在其个人选定的时间和地点获得软件的权利；翻译权是指将原软件从一种自然语言文字转换成另一种自然语言文字的权利。计算机软件著作权人可以许可他人行使其软件著作权，也可以全部或者部分转让其软件著作权，并有权获得报酬。关于计算机软件

---

1 有的观点称其为反解密权。

2 有的观点称其为权利标示权。

著作权人所享有的复制权、[1] 发行权比较容易理解，实践中也没有太大争议，本书对此不再赘述，主要讨论《计算机软件保护条例》2002年1月施行版本中新增加的计算机软件著作权人所享有的出租权、信息网络传播权和翻译权。

（一）出租权

出租权作为著作权法中的一项经济权利，对于著作权人经济利益的保护具有非常重要的意义。计算机软件的出租权，是伴随计算机软件的易复制性和大量的出租行为引起的广泛复制而出现的。为保护计算机软件著作权人的经济利益，控制计算机程序的商业性出租行为，许多国家在发行权之外设立出租权，[2] 将出租权作为计算机软件著作权人的一项单独的权利。如美国于1990年对《美国版权法》第109条进行了修改，将计算机程序列为出租权的客体；《日本著作权法》第26条以借贷权的形式承认了作者的出租权，但仅适用于唱片、计算机程序、乐谱和除书籍、杂志、电影作品以外的其他作品；《俄罗斯著作权法》1993年修改时增加了作者的出租权，"作者享有以出租方式发行作品复制件的权利，而不受这些复制件所有权的制约"；法国和德国的著作权法也规定计算机软件的著作权人享有出租软件的专有权利。欧共体1992年11月通过的《知识产权领域中出租权、出借权及某些邻接权的指令》

1　随着网络的发展，有关临时复制的讨论一直在持续。通常认为计算机用户浏览网页、网络服务商的系统缓存等临时复制行为都不属于著作权法意义上的复制行为。有的学者早在2004年就提出，如果用户不在本地硬盘上安装应用软件，仅安装操作系统及网络支持程序等，即用本地硬盘上不留存任何应用软件的复制件，大部分应用软件都可通过网络在软件开发商等提供的远程服务器上运行，则用户对软件的使用过程都将成为临时的过程，对这种临时复制的性质应认定属于著作权法意义上的复制。参见宋慧献：《唐广良：综论软件保护与相关立法》，载《中国版权》2004年第1期，第28–31页。

2　有的国家并不承认著作权法中的出租权，理由在于适用著作权人作品销售后权利穷竭原则，且出租的作品属于有形物权，不应属于著作权法保护的内容。

中，对出租权和出借权作了详尽的规定。[1]

从理论上讲，承认著作权人所享有的出租权，与发行权中的权利穷竭原则[2]并不矛盾，因为出租行为本身并非作品复制件所有权的转移，只是许可他人临时使用作品复制件，与发行行为并不相同，也不存在发行权一次用尽问题；而且，计算机软件的销售虽然表面上是承载计算机软件的相应载体的销售，但实质上是计算机软件作品许可使用权的授予，被许可使用人仅应在授权范围内使用计算机软件，其无权将软件再行出租给他人，否则也是超出授权许可范围的侵权行为。

关于计算机软件的出租权，TRIPS协议中作了明确规定。TRIPS协议第11条规定："至少对于计算机程序及电影作品，成员应授权其作者或作者的合法继承人许可或禁止将其享有版权的作品原件或复制件向公众进行商业性出租。"世界知识产权组织的《世界知识产权组织版权条约》和《世界知识产权组织表演和唱片条约》也都对出租权进行了规定，且其适用于计算机程序。大多数国家对计算机软件的出租权都作了明确规定，与TRIPS协议的规定相符。我国2001年修改后的《著作权法》和《计算机软件保护条例》中都有出租权的规定，其中《著作权法》第十条第一款第（七）项规定，出租权即有偿许可他人临时使用电影作品和以类似摄制电影的方法创作的作品、计算机软件的权利，计算机软件不是出租的主要标的的除外，《计算机软件保护条例》的表述与之相近。2020年修改的《著作权法》基于对视听作品的相关规定，对出租权的表述进行了修改，出租权即有偿许可他人临时使用视听作品、计算机软件的原件或者复制件的权利，计算机软件不是出租的主要标的的除外。显然，出租权并非适用于所有作品，而是仅适用于视听作品和计算机软件。可见，法律考虑到了计算机软件与其他文字作品的

---

1 伍祥隆：《作品出租权的比较研究》，载《比较法研究》2003年第1期，第52页。

2 即首次销售原则，发行权一次用尽原则。

区别，即其易复制性，赋予软件著作权人出租权，禁止他人随意出租软件，从而也避免用户复制所租赁的软件，避免损害计算机软件著作权人的合法经济利益。而且TRIPS协议和《世界知识产权组织版权条约》都规定不以程序为主要出租对象的出租属于出租权的例外，《美国版权法》1990年的修正案除此之外还规定，用于或固定在有限用途的计算机中的程序（如专用于玩电子游戏或其他特定用途的计算机），以及非营利性图书馆不以营利为目的出借计算机程序的行为属于出租权的例外。[1] 我国计算机软件保护条例也规定，软件不是出租的主要标的的，不属于出租权的范围，如出租带有导航程序的飞机就无须取得软件著作权人的许可，因为在这种情况下，通常的操作使用过程中，其中所包含的程序不会被复制。

虽然出租权是计算机软件著作权人的重要民事权利，然而该权利的行使却存在很大的难度。因为著作权人无法知道自己的作品被谁出租了，出租了多少次，更难以发放许可和收取租金。为此，如何行使计算机软件著作权人的出租权，如何使该项权利受到应有的保护，越来越受到大家的重视。从现存的著作权保护制度和国际上通行的做法来看，对于著作权中难以通过著作权人的个人努力行使的权利会借助著作权集体管理组织来完成。解决出租权的行使问题，也主要是通过著作权集体管理制度来解决的。根据我国《著作权集体管理条例》的有关规定，[2] 著作权法规定的表演权、放映权、广播权、出租权、信息网络传播权、复制权等权利人自己难以有效行使的权利，可以由著作权集体管理组织进行集体管理。所谓著作权集体管理组织，是指为权利人的利益依法设立，根据权利人授权、对权利人的著作权或者与著作权有关的权利进行

---

1 伍祚隆：《作品出租权的比较研究》，载《比较法研究》2003年第1期，第52页。

2 参见《著作权集体管理条例》第四条，该条例于2004年12月22日通过，自2005年3月1日起施行。

集体管理的社会团体。通过著作权集体管理组织的管理活动，可以有效实现计算机软件著作权人难以行使的出租权。

在前述最高人民法院二审审理的张某奎与五一嘉峪公司、姜某侵害计算机软件著作权案中，[1] 两审法院对于当事人主张侵犯其出租权的行为均未予支持。该案原告主张，五一嘉峪公司在自己的官网上将原告享有著作权的《格蠡汇编》实验资料相关软件作为收费课程的配套实验材料，购买该收费课程的学员可以在其选定的时间和地点获得该软件，学员可以作为实验操作演练使用，侵犯了其对软件享有的复制权、信息网络传播权和出租权。一审法院认为，姜某将原告享有著作权的实验资料作为其自制课程的教学素材提供给学员使用，并不以出租软件为主要目的，原告主张五一嘉峪公司侵犯涉案软件的出租权于法无据。五一嘉峪公司的上述行为侵害了原告对涉案软件作品享有的复制权、信息网络传播权。二审法院认为，张某奎在该案中未能举证证明五一嘉峪公司存在侵犯涉案软件出租权的行为，对其该项主张未予支持，判决驳回上诉，维持原判。

随着网络技术的发展与计算机软件分销方式的变化，SaaS的软件应用模式逐渐兴起并被广泛运用。AMR Research公司发布的一份针对美国地区用户的报告显示：在美的各主要垂直行业和不同规模企业中，超过78%的企业正在使用或考虑使用SaaS服务。[2] SaaS模式不同于传统销售软件模式，软件服务平台将软件系统统一部署在自己的服务器上，用户可以根据实际需要，通过互联网向厂商购买所需的应用软件。用户无须在本地安装系统，只需要下载一个客户端或网页即可使用软件服务。在该模式下，软件服务商系有偿提供给用户"临时使用"软件，用户本身

1　参见最高人民法院（2021）最高法知民终1414号民事判决书，上海知识产权法院（2020）沪73知民初414号民事判决书。

2　韩元牧、吴莉娟：《SaaS法律问题研究》，见张平主编：《网络法律评论（第10卷）》，北京大学出版社2009年版，第107–118页。

并没有实际占有软件，在实际运行中也没有复制软件。这与相对传统的软件载体销售或网络传播分销方式不同，既不是计算机软件发行权的行使，也不属于信息网络传播权的内容。因此，有观点认为，SaaS模式下的软件作品使用方式和使用性质与"出租权"类似，都属于对作品的"临时使用"的情形，出租权制度可以在规制该种新型软件分销模式中发挥作用。[1]

（二）信息网络传播权

1.信息网络传播权的发展历程

网络作为一种新的作品传播方式，无疑为作品的传播带来了巨大的变化。而且随着计算机网络化的深入发展和不断普及，作品通过计算机网络向公众传播，已经逐步成为公众使用作品的主要方式。关于如何保护著作权人对通过网络传播作品的经济权利，理论界经过很长时间较大规模的讨论，总体认为网络传播仅仅是为权利人增加了一种传播作品的方式，对作品进行数字化实质上是对作品的一种复制，[2] 并未动摇著作权保护的基础。

在学者对网络传播的法律性质的讨论中，有学者认为网络传播属于一种发行行为，也有学者认为属于类似广播的行为，还有学者认为应当设立网络传播权的新权利加以保护。[3] 国际社会对网络传播问题也给予了极大的关注，澳大利亚提出设立新的"向公众传输权"，美国在其1995年的白皮书中曾建议以发行权来涵盖网络传播，1995年11月通过的《录音制品的数字化表演权法案》又规定以表演权涵盖网络传播；

1　倪朱亮：《SaaS模式下的出租权制度研究》，载《电子知识产权》2012年第4期，第84-89页。

2　也有的学者认为作品的数字化是一种类似翻译的演绎行为。参见金渝林：《数字化技术对版权保护的影响》，转引自袁泳：《数字版权》，见郑成思主编：《知识产权文丛（第二卷）》，中国政法大学出版社1999年版，第126页。

3　罗玉中：《知识经济与法律》，北京大学出版社2001年版，第358-363页。

1996年年底在世界知识产权组织制定《世界知识产权组织版权条约》和《世界知识产权组织表演和唱片条约》的过程中，各国的分歧也集中在对所调整的网络传播行为的法律特征上。世界知识产权组织在通过的这两个条约中都规定了作者在网络上享有专有权，以授权将其作品以有线或无线方式向公众传播，使公众中的成员在其个人选定的地点和时间可获得这些作品。显然，这是对《伯尔尼公约》所规定的作品传播方式的扩展，传播不仅指向公众提供复制件的行为，而且包括诸如在网页上浏览作品或从服务器上下载文件等数字传输行为。[1] 本书认为，从本质上说，网络传播行为与传统的传播方式完全不同。作品在网络上向公众传播，属著作权人对作品实现经济权利的使用方式之一，具有和"复制、表演、播放、展览、发行、摄制电影、电视、录像或者改编、翻译、注释、编辑"等使用方式同等重要的地位，而且随着计算机网络化的深入发展，这种方式的经济价值会越来越大，甚至会超越传统的作品使用方式。法律中规定著作权人有权把作品上载到网络上向公众传播，是网络规范发展的内在要求。

世界知识产权组织的两个新条约制定后，日本于1997年6月10日和1999年6月15日两度修改著作权法，在著作权的权利种类中规定了"向公众传播权"来涵盖网络传播；美国则于1998年10月28日通过了《数字千年版权法案》，以扫清加入这两个新条约的障碍。但该法对于网络传播的法律性质未作任何规定，而是依据1995年《录音制品的数字化表演权法案》的规定用"表演权"来解释网络传播中的权利。因为美国版权法中的表演权包括通过演唱、演奏等方式表演作品的"现场表演"和通过录音机、录像机等设备表演音像制品的"机械表演"，自然

---

1 Jorg Reinbothe, Silke von Lewinski: The WIPO Treaties on Copyright: A Commentary on the WCT, the WPPT and the BTAP, Second Edition, Oxford University Press 2015 年版，第82-88页。

可以用其中的"机械表演"来涵盖网络传播行为。[1]

我国2001年修改后的《著作权法》及《计算机软件保护条例》中规定的信息网络传播权基本采用了世界知识产权组织两个条约的相关表述，信息网络传播权即以有线或者无线方式向公众提供作品，使公众可以在其个人选定的时间和地点获得作品的权利。2006年5月制定的《信息网络传播权保护条例》明确规定，信息网络传播权是指以有线或无线方式向公众提供作品、表演或者录音录像制品，使公众可以在其个人选定的时间和地点获得作品、表演或者录音录像制品的权利。显然，上述规定均明确了信息网络传播行为的交互式特点，要符合个人选定的时间和地点的要求。而这一规定与世界知识产权组织的两个条约规定的包括交互式与非交互式两种方式的概念并不完全相同。

从司法实践看，伴随网络技术的发展和互联网产业的壮大，涉及信息网络传播权的案件数量不断增长。涉及网络的侵权行为不断发生，网络侵权方式也不断翻新、不断变化。此前针对通过网络定时播放作品和通过局域网传播作品等问题，还产生了是否应纳入信息网络传播权保护范围的激烈争论。有观点认为，从我国著作权法的规定看，信息网络传播权是具有交互性特点的权利，不能在个人选定的时间和地点获得作品，就不具备交互性，因而不能纳入信息网络传播权的保护范围，应纳入我国著作权法规定的其他权或广播权予以保护；[2] 也有观点认为，虽然我国立法将信息网络传播权限于交互式传播方式，但世界知识产权组织的两个条约都规定了一个较为宽泛的向公众传播权，其中包

1　李明德：《数字化和因特网环境中的版权保护》，载《著作权》2000年第2期，第22-27页。

2　北京市高级人民法院2010年5月19日印发的《关于网络著作权纠纷案件若干问题的指导意见（一）（试行）》第十条规定："网络服务提供者通过信息网络按照事先安排的时间表向公众提供作品的在线播放的，不构成信息网络传播行为，应适用著作权法第十条第一款第（十七）项进行调整。"

括交互式传播，因此可以通过司法解释等方式将其纳入信息网络传播权的调整范围。显然，产生上述不同观点的主要原因在于对于信息网络传播权的不同理解。如果严格按照我国立法对信息网络传播行为的界定，伴随网络技术的发展出现两个方面的困惑。困惑之一是网络直播行为、定时播放行为与个人选定的时间之间的矛盾问题，困惑之二是网吧等局域网传播行为与个人选定的地点之间的矛盾问题。如何解决上述困惑，如果考虑信息网络传播权产生的过程，似乎可以考虑将上述行为纳入信息网络传播的范畴；如果严格按照法律规定，似乎上述行为应排除在信息网络传播权保护之外。在信息网络传播权许可行为实务中，有的当事人在授予他人独占专有的信息网络传播权的同时，还进一步明确授权范围为"信息网络传播权以及网络定时播放的权利。"[1]

关于信息网络传播权的相关争论，在2006年7月施行、2013年1月修改的《信息网络传播权保护条例》，以及2012年11月通过、2020年12月修改的《最高人民法院关于审理侵害信息网络传播权民事纠纷案件适用法律若干问题的规定》中有了部分答案。其中，后者第二条规定："本规定所称信息网络，包括以计算机、电视机、固定电话机、移动电话机等电子设备为终端的计算机互联网、广播电视网、固定通信网、移动通信网等信息网络，以及向公众开放的局域网络。"后者第三条规定："网络用户、网络服务提供者未经许可，通过信息网络提供权利人享有信息网络传播权的作品、表演、录音录像制品，除法律、行政法规另有规定外，人民法院应当认定其构成侵害信息网络传播权行为。通过上传到网络服务器、设置共享文件或者利用文件分享软件等方式，将作品、表演、录音录像制品置于信息网络中，使公众能够在个人选定的时间和地点以下载、浏览或者其他方式获得的，人民法院应当认定其实施了前款规定的提供行为。"2020年修正的我国《著作权法》

1　参见浙江省高级人民法院（2022）浙民终1050号民事判决书。

对广播权和信息网络传播权的概念进行了调整,[1] 以适应网络同步转播
使用作品等新技术发展的要求,同时也解决与我国加入的《世界知识产
权组织版权条约》规定的"向公众传播权"相衔接问题。其中,广播权
的概念为,"即以有线或者无线方式公开传播或者转播作品,以及通过
扩音器或者其他传送符号、声音、图像的类似工具向公众传播广播的作
品的权利,但不包括本款第十二项规定的权利";前述《著作权法》第
十条第一款第(十二)项规定的权利,即为信息网络传播权,"即以有
线或者无线方式向公众提供,使公众可以在其选定的时间和地点获得作
品的权利"。从上述规定看,交互式远程传播行为由信息网络传播权进
行调整,网络直播、网络同步转播等非交互式远程传播行为均可纳入广
播权的控制范围。[2]

对于信息网络传播权的有效行使问题,同样存在与出租权的行使
相近似的情况,在网络环境下行使该权利甚至具有更大的难度。著作权
集体管理制度在网络环境下具有一定的优势,不仅有利于权利人行使和
保护其权利,因为权利人将权利交由集体管理机构来行使,免去了与
网络内容服务提供者就作品使用一一谈判的麻烦;还有利于作品使用
者,如网络内容提供服务商,尽快找到权利人并取得授权,因为其只需
与集体管理组织达成协议就可使用相关作品,而省去与著作权人一一沟

1　《全国人民代表大会常务委员会关于修改〈中华人民共和国著作权法〉的决定》,载中
　　国人大网,上载时间:2020年11月11日,访问时间:2023年10月18日,http://www.
　　npc.gov.cn/npc/c2/c30834/202011/t20201111_308677.html。参见袁曙宏:《关于
　　〈中华人民共和国著作权法修正案(草案)〉的说明》,载中国人大网,上载时间:
　　2023年11月12日,访问时间:2023年10月18日,http://www.npc.gov.cn/npc/c2/
　　c30834/202011/t20201111_308704.html。

2　关于我国《著作权法》规定的相关著作权权项与相关国际条约的关系,有学者曾进行
　　全面深入的分析,认为我国《著作权法》2020年修改后的广播权(非交互式远程传
　　播权)与信息网络传播权(交互式远程传播权)共同构建了远程传播权("向公众传
　　播权")的完整体系,这是此次《著作权法》修改取得的最大成就之一。参见王迁:
　　《〈著作权法〉对"网播"的规制》,载《现代法学》2022年第2期,第152-169页。

通的麻烦。因此，著作权集体管理是适用于网络环境的一种集中的、规模化的、经济的方法。

2.司法实践中对信息网络传播权的理解适用

虽然我国《著作权法》《信息网络传播权保护条例》及最高人民法院相关司法解释都对信息网络传播权作了具体规定，但如何认定通过信息网络提供权利人享有信息网络传播权的作品、表演、录音录像制品的行为，如何把握信息网络传播权的内涵外延，在司法实践中还有争论。

（1）不构成侵害信息网络传播权的情形

在北京市第二中级人民法院2004年二审审理的百度公司诉三七二一公司侵害著作权及不正当竞争案中，[1] 案件所涉及的问题引发我们对信息网络传播权内涵的进一步思考。该案原告开发的"百度IE搜索伴侣"和"百度搜霸"软件与被告的"3721网络实名"软件都属于网络寻址软件，但被告的软件与原告软件之间存在技术冲突，在先安装"3721网络实名"软件后，无法在原告网站通过点击鼠标左键的方式正常下载"百度IE搜索伴侣"和"百度搜霸"软件，卸载后，即可实现点击鼠标左键的方式下载。原告认为被告的行为阻碍了其软件的正常传播，属于侵犯其对软件所享有的信息网络传播权的行为。显然原告所指控的侵权事实与法律规定的信息网络传播权的内涵是不相同的，法院最终判定被告的行为不构成法律所禁止的侵犯信息网络传播权行为。但也有观点认为，对此问题还有待深入讨论和思考。侵犯信息网络传播权的直接含义虽是未经许可通过网络传播作品，但不得妨碍他人通过信息网络传播作品似乎也属其中应有之义。对此问题，实践中的做法是根据我国现行

1　参见北京市第二中级人民法院（2004）二中民终字第2387号、第2388号民事判决书。

《反不正当竞争法》第十二条，又被称为"互联网专条"[1]的相关规定进行认定，规定经营者不得利用技术手段，通过影响用户选择或者其他方式，实施妨碍、破坏其他经营者合法提供的网络产品或者服务正常运行的行为。若有此类行为的，通过不正当竞争行为的认定予以规制。

关于被诉行为是否属于向公众提供作品的行为，是否侵害了计算机软件的信息网络传播权，最高人民法院曾提出关键在于审查该行为是否使计算机软件在信息网络上的提供脱离了权利人的控制。在最高人民法院审理的思杰马克丁公司与李某侵害计算机软件著作权及不正当竞争案[2]中，思杰马克丁公司主张李某通过盗链行为，破坏了该公司网站以及涉案软件权利人对涉案软件传播下载渠道的控制，该行为使该公司享有的涉案软件独家经销权在一定范围内落空，侵害了其对涉案软件享有的信息网络传播权。一审法院认为，该公司网站允许公众自由下载并试用涉案软件，李某开办的涉案网站提供涉案软件的下载链接，公众最终从思杰马克丁公司官网下载并试用涉案计算机软件。因思杰马克丁公司允许公众从其官网自行下载、安装涉案软件，故李某向公众提供涉案软件下载链接系经该公司默许的行为，并未侵害涉案软件相关著作权。最高人民法院进一步认为，判断某一行为是否侵害了计算机软件的信息网络传播权，关键在于审查该行为是否使计算机软件在信息网络上的提供脱离了权利人的控制。网络用户从涉案网站中下载的涉案软件安装包的来源系直接链接自思杰马克丁公司的网站，同时虽然用户点击涉案网站中的"免费下载"按钮并未跳转到思杰马克丁公司网站，而是能够直接下载涉案软件，但点击该"免

---

1 我国《反不正当竞争法》2017年修改后，就增加了第十二条关于网络环境下的不正当竞争行为规制的专门条款，即互联网专条。该条以概括、列举、兜底的方式对于利用技术手段妨碍、破坏其他经营者合法提供的网络产品或者服务正常运行的行为进行了规制，包括三种类型行为的列举条款及兜底条款。

2 参见最高人民法院（2021）最高法知民终1519号民事判决书。

费下载"按钮后,页面显示"要打开或保存来自xiazai.ntfsformac.cc的tuxerantfs2018wm-r.dmg(77.6MB)吗?"可见,涉案网站在设置链接时并未隐去涉案软件安装包的来源信息,用户不会误认为安装包直接来源于涉案网站。因此,涉案软件在信息网络上的提供无论从客观上还是主观上看,都未脱离思杰马克丁公司的控制,法院判定涉案被诉行为不构成侵害信息网络传播权。

在北京市高级人民法院审理的安乐公司与时越公司等侵害著作权案[1]中,涉及对定时播放性质的认定。法院认为,被告时越公司作为涉案网站"悠视网"(域名为:uusee.com)的经营者,未经许可在该网站上向公众提供涉案影片《霍元甲》的定时在线播放服务和定时录制服务,使网络用户可以在该网站确定的时间和用户选定的计算机终端上观看和下载涉案影片。鉴于"悠视网"提供影片的定时在线播放服务和定时录制服务必须通过被告悠视公司的"UUSee网络电视"软件实现,以及"悠视网"与"UUSee网络电视"软件之间具有的密切关联关系,法院认定,两被告合作共同向公众提供涉案影片的定时在线播放服务和定时录制服务,侵犯了原告安乐公司对该影片享有的著作权,应共同承担停止侵害、赔偿损失的民事责任。关于涉案定时播放行为的性质,一审、二审法院均认定涉案行为不具有交互性,通过《著作权法》(2001年修正)第十条第一款第(十七)项"应当由著作权人享有的其他权利"予以调整。二审法院进一步认为,我国著作权法规定的"信息网络传播权"针对的是"交互式"的网络传播行为,即网络用户对何时、何地获得特定作品可以主动选择,而非只能被动地接受传播者的安排。"悠视网"提供的是对涉案电影作品定时在线播放服务和定时录制服务,网络用户只能在该网站安排的特定时间才能获得特定的内容，而不能在个人选定的时间得到相应的服务，因此，该种网络传播行为不属于信息网络传播权所限定的信息网络传播行为。

（2）信息网络传播权与其他权利的边界

此外，对于信息网络传播权与放映权、广播权等其他权利的边界，司法实践中也存在争议。在浙江省高级人民法院审理的捷成公司与雷火公司侵害著作权案[1] 中，一审法院认为，雷火公司经营的涉案酒店未经许可，在其客房内向住店客户提供涉案影片的在线点播服务，使入住客户可根据需要自主选择在特定的时间和地点观看该影片，侵害了捷成公司对涉案电影作品享有的信息网络传播权，应承担停止侵权、赔偿损失的民事责任。二审法院认为，雷火公司系在其酒店提供带有"云视听极光"软件的智能投影仪，使得入住者能够播放已经通过"云视听极光"软件在互联网上传播的作品，因此，雷火公司并未实施将涉案电影置于信息网络中的行为，其仅是通过能够联网的技术设备向入住者再现已然置于信息网络中的涉案电影，故雷火公司实施的行为属于放映行为。捷成公司关于雷火公司侵害其对涉案电影作品享有的信息网络传播权的主张不能成立。可见，两审法院的观点并不一致，二审法院认为被告并未直接实施在信息网络中提供作品的行为，该案不应受到信息网络传播权的控制。关于上述未经许可将来源于信息网络的电影作品，通过相关设备播放进行公开再现的，北京市高级人民法院于2018年4月发布的《北京市高级人民法院侵害著作权案件审理指南》第5.9条也认为属于放映权控制的范围。

在北京市高级人民法院审理的爱奇艺公司与中国广电内蒙古公司

1　参见浙江省高级人民法院（2022）浙民终1050号民事判决书。

侵害信息网络传播权案[1]中，法院针对交互式互联网电视（IPTV）[2]"回看"的行为性质进行了分析。法院经再审审理认为，在涉案IPTV平台提供的"回看"服务，即对已播出的广播电视节目内容按照节目播出顺序表向IPTV用户提供，用户可在限定时间内（该案为5日内）观看上述节目内容。IPTV"回看"行为符合著作权法规定的"以有线或者无线方式向公众提供，使公众可以在其选定的时间和地点获得作品"的行为特征，即该行为落入信息网络传播权控制的范围，未经许可在IPTV"回看"服务中提供作品，应认定为侵害信息网络传播权的行为。该案中，中国广电内蒙古公司并不否认其实施了提供涉案作品的限时回看服务，但认为该行为属于广播权的调整范围，故未侵害爱奇艺公司的信息网络传播权。法院认为其抗辩理由不能成立，该观点与一审法院的认定一致。法院最终判定中国广电内蒙古公司并非涉案作品的提供者不应承担责任的认定确有不妥，对二审判决予以纠正。

（3）数字藏品与信息网络传播权

NFT（Non-Fungible Token），即非同质化通证或非同质化权益凭证，是基于区块链技术的一种分散式数据存储单元，与其映射的数字化文件具有唯一关联性，具有独一无二的特征。NFT不可替代和独一无二的特征，促成了数字作品在线收藏、在线交易市场的形成和发展。NFT数字藏品，是将数字化文件等底层数据上传至NFT交易平台并铸造NFT后呈现的数字内容。在底层文件为数字化作品的场合，称

---

1 参见北京市高级人民法院（2023）京民再3号民事判决书。

2 IPTV应当由广播电视播出机构负责集成播控平台的建设和管理，负责IPTV节目的统一集成和播出监控，电子节目指南（EPG）、用户端、计费、版权等管理；由电信企业负责为集成播控平台与用户端之间提供信号传输和相应技术保障的业务。IPTV集成播控总平台将内容传输至各省、自治区、直辖市集成播控分平台，分平台再将总平台的完整内容和分平台的内容传至本省、自治区、直辖市IPTV传输系统；电信企业可提供节目内容和EPG条目，经广播电视播出机构审查后统一纳入集成播控平台的节目源和EPG。

之为NFT数字作品，NFT数字作品是使用区块链技术进行唯一标识的特定数字化作品。

在四川省成都市中级人民法院审理的全国首例针对数字藏品销售、转售行为法律性质的王某某诉链盒公司侵害作品信息网络传播权案[1] 中，原告在其新浪微博账号发布动态视频"蕙"作品，时长23秒，可供免费下载。被告链盒公司未经王某某许可，在其运营的数字藏品电商平台网站铸造并发售了30个由上述权利作品生成的数字藏品，首次发售金额为599元/个。前述数字藏品发售后，可以进行转售，链盒公司按比例从转售成交金额中共计收取了综合服务费4万余元。法院经审理认为，铸造数字藏品的行为符合以信息网络的方式传播作品的特征，链盒公司铸造数字藏品的行为侵害了涉案作品信息网络传播权。但数字藏品一经铸造就永久分布式地存储于选定的区块链上，数字藏品的发售、转售不属于著作权所辖范围，不构成著作权侵权。链盒公司发售涉案作品所获得的收益1万余元及其按比例从转售成交金额中扣收的综合服务费4万余元均属于侵权人因其侵权行为所获得的利益，但被控侵权作品的转售收入不属于铸造者的违法所得，不应作为确定赔偿数额的依据。故法院判决被告赔偿原告经济损失5万余元及维权合理开支5000元。对于原告停止侵权的诉讼请求，法院认为被控侵权数字藏品被分布式存储在区块链网络服务器上，被告通过将被控侵权作品打入地址黑洞使其永久丧失流通性、无法在信息网络中被检索到，即被控侵权作品丧失"交互性"，故可以认定被告已经停止侵权行为，对原告关于停止侵权的主张不再支持。

在浙江省杭州市中级人民法院2023年8月审结的奇策公司诉原与宙

1　参见四川省成都市中级人民法院（2021）川01民初10421号民事判决书，该案于2022年12月13日作出一审判决后，原告不服上诉至四川省高级人民法院，二审判决驳回上诉，维持原判。

公司侵害作品信息网络传播权案[1]中，认定未经许可在数字交易平台铸造发布数字藏品的行为构成对涉案漫画作品《胖虎打疫苗》信息网络传播权的侵犯。该案中漫画家马某里创作了美术作品《我不是胖虎》并通过微博发布，授权奇策公司享有系列作品在全球范围内独占的著作权财产性权利以及维权权利。奇策公司在原与宙公司经营的数字资产交易平台发现平台用户铸造并发布了《胖虎打疫苗》NFT数字藏品，售价为899元，该NFT数字藏品与马某里在微博发布的插图作品相同。奇策公司诉至杭州互联网法院要求赔偿损失10万元，一审法院认定原与宙公司侵权行为成立，判令停止侵权并赔偿奇策公司4000元。

法院认为，NFT数字作品的交易流程涉及铸造、上架发布、出售转让三个阶段。在上架发布阶段，NFT数字作品被提供在公开的互联网环境中，公众可以在选定的时间和地点获得该作品，此种获得既可以是不以受让为条件的在线浏览，也可以是在线受让之后的下载、浏览等方式，属于信息网络传播行为。从NFT数字藏品的铸造流程来看，存在对作品的上传行为，该行为使得铸造者终端设备中存储的数字藏品被复制到网络服务器；从NFT数字藏品的销售过程来看，系指在NFT平台上以出售为目的呈现该NFT数字藏品，在作品被呈现的情况下，该展示行为使公众可以在选定的时间和地点获得作品。NFT数字藏品铸造、交易包含对该数字藏品的复制、出售和信息网络传播三方面行为，该交易模式本质上属于以数字化内容为交易内容的买卖关系，交易产生的法律效果亦表现为所有权转移。NFT数字藏品所有权转让结合了区块链和智能合约技术，是通过铸造而被提供在公开的互联网环境中，交易对象为不特定公众，每一次交易通过智能合约自动执行，使公众可以在选定的时间和地点获得NFT数字藏品，故NFT数字藏品交易

---

1 参见浙江省杭州市中级人民法院（2022）浙01民终5272号民事判决书，杭州互联网法院（2022）浙0192民初1008号民事判决书。

符合信息网络传播行为的特征。尽管NFT数字藏品铸造过程中存在对作品的上传行为，该行为使得铸造者终端设备中存储的数字藏品被同步复制到网络服务器中，但复制造成的损害后果已经被信息网络传播给权利人造成的损害后果所吸收，无须单独对此予以评价。

二审法院进一步认为，在NFT数字作品的铸造阶段，涉及复制行为；在NFT数字作品的上架发布阶段，涉及信息网络传播行为；在NFT数字作品的出售转让阶段，不涉及复制行为，也不涉及信息网络传播行为。NFT数字作品出售转让的结果是在不同的民事主体之间移转财产性权益，并非物权的移转，故其虽能产生类似于"交付"的后果，尚不能落入发行权的规制范畴。综上，NFT数字作品的出售转让不属于著作权法意义上的发行行为，涉案NFT数字作品交易行为不受发行权规制。

此外，在北京知识产权法院2023年年底审结的范某诉智链公司、王某某涉NFT数字藏品著作权侵权纠纷案[1]中，也涉及复制权与信息网络传播权的关系问题。该案原告范某创作了《贾岛诗意》水墨画，被告未经许可在其注册运营的微信公众号上发布了标题为《爆！国画大师范曾画作〈贾岛诗意〉来了！！！》的文章，并将画作《贾岛诗意》制成NFT数字藏品在其开发运营的应用程序上发行出售，发行数量为1万份，销售单价为39.9元，至诉讼时已售罄。原告诉至法院要求被告停止侵害著作权的行为，并将其已经铸造的NFT数字作品在区块链上予以断开并打入地址黑洞，智链公司和王某某应连带赔偿原告经济损失及维权合理开支65万余元。一审法院认定智链公司侵害了信息网络传播权，判决被告连带赔偿原告经济损失33万余元及合理开支2万元。被告不服提起上诉，二审法院判决驳回上诉，维持原判。

1　参见北京知识产权法院（2023）京73民终3237号民事判决书，北京互联网法院（2022）京0491民初18677号民事判决书。

法院认为，被告将画作《贾岛诗意》复制件上传至"某某元宇宙"后台的服务器，形成以服务器为物质载体的作品复制件，该行为属于著作权法意义上的复制行为。由于该复制行为是被告实施信息网络传播行为的必要步骤，此特殊情况下的复制行为，应当由信息网络传播权予以规制，无须再行适用复制权这一规制一般复制行为的权项进行评价。被告和首次购买者进行在线交易，首次购买者进行电子支付后，其账户显示有画作《贾岛诗意》。该交易过程并不包含作品有形物质载体的转移，因此，该交易行为并未落入发行权的控制范畴，并不构成对画作《贾岛诗意》发行权的侵害。该案对数字藏品传播行为与著作权法上相关权项的关系的认定与前述《胖虎打疫苗》案基本一致，都认为应以信息网络传播权予以规制。

3.侵害计算机软件信息网络传播权的审理实践

司法实践中，侵害计算机软件信息网络传播权的案件大多发生在游戏软件领域，侵权人通常未经授权通过互联网或网吧局域网等网络传播相关计算机软件。在北京市高级人民法院审理的游戏天堂公司与机游公司侵害计算机软件著作权案[1]中，《风色幻想SP》游戏软件由案外人弘力公司制作并投入商业使用，经授权游戏天堂公司独家拥有涉案游戏的信息网络传播权、复制发行权等著作权及相关权利，以及对所涉及的知识产权的侵权行为进行维权的权利。涉案被诉侵权网站中有涉案游戏，且用户可以在涉案网站对涉案游戏进行下载。虽然涉案网站的经营者并非机游公司，但是从工业和信息化部ICP信息备案管理系统查询结果网页中，点击机游公司经营的网站首页地址能够直接跳转至涉案网站，机游公司未能就此作出合理解释，也未就其所主张的该跳转系他人采取网页劫持或其他技术手段导致提交相应证据。同时，涉案网站公示

---

1 参见北京知识产权法院（2017）京73民初524号民事判决书，北京市高级人民法院（2018）京民终131号民事判决书。

的系机游公司的《网络文化经营许可证》，机游公司虽提出该《网络文化经营许可证》系被他人冒用，但因其不能举证证明该《网络文化经营许可证》曾经在自己经营的网站上公示过，故其该项主张无法成立。因此，法院认定机游公司与涉案网站的经营者以分工合作的方式在互联网上共同提供了涉案游戏，使得公众可以在其个人选定的时间和地点获得涉案游戏，构成共同侵害涉案游戏信息网络传播权的行为。针对该款游戏软件，游戏天堂公司还曾就陈某经营的黄河网吧等网吧未经授权以营利为目的将上述游戏通过网吧局域网的方式进行传播的行为提起侵害计算机软件著作权纠纷诉讼，制止的是通过局域网传播涉案游戏软件的侵害计算机软件信息网络传播权的行为。[1]

有的侵害计算机软件著作权案件，是将权利人享有著作权的游戏软件破解版上传至网络进行传播。在北京市高级人民法院审理的光荣特库摩游戏与三鼎梦公司侵害计算机软件著作权系列案[2] 中，涉及3DMGAME网站经营者三鼎梦公司破解传播光荣特库摩游戏享有著作权的《三国志13》《信长之野望 创造：战国立志传》《信长之野望 创造》《真三国无双7 帝国》《战国无双4-Ⅱ》五款游戏软件的被诉侵权行为。法院经实际运行涉案游戏软件进行比对，确认被诉侵权网站中游戏软件主题网页中的《三国志13 3DM免安装中日文正式版》等即为光荣特库摩游戏享有著作权的《三国志13》等游戏软件的破解版。三鼎梦公司未经许可通过信息网络上传了光荣特库摩游戏享有著作权的游戏软件，使公众可以在其个人选定的时间和地点获得该作品，侵害了光荣特库摩游戏对其作品所享有的信息网络传播权。虽然侵权行为发生时，光荣特库摩游戏的《三国志13》等游戏软件尚未在中国大陆地区公开发售，但由于计算机

1　参见广东省高级人民法院（2014）粤高法民三终字第1072号民事判决书，广东省肇庆市中级人民法院（2014）粤高法民三终字第872、873、874、875、876号民事判决书等。

2　参见北京市高级人民法院（2018）京民终第174-178号民事判决书，北京知识产权法院（2016）京73民初第370-374号民事判决书。

软件的无形性和在互联网上的易传播性，被告可以通过其他渠道获取上述游戏软件，因此被告应当停止侵权行为并赔偿权利人的经济损失。

（三）翻译权

翻译权是著作权中的一项重要经济权利，许多国家的著作权法都有规定，《伯尔尼公约》第8条也规定，"受本公约保护的文学艺术作品的作者，在对原作享有权利的整个保护期内，享有翻译和授权翻译其作品的专有权利"。翻译权通常适用于文字作品、口述作品、电影类作品以及一切以文字为其表现形式的作品。虽然《伯尔尼公约》并未直接规定对计算机程序的保护，但TRIPS协议中已明确规定计算机程序属于《伯尔尼公约》1971年文本中的文字作品的范畴，因此，显然有关翻译权的规定也应适用于计算机程序。《伯尔尼公约》第5条还规定了针对翻译权的强制许可，即如果著作权人作者在一定的时期内没有发出翻译该作品的许可证，那么相关译者就可以向政府有关部门申请强制许可证。所谓强制许可，是指主管机关依一定的程序，将使用著作权的许可证授予某个自然人或法人，或某些自然人或法人。强制许可在立法中最常见的是针对翻译权而规定的。

对于计算机软件的翻译权问题，一直存在很大争议。有的国家将翻译权确认为软件著作权人的一项权利，如英国、新加坡等少数国家确认将计算机程序的源代码改变为目标代码，将一种计算机语言写成的程序改变为另一种计算机语言写成的程序等看作是翻译行为；大多数国家则未将翻译权适用于计算机软件。对于计算机软件进行的翻译是否属于著作权法上的翻译以及谁享有该翻译作品的著作权是有疑问的，这是科技进步所带来的法律上的问题，尚无统一的看法。[1]

我国在2002年1月起施行的《计算机软件保护条例》中明确了翻译权的内容，而在此之前只是将其作为使用权中的一种方式予以规定。

1　姚红：《中华人民共和国著作权法释解》，群众出版社2001年版，第102页、第118页。

根据该条例2013年修改前的规定，翻译既包括自然语言文字之间的翻译，也包括不同计算机编程语言之间的转换。但修改后的该条例明确规定，翻译权即将原软件从一种自然语言文字转换为另一种自然语言文字的权利，显然并不包括不同编程语言之间的转换。软件的翻译通常是指将软件的操作界面或者程序中涉及的自然语言文字翻译成另一种自然语言文字，而不会改变软件编程使用的语言，也不会改变软件的功能、结构和界面。通常所说的"汉化"软件，就是将软件从其他语言翻译成中文后形成的软件。软件翻译权可以自己行使，也可以委托他人行使。如域外相关软件开发商为更好实现软件汉化，通常会委托我国软件公司进行汉化工作。因此，我国《计算机软件保护条例》中有关翻译权的规定与著作权法中的规定并无区别，[1] 与域外相关国家所确立的软件著作权人的翻译权的内涵也不相同。但在实践中，有时可能出现非法取得他人软件源程序后，将其使用另一种编程语言进行改写的情况，此时改写人省去了系统分析、总体设计等重要开发步骤，显然比原软件开发者所投入的人力、物力存在很大区别。对这种行为如果无法通过翻译权予以规制，应通过何种方式予以规制也有待进一步研究和讨论。

二、精神权利

精神权利是与经济权利相对的概念，是与作者的人身密切联系的权利。根据我国现行《计算机软件保护条例》第八条第一款的有关规定，软件著作权人享有的精神权利包括发表权、署名权和修改权。其中发表权是指决定软件是否公之于众的权利；署名权是指表明开发者身份，在软件上署名的权利；修改权是指对软件进行增补、删节，或者改变指令、语句顺序的权利。由于开源软件在一定程度上让渡了

1　参见我国《著作权法》第十条第一款第（十五）项的规定，翻译权即将作品从一种语言文字转换成另一种语言文字的权利。

相关经济权利，因而精神权利的保护对于该类软件具有更为重要的意义。实践中，开源软件对著作权人精神权利的保护较之商业软件的保护程度并不低。

（一）发表权

虽然《伯尔尼公约》并未明确规定发表权，英国和美国等传统上不保护精神权利的国家也没有关于发表权的规定，但世界上许多国家的著作权法都规定了发表权，只是保护水平略有差异。有的规定发表权即作者决定作品是否公之于众的权利，有的则规定除此之外还包括决定首次公之于众采用的具体方式和形式的权利。德国、智利等国家的著作权法在增加计算机软件为保护客体后，仍然将发表权、署名权等精神权利适用于计算机软件，但法国则强调修改权和收回权不适用于软件权利人，但发表权与署名权显然仍应适用[1]。

根据我国《计算机软件保护条例》的规定，计算机软件著作权人享有的发表权是指决定软件是否公之于众的权利。软件著作权人完成软件开发后不行使发表权而将程序转让、出租，或许可他人使用、复制、改编，又未专门指明不允许他人发表的，则视为已同意发表。对该权利的内涵通常不会产生歧义，但随着开源软件的不断发展，有观点认为，与著作权保护背道而驰的开源软件在放弃了经济权利的同时，也使权利人失去了发表权。理由是基于GNU GPL（General Public License）[2]许可证发布的软件，获得作品的用户可以任意复制、修改和

1　郑成思：《版权法》，中国人民大学出版社1997年版，第140页。

2　GNU GPL许可证由Stallman在1989年首次发布，希望借以打破版权法律体系对软件的桎梏，保护公众对软件共享和修改的自由。在GNU GPL许可证体制下，"copyright"演变成为"copyleft"。"copyright"保证版权人对其作品的在一定期限内独占的权利，"copyleft"限制作品的作者对作品行使版权。根据sourceforge.net于2002年5月4日作出的调查报告，GPL许可证在现有开源软件中的使用率超过70%，是最常见的许可证。

分发作品，作为义务，其必须按照GNU GPL来分发作品，并赋予作品接受者等同的权利，这实质上是对作者发表权的剥夺。然而，根据GPL的相关条款，软件开发者完全有权选择是否以GPL形式发表软件。对于将GPL许可证下的开源软件进行修改后得到的作品，依据该许可证，则必须以GPL的方式发表，这实质上也是修改者无偿使用在先开源软件相应的对价。因此，开源软件的权利人并未放弃发表权，只是有权选择以何种方式发表作品。

（二）署名权

许多国家的著作权法都将"署名权"和"确认作者身份权"分别列为两项精神权利，但二者实质上是同一个意思，即作者有权在发表的作品上署名，并有权禁止未参加创作的人署名，有权禁止他人冒自己之名发表作品。[1] 对于计算机软件权利人的署名问题，从各国规定看，明文规定权利人享有署名权的并不多见。通常包括两种规定，一是明文规定其不享有署名权，二是通过暗示表明其享有署名权。计算机软件权利人署名的具体方式，可以通过在软件实体产品的外包装进行署名，也可以通过软件开发者在程序中编写相关语句，使得程序运行过程中显示开发者名称等方式进行署名，或者还可在软件著作权登记的申请文件和登记公告、软件转让合同、软件使用许可合同中表明权利人身份。

署名权，对于开源软件来说，具有更为重要的意义。一方面，署名权是对原软件创作者的尊重，他人在分发软件时应当保留相关版权声明，并不得擅自使用他人的姓名或名称。在修改过的软件文档中还要注明修改者所作的工作，以保证不损害原始开发者的名誉；另一方面，开源软件的署名也可以在一定程度上避免因其中包含侵权代码而可能给使

---

1 关于冒名侵权的性质问题，有侵犯署名权和侵犯姓名权的争论，我国对此并未明确规定。郑成思教授曾对此作了细致深入的分析。参见郑成思：《版权法》，中国人民大学出版社1997年版，第142–143页。

用者和后续开发者所带来的纠纷，从这个意义上说，署名也是软件后续修改者的义务。由于参与开源软件开发的人员众多，虽然被许可者基于GPL许可证有权使用软件，但如果有人有意或无意地将他人享有著作权的源代码加入源程序，则后续使用者就会在无意间侵犯他人的著作权，如SCO v. IBM案就涉及开放源代码的侵权纠纷。为此，Linux创始人Linus Torvalds于2004年5月26日宣布对Linux操作系统作出贡献的软件开发商必须在软件上签名并担保其原创性。该项开发者原创性保证条款（developer's certificate of origin），要求程序员在提交Linux内核的一些增加代码时，必须以电子邮件的形式同时提交自己的真实姓名与电子邮件地址。[1] 显然该条款能够在追踪修改程序的源代码的起源的同时，在一定程度上避免因Linux包含侵权源代码而产生的法律纠纷，从而给商业用户带来一定的安全感。

（三）修改权

修改权，是指对软件进行增补、删节，或者改变指令、语句顺序的权利。对于修改权的权利性质，有学者提出，计算机软件著作权人所享有的修改权，并非精神权利，而是类似于改编权的经济权利；也有学者提出，软件的修改权具有相当但并非完全、绝对的人身性质，又具有区别于一般作品的极大经济价值而非纯属于经济性，所以软件的修改权是一种精神性为主兼具经济性双重属性的权利，其完全可以被软件著作权人依法转让或者许可他人行使。[2]

在司法实践中，就曾出现权利人主张其对软件所享有的修改权被侵犯的案例。在前述北京市第二中级人民法院审理的百度公司诉三七二一公司侵害著作权及不正当竞争案中，原告开发的"百度IE搜

1　杨慧玫：《Linux创始人号召软件开发者署名并保证原创》，载《电子知识产权》2004年第7期，第8页。

2　黄亚菲：《计算机软件保护之修改权探讨》，载吕彦主编《计算机软件知识产权保护研究》，法律出版社2005年版，第256–270页。

索伴侣"和"百度搜霸"软件与被告的"3721网络实名"软件都属于网络寻址软件，但被告的软件与原告软件之间存在技术冲突，在后安装的软件会出现修改在先安装的软件注册表信息的情况。原告主张被告的行为侵犯了其所享有的修改权，二审法院经审理认为软件注册表信息只是在软件安装过程中自动生成的信息，并非计算机软件作品的组成部分，虽然注册表信息直接影响软件的运行，但对注册表信息的修改也不应视为对软件作品的修改，不应视为侵犯修改权的行为。

根据GPL许可证规则，获得开源软件的用户可以任意复制、修改和分发作品，这里存在修改权的让渡问题，也正是开源软件的意义——通过不断地修改，纠正最初版本中不可避免地存在的不周全甚至错误之处，增强软件的实用性。同时，开源软件的修改者在修改源代码软件时，必须注明修改者、修改之处以及修改时间，以避免出现源代码的混淆及对原作者相关权利的不尊重。

三、技术措施和权利管理信息

对于计算机软件著作权人，除享有上述相应的经济权利和精神权利外，为保障这些权利的实现，还应有权禁止规避或破解其对作品所采取的技术措施和禁止删除或改变其作品上标注的权利管理信息。这两项权利是世界知识产权组织因应网络技术的发展而推出的两个条约《世界知识产权组织版权条约》和《世界知识产权组织表演和唱片条约》中所规定的，其对网络环境下的软件著作权人权利保护起着非常重要的作用。我国2001年修正的《著作权法》、2001年公布的《计算机软件保护条例》以及2006年施行的《信息网络传播权保护条例》，规定了软件著作权人有权禁止规避或破坏技术措施和禁止删改权利管理信息。其中，《信息网络传播权保护条例》第二十六条明确了相关用语的含义，规定："技术措施，是指用于防止、限制未经权利人许可浏览、欣赏作品、表演、录音录像制品的或者通过信息网络向公众提供作品、表演、录音录像制品的有效技术、装置或者部件。""权利管理电子信息，是指说明作品及其作者、表演及其表演者、录音录像制品及其制作者的信息，作品、表演、录音录像制品权利人的信息和使用条件的信息，以及表示上述信息的数字或者代码。"根据《计算机软件保护条例》第二十四条第一款第（三）项、第（四）项规定，故意避开或者破坏著作权人为保护其软件著作权而采取的技术措施的，以及故意删除或者改变软件权利管理信息的行为属于侵犯计算机软件著作权的行为。此后，在2020年修正的《著作权法》中将上述相关内容规定在第五章第四十九条至五十一条，其中第四十九条规定："为保护著作权和与著作权有关的权利，权利人可以采取技术措施。未经权利人许可，任何组织或者个人不得故意避开或者破坏技术措施，不得以避开或者破坏技术措施为目的制造、进口或者向公众提供有关装置或者部件，不得故意为他人避开或者破坏技术措施提供技术服务。但是，法律、行政法规规定可以避开的情形除外。本法所称的技术措施，是指用于防止、限制未经权利人许可浏览、欣赏作品、表演、录音录像制品或者通过信息网络向公众提供作品、表演、录音录像制品的有效技术、装置或者部件。"第五十一条规定："未经权利人许可，不得进行下列行为：（一）故意删除或者改变作品、版式设计、表演、录音录像制品或者广播、电视上的权利管理信息，但由于技术上的原因无法避免的除外；（二）知道或者应当知道作品、版式设计、表演、录音录像制品或者广播、电视上的权利管理信息未经许可被删除或者改变，仍然向公众提供。"上述规定虽然较此前的相关规定进行了细化，但总体看在实务中还存在操作性不强等问题，还有必要对涉及技术措施和权利管理信息的有关问题深入研究。

（一）技术措施

加密等技术措施历来是计算机软件权利人为保证其权利不受侵犯

而使用的一种自我保护措施[1]，随着网络的发展，又出现了许多保护数字化作品的技术措施。网络上的技术措施主要包括访问控制措施和使用控制措施两类，[2] 其中访问控制措施是指信息网络上的服务器对用户的访问所采取的限制措施，如某些收费的大型数据库会设置技术措施使无权访问其服务器的用户不能访问其任何信息；使用控制措施是使用户不能任意复制、发行、传播及修改受保护作品的技术措施，如加密、电子签名以及"电子水印"[3] 技术等；按照技术措施的功能可分为预防性、识别性和制裁性技术措施，其中预防性技术措施通常采用加密、功能限定等措施，功能限定是指对计算机的功能进行限定，如不得保存文件，预先设定一次交费后的使用时间、使用次数、浏览次数等，尽管如此，与加密技术同时发展的解密大军也在同步跟进。有一些专门从事对数字化作品解密或对其他技术保护手段进行类似的反向行为的个人或企业，其解密的目的并不是为个人的研究或娱乐需要，而是将加密后的作品提供给复制者非法营利。这显然极大地侵害了网络作品权利人的权益，因而引起了国际社会的关注。

---

1 如欧盟对技术措施的保护可以追溯到1991年《欧盟计算机程序保护指令》，该指令第7条第1款第3项规定，成员国对于为商业性目的专门用来未经授权地取消或者破解用于保护计算机程序的技术装置的任何方式应当给予制裁。当时该指令仅限于保护计算机程序的技术措施。参见薛虹：《网络时代的知识产权法》，法律出版社2000年版，第29页。

2 薛虹：《因特网上的版权及有关权保护》，见郑成思主编：《知识产权文丛（第一卷）》，中国政法大学出版社1999年版，第133页。作者在该文中曾作了这样的归纳：有关技术措施的分类有不同的表述方法，除下文中提及的根据技术措施的功能来分类之外，也有的人将其分为反复制设备、控制进入受保护作品技术保护措施、追踪系统、电子水印、数字签名或数字指纹技术、标准系统、电子著作权管理系统。参见郭卫华、金朝武、杨振东，等：《网络中的法律问题及其对策》，法律出版社2001年版，第39页。

3 电子水印技术是在音频、视频、图像或文档数据上附加一个几乎是不能去除的印记，如果其遭到破坏，数据也会受到损失，而且通过电子水印还可以识别盗版者。

在世界知识产权组织的两个新条约中都对缔约方关于保护技术措施的义务作了原则规定，即缔约各方应规定适当的法律保护和有效的法律补救办法，制止规避由作者、表演者或录音制品制作者为行使两条约所规定的权利而使用的，对就其作品、表演或录音制品进行未经该有关作者、表演者或录音制品制作者许可或未由法律准许的行为加以约束的有效技术措施。这一简明扼要的规定为各国国内立法留下了足够的空间，对于技术措施的具体内容，应如何去保护，应有何种法律救济措施等问题都应由各国国内法解决。此后，1998年美国《数字千年版权法案》首先对技术措施的保护作了具体规定，禁止制造某种特定的设备或提供某种特定的服务来规避有效控制他人访问作品和有效保护版权人权利的技术措施，这里对于技术措施是从控制他人访问作品和保护版权人使用作品这两个角度来规定的。按照该法案的规定，任何人不得制造、进口、向公众提供和运输任何技术、产品、服务、设计、部件和零件以规避技术措施。显然该法案强调的是规避技术措施的侵权装置而非侵权行为，因为美国认为在数字环境下，对知识产权保护的真正威胁不是来自个人的规避行为，而是商业公司制作、销售、出租能用来规避技术保护措施的装置的行为。这一理论曾在1996年外交会议上遭到许多与会代表的反对，同时也受到了我国学者的批评。[1] 根据欧洲议会与欧共体理事会于2001年5月发布的《关于信息社会中版权与相关权的若干方面的协调指令》第3章第6条，既禁止制造或提供规避技术措施的设备或服务的行为，也禁止对于技术措施的规避行为本身[2]；日本在1999年修改著作权法时也增加了对技术措施予以保护的规定。从总体上看，相关国际条约和发达国家的立法并未将制裁的重点放在规避或破坏技术措

1　李明德：《数字化和因特网环境中的版权保护》，载《著作权》2000年第2期，第22-27页。

2　应明：《对计算机软件进行反向工程的版权问题》，见沈仁干主编：《数字技术与著作权：观念、规范与实例》，法律出版社2004年版，第42页。

施的每一行为上，而是重点制裁用来规避技术措施的技术、设备及服务等。因为真正对著作权人构成威胁的并非不特定的社会公众出于个人目的对相关技术措施的破解，而是那些专门向社会公众提供的破解工具和方法，以及出于商业目的而向他人提供的破解技术措施的服务。[1]

技术措施保护是随着网络技术的发展而在版权业界的推动下纳入版权法保护体系的，但技术措施本身是否属于著作权人所享有的著作权的组成部分，规避技术措施的行为是否为侵犯著作权的行为，一直是有争论的。有观点认为，可以将禁止规避技术措施和故意删改权利管理信息的权利作为著作权人所享有的财产权利的组成部分；[2] 也有观点认为，技术措施虽然是著作权人经济利益的体现，但技术措施权利人所享有的权利并不是著作权人的权利，规避技术措施的行为也并非侵犯著作权的行为；[3] 还有观点从技术措施保护与政治权利的冲突、与传统版权法律制度的冲突的角度，分析技术措施保护与表达自由中的获取信息权和表达权（发表权）之间的冲突；[4] 更有观点为了解释规避或破坏技术措施行为的法律性质，从著作权、物权、邻接权等角度提出假说进行了分析，并表明由于知识产权法相对于其他法律学科尚处于新兴阶段，因此出现试图从各自的角度去解释规避或破坏技术措施的规定的各种假说的现象属于正常，但可以确认相关国际条约和国内法律所禁止的行为仅仅是破坏技术措施和作品的结合方式或者技术措施对作品的使用方式的行为，并非侵犯著作权的行为，技术措施权利人所享有的权利也不是著

1　宋慧献：《唐广良：综论软件保护与相关立法》，载《中国版权》2004年第1期，第28-31页。

2　孟祥娟：《版权侵权认定》，法律出版社2001年版，第134-135页。

3　宋慧献：《唐广良：综论软件保护与相关立法》，载《中国版权》2004年第1期，第28-31页。

4　梁志文：《论技术措施版权保护的制度冲突》，载《电子知识产权》2002年第7期，第44-47页。

作权。[1]

本书认为，法律规定对规避或破坏技术措施的行为予以禁止，确实并非对技术措施本身的保护，其保护的对象仍然是采取了技术措施的作品。规避或破坏技术措施的情况主要为实施侵犯著作权行为目的而规避技术措施的行为，且规避或破坏技术措施的主体与访问、复制作品的行为人往往并不统一，如存在专门从事破坏他人作品技术措施的人，其目的并非访问相关作品，而是以破解技术措施为谋生手段，或是仅仅为了证明自己的破解能力的黑客。因此上述国际条约和我国相关法律规定所禁止的规避或破坏技术措施的行为，并不属于侵犯著作权的行为，权利人对所采取的技术措施享有的禁止规避权也并非著作权的内容。因此，规避或破坏技术措施的行为应当为法律所禁止，计算机软件权利人有权禁止未经许可规避或破解技术措施的行为，从而通过技术措施保护最终实现保护权利人相应的经济权利和精神权利的目的。我国在著作权法和计算机软件保护条例中仅对规避技术保护措施的行为作了原则规定，因此有必要参考国外相关立法例对该条文进行进一步的细化。

（二）权利管理信息

在世界知识产权组织1996年推出的两个新条约中都对缔约方关于权利管理信息的义务作了规定，即缔约各方应规定适当和有效的法律补救办法，制止未经许可故意删除或改变权利管理信息的行为。而且两条约还对权利管理信息作了界定，在《世界知识产权组织版权条约》中，权利管理信息是指"识别作品、作品的作者、对作品拥有任何权利的所有人的信息，或有关作品使用的条款和条件的信息，和代表此种信息的任何数字或代码，各该项信息均附于作品的每件复制品上或在作品

---

1 郭禾：《规避技术措施行为的法律属性辨析》，载《电子知识产权》2004年第10期，第11-17页。

向公众进行传播时出现"。此后，美国和日本在修改本国法时都对保护权利管理信息作出了与新条约类似的规定。

禁止他人未经软件著作权人许可，故意删除或改变由权利人合法加在其软件作品上的有关作品、作者、版权保留等信息，对于网络环境下计算机软件权利人的权利保护具有十分重要的意义，因为有时权利管理电子信息中还包括作品使用的条件和要求等内容，而这些信息对权利人经济利益的实现是极为重要的。因此我国修改后的《著作权法》和《计算机软件保护条例》中都增加了保护权利管理信息的有关条款，其主要目的仍然是更好地为作品提供有效的保护。有关禁止删除或改变权利管理信息的规定，在很大程度上可以有效地弥补计算机软件在网络环境下的保护问题，尤其是容易受到侵犯的署名权等精神权利的保护问题。

四、计算机软件著作权的权利限制

在讨论了计算机软件著作权人的经济权利和精神权利，以及为保障经济权利和精神权利的实现，而赋予著作权人禁止他人未经许可规避或破坏技术措施，禁止他人未经许可删除或改变权利管理信息等权利之后，我们不能忽略另一方面，即对权利人利益和公众利益的平衡起到重要作用的权利限制的问题。这也是有学者在世界知识产权组织1996年推出两个条约、各国法律作出相应修改的情况下提出的担忧——赋予著作权人更广泛的权利是否意味着对社会公众权利的剥夺。

权利的限制，是指著作权人所享有的相应著作权应当受到一定程度的限制，即作品使用者的某些使用行为会划入合理使用的范围之内，以保持著作权人和社会公众利益之间的平衡。著作权人权利的限制与使用者对作品的合理使用，实质上是一个问题的两个方面，前者指向的是著作权人，后者则指向作品的使用者。合理使用制度就是要在著作权人与社会公众之间，寻求私人利益与公众利益的平衡。《伯尔尼公约》及大多数国家的版权法均规定了著作权限制及合理使用。合理使用制度被大多数国家立法所采纳，在世界知识产权组织的两个条约中，仅对权利的限制作了原则规定，即不得与作品的正常利用相冲突，也不得不合理地损害作者的合法利益。成员方可将原有的权利限制与例外延伸至数字环境，或是重新设计适应数字环境的限制与例外。权利的限制主要是指对经济权利的限制，其中主要包括多数国家著作权法普遍规定的合理使用制度、法定许可制度和强制许可制度。我国计算机软件保护条例对法定许可制度和强制许可制度未作规定，只规定了合理使用制度。但在计算机软件保护条例修订前，曾有关于软件强制许可的规定。[1] 在网络环境下，除对经济权利予以限制外，还应对精神权利的保护予以适当的限制。只有对权利人的权利予以适当的限制，才不致因过分强调保护权利人在网络环境中的权利而破坏版权法领域的平衡，损害公众的利益。

我国现行《计算机软件保护条例》第十七条即为计算机软件合理使用的规定："为了学习和研究软件内含的设计思想和原理，通过安装、显示、传输或者存储软件等方式使用软件的，可以不经软件著作权人许可，不向其支付报酬。"有学者对该条款持有很大争议，认为缩小了合理使用的范围。因为该条规定的实质是软件技术专业人员所享有的权利，而未规定对于软件技术专业人员以外的个人学习、教学研究等应纳入合理使用范围的非营利性使用行为。根据该条规定，除少数软件技术专业人员外的其他所有未经授权的最终用户使用软件都不属合理使用的范围，都应承担侵权责任。然而这显然并不符合我国计算机软件的保护水平和社会经济发展水平，属于对计算机软件权利人的过度保护。由此，曾有学者对我国《计算机软件保护条例》相关规定的超世界水平保

1　《计算机软件保护条例》（1991年）第十三条第二款规定："国务院有关主管部门和省、自治区、直辖市人民政府，对本系统内或者所管辖的全民所有制单位开发的对于国家利益和公共利益具有重大意义的软件，有权决定允许指定的单位使用，由使用单位按照国家有关规定支付使用费。"

护展开热烈的讨论。[1] 从著作权法合理使用制度内含的利益平衡原则进行分析，该条规定确实欠妥，其制度设计有待完善。我国现行《计算机软件保护条例》第十六条的有关取得授权的合法用户的权利的规定，实质上也属于对计算机软件著作权人的权利限制，即"软件的合法复制品所有人享有下列权利：（一）根据使用的需要把该软件装入计算机等具有信息处理能力的装置内；（二）为了防止复制品损坏而制作备份复制品。这些备份复制品不得通过任何方式提供给他人使用，并在所有人丧失该合法复制品的所有权时，负责将备份复制品销毁；（三）为了把该软件用于实际的计算机应用环境或者改进其功能、性能而进行必要的修改；但是，除合同另有约定外，未经该软件著作权人许可，不得向任何第三方提供修改后的软件"。我国《计算机软件保护条例》中的上述相关规定并未对反向工程的合法性、规避或破坏技术措施与合理使用制度的关系等问题作出规定，但根据2020年修正的《著作权法》第五十条第一款第（四）项，进行加密研究或者计算机软件反向工程研究属于可以避开技术措施的情形之一，但不得向他人提供避开技术措施的技术、装置或者部件，不得侵犯权利人依法享有的其他权利。

（一）计算机软件反向工程与合理使用

由于计算机软件的开发者一般不会将软件源程序公开，而要了解和学习一个软件所包含的思想和原则，必须对软件的源程序进行分析；要获得该软件的各种参数，开发能与该软件兼容的软件也必须获得软件的源程序。因此，对软件进行反编译就成为软件开发人员经常采用的方法。对于计算机软件反向工程的合法性问题一直是受到广大软件开发者关注的问题，对此问题虽然还存有争议，总体上从各国立法及司法实践看都趋向于认定其为合法行为，但是如果反向工程触及了取得专利

1　寿步、方兴东、王俊秀：《我呼吁：入世后中国首次立法论战》，吉林人民出版社2002年版。

授权的软件中的思想、技术原理等受保护的技术方案，则可能构成侵权。世界知识产权组织在《WIPO知识产权手册：政策、法律与使用》中提出，软件合法用户对软件进行反编译的行为应当予以准许，因为要独立开发与该软件兼容的其他软件而需获取必要信息的情况下，该反编译行为不会与软件的正常使用相冲突，也不会对软件著作权人的合法权益造成不合理的损害。但是，为避免发生上述冲突或损害，反编译而获取的信息不得用于开发、复制或分发与该软件实质相似的软件或用于其他侵犯著作权的行为。[1]

对计算机软件反向工程能否纳入合理使用的范围，是否不构成侵权等问题的判断，应根据反向工程的目的和具体情况进行分析。如果所进行的反向工程属于法律所规定的合理使用范围，就应属于对软件的合理使用；如果超出合理使用的范围进行反向工程，就属于法律所禁止的行为。通常认为，为了更充分地发挥计算机软件的作用，分析研究软件的功能性能而进行反向工程；在使用软件时，为了诊断和排除该软件中存在的错误，或者为了进一步完善该软件而进行反向工程；为了分析该软件是否侵害其他程序的版权而进行反向工程都应属于合理使用的范畴。[2]因此，我们不能笼统地说对软件进行反向工程就一定属于合理使用，或者说就一定属于侵权行为，而应具体情况具体分析。

欧共体理事会于1991年5月通过的《计算机程序法律保护指令》第6条对于反编译问题即区别情况作出了规定：如果为了得到使一项独立创作的计算机程序与其他程序之间具有互联运行性所必不可少的信

1　World Intellectual Property Organization：WIPO Intellectual Property Handbook：Policy, Law and Use，第438页第7.24节，WIPO Publication 2nd edition (2004)，载道客巴巴网站，上载时间：2015年2月5日，访问时间：2022年12月28日，https://www.doc88.com/p-0438329102844.html。

2　应明：《对计算机软件进行反向工程的版权问题》，见沈仁干主编：《数字技术与著作权：观念、规范与实例》，法律出版社2004年版，第32页。

息，从事……复制代码和转换形式的行为是必需的，不要求权利人的授权，条件是：进行这种活动的人是该程序的被许可人或有权使用该程序的人或其代表；为使实现互联运行性所需的信息并不是能被前述人员容易得到的；该行为只能针对原创程序中的为达到互联运行性所需要的部分进行。同时该条第2款对所得到的信息的用途进行了严格规定：本条第1款并不允许通过这种方式得到的信息用于除使独立创作的程序达到互联运行性以外的目标；不允许除为使独立创作的程序达到互联运行性以外的其他人使用上述信息；不允许将上述信息用于开发、生产或销售一项其表达实质上相似的计算机程序，或侵害版权的任何其他行为。该条第3款还规定：与《伯尔尼公约》的条款相一致，本条款不能解释为适用于不合理地损害权利人合法权益或者与对计算机程序作正常利用相抵触的使用方式。该条款意味着欧共体允许在一定的限制条件下，如果使自己独立创作的程序产品具有同他人程序可互联运行性所必需的信息无法通过其他方法取得，为了取得这种信息，可以对他人程序的相关部分反编译。[1] 该规定实质上就是允许为开发兼容性产品而进行反编译，这种反向工程是为法律所允许的，而这一点对促进软件的技术和应用的发展是非常必要的。

　　美国司法实践中陆续出现了有关反向工程是否属于合理使用问题的判例，如美国路易斯安那东部地区法院和美国联邦第五巡回上诉法院分别作出了一审和二审判决的1985年Vault公司诉Quaid软件公司案；美国加州北部地区联邦法院和美国联邦第九巡回上诉法院分别作出一审和二审判决的1991年Sega实业公司诉Accolade公司案；[2] 美国加州北部地区联邦法院和美国联邦第九巡回上诉法院分别作出一审和二审判决的

1　应明：《对计算机软件进行反向工程的版权问题》，见沈仁干主编：《数字技术与著作权：观念、规范与实例》，法律出版社2004年版，第25-26页。

2　上述两案例详见中国软件登记中心、中国计算机报社：《计算机软件著作权保护工作手册》，电子工业出版社1993年版，第204页、第216页。

1999年索尼计算机娱乐公司诉Connectix公司案，在这些案件中，法院都判定被告所进行的反向工程属于对原告软件的合理使用，不构成侵权。[1] 美国法院判断对作品的使用是否为合理使用，根据《美国版权法》第107条通常要考虑以下因素：使用的目的和性质，使用是否具有商业性质或者是为了非营利的教育目的；该版权作品的性质；同整个作品相比，所使用部分的数量和其内容的实质性；使用对该版权作品的潜在市场或价值所产生的影响。[2]

（二）规避或破坏技术措施与合理使用

与技术措施有关的保护是在版权业界推动下纳入版权保护体系的，有的学者提出了对该禁止权的一些担心，主要是认为对著作权人权利的不断扩张，可能会最终导致对著作权人的过度保护并损害公众的利益，从而破坏著作权人与公众间利益的平衡。如过分强调技术措施的保护，可能使得本属合理使用范围的使用行为不能合法进行，损害公众利益。

对于这种担心，世界知识产权组织曾在两个新条约中提出解决办法，即允许缔约各方在其国内立法中对权利人的权利作出限制和例外规定。据此，美国《数字千年版权法案》第1201条对规避或破坏技术措施规定了7项例外。例如，对于非营利图书、档案和教育机构的免责，上述机构接触进行商业利用的版权保护作品，仅为获得1份复制件，以便善意决定是否从事DMCA所允许的活动的，不违反有关规避技术措施的规定，但其故意为商业利益或经济收入而为上述行为的除外；对于执法、侦察和其他政府活动，该规定不禁止上述执法人员进行有合法授权的调查、执法、信息安全或侦察活动；反向工程，合法获得他人计算机程序复制件使用权的人，仅出于使其独立创作的计算机程序与他人程

1　Sony Computer Entertainment, Inc. v. Connectix Corp., 48F. Supp. 2d 1212 (N.D.Cal.1999).

2　《美国版权法》第107条的中文译文，参见沈仁干：《著作权实用大全》，广西人民出版社1996年版，第572页。

序有兼容性，对他人程序要素进行辨认、分析之目的，从而规避他人对程序特定部分有效控制接触之技术保护措施的，其对尚未掌握要素的辨认、分析，在不构成侵权行为的情况下，不违反有关规避技术措施的规定；对于加密、解密研究，在善意的加密、解密研究中，规避已发表作品的复制件、录音制品、表演或者展览所使用的技术措施的，在行为人合法取得加密的已发表作品的复制件、录音制品、表演或者展览、其行为是加密、解密研究所必需的、行为人在规避该技术措施前，曾善意努力寻求许可，且不违反法律规定的条件下，不构成规避技术措施的侵权行为；对保护未成年人的免责，如果目的仅在于防止未成年人接触互联网上的有关内容，则不构成侵权行为；为保护私人信息，安全测试目的，允许规避技术措施等。[1] 欧洲议会与欧共体理事会于2001年5月发布的《关于信息社会中版权与相关权的若干方面的协调指令》对禁止规避技术措施条款规定了近20种情况作为例外和限制，比美国《数字千年版权法案》规定的情形增加了许多，反映出立法者在维护社会公众与权利人之间利益平衡方面所进行的努力探索。[2]

　　美国《数字千年版权法案》虽然对禁止规避或破坏技术措施规定了上述诸多例外，但并未明确规定用户为合理使用目的可以规避技术措施，实质上缩小了合理使用的范围[3]。该法对待技术措施的立场引起了公众的反对，因为其不仅影响了使用者的利益，也影响了消费电子产品制造商、个人计算机制造商等多方面的利益。由于该法并未明确规定合

1　美国《数字千年版权法案》中第1201条的有关规定，参见张玉瑞：《互联网上知识产权——诉讼与法律》，人民法院出版社2000年版，第543-551页。

2　应明：《对计算机软件进行反向工程的版权问题》，见沈仁干主编：《数字技术与著作权：观念、规范与实例》，法律出版社2004年版，第42页。

3　Pamela Samuelson, Intellectual Property and the Digital Economy: Why the Anti-circumvention Regulations Need to Be Revised, in V.113 Berkeley TECH & INTELL. PROP. L., 1999, at page 534.

法用户为合理使用目的可以规避技术措施，因而在有的判例中第1201条之3被解释为"禁止一切使用者（包括合法使用者）出于任何理由规避技术限制"[1]，使得人们认为《数字千年版权法案》过分倾向于权利人一方，而对消费者合理使用作品产生不利影响。自2003年1月起，有议员陆续提出了《数字媒体消费者权利法》议案、《平衡法》议案、《数字消费者知情权法》议案，从不同角度提出了修改《数字千年版权法案》的具体建议，以维护版权法的利益平衡。其中《数字媒体消费者权利法》提出为了促进有关技术措施的科学研究而设计、生产主要是用于规避技术措施的技术、产品等，不构成违法等；《平衡法》主要围绕恢复版权法的传统平衡，提出扩大消费者对数字作品的合理使用的范围和修改《数字千年版权法案》第1201条中有关规避技术措施的例外的规定；《数字消费者知情权法》主要规定数字产品的生产者和发行者对其所采取的技术措施负有披露义务，即要满足消费者对技术措施的知情权。[2]

有学者提出，可结合美国《数字千年版权法案》的有关规定，在强化技术措施保护的同时，将著作权法所规定的权利限制适用于技术措施保护，并提出七项例外规定：反向工程、加密研究、安全测试、执法和情报活动、未成年人保护、个人隐私和非营利性的图书馆、档案馆和教育机构等。[3] 本书认为，禁止规避或破坏技术措施在我国仅仅是法律条文中的简单规定，虽然实践中出现的许多问题与此相关，但比较而言，这方面的实践基础还是相对欠缺的，因此对该项规定以及相应例外规定的

---

1 Universal City Studios, Inc. v. Reimerdes, 111 F. Supp. 2d 294, 321–24 (S.D. N.Y. 2000).

2 宋红松：《恢复版权法自身的平衡——介绍美国三个有关技术措施的新议案》，见中国社会科学院知识产权中心、中国法学会知识产权法研究会主办：《计算机软件保护制度12年回顾与未来展望研讨会论文集》，第106–117页。该文对前述三个新议案作了深入的分析并附有议案全文中文翻译文本。

3 梁志文：《论技术措施版权保护的制度冲突》，载《电子知识产权》2002年第7期，第47页。

细化还有待实践不断丰富。但禁止规避技术措施以保护权利人的利益和制定相应的例外规定以维护社会公众的利益，二者不可偏废。

我国2001年修正的《著作权法》和2001年公布的《计算机软件保护条例》对于禁止规避或破坏技术措施的规定非常简单，也未具体涉及对其进行限制的例外规定。后在2006年施行的《信息网络传播权保护条例》第十二条中规定了四种例外情形，即"属于下列情形的，可以避开技术措施，但不得向他人提供避开技术措施的技术、装置或者部件，不得侵犯权利人依法享有的其他权利：（一）为学校课堂教学或者科学研究，通过信息网络向少数教学、科研人员提供已经发表的作品、表演、录音录像制品，而该作品、表演、录音录像制品只能通过信息网络获取；（二）不以营利为目的，通过信息网络以盲人能够感知的独特方式向盲人提供已经发表的文字作品，而该作品只能通过信息网络获取；（三）国家机关依照行政、司法程序执行公务；（四）在信息网络上对计算机及其系统或者网络的安全性能进行测试"。

在2020年修正的《著作权法》中将相关内容规定在第五章第四十九条至五十一条，其中第五十条规定："下列情形可以避开技术措施，但不得向他人提供避开技术措施的技术、装置或者部件，不得侵犯权利人依法享有的其他权利：（一）为学校课堂教学或者科学研究，提供少量已经发表的作品，供教学或者科研人员使用，而该作品无法通过正常途径获取；（二）不以营利为目的，以阅读障碍者能够感知的无障碍方式向其提供已经发表的作品，而该作品无法通过正常途径获取；（三）国家机关依照行政、监察、司法程序执行公务；（四）对计算机及其系统或者网络的安全性能进行测试；（五）进行加密研究或者计算机软件反向工程研究。前款规定适用于对与著作权有关的权利的限制。"一方面将《信息网络传播权保护条例》规定的合理使用情形不再限定于"信息网络"，另一方面增加了"进行加密研究或者计算机软件反向工程研究"的合理使用情形，从而扩展了技术措施保护例外的合理使用范围。

| 第三节 |

计算机软件著作权侵权判定研究

根据原商业软件联盟（Business Software Alliance，BSA）[1] 和国际数据公司（IDC）的研究结果，2009年度由于计算机软件盗版的损失达514亿美元，全球范围个人计算机（PC）软件的盗版率为43%，其中我国的相关盗版率高于平均值。[2] 2016年，在世界知识产权组织发布的《全球创新指数报告》（Global Innovation Index，GII）中，中国在总体创新指数排名中居第25位，在中等收入经济体中排名第一。[3] 2023年，我国在《全球创新指数报告》中排名达到第12位，拥有的全球百强科技创新集群数量首次跃居世界第一。[4] 从全球范围看，侵犯计算机软件著作权的行为形式多样，除传统的利用零售渠道销售侵权软件外，更

1　原商业软件联盟已更名为软件联盟（The Software Alliance，简称仍为BSA）。

2　Seventh Annual BSA/IDC Global Software 09 Piracy Study，载道客巴巴网站，上载时间：2022年9月6日，访问时间：2022年10月15日，https://www.doc88.com/p-34261959795402.html。该报告的研究数据显示中国PC软件的盗版率与国家知识产权局委托互联网实验室按照当年安装的应付费计算机软件套数计算得出的盗版率差距较大，为此还引发了广泛的讨论，但总体上看二者的研究范围、研究方法和数据来源不同，因而研究结论并不一致，但二者都在各自研究的基础上对如何降低盗版率提出了相关建议。

3　GII由英士国际商学院于2007年首次发布，后由世界知识产权组织、康奈尔大学、英士国际商学院共同发布。参见《2016年全球创新指数》，载中国政府网，上载时间：2016年8月16日，访问时间：2023年12月1日，https://www.gov.cn/xinwen/2016-08/16/5099839/files/c4db7c55f48e4eaeb1d330cf9a9e9915.pdf。

4　《我国拥有的全球百强科技创新集群数量首次跃居世界第一》，载中国政府网，上载时间：2023年11月8日，访问时间：2023年11月28日，https://www.gov.cn/lianbo/bumen/202311/content_6914240.htm。

多的是通过网络非法传播软件、硬盘预装盗版[1]、服务器用户超范围使用侵权、最终用户侵权等。从我国的情况看，虽然社会公众对计算机软件的法律保护意识不断增强，软件正版化程度不断提升，但侵犯计算机软件著作权的行为仍然存在，因此强化对软件盗版侵权行为的规制，依法保护计算机软件权利人的著作权，为软件产业发展创造良好的法治环境和发展环境，是我国软件产业发展的基础和前提。本节在探讨计算机软件侵权判断方法的基础上，对于网络侵权行为的认定、反向工程的合法性、软件最终用户法律责任等疑难问题进行研究。

一、计算机软件侵权判断方法解析

（一）美国法院关于软件侵权判断的发展历程

美国作为软件产业发达、对软件进行著作权法律保护相对较早的国家，其司法实践中出现的诸多判例引起了各国的关注，我国也不例外。在谈到计算机软件侵权判断方法或是与之相关的计算机软件的保护范围问题时，学者往往会以美国的相关判例为基础进行分析论证。通常，学者将美国法院对计算机软件保护的发展过程分为三个阶段：

一是20世纪80年代前期的确认保护计算机软件的源代码和目标代码等版权保护对象的阶段，以前述1982年苹果公司诉富兰克林公司案为代表，富兰克林公司生产的电脑ACE100的操作系统完全复制Apple Ⅱ的操作系统，并且将苹果公司的目标程序固化嵌入ROM芯片中，美国联邦第三巡回上诉法院认为，计算机软件的目标程序受版权法保护，嵌入在ROM芯片中的代码只是改变了代码的存储形式，不会改变软件应

---

1   硬盘预装盗版，大多是硬件产品的销售商在销售计算机时，在计算机上预先安装未经授权的软件，以吸引用户购买其计算机硬件产品。如在北京市高级人民法院二审审结的微软公司诉思创未来公司（2009）高民终字第4462号侵犯计算机软件著作权纠纷案中，法院认定被告销售的计算机整机中预装有微软Windows XP专业版、微软Office 2003专业版软件，而被告未能证明其系经微软公司许可，故认定构成侵权。

受保护的事实。

二是20世纪80年代中期到90年代初期的将软件保护范围拓展到程序编码与功能目标之间的中间地带，逐步背离版权保护基本原则的阶段，以惠伦公司诉贾思洛公司案（Whelan v. Jaslow案，以下简称惠伦案）为代表。该案提出了"结构、顺序、组织"（structure, sequence, organization，SSO）法则，即虽然被告的程序与原告的程序代码完全不同，但二者的结构、顺序和组织相同或相近似，仍构成侵犯著作权。[1] Whelan公司使用EDL语言设计出用于IBM-Series Ⅰ计算机中的牙科实验室管理软件"Dentalab"，Jaslow公司雇佣曾参与该款软件设计的程序员，以BASIC程序语言编写了用于IBM PC机的软件"Dentcom"进行销售，为此Whelan公司提起诉讼。该案中，运行于IBM PC程序中的Dentcom与运行于IBM-Series Ⅰ计算机中的Dentalab源代码编写语言完全不同，并且二者之间并无完全相同的段落，但美国联邦第三巡回上诉法院以这两种程序结构、顺序及组织相同为由判定侵权成立，认为从汇编和衍生作品的角度来看，结构、顺序及组织应予以版权保护。

三是20世纪90年代初至今的逐步回归著作权法保护范围的阶段，以国际计算机协会诉阿尔泰公司案（Computer Associates v. Altai案，以下简称阿尔泰案）为代表。该案否定了SSO法则，确立了"抽象、过

1　Whelan Assocs Inc. v. Jaslow Dental Laboratory, Inc. (3rd Cir. 1986). 相关学者对该案进行了分析，参见应明：《计算机软件的版权保护》，北京大学出版社1991年版，第151页；张吉豫：《计算机软件著作权保护对象范围研究——对美国相关司法探索历程的分析与借鉴》，载《西北政法大学学报》2013年第5期，第190页。

滤和比较（abstraction, filtration and comparison）"三步判断法。[1] 该案中，为了判断阿尔泰公司的OSCAR3.5与ADAPTER软件是否构成实质性相似，联邦第二巡回上诉法院主张前述Whelan案确认的SSO法则过于宽泛，主张采用三步判断法，最终认定两软件不构成实质性相似。该案判决作出后，三步判断法得到广泛支持。

从上述相关司法实践看，美国法院普遍采用的侵权判断原则主要是"实质相似性加接触"（substantial similarity & access）基本准则，即在确认两个程序实质相似的基础上，还要考虑被告是否接触或有可能接触了原告的作品。因为实践中有可能出现两个程序构成实质相似，但双方的作品都是独立创作产生的情况，此时如不能证明被告接触或可能接触了原告的作品，则不存在侵权问题。由于通常权利人无法证明被告曾经看到过或复制过原告的软件，因此往往通过证明原告的软件曾经公开发表过；或是证明被告的程序中包含与原告程序相同的错误，而这些错误存在于程序之内对程序的功能毫无帮助；或是证明被告的程序中包含着与原告程序中相同的特点，相同的风格或相同的技巧，而这些相同之处是很难用偶然的巧合来解释的。[2]

关于实质相似性，美国法院往往通过借助专家对程序进行分析比对，并参考专家鉴定意见作出判断。美国法院判定程序实质相似性的案例基本包括两类：一是文字成分的相似，即根据被告程序代码中剽窃原告程序的比例判定二者构成实质相似；二是非文字成分的相似，即强调应以整体上的相似作为两个程序之间实质相似的根据，而整体上的相似

1　对于计算机软件侵权判断的基本方法问题，许多学者结合美国相关判例进行了总结研究。参见邹忭：《从当前软件判例法的发展看软件开发中的版权问题》，载《电子知识产权》1996年第3期，第4页；应明：《计算机软件的版权保护》，北京大学出版社1991年版；孙海龙、曹文泽：《计算机软件法律保护的理论与实践》，北京航空航天大学出版社2003年版。

2　应明：《计算机软件的版权保护》，北京大学出版社1991年版，第132页。

是指程序的组织结构、处理流程、所用的数据结构、所产生的输出方式、所要求的输入形式等方面的相似。[1] 对于通过非文字成分的相似而判断两程序实质相似从而认定侵权的案例，已经为不少法院的案例所否定。因为那些非文字成分通常不属于软件的表达部分，而属于软件的思想，不应纳入软件著作权保护的范围。

而阿尔泰案中所提出的"抽象、过滤和比较"三步判断法则为此后的司法实践所认可并得到进一步的发展。所谓"抽象、过滤和比较"三步判断法，即先对计算机程序进行抽象，将权利人的程序分解为各级构成层次，从代码、子模块、模块……直到最高层次的功能设计，对程序分层次逐级抽象，[2] 将不受著作权法保护的思想抽象出来；然后再过滤出程序的表现中不属著作权法保护范围的内容，如根据硬件环境、兼容性条件、效率因素、公有领域因素等外部因素过滤出不受保护的内容；在此基础上，再对过滤后的受保护部分与被控侵权程序进行相似性对比。

综上，美国法院关于计算机软件侵权判断的发展与其对计算机软件的保护范围的态度是密切相关的，经历了从严格按照版权法保护程序的表达，放宽到保护程序的部分思想，再回到版权保护表达的思路上来的过程。有的学者指出，美国计算机软件版权保护仍处于一种积极的动荡状态。[3]

1　应明：《计算机软件的版权保护》，北京大学出版社1991年版，第130–131页。

2　层次的划分一般都是自代码到功能目标设计逐层进行，但其中具体划分为几个层次，则各不相同，如有的划分为目标码、源代码、参数表、服务要求和整体轮廓5个层次；有的"按照与程序创作过程平行的方式"分为目标代码、源代码、算法及数据结构、模块、程序结构或构造、主要目标6个层次。

3　邹忭：《从当前软件判例法的发展看软件开发中的版权问题》，载《电子知识产权》1996年第3期，第7页。

（二）我国计算机软件侵权判断方法的司法实践

我国计算机软件著作权法律保护的时间虽然不长，但自1993年北京市海淀区人民法院审理第一起侵犯计算机软件著作权纠纷案件以来，法院已审结大量软件侵权纠纷案件，对侵权判断方法也进行了一定的归纳和总结。在司法实践中，有时也会借鉴美国的相关判例。[1]

1.关于计算机软件的保护范围

要判断被控侵权计算机软件是否构成侵犯权利人的著作权，应当先明确权利人主张权利的软件的保护范围。而确定软件保护范围的过程，实质上就是美国法院判断方法中的"抽象"和"过滤"过程。根据著作权法的保护原理，软件的思想部分、不具有独创性的部分和已经进入公有领域属于公知公用的部分显然不应受到著作权法的保护，也就是说这部分不应属于软件的保护范围。此外，司法实践中还应注意思考以下几个方面的问题，以准确界定计算机软件的保护范围。

（1）关于思想—表达合一原则

我国现行《计算机软件保护条例》第二十九条规定："软件开发者开发的软件，由于可供选用的表达方式有限而与已经存在的软件相似的，不构成对已经存在的软件的著作权的侵犯。"该条规定所体现的实质上是"思想—表达合一原则"，即如果一个思想的表达只能有一种或极其有限的少数几种，这种表达同其所表达的思想已经合并在一起以致很难划分，则他人在表达这一思想时使用这一表达并不构成侵权[2]。美国法院的判例中就曾出现将"思想—表达合一"的表达形式进行过滤，排除出著作权保护范围的案例。

1　张晓津：《计算机软件著作权侵权判断问题研究》，载《知识产权》2006年第1期，第20页。

2　应明：《关于处理计算机程序相似性版权纠纷的问题》，见郑成思主编：《知识产权文丛（第三卷）》，中国政法大学出版社2000年版，第371页。

（2）关于软件兼容问题

计算机软件所具有的功能性和实用性特征，使得软件的兼容性具有十分重要的意义，尤其是与互联网相关的软件产品更涉及兼容的问题。在广东省深圳市中级人民法院2005年受理的英特尔公司诉东进公司侵害软件著作权案[1]中，英特尔公司指控被告在其系列通信产品的配套软件包中，未经许可使用了英特尔公司SR5.1.1中的头文件（header files），[2]侵犯了其软件著作权。由于该案事实上是我国首起涉及软件兼容性问题的案件，引起了学者和产业界人士的关注。

在该案审理过程中，相关讨论基本集中在被告的行为是否应属为实现软件兼容目的而进行的开发，而不属于侵权行为。[3]案件涉及的技术问题，除二者源程序是否构成近似外，还主要涉及涉案头文件中的内容是否属于软件接口信息、被诉软件为了实现与SR5.1.1软件的兼容以及与用户基于SR5.1.1所开发的应用程序的兼容，是否必须利用这些接口信息等。有观点认为，原告涉案头文件对有关函数的命名规则已成为该行业的事实标准，被告的产品属于互联网通信产品，考虑到用户交流的便利和基准，为实现兼容目的而采取的做法符合公平竞争原则，因此被诉软件为了实现与已有软件的兼容而利用其接口信息是合法的。

在该案诉讼过程中，东进公司还曾于2005年4月通过其全资子公

1　《2005中外知识产权第一战　英特尔诉东进技术侵权案》，载博客中国科技频道专题，上载时间：2005年1月23日，访问时间：2023年6月25日，http://tech.blogchina.com/special_topic/it/2005-01-23/1106461510.html。

2　SR5.1.1是英特尔提供给其用户的应用软件开发工具包，支持和用于英特尔生产的语音卡、传真卡、会议资源卡等五大类几十种通信板卡，英特尔产品必须使用SR5.1.1并在该软件的支持下才能被用户正常使用。SR5.1.1由多个软件和文件组成，包括驱动程序层、动态链接库文件层及主要由头文件定义的应用程序接口层等。

3　《英特尔诉东进案二审开庭　分歧较大仍无结果》，载新浪网科技时代，上载时间：2005年6月29日，访问时间：2008年6月5日，https://tech.sina.com.cn/it/2005-06-29/1055649015.shtml。

司东进信达公司，向北京市第一中级人民法院起诉英特尔公司构成垄断。原告东进信达公司购买了被告生产的Dialogic语音卡，同时获得了被告提供的该语音卡的软件开发工具包——SR5.1.1，该工具包附有被告以格式条款提供的《英特尔软件许可协议》。原告认为，作为购买被告软件产品的用户，只能将该软件与其相关硬件产品结合使用，而不能将其与用户从第三方购买的硬件产品结合使用，限制了用户从其他渠道购买使用相关硬件产品，以及从其他来源获得类似技术，属于损害用户利益并禁止公平竞争的垄断行为，相关格式条款应予以无效。[1]后双方于2007年5月签署联合声明，载明基于双方的企业战略及业务经营考虑，继续诉讼无益于各自的最佳商业利益。因此在法院推动下，在尊重中国知识产权保护法律的基础上，双方已就相关诉讼达成庭外和解。[2]

对于软件的兼容问题，前述美国莲花公司诉宝蓝公司案中也有所涉及。宝蓝公司为了使自己的程序能与主流产品Lotus1-2-3相兼容，照抄了Lotus1-2-3的菜单结构和命令用语。二审法院认为，菜单的层级结构属于操作方法，如果原告对菜单享有专有权利，不仅对后续软件开发者不公平，而且对广大用户也是不公平的，并可能妨碍软件技术的发展和进步。因此，最终驳回了原告的请求。[3]

软件的兼容性显然与技术的发展和进步有着直接的联系，如果不将与兼容性相关的因素排除在软件著作权保护范围之外，就可能造成技术的垄断，并阻碍技术的正常发展。对此，也有学者担心兼容性会成为侵权人的借口，从而可能导致对计算机软件权利人保护不利。但通常与软件兼容性有关的部分与整个软件程序相比，所占比例很小，并不会影

1　《东进公司重拳反击英特尔》，载《中国知识产权报》2005年4月11日第4版。

2　《东进两年知识产权诉讼和解 英特尔否认打压竞争》，载新浪网，上载时间：2007年5月14日，访问时间：2008年6月5日，https://tech.sina.com.cn/it/2007-05-14/12041505334.shtml。

3　寿步：《计算机软件著作权保护》，清华大学出版社1997年版，第156-157页。

响到对权利人的保护。如前述英特尔公司提起诉讼的侵犯头文件软件著作权纠纷，头文件仅占软件代码总量的1%；另外，关于侵权人据此逃避侵权指控问题，在美国法院审理的苹果公司诉富兰克林公司案中，法院也曾驳回被告提出的只有照抄整个操作系统程序才能实现兼容目的的主张。[1] 因此，将为实现兼容目的而使用的程序接口及相关程序段排除在著作权保护范围之外，是符合计算机软件发展特点的合理做法。有学者提出应把兼容性因素纳入著作权合理使用制度，[2] 因为合理使用制度与兼容性考虑的出发点都是社会公众的利益与权利人利益的平衡，对其界定必须结合个案特点来决定。通常兼容性要求的存在范围很广，可以是程序的顺序、组织结构、参量表、宏功能、识别代码、菜单等。

（3）关于表达和功能之间的部分是否属于软件著作权保护范围问题

根据我国《著作权法》和《计算机软件保护条例》的有关规定，对于计算机软件只保护其程序和文档，而不保护开发该软件时所用的思想、算法、原理，即只保护计算机软件的表达，而不保护其思想、功能和原理等。由于不同的计算机程序完全可以实现相同的功能，因此功能是否相同不能成为判断程序是否同一的依据。但对于介于表达和功能之间的有些内容的相似，如软件的数据库结构、算法、用户界面、组织结构、处理流程等方面存在设计上的相似性，能否就此判断二者的同一性，从而认定侵权成立等问题还存在很大争论。实质上问题还在于介于表达和功能之间的部分是否属于计算机软件著作权保护范围，应否受到著作权法的保护问题。

---

1 该案被告还主张操作系统程序属于思想—表达同一性的情况，不应受到著作权保护。参见应明：《软件版权保护的对象》，见中国软件登记中心、中国计算机报社编：《计算机软件著作权保护工作手册》，电子工业出版社1993年版，第129页。

2 张柳坚：《兼容性对计算机软件版权保护范围的影响》，载《著作权》2000年第2期，第19页。

　　所谓介于代码和功能之间的部分，通过计算机程序开发的基本步骤可以了解得更加清楚。计算机程序开发的基本步骤是把要求计算机实现的总功能分解为若干简单的分功能，针对每个分功能进一步设计能够实现该分功能的程序段，通过各个程序段的执行，实现分功能和总的功能目标。具体包括：①设计程序总的功能目标，包括性能指标；②分解总的功能目标，以针对每个分功能进一步设计实现该功能的程序段，并确定在计算机执行过程中各个程序段的相互关系和工作顺序，从而形成该程序的组织结构方面的设计；③设计该程序的用户界面，即用户使用该计算机程序的具体操作方法；④针对各个程序段履行其分功能的需要，作出该程序的数据结构和算法方面的设计；⑤根据各个程序段的分功能、数据结构和算法，设计出每个程序段的处理流程；⑥按照上述处理工作流程，编写各个程序段的代码。因此，计算机软件开发过程中，除取得程序代码这一最终成果外，还包括数据结构、算法、用户界面、组织结构、处理流程等内容。[1]

　　在我国的司法实践中，也出现了涉及介于程序代码和功能之间的部分能否受到著作权保护问题的相关案例。如在最高人民法院审理的

1　应明：《关于处理计算机程序相似性版权纠纷的问题》，见郑成思主编：《知识产权文丛（第三卷）》，中国政法大学出版社2000年版，第366页。该文详尽分析了技术设计工作的主要内容并明晰了相关概念。计算机程序的功能目标是指对于该计算机程序应该能够处理解决哪些问题以及处理这些问题的能力的设计；结构是指将该程序分解成多个程序段时的分解情况；组织是指对于这些程序段之间以及各个程序段之间的相互关系（如调用从属关系、层次嵌套关系、串行/并行关系等）的整体安排；用户界面是指软件开发者所设计的用于操作人员与整个计算机程序之间相互传递信息的规则和方式；数据结构是指将程序所处理的数据根据其各自的物理意义及其之间的内在关系组织成一定的格式，以便于进行输入、存储、加工和输出，其中数据的相互关系和组织格式就是数据结构；算法是指该程序处理数据、实现功能目标以解决问题时采用的方法，是对数据进行的一串处理步骤，是对一定数据结构中的数据进行操作，以解决一定问题的方法和过程；处理流程是指在运行每个程序段时，让计算机执行实际工作步骤的先后顺序。

曾某坚等诉帝慧公司等侵害计算机软件著作权纠纷案[1]中，就涉及数据库结构是否属于著作权法的保护范围问题。该案一审、二审法院认定双方软件实质相似的主要理由在于两软件运行参数（变量）、界面及主要数据库结构的实质相似，将数据库结构纳入了著作权法保护的范畴。最高人民法院提出，涉案数据库结构是公安派出所的表格，每一数据项的取名是表格项目名称汉语拼音的缩写，属于通用表格，因缺乏独创性不应受到著作权法的保护。即使被告的数据库结构与之完全相同，也并不构成侵犯著作权。虽然该案并没有明确回答计算机软件数据库结构的可版权性问题，但也提示我们研究介于代码和功能之间部分的可版权性问题的重要意义。在《最高人民法院关于深圳市帝慧科技实业有限公司与连樟文等计算机软件著作权侵权纠纷案的函》[2]中曾指出："运行参数属于软件编制过程中的构思而非表达；界面是程序运行的结果，非程序本身，且相同的界面可以通过不同的程序得到；数据库结构不属于计算机软件，也构不成数据库作品，且本案的数据库结构实际上就是公安派出所的通用表格，不具有独创性。因此，《鉴定报告》所称的两个软件存在实质相似性，并非著作权法意义上的实质相似性。"从该函的相关指导意见来看，对于计算机软件中的参数设置、软件运行界面、数据库结构都排除出了计算机软件的保护范围。

又如在最高人民法院审理的外星电脑公司诉翁某文等侵害计算机

---

1 该案为深圳市中级人民法院一审判决侵权成立，广东省高级人民法院二审判决维持，最高人民法院指令广东省高级人民法院再审的案件。参见张辉：《侵犯"公安基层业务管理系统"计算机软件著作权案》，见最高人民法院民事审判第三庭编著：《最高人民法院知识产权判例评解》，知识产权出版社2001年版，第489页。

2 参见最高人民法院〔1999〕知监字第18号函，最高人民法院（2020）最高法知民终1456号民事判决书，该案认定"双方的apk游戏安装文件仅在游戏界面、菜单、结构以及游戏主要运行过程相似，由此仅能确认二者游戏运行情况相似，不能据此认定两个apk游戏安装文件实质性相似，并由此推定双方游戏的源代码实质性相似"。

软件著作权纠纷案[1]中，法院对两游戏软件的非文字部分的相似判断采用"外观及感觉"（Look and Feel）对照法，[2]认为游戏软件的外观感受主要通过游戏中的场景、人物、音响、音效变化等来实现，随游戏进程而不断变化的场景、人物、音响等是游戏软件程序设计的主要目的，是通过计算机程序代码具体实现的。因此，游戏软件的计算机程序代码是否相同，可以通过其外观感受较明显、直观地体现出来。虽然从技术上讲相同功能的游戏软件包括外观感受可以通过不同的计算机程序实现，但是鉴于游戏软件的特点，两个各自独立开发的游戏软件，其场景、人物、音响等恰巧完全相同的可能性几乎是不存在的，若是可以模仿，要实现外观感受的完全相同，从技术上讲亦是有难度的。最终，法院结合两软件文字部分实质相似的判断，确认被告的软件侵犯了原告的著作权。该案涉及屏幕显示是否属于计算机软件著作权的保护范围问题，虽然计算机游戏软件与其他软件相比在屏幕显示等方面具有自身的特点，美国还曾出现游戏软件开发者将软件和软件的屏幕显示同时登记为作品的情况，但屏幕显示不应属于计算机软件著作权的保护范围。如果上述案件中不包括二者程序实质相似的情况，而仅以屏幕显示相似作为判断侵权的标准，实质上是扩大了计算机软件著作权的保护范围。但基于计算机游戏软件的屏幕显示所具有的特点，其本身可以作为著作权法一般意义上的作品受到保护。

对于数据库结构等介于代码和功能之间部分的可版权性问题，美国法院经过相关司法实践的探索，经历了从保护到不保护的过程，以前述惠伦案和阿尔泰案为代表。我国的司法实践虽然涉及的问题还不多，但仍有必要对此问题进行研究。本书认为，对于介于代码与软件功

---

1 该案为福建省高级人民法院一审审理，最高人民法院二审判决维持的案件。参见程永顺：《计算机软件与网络纠纷案件法官点评》，知识产权出版社2004年版，第111页。

2 该方法普为美国法院第二阶段判例所采用，即通过对计算机程序的屏幕显示和用户接口等对比判断软件侵权成立。

能之间的部分基本上还是属于软件开发过程中的思想，而并非软件的表达，不应属于我国著作权法所保护的作品，也不能通过其相似性对比，得出侵权成立的结论。

2. "实质相似性加接触"原则的运用

对计算机软件侵权进行判断，在明确了权利人软件的保护范围后，就涉及对两软件的比对问题。判断侵权的基本原则通常也是"实质相似性加接触"原则，在二者实质相似的前提下，再加上被告接触或可能接触软件的因素，通常就可以认定侵权成立。但计算机软件的侵权判断问题，也往往存在较大的难度。如在北京市高级人民法院审理的汉王公司诉精品公司等侵害计算机软件著作权案[1]中，法院历时四年作出一审判决，认为被告的中山名人软件/精品汉笔软件识别字典的特征模板变换矩阵系由汉王手写识别软件特征模板变换矩阵的规律性变换得来，构成了对汉王计算机软件著作权的侵犯，判决两被告承担赔偿损失的民事责任。该案所作技术鉴定报告书表明，两软件在识别字典上存在规律性函数对应关系，被告软件的特征模板变换矩阵可以由原告软件的特征模板变换矩阵推算得出。通常不同厂商，特别是来自中文简体字环境的汉王公司与来自中文繁体字环境的精品公司之间，在编程方法、代码撰写、样本采集、特征提取方面具有极大的自由选择空间和偶然性，因此不同的手写输入识别软件在识别程序和识别字典上必然存在较大差异，不可能在识别字典方面存在规律性函数对应关系。且精品公司推出涉案产品的时间晚于汉王公司，精品公司亦未提交其开发简体中文汉字手写输入识别软件的任何原始直接证据。据此，法院判定精品公司利用了汉王公司的识别字典，并在此基础上变换了表达形式，构成侵权。

有的法官曾对司法实践中识别判断侵权软件的方法和步骤进行归

---

1 参见北京市高级人民法院（2000）高知初字第78号民事判决书。

纳:第一,对被控侵权软件与权利人的软件直接进行软盘内容对比或者目录、文件名对比;第二,对两软件的安装过程进行对比,注意安装过程中的屏幕显示是否相同;第三,对安装后的目录以及各文件进行对比,包括对比文件名、文件长度、文件建立或修改的时间、文件属性等表面现象;第四,对安装后软件使用过程中的屏幕显示、功能、功能键、使用方法等进行对比;第五,对两软件的程序代码进行对比。[1] 本书认为前面几个步骤固然重要,但最主要的显然是最后的程序代码比对阶段。在司法实践中,权利人提起计算机软件侵权诉讼时,能够取得的指控被告侵权的证据往往是被控侵权软件的目标程序,因此能够先进行对比的是二者目标程序的同一性。但目标程序同一性判断只是软件侵权判断的基础,两软件的目标程序相同,并不能直接得出两软件同一的结论,因为不同的源程序可能实现相同的功能,通过编译可能得到相同的目标程序。因此,在目标程序相同的情况下,还需进一步判断与目标程序相对应的两软件的源程序是否同一。如果两软件的源程序实质相似,则可判定两软件相似,被控侵权行为成立[2]。在诉讼中,常常出现被控侵权人拒绝提供与目标程序相对应的源程序或所提供的源程序与被控侵权的目标程序不对应的情况,此时被控侵权人就应承担举证不能的责任,根据二者目标程序相同的比对,可以推定二者的源程序相同。如原北京市中级人民法院1993年审理的香港万钧计算机公司诉海威电子公司、海威计算机公司侵犯著作权纠纷案中,经比对双方的软件在光标

1　蒋志培:《计算机软件诉讼》,载中国民商法律网,上载时间:2005年1月9日,访问时间:2005年3月9日,http://old.civillaw.com.cn/Article/default.asp?id=20102。

2　但在个别案件中,也曾出现通过比对目标程序而判断被告侵权行为成立的案例。如珠海市中级人民法院审理的深圳某公司诉珠海某公司侵犯计算机软件著作权纠纷中,法院通过对两软件存在差异的目标程序进行分析鉴定,找到目标程序代码变化的规律,最终得出被告侵权的结论。参见张柳坚:《一个从目标代码判断被告侵权的案例》,载《电子知识产权》1997年第4期,第15—17页。

显示、造字功能、造片语功能以及编码设计上有相同的错误，且被告未能提交源程序，因此法院推定二者的源程序同一，并判定被告侵犯了原告的著作权。[1] 在最高人民法院发布的49号指导案例石某林诉华仁公司侵害计算机软件著作权案[2] 中，对被告无正当理由拒绝提供供比对的源程序或目标程序的做法予以回应，法院认为：在被告拒绝提供被控侵权软件的源程序或者目标程序，且由于技术上的限制，无法从被控侵权产品中直接读出目标程序的情形下，如果原告、被告软件在设计缺陷方面基本相同，而被告又无正当理由拒绝提供其软件源程序或者目标程序以供直接比对，则考虑到原告的客观举证难度，可以判定原告、被告计算机软件构成实质性相同，由被告承担侵权责任。

在进行侵权比对时，虽然往往以目标程序的同一性作为进一步比对源程序的前提，但在司法实践中，也曾出现虽然两软件的目标程序并无明显相同的程序段，但法院认定侵权成立的案件。在上海市第二中级人民法院审理的英谱公司诉三锐公司等侵害计算机软件著作权案中，[3] 经委托鉴定机关对原告与被告相应软件的目标程序进行鉴定，鉴定机关认为两目标程序对比难以得出二者是否有相同程序段的结论，需对比软件源程序或者反编译程序。在被告以计算机硬盘损坏，源程序已丢失为由，未提交源程序的情况下，鉴定机关将两软件的目标程序分别进行反编译。经对比，两个反编译程序没有明显相同的程序段。但鉴定专家提出，二者目标程序中有近300项相同的字符串资源，18项相同的类名或者全局变量名，2项相同错误文字表达。如果双方完全独立地开发各自的软件，能够同样采用这些字符串资源、类或全局变量以及错误文字表达的

1　张楚、王祥、欧奎：《电子商务法案例分析》，中国人民大学出版社2002年版，第110页。

2　参见江苏省高级人民法院（2007）苏民三终字第0018号民事判决书。

3　朱强：《不提供源程序作对比鉴定将导致举证不能》，载《电子知识产权》2002年第7期，第40—43页。

概率极其微小，尤其是对于类名、全局变量名、错误文字表达等内容。法院认为二者的目标程序中虽无明显相同的程序段，但有一定相同的字符串资源、同名的类或全局变量以及同样文字错误等情况，此时需进一步对比二者的源程序，而被告故意逃避法院所采取的证据保全措施，且无正当理由拒不提供其软件的源程序，因此被告应承担举证不能的法律后果，法院判定被告的行为构成侵权。

3.关于软件程序与文档资料的关系问题

（1）软件文档之间的侵权

在计算机软件侵权判断中，除涉及软件程序代码的比对外，有的案件还涉及两软件的程序代码不同，而只有软件文档部分存在侵权的情况。如北京市朝阳区人民法院一审审理的图形天下公司诉金启元公司侵害计算机软件著作权案[1] 中，原告指控被告制作销售的软件侵犯了其"Go2Map-Mapping Information Platform 天下地图信息平台系统V6.0"软件著作权。法院经审理查明被告的软件与原告的软件使用不同的开发语言，软件源程序不相同，运行环境也不相同，但二者的文档有部分相同，并据此认定被告侵犯了原告涉案软件文档的著作权。就计算机软件文档出现侵权的情况，如果严格按照我国《计算机软件保护条例》的有关规定，计算机软件包括程序和文档，侵犯文档著作权的行为也属于侵犯软件著作权的行为；但按照各国对计算机软件的保护的状况，基本上限于对计算机程序的保护，而并不包括文档，因为文档可以作为著作权法所保护的一般文字作品受到保护。

（2）技术资料与软件程序

计算机软件侵权纠纷案件中，原告主张权利的依据通常为计算机软件程序，但也有的案件出现以软件技术资料主张软件著作权的情况。如在上海市第二中级人民法院审理的泰安建筑设计院诉广运公司、刘某奎侵害计算机软件著作权案中，原告以四本软件技术资料主张其享有"工程量计算软件"的著作权，指控被告刘某奎自原告单位离职后与他人共同为被告广运公司设计开发的"广运算量软件程序"侵犯了其涉案软件著作权。该案涉及文字与程序之间的比对判断问题，原告根据相关技术资料主张软件的著作权，而实质上其软件并未开发完成，仅停留在软件设计阶段，因此法院判定相关技术资料应作为文字作品予以保护，而并非将其作为计算机软件的程序或文档进行保护。根据上述技术资料，其保护范围应以该资料的文字表达为限，而不应延及技术资料所反映出的技术思想，因此程序与技术资料是两种不同的表达形式，原告依据技术资料主张被告的软件构成侵权，缺乏依据。[1] 实质上，未开发完成的软件技术资料并不能成为《计算机软件保护条例》所保护的计算机软件，因而也不能归入计算机软件文档的范畴，而只能作为一般文字作品予以保护。

（3）软件程序与文字比对

在日本法院审理的一起涉及从程序到文字的计算机软件侵权判断问题的案件中，确认了以非程序载体[2] 形式复制程序的行为也构成侵犯计算机软件的著作权。日本东京地区法院于1987年就Micro软件公司诉SST公司案作出判决。法院认为，被告将其使用汇编语言编译的原告享

---

1 吴登楼、何渊：《泰安市建筑设计院诉上海广运科技发展有限公司、刘守奎计算机软件著作权侵权纠纷案》，见中国社会科学院知识产权中心、中国法学会知识产权法研究会主办：《计算机软件保护制度12年回顾与未来展望研讨会论文集》，第146-150页。虽然该案对原告指控被告涉案软件为侵权软件未予认定，但由于被告的两本技术资料与原告主张权利的技术资料中的两册内容大部分相同，构成侵权，法院判令被告停止使用两本技术资料并向原告书面赔礼道歉、消除影响。法院判决后，双方当事人均不服提起上诉，上海市高级人民法院判决驳回上诉，维持原判。

2 计算机软件的程序通常以光盘、软盘、U盘、移动硬盘等为存储载体，因此对图书等有所谓非程序载体的称谓。该案例参见邹忭：《以图书形式出版发行他人计算机程序是否构成侵害版权》，见中国软件登记中心、中国计算机报社编：《计算机软件著作权保护工作手册》，电子工业出版社1993年版，第144页。

有权利的程序，收入其委托出版商出版的图书中的行为构成侵权。该判决在日本及其他国家都有一定影响，确认了以图书形式出版发行他人享有权利的计算机程序构成侵犯著作权。

4.软件侵权司法判定的实践发展

（1）技术调查官的参与

在侵犯计算机软件著作权案件中，如前所述，通常会涉及司法机关委托鉴定机构对原告和被告双方的软件目标程序或是源程序进行鉴定，以判定其是否构成相同或相近似的程序。随着我国自2015年引入技术调查官制度，司法实践中也出现了由技术调查官发挥技术优势、协助合议庭进行代码侵权比对工作的案例。技术调查官属于审判辅助人员，其主要履行对技术事实的争议焦点以及调查范围、顺序、方法等提出建议；参与调查取证、勘验、保全；参与询问、听证、庭前会议、开庭审理；提出技术调查意见；协助法官组织鉴定人、相关技术领域的专业人员提出意见等相关工作。[1] 如在北京知识产权法院一审审理的不乱买公司与闪亮公司侵害计算机软件著作权案[2] 中，合议庭在技术调查官的参与下通过抽样比对双方代码的方式进行侵权认定，而未采用司法鉴定的方式。在该案中法院依据原告的调查取证申请，向阿里云公司调取其服务器中被告网站后台软件代码共530.35GB。由于代码文件数量庞大，双方当事人均同意在法院主持下采用抽样比对的方式进行比对，抽样比对结果将推及全部代码。经选取原告主张权利的20个文件与被告的对应文件13个，使用双方确定的ultra compare软件逐一比对，最终由该比对软件输出比对结果。一审法院认定，抽样比对的绝大部分程序文件

1　参见2019年5月1日施行的《最高人民法院关于技术调查官参与知识产权案件诉讼活动的若干规定》，此前2014年12月曾施行过《最高人民法院关于知识产权法院技术调查官参与诉讼活动若干问题的暂行规定》。技术调查官制度，源自日本、韩国及我国台湾地区的相关制度，由专业技术人员作为司法辅助人员，为法官提供技术帮助。

2　参见北京知识产权法院（2016）京73民初1111号民事判决书。

在程序逻辑和结构方面实质相同，函数变量命名特点相同或相似，且被告不同文件的代码中多次出现与原告程序中相同的注释错误，该现象难谓巧合。据此确定被告与原告的上述程序文件实质相似的比例较高，被告侵犯了原告权利软件的复制权等。

（2）侵权举证责任的转移

根据我国民事诉讼法确立的"谁主张谁举证"的举证规则，计算机软件的权利人主张他人实施软件侵权行为，则应先承担举证责任，证明其为软件的权利人，被诉侵权人的软件与其权利软件构成相同或相似，实践中通常还需比对两个软件的源程序。但在最高人民法院审理的新思公司与芯动公司侵害计算机软件著作权案[1] 中，新思公司主张其研发了包括IC Compiler软件在内的多项芯片系统开发软件，芯动公司未经其许可复制、使用涉案软件，侵害了其软件著作权。一审法院认定构成侵权，二审法院进一步认为，计算机软件著作权侵权判定中既要尽力去查明客观的事实情况，也需要充分考虑当事人的举证能力，不能将源程序的比对作为认定软件相同或实质性相似的唯一标准。如果权利人已经举证证明被诉软件与权利软件的界面高度近似或者被诉侵权软件存在相同的权利管理信息、冗余设计或是设计缺陷等特定信息的，可以认为权利人完成了初步举证责任，此时举证责任转至被诉侵权人，应当由其来提供相反证据证明其未实施侵权行为。芯动公司电脑中存在与涉案软件的名称、目录结构、错误信息等一致的特有信息，存在侵权的可能性较大。因此，原审认定构成侵权并无不当。

此外，最高人民法院审理的信诺瑞得公司与智恒网安公司侵害计算机软件著作权案[2] 也采用了该规则，法院认为被诉侵权软件在软件核心程序结构及配置、自由命名、开发工具、错误信息、冗余设计、性能测

1　参见最高人民法院（2020）最高法知民终1138号民事判决书。

2　参见最高人民法院（2021）最高法知民终1269号民事判决书。

试结果等方面存在与权利软件相同或高度近似的信息，尤其是针对软件具有创造性的部分，被诉侵权软件直接出现了权利软件曾用名及错误命名。被诉侵权人虽否认其使用权利软件，但未能就此作出合理解释。在权利人已证明其对权利软件具有接触可能性、两款软件实质性相似，且其未提交相反证据予以推翻的情况下，原审认定构成侵权并无不当。

5.计算机软件侵权判断的几个具体问题

（1）关于共享软件注册代码的披露问题

在司法实践中，还出现了由于披露共享软件的注册代码，而被共享软件的注册代理商起诉侵犯其对该软件享有的专有权利的案件。共享软件作为软件流通的一种重要形式，其销售不是直接向用户出售软件，而是先提供用户下载试用，试用期满后，用户可在缴纳一定注册费后，取得软件注册代码，从而得到共享软件的使用权。

在北京市海淀区人民法院审理的瑞泽思特中心诉软件杂志社侵害著作权案中，原告作为IDM解决公司在中国大陆唯一的软件注册代理商，在其网站"共享世界"发布包括超级编辑软件Ultra Edit的软件产品，代理软件注册并收取代理费。被告软件杂志社在三期《软件》杂志所附送的光盘及导读手册中，发布了软件Ultra Edit 32的三个版本并公布了注册代码，原告认为被告构成侵权诉至法院。法院认为，注册代码是共享软件使用许可证的一种表现形式，注册费就是软件许可证的销售价格。通过注册获得报酬，是共享软件的著作权人许可他人使用而获得报酬的唯一方式。被告在公开出版物上公布注册代码后，使相关读者可以无偿获得该软件的使用许可，原告丧失了通过收取注册费行使许可使用权的权利。因此，被告的行为侵犯了瑞泽思特中心对该软件的专有权利，应当承担侵权责任。[1]

1　王宏丞：《披露共享软件注册代码是否合法》，载《电子知识产权》2002年第3期，第34—36页。

该案所涉及的披露注册代码行为的性质值得思考。注册代码通常是软件开发商用于保护软件的技术手段，其主要用途在于限制用户对软件的使用，通常包括对软件的安装限制、功能限制、时间限制、升级限制等，因此本书认为可将之归入技术措施的范畴。而披露软件注册代码的行为，与提供解密工具的行为是类似的，也可将之纳入规避或破坏技术措施提供服务或装置的行为。有的学者对此持不同观点，主要理由是披露注册码的行为是对软件开发者对注册码所享有的许可使用权的侵犯，而非对软件著作权的侵犯，而著作权法和计算机软件保护条例中所规定的规避或破坏技术措施的行为是针对侵犯计算机软件著作权的，因此应对此重新立法。[1] 本书认为，审理法院在当时我国著作权法和计算机软件保护条例尚未规定对技术措施保护的情况下，通过软件许可使用合同分析被告的行为性质，是符合法理的。

（2）关于汉化软件问题

汉化软件[2]是软件行业中一个常见的概念，是指增加外文软件汉字处理功能的软件。汉化软件通常包括两种：一是直接修改外文软件的程序，改变其程序内核而形成的软件，该软件能够独立运行，属于外文软件的演绎作品；二是在外文软件之外所开发的增加汉字处理功能的软件，该软件并未对外文软件进行修改，且须与外文软件一起运行才能实现汉化目的。

第一种情形的汉化，其对象通常是商业软件，往往由专门人员完

1　雷涛：《软件注册码：现行法律尚未触及的盲点》，载《法学》，2003年第9期，第73页。

2　汉化经过了一个从人工反编译到利用专门的汉化软件进行编译、从字符方式到图形方式的过程。早期是对外文软件进行反编译找到目标菜单的源代码，以汉语替换相应的外文后再进行编译，最终完成汉化；后续可使用开发的专门汉化工具在图形界面下直接输入中文进行汉化。可利用专门的汉化软件把应当汉化的部分分离出来进行汉化，形成独立的汉化补丁，用户运行补丁程序就自行完成汉化。参见商建刚：《汉化补丁的版权初探》，载《实用无线电》2001年第4期，第2页。

成汉化工作。这种汉化显然应征得外文软件著作权人的许可，否则属于未经许可翻译的侵权作品。对此大家持有基本一致的观点，软件汉化必须充分尊重软件开发者的合法权利，在征得其许可的前提下进行汉化工作。因为表面上看，似乎软件汉化仅修改了软件的显示界面而没有改变其内在功能，但如果仅仅对目标程序的部分提示内容进行替换，往往导致软件汉化不够彻底，而汉化较好的软件往往都修改了外文软件的源程序内核。

第二种情形的汉化，其对象通常是共享软件，也往往属于汉化的目标。由于这种汉化属于在外文软件之外而开发的程序，其运行必须依附于外文软件。对该种汉化软件的合法性问题，基本持有两种观点：有观点认为该种汉化软件并非对外文软件的翻译，汉化软件开发不需经过外文软件权利人的许可，其应作为原创作品受到著作权法的保护；[1] 也有观点认为从法律意义上，必须经过软件开发者的允许，才能对其进行汉化[2]，否则即属于侵权行为。

本书认为，对于第二种情形的汉化软件来说，在不改变软件程序内核的情况下，汉化无须征得权利人的许可。但汉化软件只能单独发表，此时合法取得外文软件的用户可通过运行汉化软件实现汉化目的；如果将汉化软件与外文软件在网站上一并发表并提供下载使用，则应属侵犯外文软件著作权的行为，因为其未经许可在网络上传播外文软件的行为就是侵权行为；如果将运行汉化软件和外文软件后生成

1　北京市第一中级人民法院审理的德克赛诺公司诉北方德赛公司侵犯计算机软件著作权案中，就涉及原告是否对其主张权利的汉化软件享有著作权，该软件是否属于侵犯原外文软件的著作权的侵权作品问题。法院经审理认为涉案汉化软件属于上述第二种情形，属于原创作品，并非侵权作品。参见娄宇红：《开发汉化软件是否应征得外文软件著作权人的许可》，见罗东川、马来客主编：《知识产权名案评析》，经济日报出版社2001年版，第193-201页。

2　崔启亮：《软件自由汉化杂谈》，原载本地化世界网，转引自张晓津：《计算机软件著作权侵权判断问题研究》，载《知识产权》2006年第1期，第26页。

的软件通过网络提供下载使用，则更属侵权行为。虽然主要是将汉化软件放在个人主页上供网友免费试用，并非商业化使用，[1] 但这种使用行为是否属于我国著作权法和计算机软件保护条例所规定的合理使用也还值得探讨。

在北京市东城区人民法院审理的娱乐通公司诉王某韦侵害计算机软件著作权案[2] 中，原告经日本Falcom株式会社授权取得将游戏软件《双星物语2》由日文版翻译为中文版并在中国市场范围内复制发行的独占性权利，他人包括授权方在授权区域内不得行使上述权利。原告翻译的中文版《双星物语2》游戏软件著作权由其与授权方共同享有，但在授权区域内的复制、发行权利由原告独占享有。被告经营的游侠网系主要提供单机游戏及各种游戏补丁的网站，该网站上的涉案游戏汉化补丁系由网友上传。涉案汉化补丁与原告翻译的中文版涉案游戏相比，数据空间大小和基本表达均不一致。但在用户安装原版涉案游戏软件后，再行安装涉案汉化补丁，即可以在脱离原版游戏软件的情况下，直接在中文界面下运行涉案游戏程序。该汉化补丁不仅实现了对原版游戏软件技术措施的破解，而且基本实现了对原版游戏的汉化，即游戏界面中中文对日文的替换。法院经审理认为，原版软件的著作权归属于授权方，原告享有权利的范围未涵盖针对技术措施涉及的著作权，故涉案汉化补丁对技术措施破解的行为并未侵犯原告的权利。但汉化补丁对游戏界面的汉化后果，则落入了原告获得的授权权利范围，侵害了原告的相关合法权利。

1　如原汉化软件基地网站（http://smg8.myrice.com/ind–[CH]2002–smgok.html）网页下方就标注有"本站所有汉化软件属原汉化人所有。原版软件仅作超链下载。注册破解仅供个人学习研究之用"字样。转引自张晓津：《计算机软件著作权侵权判断问题研究》，载《知识产权》2006年第1期，第26页。

2　参见北京市东城区人民法院（2009）东民初字第2024号民事判决书。

二、计算机软件网络侵权行为研究

计算机网络技术的发展与普及，尤其是国际互联网络的迅猛发展，将人类文明带入新的信息时代。智能手机的普及和移动应用的迅猛发展，使得随时随地上网、获取信息和进行各种在线交流与交易成为可能，互联网技术与智能科技的融合，催生了物联网、人工智能、大数据等新兴领域，带来了巨大的社会变革。网络技术的飞速发展在带来巨大便利的同时，也对传统的法律制度带来了冲击，尤其是对传统的知识产权法律制度。早在1996年年底，世界知识产权组织就曾推出《世界知识产权组织版权条约》和《世界知识产权组织表演和唱片条约》这两个新条约，解决网络传输纳入著作权保护体系的问题。此后许多国家修改了著作权法，将条约的内容转化为国内法以有效保护著作权人的利益。

根据中国互联网络信息中心于2023年8月作出的第52次《中国互联网络发展状况统计报告》，截至2023年6月，我国网民规模达10.79亿人，互联网普及率达76.4%，其中手机网民规模达10.76亿人，网民使用手机上网的比例为99.8%。[1] 可见互联网在我国发展之迅速。针对网络传输对我国传统著作权保护体系的严峻挑战，我国的《著作权法》和《计算机软件保护条例》曾于2001年作了相应修改，增加了有关信息网络传播权、禁止规避或破坏技术措施和禁止删除或改变权利管理电子信息等规定。2006年颁布的《信息网络传播权保护条例》则对信息网络传播权的保护作了更为详尽的规定。

由于网络所具有的传播速度快、扩散范围大、可控制性差等特点，使得网络环境下计算机软件的侵权方式与传统的计算机软件侵权方式存在很大区别。在网络上，既存在允许免费下载软件的盗版网站，或

---

1 第52次《中国互联网络发展状况统计报告》，载中国互联网络信息中心网站，上载时间：2023年8月28日，访问时间：2023年10月18日，https://cnnic.cn/n4/2023/0828/c199-10830.html。

者将用户上载软件作为下载的条件；或是通过网站BBS传播侵权软件；[1]
又存在网站通过文件共享技术未经授权在用户间非法交换受著作权法保
护的计算机软件；此外，还包括规避或破坏权利人对作品所采取的技术
措施以及删改作品权利管理信息的行为。

（一）P2P法律问题研究

P2P（peer-to-peer）技术，即点对点技术，又称文件共享（file
sharing）技术。作为网络计算的一种新技术，P2P的目的是将网络中不
同的计算机连接在一起，并充分利用互联网和Web站点中任何地方的闲
置资源，提供可供复制的文件。它以用户为中心，所有的用户都可以通
过P2P共享硬盘上的文件、目录乃至整个硬盘。这种用户间直接交流的
方式改变了互联网现有的游戏规则，绕过了网址和各类解析服务器，使
信息源和接收源形成独立的连接。P2P文件共享技术与以往的以服务器
为中心的网络传输方式相比，实现了用户到用户的信息传播，丰富了网
络传播的信息，且较之以往的搜索引擎方式，不会出现服务器存储的相
关页面已被删除或更改的过时信息，网络用户利用关键词搜索到的为即
时连接在网络中的文件。

文件共享技术早期的发展主要经历了两个阶段：一个是以Napster
软件为代表的"集中型文件共享技术"，其尚未脱离对集中服务器的
依赖。虽然用户之间的文件传输可单纯通过用户终端软件和互联网直
接完成，不需要通过任何集中服务器，但是用户对他人共享文件网络

1　如在Sega v. Maphia案中，Sega公司主要生产和发行网络游戏系统和程序，而Maphia
在其网站BBS上提供原告的软件系统供用户复制下载该游戏软件。法院认为BBS用户是
直接侵权人，被告对其行为应承担连带侵权责任。转引自［美］格拉德·佛里拉、史蒂
分·里特斯亨、马格·里德，等：《网络法：课文和案例》，张楚、乔延春、孙晔，等
译，社会科学文献出版社2004年版，第75—76页，Sega Enterprises Ltd. v. Maphia,
948 F. Supp. 923 (N. D. Cal. 1996)。

地址的搜索和连接，必须通过集中服务器才能完成[1]；二是Napster之后发展起来的以Gnutella软件为代表的"分散型文件共享技术"。Gnutella软件[2]是开源软件，其突出的特点是所有文件共享的技术功能，包括文件检索或传输等，都脱离了集中服务器的管理，而由用户下载的终端独立完成。后续开发的FastTrack软件使共享网络中功能大小不同的计算机承担不同的搜索任务，避免出现阻塞等难题。该高效分散型文件共享技术被广泛采用，其中较知名的服务商是荷兰的KaZaA和美国的Grokster。[3] P2P软件的技术是不断发展的，从集中型到分散型文件共享软件的发展非常迅速。此后还出现了第三代P2P软件，以eDonkey、EMule及Morpheus为代表，其采用分布式哈希表（Distributed Hash Table，也有译为分散式杂凑表）技术，即网络中所有的客户端都是服务器，并且承担很小的服务器的功能（例如维护和分发可用文件列表），通过计算快速获得资源所在位置，将任务分布化实现快速寻址和存储。[4]

　　然而，这种便捷的传播方式也为盗版软件的传播开辟了一种新的途径。商业软件联盟原亚太区经理Jeffrey Hardee曾表示P2P文件共享服务是个"巨大的麻烦"。P2P软件在某种程度上可以说为盗版软件的传

1　法院认为Napster通过集中服务器对用户的直接侵权行为提供了持续帮助，且有能力合理控制，应承担侵权责任。参见刘家瑞：《论新兴文件共享技术的版权间接责任（上）》，载《电子知识产权》2004年第8期，第13–14页。

2　Napster主要用于传输MP3等音乐文件，Gnutella可传输文档、图片、音乐及录像和软件等多种格式的文件。

3　刘家瑞：《论新兴文件共享技术的版权间接责任（上）》，载《电子知识产权》2004年第8期，第13–16页。该文对文件共享技术的发展过程、技术特点、运作方式等作了详尽的分析和介绍。

4　Caviler：《对等网络（P2P）——P2P发展历史》，载CSDN博客，上载时间：2005年1月13日，访问时间：2005年1月17日，https://blog.csdn.net/caviler/article/details/251958。

播提供了一个渠道，网络用户可通过文件共享免费交换非法传播的软件、音乐、电影等作品。也有学者提出，P2P模式占据光纤宽带频宽传播非法文件，是对公共资源的一种滥用[1]。实践中，已出现多起因P2P文件共享技术而发生的侵权诉讼，被诉侵权的有P2P软件网络服务提供商，使用P2P软件的用户，甚至还包括P2P软件的开发者。虽然这些诉讼大多涉及电影作品、音乐作品，但也存在通过P2P文件共享网络传播侵权软件的客观情况，因此，对与P2P软件相关的法律问题进行分析对于计算机软件的保护也极其重要。文件共享技术的出现使信息技术发展与著作权法之间的固有矛盾再次凸显，如何在促进信息传播与保护著作权人的合法权益之间予以平衡，曾一度成为网络环境下著作权保护的新问题，以下逐一分析P2P网络服务提供商、网络用户和软件开发者的相应法律责任。

1.P2P网络服务提供商的法律责任

网络服务提供商的法律责任，一直是伴随网络技术的发展而为各国网络业界和法学界广泛关注和讨论的问题。对于提供P2P服务的网络服务提供商的法律责任问题，各国法院审理的多起侵权案件都有所涉及，主要有以下几种情况：

一是认定网络服务提供商应对通过P2P软件进行侵权文件交换的行为承担侵权责任。如1999年12月美国北加州地方法院审理的美国唱片业协会（RIAA）诉Napster公司案中，原告对因使用Napster软件而被非法侵害著作权的歌曲，提出每首歌曲10万美元的损害赔偿请求。[2] Napster公司开发的音乐软件Napster实质上就是P2P软件，该软件

1　刘江彬：《信息时代的知识产权保护》，见2004年9月召开的《21世纪科技发展与知识产权保护中德学术研讨会》会议资料，第71—75页。

2　芦琦：《关于与MP3相关的音乐著作权的法律问题及其分析》，载中国法院网，上载时间：2002年10月10日，访问时间：2023年8月1日，https://www.chinacourt.org/article/detail/2002/10/id/14622.shtml。

除可以让网友搜索并免费下载MP3音乐文件外，还允许网友通过其服务器分享个人收藏的音乐文件。由于Napster公司网站主页上包含其通过对用户上载信息进行汇编而形成的音乐作品列表，法院判决网络服务商Napster公司构成帮助侵权，作出临时禁令。[1]

　　二是认定网络服务提供商不应对通过P2P软件进行侵权文件交换的行为承担侵权责任，理由是网络服务提供商无法对文件交换进行监控。如2002年美国米高梅公司诉Grokster及StreamCast Networks侵权案中，原告指控被告在明知用户将使用这两款软件进行版权侵权活动的情况下，仍然向用户免费提供软件，从而实质性地帮助了用户的直接侵权行为，应承担相应的侵权责任。[2]经加利福尼亚州中区地方法院一审审理，判决两被告提供的软件具有实质性非侵权用途，因此不能推定被告具有帮助用户侵权目的。美国联邦第九巡回上诉法院全体法官于2004年裁决，P2P软件的开发商只要不具备直接阻止侵权行为的能力，就不需要对产品使用者的侵权行为负任何责任。[3]再如荷兰KaZaA案中，荷兰阿姆斯特丹上诉法院推翻了一审法院判定分散型文件共享服务KaZaA侵犯著作权的判决。该法院认为，KaZaA技术不但具有实质性非侵权用途，而且服务提供者对文件共享网络没有任何监督控制能力，其并未协助网络用户侵权，不构成侵权，后荷兰最高法院2003年判决维持上诉

1　由于该法案可能适用于MP3播放机厂商以及CD、DVD录像机等设备的厂商，因此有42家公司要求参加法案听证会。参见郑丹怡：《美国司法部将获得提起版权盗版民事诉讼的权力》，载《电子知识产权》2004年第8期，第7页。

2　王迁：《"索尼案"二十年祭——回顾、反思与启示》，载《科技与法律》2004年第4期，第66页。

3　杨慧玫：《美上诉法院判决裁定：P2P文件交换软件"合法"》，载《电子知识产权》2004年第10期，第6页。

法院的判决[1]。在加拿大作曲家、作者和音乐出版商协会（SOCAN）诉加拿大互联网提供商协会（CAIP），即SOCAN v. CAIP案中，原告要求被告为用户利用网络传播音乐作品的行为支付版税，加拿大最高法院于2004年就该案作出判决，认为网络服务提供者不应为其用户通过P2P方式的文件交换行为支付版税，因为网络服务提供者作为信息传输通道，在技术上和经济上都不可能要求其监管互联网上的海量信息。[2]

从上述两种对P2P软件服务提供商的法律责任的司法判例看，实质上是要求能够控制文件交换的集中型P2P软件服务提供商承担共同侵权的法律责任；对于无法控制文件交换、缺乏监督和控制能力的分散型P2P软件网络服务提供商，则不要求其承担侵权责任。曾有学者结合美国相关判例，对集中型和分散型文件共享服务商的法律责任做了深入分析。[3] 根据美国的相关判例，要证明文件共享网络服务提供者的帮助侵权责任，著作权人需要证明网络服务提供者在知悉直接侵权行为的情况下，对侵权行为进行了诱导、指使或者其他实质性的帮助。集中型文件共享技术提供者所提供的服务并不限于软件下载，用户每一次使用共享网络都需登录该系统，因此其责任更接近于舞厅所有者；而分散型文件共享技术与录音机或录像机一样，技术提供者仅仅提供了一种既可以合法使用又可以非法使用的信息传输技术，提供软件下载服务，而并未参与用户的侵权行为，其责任更接近于房东。

P2P软件文件共享技术的发展以及使用中存在的盗版侵权软件或其

1　除荷兰最高法院在KaZaA案中作出有利于文件分享软件服务提供者的判决外，KaZaA服务提供者2005年在澳大利亚法院败诉，2006年与美国四大唱片公司达成和解，赔偿1.15亿美元。

2　Barry Sookman, Case Comment: Society of Composers, Authors and Music Publishers of Canada v. Canadian Association of Internet Service Providers，载《加拿大法律和科技杂志》2004年第3卷。

3　刘家瑞：《论新兴文件共享技术的版权间接责任（上）》，载《电子知识产权》2004年第8期，第15—16页。

他侵权作品的传播，已经引发了多起诉讼。美国电影协会（MPAA）曾于2004年宣布其成员已经开始对BitTorrent等100多个服务商提起从网上下载电影的诉讼。此前，该协会还提起了针对利用文件交换软件下载电影的200多个用户的诉讼。为此，该协会还曾提出其将发布具有在用户终端上查找电影、音乐文件及安装的任何文件共享软件功能的软件，来应对P2P软件所带来的挑战。[1] 基于该协会的压力，Supnova.org等美国网站已于2005年年初宣布停止涉嫌侵权的与BT有关的活动。如何应对P2P软件给著作权保护所带来的挑战，如何在保护相关作品权利人权利的前提下，使P2P网络共享技术正常发展，都是值得深入思考的问题。从早期的相关判例看，表面上似乎根据P2P软件网络服务提供商使用分散型和集中型软件的区别而确定相应的法律责任的做法较为恰当，因为分散型文件共享服务提供商无法知晓文件交换的具体情况，也无法控制所交换的文件，无法制止侵权行为的发生。然而，该传播方式无疑对著作权人的利益是一种直接损害，P2P软件技术的迅猛发展和更新换代，对分散型予以免责可能导致文件分享网络服务提供商均可以免责。据报道，前述美国Supnova.org网站在关闭该网站的BT资源后，随之曾推出所谓可避免著作权人起诉的新一代BT程序Exeem，这对著作权人的保护显然是十分不利的。因此，对于P2P软件网络服务商通过技术进步规避其侵权法律责任问题，面对技术进步与著作权人权利保护的矛盾，如何有效保护著作权人的合法权利，仍然需要进一步深入研究。

同时，欧洲法院曾于2017年在一起持续七年的诉讼中，判决认定BT种子网站海盗湾（The Pirate Bay）构成直接侵权，[2] 此前其三名创始人被瑞典法院判处罚款和入狱一年，该海盗湾网站Tracker服务器已于

1　大众：《美国电影协会大力打击互联网电影盗版》，载《电子知识产权》2005年第1期，第6页。

2　《欧洲法院裁决海盗湾侵权 或BT网站会被封》，载搜狐网，上载时间：2017年6月16日，访问时间：2022年12月25日，https://www.sohu.com/a/149450318_576687。

2009年永久关闭。虽然海盗湾认为该网站与Napster等不同，其既未保管侵权内容，也未提供侵权链接，而是仅仅保管了可供用户建立链接的"种子"，但欧洲法院认为其通过提供搜索功能、文件分类、种子维护、内容过滤等服务，明知并鼓励用户侵权使用受保护的相关作品，其在侵权作品传播过程中起到至关重要的作用。我国BT影视搜索引擎BTChina等P2P性质网站也在2009年前后被关闭，对遏制盗版现象起到积极作用。

2.P2P软件用户的法律责任

在与P2P软件相关的系列案件中，除前述涉及网络服务商的诉讼外，还有许多起诉P2P软件用户的案件。[1]如国际唱片业协会（IFPI）曾于2004年代表百代、华纳、环球等唱片公司起诉通过网络下载免费音乐并参与传播盗版的用户，此前美国唱片业协会曾起诉参与传播网络盗版音乐的3000余个用户。[2]对于P2P软件用户传播侵权作品的法律责任问题，从各国的实践看，存在两种截然不同的做法。一是确认其行为构成侵权，并追究相应的民事责任甚至刑事责任；二是确认其行为属于个人目的的使用行为，不构成侵权也不应承担法律责任。以下分别对采取第一种做法的美国和日本的司法实践，以及采取第二种做法的加拿大的司法实践进行分析。

（1）美国对P2P软件用户的态度

对于P2P软件用户，美国法院曾受理对其提起的相关侵权诉讼。如美国电影协会曾于2004年提起针对利用P2P软件下载电影的200多个用户的诉讼；美国唱片业协会自2003年9月8日对260名P2P软件用户提起

1　大众：《美国电影协会大力打击互联网电影盗版》，载《电子知识产权》2005年第1期，第6页。

2　平安：《国际唱片公司维权诉乐迷》，载《中国知识产权报》2004年10月16日第2版。

诉讼。[1] 通常，美国唱片业协会会根据其追踪到的通过P2P网络交换文件的IP地址，向相关网络服务商所在地的法院提起"John Doe"诉讼，[2] 并要求相关网络服务商提供IP地址对应的用户真实信息。在上述纠纷中，考虑到绝大部分网络用户的使用并非出于商业目的，参与相关诉讼的成本超过其承受能力，大部分被诉用户最终选择庭外和解。同时美国法院曾于2006年宣判首例与BT网络共享文件服务相关的用户案件，某用户被判入狱5个月和罚款等。[3] 从美国相关立法草案及美国司法部所采取的执法行动，可以看出美国曾倾向于对P2P软件用户上载、下载未经授权的侵权作品的行为予以制裁。从立法方面看，美国参议院曾于2004年通过《保护知识产权反对盗窃侵占法》（The Protecting Intellectual Property Rights Against Theft and Expropriation Act, PIRATE），允许美国司法部对指控侵犯著作权的个人如文件交换者采取民事诉讼。[4] 从执法方面看，美国司法部曾于2004年启动针对P2P的刑事联邦执法行动，实施搜查令搜查计算机、软件和其他设备。[5]

1　Internet evolves in wake of music-swapping suits，载China Daily Website，上载时间：2003年10月14日，访问时间：2023年10月15日，http://www.chinadaily.com.cn/en/doc/2003-10/14/content_271872.htm。

2　John Doe Litigation，即匿名诉讼。根据布莱克法律词典的解释，"John Doe"是指在诉讼过程中使用的虚构的名字，指明不知晓身份的人，或是为了保护一个人的真实身份，或是表明真实的被告并不存在。See Bryan A. Garner, Editor in Chief, Black's Law Dictionary, Seventh Edition, West Group, 1999, at page 840.

3　《美国首次就终端个人用户P2P下载予以判决》，载流媒体网南方都市报，上载时间：2007年10月11日，访问时间：2023年10月18日，https://lmtw.com/mzw/content/detail/id/43085/keyword_id/-1。

4　郑丹怡：《美国司法部将获得提起版权盗版民事诉讼的权力》，载《电子知识产权》2004年第8期，第7页。

5　颜仕：《美国司法部开始启动针对P2P团体的刑事法律行动》，载《电子知识产权》2004年第10期，第7页。

（2）日本的做法

日本对P2P软件用户的态度较之美国更为强硬，曾出现对软件用户的有罪判决。日本警方曾于2003年破解文件共享软件"Winny"[1]的匿名机制并逮捕了两名软件用户，日本京都地方法院于2004年11月开庭审理了其中一起侵犯著作权刑事案件。后该案被告因通过Winny在网络上未经授权传播电影作品，被判处有期徒刑一年、缓期三年执行。法院认为，被告在未获得著作权人许可的情况下，利用共享软件将两部外国影片上载到网络上进行视频文件交换，已严重侵犯电影作品的著作权。此前，另一用户也受到相同指控并被判处相同刑罚。[2]

（3）加拿大截然相反的观点

然而，加拿大对此问题的看法则相反。如加拿大联邦地方法院于2004年3月审结的加拿大唱片业协会多家会员唱片公司诉P2P软件用户侵权案中，该案被告是"John Doe，Jane Doe及所有侵犯原告唱片著作权的侵权人"，[3]被诉侵权行为是通过KaZaA和iMesh文件共享软件分别下载了近千首原告享有权利的歌曲。原告向法院提出申请，要求强制5家网络服务商提供原告通过IP地址查找到的29位被诉侵权用户的真实信息。法院作出了驳回原告申请的裁决，并提出被告通过P2P软件下载歌曲的行为属于《加拿大版权法》所规定的为个人使用目的的复制行

1　"Winny"是一种允许用户在不透露自己IP协议地址的情况下进行免费资源数据交换的软件系统,该系统通过声明保护用户身份的方法曾吸引大批用户。

2　参见《日系P2P原理探究》，载CSDN中国开发者网络，上载时间：2010年10月21日，访问时间：2023年12月1日，https://blog.csdn.net/jrckkyy/article/details/5957569。

3　由于原告不知晓被告的真实信息，即以"John Doe，Jane Doe"等来替代，这种诉讼被称为"John Doe Litigation"，即匿名诉讼。

为，[1]并不构成侵犯著作权[2]；被告通过P2P软件服务将歌曲放置在共享目录中供用户下载的行为也不属于版权法所规定的发行行为。[3]

本书认为，虽然各国应对P2P文件分享软件侵权的观点和做法存在很大差异，但P2P软件用户在网络上传播相关侵权作品的情况值得关注，如果仅以其下载行为属于个人学习研究之用，而将之归入合理使用的范围，必然会损害权利人的利益。尤其是计算机软件权利人的利益将很难受到保护，因为通过P2P网络上载、下载相关盗版软件将使其传播更迅速。通过P2P软件下载取得相关作品的情况，表面上是用户个人使用行为，但实质上是对权利人的一种潜在损失，因此有必要区分网络环境下合理使用的内涵与传统合理使用的含义的异同，当然这其中最根本的问题是如何追究提供文件分享软件服务的相关网站的责任。

3.P2P软件开发者的法律责任

P2P软件虽然为传播盗版软件等侵权作品提供了途径，但其用途更多地在于传播合法作品。利用该软件传播侵权作品的法律责任应否由该软件的开发者承担，不仅是思考层面的问题，而且曾进入日本的司法实践。在前述文件共享软件"Winny"的开发者金某勇被控帮助侵害著作权罪案中，日本京都地方裁判所于2006年12月判处其有期徒刑并处罚款，认为网络共享文件技术本身具有中立性，但该软件为违法活动提

---

1 参见《加拿大版权法》第80条（1）的规定，载司法法律网站（Justice Laws Website），上载时间：2023年4月27日，访问时间：2023年6月4日，https://laws.justice.gc.ca/eng/acts/C-42/page-20.html#h-105260。

2 法院的判决援引了加拿大版权委员会于2003年12月30日作出的相关裁决内容，为个人使用目的下载歌曲不构成侵权。参见Annual Report 2003-2004, Private Copying 第23-24页，载加拿大版权委员会网站（Copyright Board of Canada），上载时间：2019年4月1日，访问时间：2023年12月10日，https://cb-cda.gc.ca/sites/default/files/2019-04/200-2004-e.pdf。

3 加拿大尚未加入世界知识产权组织制定的《世界表演和唱片公约》，因此其中有关网络传播权的规定并非加拿大法官适用的法源。

供了平台，致使多部游戏和电影作品被非法传播。针对一审判决，检察官认为量刑不当提起抗诉，被告人也提起上诉。日本大阪高等裁判所二审判决认为，通过互联网提供软件的帮助犯属于新类型帮助犯，在对此科以刑罚时，须基于罪刑法定的原则谨慎探讨。被告人虽然认识到侵害著作权的可能性和盖然性，但并未劝诱用户将该软件专门用于或主要用于侵权用途，因而不构成帮助犯，判决撤销一审判决、被告人无罪。日本大阪地检署提起上诉，日本最高裁判所于2011年12月判决认为，被告人欠缺侵犯著作权罪帮助犯的故意，对二审判决的结论予以认可。[1] 主要理由为：Winny软件既可用于合法用途，也可用于侵害著作权的违法用途，是否用于侵权用途完全取决于具体用户。没有证据证明被告人认识到该软件用户全部具有实施侵权的高度盖然性，其还在网站发布不得用于非法用途的警告，因此欠缺帮助犯的故意。

值得注意的是，日本最高裁判所在该案判决中，还详述了其中持少数意见法官的理由。少数意见认为应当撤销二审判决，被告人具备用户对软件侵权用途高度盖然性的认识，在主观方面具有帮助的故意。同时该意见提到，在政策考量层面，可以认定涉案软件对于互联网信息传输具有技术实用价值，技术提供行为仅仅是侵权犯罪行为的手段，如将软件开发者作为帮助犯科以刑罚时，应该秉持慎重谦抑的态度。被告人没有营利目的，且在被执法机关调查之后立即关闭涉案网站，因此被告人构成帮助犯，但基于以上情节在量刑时可减轻处罚。

其实任何新技术的出现和发展在给人类社会的进步带来便利的同时，都可能会带来一些负面影响。但只要该技术不影响国家安全和社会公共利益，法律不会对该技术的发明者或开发者进行诘难。P2P软件技术也是如此，其包含实质性非侵权用途，对网络技术的发展具有很大的

1　参见日本最高裁判所2009（A）1900判决书，载日本最高裁判所网站，访问时间：2023年12月1日，https://www.courts.go.jp/app/hanrei_en/detail?id=1131。

推动作用，也给网民带来了更多的便利和更大规模的资源共享。虽然其中包含侵权作品的传播，侵害了相关作品权利人的利益，但这与该技术本身无关，与技术的开发者更无直接关联。因此，本书认为，虽然追究软件开发者法律责任的做法能够从源头上切断可能传播侵权作品的途径，看似及时有效保护了相关权利人的利益，但很可能因此阻碍技术创新和发展，有违著作权法立法的目的。

4.我国对于与P2P软件有关的侵权行为的对策

（1）早期的相关案例

在司法实践中，我国也出现了涉及P2P分享软件方式提供作品的侵权案件。在北京市第二中级人民法院2006年审理的步升公司诉飞行网等侵害录音制作者权案[1]中，网络用户可通过两被告提供的酷乐软件以点对点方式传播原告享有录音制作者权的涉案53首歌曲，且酷乐软件对音乐文件进行了多层次、体系化分类，提供了多种搜索下载方法及歌曲试听和光碟烧录功能。法院认为，两被告提供的传播平台可以使网络用户直接搜索并下载其他在线用户存储在"共享目录"下的文件，其应知涉案歌曲来源很可能系未经权利人许可上载，对网络用户未经权利人许可传播涉案歌曲提供了帮助，侵害了原告的录音制作者权。该案是国内首例涉P2P相关案件，曾受到业内广泛关注，是采用集中型P2P技术提供文件交换服务的典型情形。

在广东省高级人民法院审理的慈文公司诉数联公司侵害著作权案[2]中，对P2P服务商数联公司通过POCO软件服务在线播放并下载涉案电影《七剑》的行为，判决被告停止侵权、公开道歉并赔偿原告的损失。被告抗辩认为，涉案电影是网民通过P2P软件提供的，其对用户侵

---

[1] 参见北京市第二中级人民法院（2005）二中民初字第13739号民事判决书。

[2] 《广东首例P2P服务商著作权案终审判决　网站担责》，载中国新闻网，上载时间：2008年10月27日，访问时间：2023年12月11日，https://www.chinanews.com/gn/news/2008/10-27/1426023.shtml。

权不知情，收到起诉状后已及时屏蔽搜索并主动删除相关网页内容，且其网站同时在线人数高达50余万人，庞大的用户群通过网站交换海量信息，其审查监控义务应与其能力相匹配。法院查明，提供涉案电影供网民下载的计算机IP地址属于安装P2P软件的用户；POCO网站称其是无中心服务器的第三代P2P资源交换平台，实现了真正的多点传输，打破了传统网络结构对中心服务器效能及宽带的限制。法院认为，涉案电影首次公映三个多月后即发生涉案被诉侵权行为，且涉案网站对有关宣传介绍涉案电影的网页及搜索结果列表未能及时审查，其应当知道此时权利人不会许可任何网站和个人提供自己投入巨资拍摄的电影供公众免费下载，但仍为用户提供P2P软件及其注册、BBS、搜索及链接等服务，帮助用户下载涉案电影。故足以认定数联公司存在主观过错，构成帮助侵权。

（2）相关法律及司法解释的规定

针对信息网络传播权的法律适用标准统一问题，最高人民法院在总结大量司法实践经验的基础上，曾于2000年颁布了《最高人民法院关于审理涉及计算机网络著作权纠纷案件适用法律若干问题的解释》并于2003年年底作了相应修改，2012年颁布了《最高人民法院关于审理侵害信息网络传播权民事纠纷案件适用法律若干问题的规定》并于2020年年底进行了相应修改。其中2012年颁布的该司法解释第三条规定："网络用户、网络服务提供者未经许可，通过信息网络提供权利人享有信息网络传播权的作品、表演、录音录像制品，除法律、行政法规另有规定外，人民法院应当认定其构成侵害信息网络传播权行为。通过上传到网络服务器、设置共享文件或者利用文件分享软件等方式，将作品、表演、录音录像制品置于信息网络中，使公众能够在个人选定的时间和地点以下载、浏览或者其他方式获得的，人民法院应当认定其实施了前款规定的提供行为。"该司法解释第四条规定："有证据证明网络服务提供者与他人以分工合作等方式共同提供作品、表演、录音录像制品，构成共同侵权行为的，人民法院应当判令其承担连带责任。网络服务提供者能够证明其仅提供自动接入、自动传输、信息存储空间、搜索、链接、文件分享技术等网络服务，主张其不构成共同侵权行为的，人民法院应予支持。"

从上述规定可以看出，通过信息网络提供作品、表演、录音录像制品的方式中已涵盖P2P文件分享软件的方式，同时规定对于仅提供文件分享技术网络服务的网络服务提供者应免除共同侵权责任。因此，虽然通过文件分享技术侵权与以往网络传播侵权作品的方式有所不同，但其仍属于网络传播的范畴，我国《著作权法》《计算机软件保护条例》《信息网络传播权保护条例》以及最高人民法院的相关司法解释都可以予以适用。而且前述关于信息网络传播权的司法解释规定的网络服务提供者的法律责任等条款均涵盖了P2P文件分享软件服务提供者，因此我国对与P2P软件相关的侵权行为的规制是有法可依的。

（3）规制P2P侵权的进展

此后，对于利用P2P技术提供非法链接传播侵权影视作品的行为，还曾出现认定构成侵犯著作权罪的案件。在江苏省淮安市中级人民法院2018年12月审理的"BT天堂"网传播盗版影视作品案[1]中，即以侵犯著作权罪判处袁某某有期徒刑3年并处罚金80万元。该案被告人自2015年以来以营利为目的，购得"BT天堂"网站域名、服务器及虚拟主机后，未经权利人许可，将大量影视作品的种子文件链接发布在该网站上供网民点击下载以赚取广告收入。该网站共发布影视作品资源24737个，有效链接达10873个，非法获利140万余元，传播范围广影响大，该案在网络影视传播领域产生重要影响。

1　《去年打击侵权盗版十大案件公布"BT天堂"等案件入选》，载凤凰网，上载时间：2019年4月26日，访问时间：2022年5月10日，https://ishare.ifeng.com/c/s/7mBTHo-StGuW。

对于网络环境下不断出现的网络新技术和新模式所带来的新的传播方式,既然无法通过扼杀技术发展而切断与新技术相关的盗版侵权行为的传播途径,就要考虑如何处理保护相关作品权利人的利益和保护该技术创新发展之间的矛盾,动态调整各方利益的平衡点。曾有学者提出兼顾著作权保护与科技进步的三赢商业模式,[1] 即著作权人、P2P网络服务商和P2P软件用户三赢,以真正解决网络新技术与权利人之间的冲突问题。早在2008年著作权人和文件交换服务提供商逐步妥协,相关唱片公司和P2P软件公司推动合作创建合法的在线音乐商店。[2] 因此,与网络新技术发展相关的对策制定应该着眼于社会各方主体的利益而非某一群体利益,在保护产业利益的同时还要考虑网络用户利益,在保护相关权利人利益与促进网络发展之间确立新的平衡。

(二)规避或破坏技术措施和删改权利管理信息的行为研究

在网络环境下的侵犯计算机软件著作权的行为,除前述伴随P2P技术的发展而引发的诸多新问题外,涉及规避或破坏权利人为其作品所采取的技术措施的行为和删除或改变权利人作品上所标示的权利管理电子信息的行为也需深入研讨。

1.规避或破坏技术措施行为的性质

对于规避或破坏技术措施的行为,世界知识产权组织1996年的两个条约中对于缔约各方关于技术措施的义务只作了原则规定,未具体规定规避技术措施的行为种类。这类侵权行为主要是指规避著作权人为防止著作权侵权而采取的加密等技术保护措施的行为。美国《数字千年版权法案》对"规避技术措施"作了具体界定,即从访问作品的角度

---

1 王立文:《P2P技术条件下兼顾版权保护与科技进步的双赢策略》,见沈仁干主编:《数字技术与著作权:观念、规范与实例》,法律出版社2004年版,第359—360页。

2 《Qtrax宣称将发布免费P2P正版下载服务》,载新浪网,上载时间:2008年2月2日,访问时间:2023年12月1日,https://ent.sina.com.cn/y/2008-02-02/18121901903.shtml。

说，规避技术措施是指"非经版权人授权，将集合作品拆散，将加密作品解密，或以其他方式回避、越过、消除、净化和损坏技术措施"；从作者使用作品的权利角度说，规避技术措施是指"回避、越过、消除、净化和以其他方式损坏技术措施"。美国的版权法案还将侵权行为延伸到为规避技术措施而提供装置和服务的行为，并专门规定了对这类侵权行为的民事和刑事救济措施。

我国2001年《著作权法》和《计算机软件保护条例》对规避或破坏技术措施的行为作了原则规定。根据2001年《著作权法》第四十七条第（六）项规定，未经著作权人或者与著作权有关的权利人许可，故意避开或者破坏权利人为其作品、录音录像制品等采取的保护著作权或者与著作权有关的权利的技术措施的，属于侵犯著作权的行为。根据《计算机软件保护条例》第二十四条第（三）项规定，故意避开或者破坏著作权人为保护其软件著作权而采取的技术措施的，属于侵犯著作权的行为。根据上述规定，规避或破坏技术措施的行为属于侵犯著作权的行为。2020年修正的《著作权法》第五十三条第（六）项仍然将"故意避开或者破坏技术措施的，故意制造、进口或者向他人提供主要用于避开、破坏技术措施的装置或者部件的，或者故意为他人避开或者破坏技术措施提供技术服务的"相关行为列入侵犯著作权的行为，而未采纳《著作权法修订草案》（2013年送审稿）不将其列为侵权行为的相关意见。[1]

学术界对此也有不同认识，有学者同意将该行为认定为侵犯著作财产权的行为；[2] 也有学者提出，将该行为归入侵犯著作权的侵权行为

1　王迁：《版权法对技术措施的保护与规制研究》，中国人民大学出版社2018年版，第405页。

2　刘春田：《知识产权法（第二版）》，高等教育出版社、北京大学出版社2003年版，第129-130页。此外，郭寿康、费安玲主编的《知识产权法》和《知识产权法教程》也持此观点。

之列存在逻辑上的错误，制度设计上存在一些问题；[1] 有学者认为，技术措施是保护著作权的手段，技术措施本身的权利性质是物权，规避或者破坏技术措施的行为从实质上看是侵犯物权的行为；[2] 也有学者明确提出，我国《著作权法》《计算机软件保护条例》《信息网络传播权保护条例》将规避技术措施的行为界定为侵犯著作权行为，不符合该行为性质和后果，该行为属于违反技术措施有关义务的违法行为，而非直接或间接侵犯著作权的侵权行为。[3]

在司法实践中，也出现了认定破坏技术措施的行为属于违反著作权法的违法行为，而非侵害信息网络传播权行为的案件。在上海知识产权法院审理的腾讯公司诉真彩公司侵害著作权及其他不正当竞争案[4] 中，腾讯公司对涉案作品《北京爱情故事》的播放地址加密，并通过密钥鉴真获取视频密钥的技术措施保护该视频剧集的播放地址，以控制未经许可接触涉案作品。法院认定真彩公司播放的视频链接于腾讯公司，其故意避开或破坏腾讯公司的技术措施，违反了著作权法的相关规定。法院认为，破坏技术措施的行为与侵犯信息网络传播权的行为是两类不同性质的侵权行为，破坏技术措施行为的存在并不能够当然得出侵犯信息网络传播权的结论。虽然真彩公司实施了破坏技术措施

---

1 宋慧献：《唐广良：综论软件保护与相关立法》，载《中国版权》2004年第1期，第28-31页。该文提出技术措施保护制度设计的三点问题：一是将规避技术措施的行为列入侵权行为存在逻辑上的错误，因为事实上没有一个国家将这种保护与著作权人的权利联系在一起，因此，也不会将规避行为视为侵权行为；二是仅仅规定规避技术措施的行为人承担法律责任并不能完全达到保护技术措施的目的，因而算不上适当的法律保护和有效的救济措施；三是没有为该行为规定合理的例外，有可能严重影响社会公众合理使用作品的权利，并在相当程度上剥夺社会公众购买信息产品时的选择权。

2 杨述兴：《破坏技术措施的法律性质》，载《中国版权》2004年第3期，第44页。

3 王迁：《版权法对技术措施的保护与规制研究》，中国人民大学出版社2018年版，第403-405页。

4 参见上海知识产权法院（2018）沪73民终319号民事判决书，上海市杨浦区人民法院（2017）沪0110民初21339号民事判决书。

的行为，但其链接的腾讯公司涉案网站系合法授权的网站，在涉案网站不构成直接侵权的情况下，真彩公司提供链接的行为亦不可能构成共同侵权。

本书认为，法律规定对规避或破坏技术措施的行为予以禁止，当然并非对技术措施本身的保护，其保护的对象仍然是采取了技术措施的作品，技术措施只是作品的保护手段。虽然规避或破坏技术措施的主体与真正实施侵犯著作权行为的主体，即访问、复制作品的行为人有时并不同一，[1] 但通常规避或破坏技术措施是为了实施侵犯著作权行为。从行为性质上说，这种为达到侵犯著作权的目的而实施的规避或破坏技术措施的行为，并非侵犯著作权的行为。

2.有关规避或破坏技术措施的保护范围

（1）应有的保护范围

根据前述有关规避或破坏技术措施的概念界定，多是为防止他人侵犯计算机软件等作品的著作权而对作品所采取的技术措施。如美国法院1996年12月判决的Sega v. Sabella案中，被告不仅在其网站的电子公告板上公开了原告的两个游戏软件，还允许两个软件在游戏下载区下载，并同时出售游戏卡解密软件。法院认为被告的行为构成间接侵犯著作权的行为。[2] 我国司法实践中所出现的相关案例也涉及的是对作品所采取的保护措施。如在绍兴市某科技中心诉冰天雪地网站侵犯著作权纠纷案[3] 中，该案被告在其网站上载了原告享有著作权的某软件的破解文

1　如存在专门从事破坏他人作品技术措施的人，其目的并非访问相关作品，而是以破解技术措施为谋生手段，还有些计算机黑客实施规避或破坏技术措施的行为仅仅为了证明自己的破解能力。

2　张玉瑞：《互联网服务商的法律责任及其免责》，载中国法学网，上载时间：2004年8月20日，访问时间：2005年1月17日，http://iolaw.cssn.cn/zxzp/200408/t20040820_4592366.shtml。

3　该案为北京市第二中级人民法院于2000年受理的一审案件，后该案双方当事人达成和解。

件，并提供免费下载，使该软件的销售市场受到很大冲击。尽管当时我国著作权法和计算机软件保护条例等相关法律、法规对于解密行为本身是否构成侵权并无明确规定，法院考虑到软件解密文件在互联网上传播对权利人软件可能带来的巨大影响，最终调解解决了该案的纠纷。

随着网络技术的发展，网络环境下破坏技术措施的情形也在变化。如在上海市第三中级人民法院审理的刘某生等侵犯著作权罪案[1]中，就涉及破坏权利人对软件采取的技术措施的犯罪行为。该案中，皇家飞利浦公司及其关联公司系超声设备Voyager平台软件、CT扫描仪Brilliance软件等作品的著作权人。西门子医疗公司系医学图像处理软件飞云工作站作品的著作权人。权利人为保护上述软件作品分别设置IST安全认证系统、密钥（加密狗、SSA等）、算码器等技术保护措施。被告人制作可避开上述技术保护措施的"加密狗"，提供相关软件及维修手册等作品的下载链接，擅自复制相关软件，向他人销售加密狗和盗版软件收取91万余元。法院认定刘某生、刘某二人的行为均已构成侵犯著作权罪，该案系《刑法修正案（十一）》实施以来，全国首例惩治通过故意避开技术保护措施侵犯权利人医疗设备软件的著作权刑事案件。

（2）网络游戏外挂程序的行为认定

伴随网络游戏的发展，出现了通过改变网络游戏软件的部分程序而实现其他正常用户无法得到，或必须通过长期运行程序才能得到的游戏效果的"外挂"程序（hack tools或cheating program，作弊程序）。外挂程序，往往寄生于知名度较高的相关网络游戏，其利用计算机技术篡改相关网络游戏原本的设定和规则、以实现游戏角色获得自动工

---

[1] 郭燕、高卫萍、王思嘉：《上海三中院审结一起医疗设备软件著作权刑事案》，载《人民法院报》2023年4月20日第3版。参见上海市第三中级人民法院（2023）沪03刑初23号刑事判决书，一审判决后两被告人未提起上诉。

作、加速、能力加强等超越常规能力，提高网络游戏虚拟人物的水平，并通过互联网进行大量销售或提供免费下载。网络游戏外挂软件在满足游戏玩家在游戏中取得优势轻松获胜的同时，也损害了网络游戏著作权人的利益和信誉，严重破坏网络游戏的市场秩序和行业生态。外挂程序要实现上述功能，就要对相应网络游戏软件的服务器端程序或客户端程序进行修改，或修改从客户端向服务器的数据传送。要开发外挂程序往往要先规避或破坏权利人为网络游戏软件所采取的加密等技术措施。因此，外挂程序不仅侵犯了网络游戏软件著作权中的修改权，而且可能包含规避或破坏技术措施的行为。

针对较为严重的网络游戏外挂程序的开发和传播问题，原新闻出版总署等五家单位曾于2003年12月联合下发《关于开展对"私服"、"外挂"专项治理的通知》，明令禁止未经著作权人许可，开发和传播其网络游戏的"外挂"程序的行为。该通知规定，"私服""外挂"是指未经许可或授权，破坏合法出版、破坏他人享有著作权的互联网游戏作品的技术保护措施，修改作品数据，私自架设服务器，制作游戏充值卡，运营或挂接运营合法出版他人享有著作权的互联网游戏作品，从而谋取利益、侵害他人利益的行为。此后，国家版权局又于2004年4月答复海南省版权局作出《关于网吧下载提供"外挂"是否承担法律责任的意见》，提出网吧下载外挂程序并向顾客提供，或者明知下载外挂程序系顾客利用网吧服务器分配的空间所为，却不制止并继续向他人提供的，属于著作权法所规定的规避技术措施、故意删除改变权利管理电子信息的侵权行为。网吧有足够的证据证明外挂程序非其下载且确不知情的，应当删除下载的外挂程序，拒不删除的可以故意侵权论处。[1] 国家版权局等四家单位在《关于开展打击网络侵权盗版"剑网2020"专项

---

[1] 《关于网吧下载提供"外挂"是否承担法律责任的意见》，见最高人民法院民事审判第三庭编：《知识产权审判指导》，人民法院出版社2004年版，第102页。

行动的通知》[1]中，再次强调了严厉打击网络游戏私服、外挂等侵权盗版行为问题。

上述相关通知和答复内容虽然未明确界定外挂程序的内涵和与之相关的法律责任等具体问题，但已经从行政执法的角度对侵犯网络游戏软件权利人相关权利的开发传播外挂程序的行为予以制止。虽然网络游戏运营商通过冻结使用外挂程序的用户账户维护网络游戏的运行环境和正常的游戏秩序，但因《用户许可使用协议》中并无禁止使用外挂程序的规定而被用户质疑。显然，网络游戏软件运营商的上述行为并非解决问题的办法。上述通知和答复中虽规定外挂程序属于规避或破坏技术措施、删除或改变权利管理电子信息的行为，但对该行为的具体认定条件等尚缺乏明确的规定，尚有待进一步研究。

司法实践中也出现了因编写提供、销售推广网络游戏外挂软件而引发的纠纷，在刑事案件中大多被认定构成侵犯著作权罪，但也有案件中被认定构成破坏计算机信息系统罪、提供侵入计算机信息系统程序罪等。如在广东省广州市天河区人民法院审理的许某某等涉外挂软件"咖啡辅助"侵犯著作权罪案[2]中，被告人许某某编写了三七公司运营的网络游戏"大天使之剑H5"的外挂软件"咖啡辅助"，并制作了该外挂程序的登录网页，通过向游戏玩家销售该外挂程序牟利，玩家可以在被告人提供的网页登录涉案游戏。被告人许某某雇请被告人苏某某以自建游戏QQ群等方式推广、销售该外挂软件获利52万余元。该案中，公诉机关认为两被告人提供用于侵入、控制计算机信息系统的程序、工具，其行为构成提供侵入、非法控制计算机信息系统程序、工具罪。法院经审理认为，涉案外挂程序复制了涉案游戏对应的源代码，并

1　《国家版权局等关于开展打击网络侵权盗版"剑网2020"专项行动的通知》，载中国政府网，上载时间：2020年6月17日，访问时间：2022年1月17日，https://www.gov.cn/zhengce/zhengceku/2020–06/17/content_5520047.htm。

2　参见广东省广州市天河区人民法院（2019）粤0106刑初783号刑事判决书。

且修改了涉案游戏服务端与游戏客户端的通信协议，即该外挂程序未经原网络游戏运营方授权而使用正常游戏通信协议，具有发行的特征，因此两被告人应以侵犯著作权罪定罪处罚，公诉机关指控的罪名不当。再如在湖北省恩施土家族苗族自治州中级人民法院审理的赵某某等涉外挂软件"海豚AVA辅助"侵犯著作权罪案[1] 中，赵某某针对腾讯公司的两款网络游戏制作了外挂软件，并搭建网站将该外挂软件在网络上销售获利。经鉴定，外挂软件"海豚AVA辅助"存在对《战地之王》游戏实施增加、修改的操作；"海豚HaiTun"存在向《英雄联盟》游戏客户端写入文件、删除文件、发送按键消息，对该游戏实施增加、修改的操作。法院认定赵某某以营利为目的，未经著作权人许可，制作、销售网络游戏外挂程序，违法所得数额巨大，其行为构成侵犯著作权罪。

从上述案例可以看出，司法实践中存在刑事案件罪名法律适用标准不够统一等问题。本书认为，《刑法修正案（十一）》2021年3月施行之后，《刑法》第二百一十七条侵犯著作权罪中增加了第（六）项"未经著作权人或者与著作权有关的权利人许可，故意避开或者破坏权利人为其作品、录音录像制品等采取的保护著作权或者与著作权有关的权利的技术措施的"情形，故可以通过侵犯著作权罪的罪名规制网络游戏外挂行为。也有观点认为，[2] 能否适用上述规定以侵犯著作权罪追究，要结合案件具体情况，分析相关技术措施是否符合著作权法上"技术措施"的特征和要求，是否具有防止他人未经权利人许可浏览、欣赏作品或者通过信息网络向公众提供作品等功能，不能将所有防止侵入计算机信息系统、非法获取计算机数据、干扰游戏正常运行的技术、装置和部件都认定为属于上述规定中的、著作权法上的"技

1　参见湖北省恩施土家族苗族自治州中级人民法院（2018）鄂28刑终42号刑事裁定书。

2　刘涛：《厘清"技术措施"含义，准确适用侵犯著作权罪》，载最高人民检察院网，上载时间：2023年5月30日，访问时间：2023年11月6日，https://www.spp.gov.cn/spp/llyj/202305/t20230530_615395.shtml。

术措施"，两者的概念范围并不相同，但也不排除某些外挂程序属于《刑法》第二百一十七条第（六）项规定的技术措施的可能性，但应当对此加以论证。

（3）保护范围的不当拓展趋向

相关国际条约和各国国内法对规避技术措施的行为作出明确规定后，曾出现过一些与通常所理解的技术措施的概念和目的不同的所谓技术措施请求予以保护的例子。如许多生产商使用计算机程序来控制产品的运行，而该程序往往需要通过遥控器等配件进行操作。为了保证用户购买原产配件，而不从竞争对手处购买低价配件，有的生产商在其产品上加入"技术措施"，使只有原产配件才可通过设定的程序来控制产品的运行，为此出现其他配件生产商分析其"技术措施"后生产与其产品兼容配件的情况。如在2002年美国Chamberlain v. Skylink案中，被告生产的万能遥控发射器能够开启原告安全车库的开启系统，为此原告指控被告绕开了原告产品程序系统中具有安全功能的"滚码"，违反了《数字千年版权法案》的规定。美国联邦巡回上诉法院于2004年9月判决维持地方法院的一审判决，认为从《数字千年版权法案》的立法目的看，该法中有关反规避技术措施的规定只适用于与受保护的权利合理相关的规避行为。只有当规避技术措施的行为可能导致其他侵犯著作权的行为时，规避者以及提供规避工具者才应承担责任。如果规避行为不会影响著作权人的合法权利，则无论规避者还是提供规避工具者都不需要承担责任。如果原告的指控成立，实质上生产商可以采用非常简单的加密措施达到限制用户使用其他配件、非法垄断市场的目的。因此，法院以原告未举证证明被告的产品与未经授权使用原告享有著作权的计算机软件有关为由，驳回了原告的请求。[1]

---

1 颜仕：《车库门遥控开启系统兼容不违反DMCA》，载《电子知识产权》2004年第10期，第8页。

此外，美国第六巡回上诉法院于2004年10月也驳回了Lexmark公司对Static公司规避软件技术措施的侵权指控。Lexmark v. Static案中，原告指控被告生产的兼容硒鼓规避了其对打印引擎程序所设置的技术措施，因为原告在硒鼓芯片中使用了"验证技术"，如使用其他厂商配件或是向旧硒鼓中填充墨粉，会导致打印引擎程序拒绝工作无法打印，被告的行为规避了其设定的该技术措施。法院认为，如果原告的指控成立，无疑产品制造商会取得对配件市场的垄断权；而且原告主张的技术措施并没有达到有效控制他人对其中的"打印引擎程序"进行访问的目的，即使其采用其他技术措施达到该目的，被告的行为也是合法的。因为立法者规定禁止规避技术措施是为了解决对电影、音乐和计算机软件等数字化作品的盗版问题，而被告的行为并非要访问原告的"打印引擎程序"，并非立法者要禁止的行为。[1]

从上述两个判例看，美国法院还是将技术措施的保护范围限定在与限制作品访问或使用相关的层面上，其目的是避免和减少计算机软件侵权行为的发生。如果相关厂商通过设立简单的所谓技术措施来最终达到垄断相关配件市场的目的，显然与相关国际条约及各国国内立法的初衷不符，超出了法律规制的范围。

我国也在上海市高级人民法院审理的精雕公司诉奈凯公司侵害计算机软件著作权案[2]中作出了类似的判决。该案中原告主张，被告非法

1　王迁：《滥用"技术措施"的法律对策——评美国Skylink案及Static案》，载《电子知识产权》2005年第1期，第43～44页。该案地方法院一审判决原告胜诉，二审法院改判驳回原告的诉讼请求。日本东京地区法院2004年12月审结的佳能公司诉Recycle Assist公司案，也涉及回收墨盒的合法性问题，法院判决被告出售回收的佳能打印机墨盒不构成对原告知识产权的侵害。

2　参见上海市高级人民法院（2006）沪高民三（知）终字第110号民事判决书，该案为最高人民法院2015年发布的第48号指导案例。相关案例分析参见丁文联、石磊：《北京精雕科技有限公司诉上海奈凯电子科技有限公司侵害计算机软件著作权纠纷案的理解与参照》，载《人民司法（案例）》2016年第26期，第23页。

破译其对JDPaint软件所采取的Eng格式的加密措施，开发、销售能够读取该格式数据文件的数控系统，属于故意避开或者破坏其为保护软件著作权而采取的技术措施的行为。被告的行为使得其他数控雕刻机能够非法接收该格式的文件，导致其精雕雕刻机销量减少，给其造成经济损失。法院认定原告的Eng格式文件设计目的并不在于对涉案软件进行加密保护，而是用于限定该软件只能在精雕CNC雕刻系统中使用，从而建立该软件与其雕刻机床之间的捆绑关系，不属于为保护软件著作权而采取的技术保护措施。被告开发能够读取涉案软件输出的Eng格式文件的软件的行为，并不属于故意避开和破坏著作权人为保护软件著作权而采取的技术措施的行为。如果将对软件著作权的保护扩展到与软件捆绑在一起的产品上，必然超出我国著作权法对计算机软件著作权的保护范围。从该案可以看出，计算机软件著作权人为了实现软件与硬件机器的捆绑销售，将软件运行的输出数据设定为特定文件格式，以限制其他竞争者的机器读取的行为，不属于为保护软件著作权采取的技术措施，他人研发软件读取其该特定文件格式的，不属于故意避开或破坏技术措施的行为。

上述案例表明，实践中存在权利人滥用技术措施扩张其权利的可能性。因此，在我国著作权法和计算机软件保护条例对此规定相对原则的情况下，有必要通过司法实践对此进一步细化，以防止权利人滥用技术措施损害社会公众的利益。

3.删除或改变权利管理信息的行为

世界知识产权组织的两个条约对于禁止删除或改变权利管理信息行为作了较为具体且表述相近的规定，其中《世界知识产权组织版权条约》规定，缔约各方应提供充分有效的救济以制止包括未经许可去除或改变任何权利管理的电子信息；未经许可发行、为发行目的进口、广播或向公众传播明知已被未经许可去除或改变权利管理电子信息的作品或作品的复制件的行为。此后美国和日本等国家在修改本国法律时，都对该类侵权行为作了与两条约基本一致的规定，而且还专门规定了相应的民事责任和刑事责任。

我国2001年修正的《著作权法》和2001年公布的《计算机软件保护条例》都对该行为作了规定，其中《著作权法》第四十七条第（七）项规定，"未经著作权人或者与著作权有关的权利人许可，故意删除或者改变作品、录音录像制品等的权利管理电子信息的"属于侵犯著作权的行为。根据我国《计算机软件保护条例》第二十四条第（四）项规定，"故意删除或者改变软件权利管理电子信息的"，属于侵犯著作权的行为。2020年修正的《著作权法》第五十一条规定："未经权利人许可，不得进行下列行为：（一）故意删除或者改变作品、版式设计、表演、录音录像制品或者广播、电视上的权利管理信息，但由于技术上的原因无法避免的除外；（二）知道或者应当知道作品、版式设计、表演、录音录像制品或者广播、电视上的权利管理信息未经许可被删除或者改变，仍然向公众提供。"显然，根据上述规定，在我国所禁止的不再限于故意删除或改变权利管理电子信息的行为，也包括了《世界知识产权组织版权条约》中规定的未经许可发行、为发行目的进口、广播或向公众传播明知已被未经许可删除或改变权利管理电子信息的作品或作品的复制件的行为。

随着网络技术的不断发展，通过网络进行计算机软件授权许可的情况较为常见。用户可根据软件权利管理信息中所包含的作品权利人的信息、作品许可使用条件和期限等信息，选择是否进行网上软件许可贸易。而计算机软件点击合同的订立就是通过对软件权利管理电子信息中的许可使用条件及相关合同条款点击认可而形成的。因此，未经许可删除或改变作品的权利管理电子信息会造成网上交易的混乱，将未经许可已经删除或改变权利管理电子信息的作品进行再度传播也同样会扰乱网上软件许可贸易，因此我国的相关法律和法规将该行为纳入禁止之列具有必要性。

三、计算机软件最终用户法律责任研究

计算机软件最终用户的法律责任问题，是法学界和软件产业界极为关注的焦点问题。商业软件联盟原总裁兼首席执行官在2002年接受记者采访时就曾提出全世界因盗版给软件权利人造成的经济损失每年高达110亿美元，其中"最大的盗版来自组织和机构的盗版，必须通过教育和法律制度遏制这种最终用户盗版"。[1] 软件盗版行为严重地阻碍了软件产业的发展，而社会公众对最终用户盗版的危害还没有充分意识到，有的单位在未经授权的情况下复制使用权利人享有著作权的软件，因此软件产业界对制止最终用户侵权具有明确的司法需求。

在我国的司法实践中已审理多起涉及计算机软件最终用户侵权的案件，早在1995年就出现了计算机软件最终用户首例案件，即PU公司与北京京延公司诉广州雅芳公司使用UNIDATA软件侵权纠纷案，但其中的法律问题并未引起广泛关注；[2] 北京市第一中级人民法院曾于1999年受理美国微软公司诉亚都科技集团侵犯计算机软件著作权纠纷案，[3] 该案虽裁定驳回原告的起诉并未作出实体处理，但其中涉及的软件最终用户法律责任问题引起法学界的重视；2000年Microsoft、Autodesk、Adobe、Symantec四家软件公司对四个最终用户向上海市第二中级人民法院、上海市浦东新区人民法院提起了11起诉讼并提出证据保全申

---

1 《商业软件联盟总裁：最大盗版来自最终用户》，载新浪网，转引自2002年6月26日《光明日报》，上载时间：2002年6月26日，访问时间：2005年12月29日，http://tech.sh.sina.com.cn/it/e/2002-06-26/122828.shtml。

2 该案于1999年9月被最高人民法院以原判部分事实认定不清、可能影响案件正确判决为由裁定发回广东省高级人民法院重审。

3 该案原告微软公司公证取证的公证书未载明计算机的使用者及其所属单位，法院裁定驳回原告的起诉。参见罗东川、姜颖：《与软件最终用户法律责任有关的微软诉亚都案》，见罗东川、马来客主编：《知识产权名案评析》，经济日报出版社2001年版，第219-227页。

请，后因原告无法进一步举证撤回了起诉。[1]

我国自2002年1月1日起施行的《计算机软件保护条例》和2002年10月最高人民法院发布的《关于审理著作权民事纠纷案件适用法律若干问题的解释》对计算机软件最终用户问题作出相关规定后，上海市第一中级人民法院于2002年11月审结了Discreet公司诉对点公司计算机软件侵权案，判决赔偿50万元；自2002年年底至2003年，北京市第二中级人民法院相继审理了八起涉及计算机软件最终用户侵权的案件。[2]其中，Autodesk公司诉龙发公司侵害计算机软件著作权案判决赔偿152万余元，成为当时涉最终用户侵权判赔数额最高的案件，得到法学专家和软件产业界的一致认同。北京市第二中级人民法院2004年还审结了Borland公司诉智环公司等侵犯计算机软件著作权案，该案涉及的Delphi软件是用于开发企业资源计划（enterprise resource planning，ERP）软件的必备工具软件，法院判决三被告作为最终用户未经许可商业性使用涉案软件的行为侵犯了原告的著作权。[3]

尽管我国对制止计算机软件最终用户侵权问题制定了有关法律规定，但这些规定相对较为笼统，因此在司法实践中还存在诸多值得深入研究和思考的问题，如计算机软件最终用户的界定问题，最终用户承担法律责任的法律依据问题，商业性使用计算机软件行为的认定问题，最终用户主观过错的判定问题，侵权证据的取得和判定问题，以及最终用户承担法律责任的形式和损失赔偿数额计算标准问题等。

---

1 该案四原告以香港某调查公司的侵权调查报告作为申请法院证据保全的主要依据，后因无法进一步举证撤回起诉。参见游闽键：《最终用户侵权判决第一案的法律思考》，载《电子知识产权》2003年第2期，第38页。

2 包括Autodesk公司诉龙发公司侵害计算机软件著作权案及北大方正公司等起诉的多起案件。

3 参见北京市第二中级人民法院（2004）二中民初字第00776号民事判决书。

（一）计算机软件最终用户的界定

所谓计算机软件最终用户，并不是一个严格的法律概念，其基本含义就是指计算机软件的最终使用者，或是我国相关法律所规定的软件复制品的所有人和持有人。研究计算机软件最终用户的法律责任问题，必须先对软件最终用户的法律界定有个清楚的认识。软件最终用户是针对软件的开发者或者生产者、软件的经销商或者发行商而言的，应当包括对软件进行功能性使用的单位或个人。但也有学者提出，软件最终用户仅指对软件合法持有和善意持有并进行功能性使用的人。[1]本书所谈及的计算机软件最终用户既包括合法持有或善意持有的软件用户，也包括非法持有软件的用户，即应当按照有关法律规定承担法律责任的用户。

在我国2001年《计算机软件保护条例》中，使用了"软件的合法复制品所有人"和"软件复制品持有人"的概念。前者显然是一个物权意义上的定义，软件的合法复制品所有人是指对软件的合法复制品拥有物权的人，包括购买正版软件的用户、软件经销商和软件开发者等，而对软件具有所有权或者大量持有软件但是不进行功能性使用的所有人如软件经销商并不是该条例所规制的内容。"软件复制品的持有人"也是一个相对宽泛的概念，包括所有持有软件复制品的自然人、法人等民事主体，是指向权利人或者其许可的经销商购买、接受权利人赠予和许可使用正版软件复制品的自然人、法人等民事主体。而持有人的含义显然要宽，除前述列举的软件所有的情形外，持有还包括其他形式获得软件使用的情形。比如借他人软件复制品使用运行，用单位的正版软件使用运行，租赁软件使用，使用未经授权预装软件的计算机，使用软件复制

---

1 李士林、郑友德：《论计算机软件最终用户的权利——兼评〈计算机软件保护条例〉关于最终用户权利的设定》，见张平主编：《网络法律评论（第3卷）》，法律出版社2003年版，第301–313页。

品拾得物，等等。因此"软件的合法复制品所有人"和"软件复制品持有人"的概念界定过于宽泛，而"计算机软件最终用户"这一概念似乎能更贴切地表明该条例所要规制的对象。2002年10月12日，最高人民法院《关于审理著作权民事纠纷案件适用法律若干问题的解释》中也使用了"计算机软件用户"的概念，从而将软件持有人和持有并运行使用软件功能的人区别开来。当然，在述及计算机软件最终用户时，还应对计算机软件合法用户和非法用户进行区分。本部分仅涉及对未经软件著作权人许可而使用侵权软件的用户的法律责任的研究，对使用合法软件的最终用户的相关权利义务关系并未涉及。[1]

　　未经软件著作权人许可使用侵权软件的情况，既包括通常意义上所理解的使用盗版软件的情况，也包括虽然购买了正版软件，但其超过使用范围复制、安装该正版软件的情形，如网吧、公司、机关等可能会出现超范围使用正版软件的情况。在广州知识产权法院审理的快意公司诉敏实公司等侵害计算机软件著作权案[2]中，法院认为利用云服务技术将一个软件许可证应用于多个用户端，扩大使用的客户端超出了合同约定的授权范围，应视为未经许可的使用行为，构成著作权侵权。最终认定被告擅自利用云服务架构模式扩大ERP系统软件许可使用范围，判令被告停止侵权并赔偿损失及合理费用400万元。

（二）计算机软件最终用户承担法律责任的法律依据

　　我国《计算机软件保护条例》第三十条使用了软件复制品持有人的概念，规定"软件的复制品持有人不知道也没有合理理由应当知道该软件是侵权复制品的，不承担赔偿责任；但是，应当停止使用、销毁该侵权复制品。如果停止使用并销毁该侵权复制品将给复制品使用人造成

1　北京市第二中级人民法院民五庭（执笔人张晓津）：《软件最终用户法律责任问题研究（上）》，载《电子知识产权》2004年第6期，第33–35页。

2　参见广州知识产权法院（2019）粤73知民初1519号民事判决书。

重大损失的，复制品使用人可以在向软件著作权人支付合理费用后继续使用"。该条例第二十四条对相关法律责任作了规定，根据第（一）项，对于未经著作权人许可，复制或者部分复制著作权人的软件的侵权行为，应当根据情况，承担停止侵害、消除影响、赔礼道歉、赔偿损失等民事责任或行政、刑事责任。

最高人民法院在《关于审理著作权民事纠纷案件适用法律若干问题的解释》第二十一条中规定："计算机软件用户未经许可或者超过许可范围商业使用计算机软件的，依据著作权法第四十七条第（一）项、《计算机软件保护条例》第二十四条第（一）项的规定承担民事责任。"即认为计算机软件最终用户的上述使用行为侵犯了计算机软件著作权人所享有的著作权中的复制权，应当据此承担相应的民事责任。

对于计算机软件最终用户是否应当对使用侵权软件行为承担法律责任的问题，在法学界曾存在争论。有观点认为，应当加大对计算机软件的保护力度，严厉打击盗版行为，追究使用侵权计算机软件最终用户的法律责任，促进软件产业发展；也有观点认为，对于计算机软件的保护程度应与一国科技文化和社会发展程度相适应，不可对计算机软件权利人给予超前保护；[1] 还有观点认为，严厉打击盗版追究至盗版软件的生产者和销售者即可，不应延及最终用户。本书认为，对于计算机软件的法律保护问题应当考察相应国家的社会经济文化发展程度，并与之相

---

1 有观点认为，知识产权保护一般只追究制造、销售侵权产品者的法律责任，而并不追究最终用户的责任，TRIPS协议中也未提出追究软件最终用户的法律责任问题，我国修改后的《计算机软件保护条例》规定的最终用户的法律责任是一种超前规定。对此，国家版权局相关部门原负责同志曾撰文提出修改前的《计算机软件保护条例》实质就规定了最终用户的法律责任，对软件最终用户责任的追究是我国立法一向坚持的原则，且TRIPS协议虽未专门提及最终用户的问题，也不能认为其允许最终用户使用盗版软件。部分发达国家和香港特别行政区已经追究音乐、电影、软件等各类作品的最终用户的责任。参见许超：《软件最终用户侵权应当承担法律责任》，载《电子知识产权》2002年第9期，第37-38页。

适应，最终确立权利人和公众利益之间的平衡，[1] 对计算机软件最终用户责任的过度追究或免除都不符合知识产权保护的发展趋势，与国家相关经济文化发展水平不相适应。

对于追究计算机软件最终用户的法律责任的依据问题，存在拟制说和复制说的争论。一种观点认为，最终用户使用未经授权的软件时，侵害了著作权人所享有的复制权，即复制说，最高人民法院相关司法解释中有关最终用户条款所援引的相关法律法规也是有关复制权的规定；还有一种观点认为，计算机软件最终用户使用侵权软件本来并不侵权，只是考虑到软件的特殊性和软件著作权人的特殊利益，一些发达国家和地区采用"拟制"的立法体例，将"视为"侵权的界限延伸到部分最终用户，以是否直接营利或商业使用等作为是否视为侵权的界限，即拟制说。[2] 本书认为，鉴于最高人民法院在相关司法解释中已经明确了追究计算机软件最终用户法律责任的主要依据为相关法律有关复制权方面的规定，司法实践中可以结合这一规定来适用法律，但从著作权法的立法原则来看，似乎拟制说也有一定道理。在一定程度上，对计算机软件最终用户追究法律责任，是对软件权利人的特殊保护。

---

1 英国知识产权委员会报告申明："知识产权是富国的养料和穷国的毒药这一观念已为时太久。我希望这份报告能够告诉人们事情并非如此简单。只要对知识产权加以调节，使之合乎贫困国家的口味，贫困国家就会发现它的效用。" 参见英国知识产权委员会：《知识产权与发展政策相结合》，载英国知识产权委员会网站，上载时间：2002年9月22日，访问时间：2023年12月12日，http://www.iprcommission.org/graphic/documents/final_report.htm。

2 寿步学者所著《我呼吁：入世后中国首次立法论战》中，转引了日本学者中山信弘先生在《软件的法律保护》一书中介绍1986年《日本著作权法》第113条第2款中有关计算机软件最终用户方面的规定时所作的陈述："著作权中并不包含使用权，因此，阅读（即使用）非法盗印的书，对著作权法不构成任何侵权行为。《日本著作权法》第113条第2款将著作权法中本来是合法的使用行为，特地定为侵权行为，甚至课以刑事处罚，考虑到这些，应该理解为够严格了。"

（三）关于商业性使用计算机软件行为的认定问题

正如前述所论及的，一国保护知识产权的保护水平应与其经济科技文化发展水平相适应，在最高人民法院相关司法解释中，对我国《计算机软件保护条例》第三十条的规定给予了一定的条件限制，即明确规定了对"商业使用软件行为"追究相关法律责任。本书认为，这种限定是与我国科技发展的状况相适应的，也是与某些发达国家和地区的有关规定相一致的[1]，较之计算机软件保护条例的宽泛规定更符合我国的社会发展的实际状况。当然，该司法解释的上述规定也引起争论，有观点认为，这种限制实质上缩小了计算机软件权利人的权利范围，扩大了社会公众的使用范围。因为，按照我国《计算机软件保护条例》第十七条的规定，只有为学习研究软件内含的设计思想和原理而使用软件的行为，才可以不经软件著作权人许可，不向其支付报酬，而司法解释仅限于对商业性使用行为的规制，扩大了合理使用的范围。对此，最高人民法院的司法解释仅对商业性使用行为作出了规定，意味着未作规定的应根据计算机软件保护条例和著作权法的有关规定进行处理。但本书认为，最高人民法院相关司法解释中追究商业性使用行为的规定是符合我国经济发展水平的规定，而计算机软件保护条例中有关合理使用的规

1　前述《日本著作权法》就作了这样的限定，即"业务使用"或译为"商业性使用"。《日本著作权法》第113条第2款规定：在商业行为中在计算机上使用通过侵犯程序作品著作权而制作的复制品的行为，视为侵犯该项著作权的行为，只要在获得这些复制品的使用权利根据时，使用者知道上述侵权。参见《日本著作权法》，载日本著作权研究和信息中心网站，上载时间：2021年6月24日，访问时间：2023年12月12日，https://www.cric.or.jp/english/clj/cl7.html#art113；我国台湾地区"著作权法"第八十七条第（五）项也规定：明知系侵害计算机程序著作财产权之重制物而仍作为直接营利之使用者，视为侵害著作权或制版权。参见台湾"著作权法"，载找法网，上载时间：2019年4月4日，访问时间：2023年12月12日，https://china.findlaw.cn/chanquan/zccqfg/zhuzuoquanfa/zfrmghgjzqf/2022.html）；寿步等学者在《我呼吁：中国首次立法论战》中曾深入论及我国对于最终用户问题应当采取的立场和观点，提出杜绝超前论，坚持第二台阶论，即前述日本法律的有关规定及最高人民法院相关司法解释的有关规定。

定是不全面的，其仅涉及计算机软件技术开发者的合理使用行为，还有待进一步完善。

在处理有关计算机软件最终用户责任案件的司法实践中，如何判断商业性使用软件行为就成为重要问题。关于商业性使用行为的判断问题，首先，应当避免从使用计算机软件的主体出发来判定。如有的软件使用者表面虽为个人，但其系为完成某单位的工作任务而使用软件，并非个人学习、研究的使用行为，有的软件使用者虽为某单位员工身份，但其系为个人学习目的而使用软件，不属于商业性使用行为。其次，还应当避免从使用计算机软件的终端所在地来进行判断。如有的使用软件的计算机终端所在地虽为某个人家中，但其系为完成单位的工作任务而使用软件，如装修设计师使用软件的情形；有的使用软件的计算机终端所在地虽在某商业性单位所在地，但使用者系为个人学习研究目的而使用软件，并非商业性使用行为。因此，对商业性使用行为应当综合各方面因素予以判断，主要应当结合其使用软件的行为性质、使用目的等因素考虑，确定其是否以商业经营为目的。

在北京市第二中级人民法院审理的Autodesk公司诉龙发公司侵害计算机软件著作权案[1] 中，龙发公司辩称该公司经营场所的计算机中的3ads Max系列和AutoCAD系列计算机软件是个别员工私自安装的，并提出该公司使用可以替代涉案软件的其他软件，以否认其属于商业性使用涉案软件行为。法院认为，被告系专业从事住宅及公用建筑装饰设计与施工的企业，其未经著作权人许可而擅自复制、安装涉案五种建筑模型制图和设计工具软件用于经营并获取利益，属于商业使用，侵犯了原告的著作权。该公司曾因侵权使用涉案软件被北京市版权局给予行政处罚，后仍继续其侵权行为，侵权故意十分明显，应当承担相应的民事责任。又如在重庆市第一中级人民法院审理的Autodesk公司诉银桥公司侵害计算机软件著作权

---

1 参见北京市第二中级人民法院（2003）二中民初字第6227号民事判决书。

案[1]中，原告主张被告未经授权许可使用AutoCAD计算机软件，经向法院申请证据保全，客观上保全了被告大量使用涉案软件的事实。银桥公司使用涉案计算软件属于商业使用，故认定银桥公司实施了侵害涉案计算机软件著作权的行为。对于被告称涉案软件的安装行为属于其员工的个人行为，法院认为即便如其所称，根据《民法典》第一千一百九十一条"用人单位的工作人员因执行工作任务造成他人损害的，由用人单位承担侵权责任"的规定，涉案软件系安装在银桥公司办公处的电脑上，其员工的行为属于执行工作任务，故银桥公司亦应对其员工的侵权行为承担责任。

（四）关于计算机软件用户主观过错的判定问题

根据我国《计算机软件保护条例》第三十条，善意持有人和恶意持有人所应承担的法律责任是有所不同的。所谓善意持有人是指不知道或者没有合理的理由知道所使用的软件是侵权作品的软件用户，善意的认定，应当采用民法学中认定的标准，即"没有合理的依据知道或者应当知道所持有使用的软件是侵权作品"；所谓恶意持有人，是指知道软件是侵权复制品而在计算机上运行并使用的，这类用户主观上应当属于故意，即明知以及有合理理由推论或者认定持有人应当知道其对所使用运行的软件为侵权复制品，如有的用户主观上存有疏忽大意的过失，未尽谨慎行事的义务而使用运行了侵权复制品。根据我国计算机软件保护条例的规定，主观上不知道或者没有合理理由应知的持有人即善意持有人，对其相关行为不承担民事赔偿责任。但其得知所使用的软件为侵权复制品时，应当履行停止使用、销毁该软件的义务。如果停止使用并销毁该侵权复制品将给复制品使用人造成重大损失的，复制品使用人可以在向软件著作权人支付合理费用后继续使用。

基于计算机软件保护条例的这一规定，通常被控侵权最终用户会据此主张其不知道或没有合理理由知道所使用的相关软件为侵权复制

---

1 参见重庆市第一中级人民法院（2021）渝01民初236号民事判决书。

品，如何判断"不知道"或者"没有合理理由应当知道"，通常应以一般消费者的标准来衡量，并考虑以下三个方面的因素：

一是最终用户购买相关软件时所支付的价款是否为合理价格。如果最终用户在购买时支付了合理的对价，就应当认定其"没有合理理由知道"。反之，如果其在购买时所支付的价款明显属于盗版价格之列，则只能认定其"应当知道"所使用的软件为侵权复制品，具有主观恶意。二是从最终用户购买相关软件的购买渠道和销售商的情况来予以认定。如果其购买的软件是自正规的软件销售公司购得的，则不能直接认定其知道使用的软件为侵权复制品，因为这类软件销售公司在销售其他正版软件的同时，可能存在销售某种盗版软件的行为，而作为购买者无从判断其是否为侵权复制品；如果其从大量销售盗版软件的场所或游商小贩处购买相关软件，就应推断其应当知道所购软件为侵权复制品。三是从最终用户对相关软件的认知能力来判断。司法实践中法官通常根据个案的具体情况，按照一般购买者的认知能力来予以判断。因为软件专业人员甄别盗版的能力相对较强，以此标准衡量一般购买者就显得有些苛刻。

上述三个方面是相互联系、相互统一的整体，在判断软件最终用户是否"不知道或没有合理理由应当知道"时应综合判断。司法实践中，被控侵权方往往提出其所使用的软件是自某销售商处合法购买的，有的还提出系在购买计算机硬件时，由销售商捆绑销售的等，主张其为相关软件的善意持有人。在北大方正公司等诉宝蕾元公司侵犯著作权案中，原审法院认定宝蕾元公司未能审查通过捆绑式销售取得的电子出版系统中配备软件型号的具体情况，同时也没有尽到对所运行软件的著作权作进一步审查的义务，因此判定该公司主观上存在过错，并非不知道或没有合理理由应当知道所运行的软件为侵权复制品的情况。[1] 从

1　参见北京市第二中级人民法院（2003）二中民终字第05255号民事判决书，北京市朝阳区人民法院（2003）朝民初字第03518号民事判决书。

司法实践看，对于复制品持有人有无过错的审查通常采取了较为严格的审查方式。

（五）关于最终用户应承担的主要法律责任问题

根据我国计算机软件保护条例和最高人民法院相关司法解释的规定，计算机软件最终用户侵犯计算机软件著作权，应承担停止侵害、消除影响、赔礼道歉、赔偿损失等民事责任；同时损害社会公共利益的，还要承担停止侵权、没收违法所得、没收销毁侵权复制品及并处罚款等行政责任；触犯刑律的，依照刑法关于侵犯著作权罪、销售侵权复制品罪的规定依法追究刑事责任。[1] 关于民事责任、行政责任和刑事责任的具体承担方式等问题，本书将在第五章具体论述。

| 第四节 |

开源软件与著作权法律保护

计算机软件的法律保护问题，除涉及前述对商业软件的保护外，还涉及对发展规模日益扩大的开源软件的法律保护问题。开源软件，无疑是要求将软件的源代码公开的软件，从这个意义上说，似乎与著作权法所提供的对计算机软件目标代码和源代码的保护之间存在冲突，似乎背离了著作权法的保护原则。然而，开源软件的发展，仍然是建立在著作权保护制度基础之上的。本节在分析开源软件与自由软件之间关系的基础上，结合相关典型案例厘清开源软件中的著作权保护问题。

---

1 参见《计算机软件保护条例》第二十四条、《最高人民法院关于审理著作权民事纠纷案件适用法律若干问题的解释》第二十一条、《著作权法》第五十三条第（一）项之规定。

一、开源软件与自由软件的关系

（一）自由软件的发展

美国麻省理工学院研究员理查德·斯托曼（Richard Stallman）于1984年发起GNU计划，以对抗当时兴起的源代码保密和软件许可证制度。他重新编写与当时应用比较广泛的AT&T的UNIX操作系统[1]兼容的操作系统，并将其免费供他人使用、修改和再发布，以实现所有计算机使用者所需的工具和应用程序均可自由使用的目标。出于反对AT&T采用带限制性条款的许可证方式发布使用UNIX软件的考虑，其以一个循环式的首字母缩略词来命名其计划——GNU，即"GNU's Not UNIX"（意为GNU不同于UNIX）。自由软件基金会（Free Software Foundation，FSF）于1985年成立，1990年即能够提供内核以外的全部操作系统。GNU GPL（General Public License），通用公共许可证1989年发布第一版，自由软件基金会于1991年发布第二版。该许可证确立了"著佐权"（copyleft）规则，自由软件的使用者除可自由使用、分发、修改该软件外，还要将其修改后的软件公开并以同样的授权方式回馈社会，推动了自由软件的发展。[2]

芬兰赫尔辛基大学计算机系学生Linus Torvalds于1991年编写了第一个类似UNIX操作系统的核心程序并在usenet新闻组公布了程序的源代码，来自各方的反馈使该内核程序迅速发展成为强大的操作系统内

1　UNIX是1969年诞生于AT&T贝尔实验室的操作系统，可用于工作站、小型计算机等。UNIX发展早期其操作系统源代码是公开的，但从第七版开始将其商业化并更换许可协议不再公开源代码。参见张韬略：《开源软件的知识产权问题研究——制度诱因、规则架构及理论反思》，见张平主编：《网络法律评论（第5卷）》，法律出版社2004年版，第3页。

2　About the GNU Operating System，载自由软件基金会网站Free Software Foundation website，上载时间：2023年5月23日，访问时间：2023年7月12日，https://www.gnu.org/gnu/gnu.en.html。

核。后其将已有的GNU软件和其他以自由软件形式存在的软件加以组合，以自己的名字为整套操作系统软件命名为Linux，即"LINUS'UNIX"（意为Linus的UNIX）。[1] Linux系统是基于GNU GPL许可证发布的，该系统发展至今，无论是核心程序还是应用程序的源代码都向公众开放，在服务器操作系统的应用上成为服务器市场的第二大操作系统，出现与美国微软公司的Windows操作系统相抗衡的局面。[2]

（二）开源软件的兴起

美国计算机黑客Eric S.Raymond与Brucne Perens以网景公司准备公开浏览器软件源代码为契机，于1998年2月发起建立开放源代码促进会（Open Source Initiative，OSI）。该非营利性组织将"Open Source Initiative""OSI"注册为证明商标，对通过认证的开源软件可使用"OSI certified"标志，[3] 将自由软件的概念扩展到开源程序。已经有116种许可证通过了该组织的认证，包括GPL、CDDL、LGPL、BSD、MIT、MPL、Apache等常见开源许可证，[4] 其中最常见的是GNU GPL通用公共许可证。根据SourceForge网站的相关数据，GNU GPL许可证在

1　Richard Stallman：Linux and the GNU System，载自由软件基金会网站Free Software Foundation website，上载时间：2021年1月2日，访问时间：2023年7月12日，https://www.gnu.org/gnu/linux-and-gnu.en.html。

2　迈克尔·A.艾因霍恩：《媒体、技术和版权：经济与法律的融合》，赵启杉译，北京大学出版社2012年版，第236页。

3　参见"History of the OSI""The Open Source Definition""OSI Approved Licenses"等介绍文章，载开放源代码促进会网站，上载时间：2023年2月22日，访问时间：2023年2月22日，https://opensource.org/history/，https://opensource.org/osd/，https://opensource.org/licenses/。

4　参见"Licenses"栏目相关内容，载开放源代码促进会网站，上载时间：2023年2月16日，访问时间：2023年12月1日，http://www.opensource.org/licenses/index.php。关于开源软件许可证的不同类型，曾有学者作了细致的分析和全面的研究。参见张平、马骁：《开源软件对知识产权制度的批判与兼容（二）》，载《科技与法律》2004年第2期，第46-58页。

开源软件中的使用率超过70%,[1] 是最受欢迎的开源许可证之一。

进入数字经济时代，开源软件逐渐成为促进全球相关行业转型升级、推动数字经济快速发展的中坚力量，行业已形成拥抱开源、使用开源的共识，其背后是企业对持续变化的业务需求响应能力、软件性能、成本与效率等方面的综合考量。[2] 根据SourceForge开源社区资源网站[3]的统计，开发者已开发50万个软件项目，该网站有210万注册用户，日下载软件数量超过260万；GitHub作为以开放源代码和云计算为基础的平台，截至2023年1月使用其平台的软件开发者已超过一亿人，其源代码的存储量超过3亿个（组），是目前全球最大的源代码托管平台。[4] 开源软件作为我国基础软件创新发展的重要方式之一，也逐步得到广泛应用。[5] 我国首个开源基金会——开放原子开源基金会（OpenAtom Foundation）于2020年6月成立，该基金会由阿里、百度、华为等多家科技企业联合发起，是致力于推动全球开源产业发展的

1　丁丽：《透视开放源代码软件——SCO vs. IBM》，载《电子知识产权》2004年第6期，第45页。从SourceForge网站相关统计数据看，使用GPL许可证的开源软件数量占比一直超过70%。参见该网站Browse Open Source Software相关数据，上载时间：2023年11月18日，访问时间：2023年11月18日，https://sourceforge.net/directory/?license=osi-approved-open-source。

2　《2023中国开源发展蓝皮书》编委会：《开源软件的行业应用现状》，载《软件和集成电路》2023年第7期，第16页。

3　SourceForge 网站是全球最大的开源软件开发平台和仓库，它集成开放源代码应用程序，为软件开发提供整套生命周期服务。网址为https://sourceforge.net。

4　100 million developers and counting，载 The GitHub Blog，上载时间：2023年1月25日，访问时间：2023年12月12日，https://github.blog/2023-01-25-100-million-developers-and-counting/；参见百度百科GitHub词条相关内容，访问时间：2023年12月12日，https://baike.baidu.com/item/Github/10145341?fr=ge_ala。

5　但也有观点分析，我国开源软件应用还存在开源断供、自主创新、知识产权和代码安全等风险问题。参见李芬珍子：《中国开源技术应用现状》，载中研网，上载时间：2023年11月3日，访问时间：2023年12月1日，https://www.chinairn.com/scfx/20231103/083957275.shtml。

非营利机构。该基金会专注于开源项目相关的公益性事业，促进、保护、推广开源软件的发展与应用，提升我国对全球开源事业的贡献。[1]

（三）开源软件和自由软件

自由软件，是指允许任何人使用、复制、修改、分发并可得到源代码的软件；开源软件，除包括公开源代码的含义外，根据开放源代码促进会的界定，还要符合软件自由分发、允许修改源代码等要求。[2] 因此，开源软件与自由软件的主要区别在于给出定义的角度不同，自由软件更强调自由这一精神层面的内容，而开源软件则是从技术层面上讲的。[3]虽然自由软件基金会坚持使用自由软件的概念，但逐步以界定更为明确的开源软件取代了界定较为模糊的自由软件的概念。自由软件基金会的创始人Richard Stallman曾撰文对以开源软件取代自由软件的两点理由进行了辩驳，认为虽然英文的自由软件的语义不是很明确，其中可能还包含了免费的含义，但开源软件只有一种含义，并不能表达自由软件的本意；虽然开源软件的术语更容易被用户所接受，但却不能包含自由软件所传播的自由的含义。[4] 尽管如此，开源软件的概念还是日渐为社会所接受，这一方面是由于绝大多数开源软件都符合自由软件的定义，如遵守

---

1 参见开源原子开源基金会网站相关内容，访问时间：2023年11月1日，https://www.openatom.org/about。

2 参见开放源代码促进会网站开放源代码定义栏目，访问时间：2023年3月15日，http://www.opensource.org/docs/definition.php。

3 有观点认为，开源软件中对被许可人限制较严的许可证为自由软件，如GNU下的GPL许可证，而开源软件的范围较宽，存在允许以其他许可证方式再许可的许可证。参见杨林村：《开放源码软件及许可证法律问题和对策研究》，知识产权出版社2004年版，第8页。转引自Bruce Perens, Open Source: Voices from the Open Source Revolution, http://www.oreilly.com/catalog/opensource/book/perens.html。

4 Richard Stallman: Why Open Source Misses the Point of Free Software，载自由软件基金会Free Software Foundation网站，上载时间：2023年10月27日，访问时间：2023年11月20日，https://www.gnu.org/philosophy/open-source-misses-the-point.en.html。

GPL和BSD许可证的软件都是开放和自由的，另一方面也表明二者的差别并不明显。因此，本书采用开源软件的表述。

随着开源软件的不断成熟，相关行业纷纷介入开源领域，极大促进了开源软件的传播。1995年，美国红帽（Red Hat）公司将Linux、第三方软件等配套低价销售，迅速发展成为Linux操作系统供应商，之后陆续出现了Turbo Linux、Open Linux等供应商。随着网络技术的不断发展和Linux操作系统市场的不断拓展，开源软件的发展规模日益扩大。IBM公司、惠普公司以及戴尔公司加入开源阵营后，太阳微系统公司（SUN Microsystems）也曾于2004年6月表明将其Java软件引入开源软件领域的意向，[1] 并于2005年1月宣布以公共开发及分发授权协议（CDDL）开放其Solaris操作系统的源代码。[2] 美国微软公司也曾推出共享源代码战略，其用户可取得软件源代码但不能进行修改，虽然该战略与开源的含义并不相同，但也显示了开源软件发展对商业软件带来的影响。美国斯坦福大学法学院莱斯格教授曾提出只有开放源代码和自由软件运动才能抵制网络资源受到控制而使社会封闭的变化，开源是能够证明平衡和公有领域带来好处的唯一所在，即发展需要创新和创造。[3]

越来越多的开源项目逐步为大家所熟知，如 Linux 操作系统、

1　杨慧玫：《Sun首次表示要使其Java成为开放源代码软件》，载《电子知识产权》2004年第7期，第8页。

2　Caviler：《Sun公开Solaris源代码》，载CSDN网站，上载时间：2005年1月21日，访问时间：2023年12月2日，http://blog.csdn.net/caviler/archive/2005/01/21/262160.aspx。太阳微系统公司曾于2005年6月开放Solaris操作系统源代码，后该公司被甲骨文公司（Oracle）收购，不再实时发布源代码。参见百度百科OpenSolaris词条相关内容，访问时间：2023年12月2日，https://baike.baidu.com/item/OpenSolaris/10465263?fr=ge_alaOpenSolaris。

3　费兰芳：《劳伦斯·莱格斯网络知识产权思想述评》，载《电子知识产权》2003年第1期，第62-64页。

Apache Web 浏览器、Firefox浏览器、MySQL 数据库等。开源项目的快速发展，不仅繁荣了全球软件产业，也创立了开源项目独有的盈利模式。世界上排名前 500的超级计算机中有90%以上均搭载 Linux 操作系统；全世界有70%的互联网服务器软件都是在基于开源基础上发展起来的。开源项目已经覆盖到操作系统、桌面环境、办公处理、数据库等软件类型，开源软件已经成为软件产业发展不可缺少的支柱型产业。[1]

二、开源软件中的著作权问题

（一）开源软件与著作权法律制度

开源软件虽然表面上与著作权法为软件程序代码提供保护的基本制度不相符合，但开源软件并非不受著作权法保护，而是软件的著作权人通过授权许可的形式，让渡了主要的经济权利和修改权，走向著作权的反面（copyleft）。因此，开源软件仍然是依赖于现有著作权的保护，授权人仅在享有著作权的情况下，其通过许可证将权利有条件进行许可或让渡才有法理依据。

如前所述，通过开放源代码促进会认证的开源许可证已达116种，最常见也是最受欢迎的为GNU GPL许可证。GNU GPL许可证的序言中包括如下内容："对使用GNU GPL许可证的开发者通过两个步骤来保护您的权利：（1）主张软件的著作权；（2）向您提供许可证，提供复制、分发、修改该软件的合法许可。"[2] 显然，依照GPL许可证发布

1　肖建华、柴芳墨：《论开源软件的著作权风险及相应对策》，载《河北法学》2017年第6期，第4页。

2　The GNU General Public License，载开放源代码促进会网站，上载时间：2023年2月17日，访问时间：2023年12月2日，http://www.opensource.org/licenses/gpl-license.php。GPL许可证三个版本对此表述用语不完全相同，但其主要含义一致。参见杨林村：《开放源码软件及许可证法律问题和对策研究》，知识产权出版社2004年版，第355–363页。

的软件并非放弃了著作权保护，而是保留了对软件的著作权。如果放弃著作权，则难以控制软件的复制发行，很可能会出现在后修改者将开源软件据为已有的情况。开源软件的著作权人所放弃的是对软件所享有的复制权、发行权和修改权，但其中的发表权和署名权并未予以放弃，而且由于让渡相关经济权利，其对精神权利的保护更为关注。

（二）开源软件著作权的具体问题

开源软件的许可证一般规定，许可人必须是所发布软件的作者或经合法授权的著作权人，才有权授权许可他人使用作品。如果许可人将其并不享有著作权的软件发布并授予他人复制、演示、发行和修改等权利，则为侵犯著作权的行为。

根据GNU GPL许可证，软件著作权人对作品行使著作权受到一定的限制，而用户可以任意复制、修改和发行作品，同时用户必须履行按照GNU GPL许可证来发行作品并赋予其他作品使用者同等权利的义务。由于通过GPL许可证，用户取得了对软件的修改权，那么修改后的软件著作权归属如何确定呢？根据著作权法的基本原理，修改后可能产生基于原作品的新的演绎作品，新的演绎作品的著作权应当归属演绎作品的创作者。修改原有开源软件而进行再创作的创作者，应对再创作的软件享有著作权，当然该著作权仍然限于GPL许可证所限制下的著作权，并不包含已经让渡的经济权利。[1] 但有学者根据GPL许可证第6条的规定，提出"除了自由软件原始许可证颁发者，任何其他参与自由软件开发的人不是真正意义上的版权人"。理由是演绎作品的作者虽享有对作品的著作权，但他在发布演绎作品时，实际上是将权利让渡于原始许可证颁发者，演绎作品的用户也视为从许可证原始发行人处获得

---

1 虽然一些Linux 操作系统供应商向用户收取费用，但并非软件许可费用，而是根据GPL许可证中关于可收取为分发软件而制作复制件及提供相应服务的费用的条款，而收取的费用。

复制、再发行和修改作品的权利。[1] 本书不同意上述观点，因为从GPL许可证第6条[2] 的内容看，"您每次再分发该程序（或是基于该程序的任何衍生作品）时，被许可人自动从原始许可证颁发者那里取得许可证，即根据原始许可证的条件和条款享有复制、发行或修改该程序的权利。您不能对接受许可者取得授权的权利的行使而强加任何进一步的限制，也没有强制第三方遵守本许可证的义务"。其本意是说在衍生作品的作者颁发许可证时，被许可人即自动从原始许可证颁发者那里取得许可，而无须再专门从原始许可证颁发者那里取得许可。这里并不存在所谓修改者将权利让渡给原始许可证颁发者的过程，修改者对创作完成的衍生作品享有著作权，因此参与开源软件的开发者也并非不拥有对该软件的任何控制权利。

此外，根据GPL许可证第2条的规定，如果修改者修改了软件，就要在所修改的文件上作出关于修改该文件及修改日期的明确说明。而且要将整个程序作为整体，许可第三方按照该许可证条款免费使用。也就是说，修改者除了要明确标注已修改的事实，还有权利和义务在发布该软件时按照该许可证的条件授权许可他人使用。因此，修改者对其修改原软件后生成的演绎作品是享有著作权的，只不过该权利同样受到许可证相关条款的约束。

1　陈际红：《从SCO诉IBM案件论Linux发展的法律问题》，载《信息网络与高新技术法律前沿（2005）——电子法与电子商务时代的传统知识保护研讨会论文集》，2005年6月。

2　GPL许可证第6条规定："Each time you redistribute the program (or any work based on the program), the recipient automatically receives a license from the original licensor to copy, distribute or modify the Program subject to these terms and conditions. You may not impose any further restrictions on the recipients' exercise of the rights granted herein. You are not responsible for enforcing compliance by third parties to this License." 参见The GNU General Public License (GPL), Version 2,载开放源代码促进会网站，访问时间：2023年12月12日，http://www.opensource.org/licenses/gpl-license.php。

（三）开源软件著作权的特殊性

虽然开源软件允许自由使用、复制、修改和再发布，但这种行为并不是毫无限制的。开源软件著作权的特殊性在于，前提是用户必须遵守开源许可证的规定条件。开源软件的许可效力具有延续性的特点，许可证的授权和限制能够纵向"传染"到其自身的修改版本及根据其自身开发的衍生作品，甚至可能及于根据其开发的软件的其他部分代码，这一特点通常被称为"传染性"，传染性确保了开源软件的自由传播、开源共享和开放合作。

最常见的GNU GPL许可证，由于其具有的强传染性特点，使其成为司法实践中多起案件研究的焦点。在GPL许可证下，虽然允许用户自由使用、复制、修改和发布软件源代码，但在此基础上修改和发布的软件也必须遵守许可证的规定才能行使，即必须以开源的方式发布，遵循同样的使用、复制、修改和发布自由，而不允许修改后的衍生软件源代码作为闭源的商业软件发布和使用。GPL许可证虽然没有使用"传染性"的表述，但从其内容看规定了纵向和横向两个维度的传染性。在纵向上，开源软件会传染自身的修改版本或衍生作品；在横向上，在一定的条件下，开源软件会传染自身修改版本以外的、一同分发、传播的软件或软件的其他部分。聚合体作为特殊形式的横向传播，GPL许可证一直对其保持豁免态度，并在修订过程中逐渐明确了聚合体的概念及与普通汇编组合形式的区别。[1]

根据1989年的GPLv1版本，协议第2条第1款b项明确规定了传染性条款，即"您有权修改、复制开源软件或软件的部分内容，并有权再复制、分发修改后形成的作品，只要您分发或公开的包含开源软件的

---

[1] 于涛：《开源许可证的传染性问题浅析》，载CSDN博客，上载时间：2022年7月25日，访问时间：2023年11月11日，https://blog.csdn.net/csdnopensource/article/details/125933519。

作品，无论是否进行了修改，都按照GPL许可证免费许可给任何第三方"。[1]

根据1991年的GPLv2版本，除协议第2条第1款b项规定的传染性要求外，还在第2条第2款至第4款提出了独立作品的问题，即"您有权修改、复制开源软件或软件的部分内容，因此而形成基于开源软件的作品，并有权再复制、分发修改后的作品，只要您分发或发表的部分或全部来源于开源软件的作品，都按照本许可证协议免费整体许可给任何第三方"；"如果作品的部分明显不是来源于开源软件的，且能够被认定为独立的可分离的作品，在您将该部分作为独立作品分发时不适用本许可证及其许可条件；但如果您将该独立部分作为基于开源软件形成的整个作品的一部分进行分发，则必须按照本许可证规定的条件，对于被许可人的许可要延及整个作品，无论各相关部分由谁撰写完成"；"对于将并非基于开源软件的其他作品，与开源软件或基于开源软件形成的作品，单纯通过存储或分发媒介进行聚合的，该其他作品不受本许可证的限制"。[2]

2007年发布的GPLv3版本第5条修改了对于衍生作品不具有传染性的规定，提出依据开源软件修改的软件无论是否包含独立部分，无论是否统一发布，都应遵守开源协议，即"您可以按照第4条规定的源代码形式，传播基于开源软件形成或修改的作品，只要您按照本许可证的规定，将作品整体许可给任何将拥有该作品复制件的人。因此，本许可证将与任何适用的第7条附加条款一起，适用于作品整体及其各组成部分，无论它们是如何打包的。本许可证不允许以任何其他方式发放作品

1　原文参见 GNU General Public License Version 2 ,载开放源代码促进会网站，访问时间：2023年10月18日，https://opensource.org/license/gpl-1-0/。

2　原文参见GNU General Public License Version 2 ,载开放源代码促进会网站Open Source Initiative，访问时间：2023年10月18日，https://opensource.org/license/gpl-2-0/。

许可，但如果您已获得该单独许可，则不会使之失效"。"开源软件与其他可分离的独立作品形成的汇编作品，如果其不是开源软件的自然扩展、也不是为了通过存储或分发媒介与开源软件结合以生成更大规模的软件程序，而且该汇编作品对用户的访问限制不会超过独立作品对用户的访问限制，该汇编作品被称作'聚合体'。在聚合体中包含开源软件，不会导致该许可证适用于该聚合体的其他组成部分。"[1]

三、开源软件涉及的著作权纠纷

由于开源软件的开放性，使得参与该软件开发的人员众多，如果有开发人员在修改过程中加入了他人享有著作权的程序代码，就可能引发侵犯著作权的问题。因此开源软件的许可证一般都规定，许可人必须是所发布软件的作者或经合法授权的著作权人，如果许可人将其并不享有著作权的软件发布并授予他人复制、发行和修改等权利，则为侵犯著作权的行为。同时，实践中也出现了因违反许可证规定的开源义务而导致侵犯著作权的行为，其中既包括针对适用GPL许可证的权利软件提出权属争议和不侵权抗辩的纠纷，也包括因违反GPL许可证而引发的侵权纠纷。

（一）域外开源软件纠纷情况

1.美国的实践

（1）早期的开源软件纠纷

从开源软件的发展看，此前曾出现引起关注的两起与开源软件著作权相关的纠纷。一是1994年审结的AT&T公司下属的UNIX系统实验室（USL）诉加州大学伯克利软件设计有限公司（BSDI）[2]的侵犯著作

1 原文参见GNU General Public License Version 3，载开放源代码促进会网站，访问时间：2023年10月18日，https://opensource.org/license/gpl-3-0/。

2 Unix System Laboratories, Inc. v. Berkeley Software Design, Inc., 832 F. Supp. 790, 795 (D. N. J. 1993)，该案件相关资料访问地址http://sco.tuxrocks.com/Docs/USL/Doc-150.html，访问时间：2005年3月3日。

权案（即USL v. BSDI案）；二是SCO公司2003年起诉IBM公司的侵权纠纷。

在前述UNIX系统实验室诉伯克利软件设计有限公司侵权案中，AT&T公司在与高校共享UNIX软件时获取相当大的利益，伯克利大学就曾为UNIX软件后期的修改和扩展贡献了主要的源代码，并在此基础上形成软件BSD UNIX，但其中混有AT&T公司原版本UNIX的代码。20世纪80年代，AT&T公司开始将UNIX私有化后，伯克利计算机系统研究小组在20世纪90年代，利用近两年的时间通过"净室技术"[1]等手段，组织编写了替代AT&T公司版本UNIX代码的源代码，并改写了系统内核，于1991年推出新版软件BSD UNIX（Network Release 2）并公开了其源代码。1992年，AT&T公司下属的专门销售UNIX系统的子公司UNIX系统试验室提出了对伯克利软件设计有限公司的诉讼，指控软件Network Release 2侵犯了UNIX软件的著作权。同时被告也提起反诉，指控AT&T公司违反了授权最宽泛的BSD许可证，因为AT&T公司在使用加州大学贡献的源代码时并没有保持BSD的版权声明的完整和加州大学的署名权。该诉讼历时三年，双方于1994年达成和解协议。结果被告的Network Release 2中18000个文件，只有三个文件没出现在下一版公开源代码的BSD UNIX（4.4BSDLite）中，另外虽有70个左右的文件被要求署上AT&T与USL的名字，但是在发行与修改上完全依照BSDL许可证[2]。

---

1 所谓净室技术（clean room technique），是主要用于兼容性系统软件尤其是兼容性操作系统的开发的方法，一方面要实现开发过程与环境的"净化"，另一方面要坚持开发过程与环境"净化"的验证。参见应明：《计算机软件的版权保护》，北京大学出版社1991年版，第168–171页。

2 BSDL是伯克利软件发行许可证的英文缩写，主要适用于Apache服务器和基于BSD的操作系统项目（FreeBSD、OpenBSD、NetBSD）。参见张韬略：《开源软件的知识产权问题研究——制度诱因、规则架构及理论反思》，见张平主编：《网络法律评论（第5卷）》，法律出版社2004年版，第3–65页。

在2003年3月SCO v. IBM案中，原告指控IBM公司将UNIX操作系统UnixWare的V程序代码移植到Linux，并在其诉状中提出了多项请求事由，包括违反软件许可协议及分许可协议、不正当竞争、非法获取商业秘密等。该诉讼历时十八年，双方于2021年达成和解协议。[1] 该案中，SCO集团通过一系列的购并后，取得了与UNIX软件有关的包括著作权在内的全部权利，继承了相关许可协议的合同权利。IBM公司曾取得UNIX软件的使用许可，许可使用协议约定IBM公司不得向第三人转让源代码，不得泄露商业秘密。后IBM公司以该软件为基础开发了AIX操作系统，被SCO集团指控违反了软件许可协议，非法将AIX软件（实质为UNIX软件）的部分源代码贡献给Linux的开发者，并提出三十亿美元的赔偿金。[2] 美国地区法院曾于2004年10月裁决IBM公司提交其程序代码及据此程序代码开发软件的3000家软件供货商名单，[3] 该案曾广受关注，因为其所影响的不只是IBM公司及据其程序代码开发软件的供应商，还可能波及使用Linux软件的公司和用户，并可能成为Linux软件

----

1 Simon Sharwood, SCO v. IBM settlement deal is done, but zombie case shuffles on elsewhere, 载The Register网站，上载时间：2021年8月30日，访问时间：2023年8月20日，https://www.theregister.com/2021/08/30/sco_tsg_vs_ibm_settlement/。

2 该案案情参见陈际红：《从SCO诉IBM案件论Linux发展的法律问题》，载《信息网络与高新技术法律前沿（2005）——电子法与电子商务时代的传统知识保护研讨会论文集》，上载时间：2003年10月23日，访问时间：2023年8月5日，https://cpfd.cnki.com.cn/Article/CPFDTOTAL-ZHQL200506001029.htm。该案诉讼标的后增加至50亿美元，参见《向IBM索赔50亿美元、起诉Linux用户——回顾长达20年曾威胁Linux存亡的诉讼》，载网易开源中国，上载时间：2023年3月14日，访问时间：2023年8月20日，https://www.163.com/dy/article/HVQHIIL60511CUMI.html。

3 《美法院判决IBM必须交给SCO 20亿行程序代码》，载新浪网，上载时间：2005年1月25日，访问时间：2023年4月5日，http://tech.sina.com.cn/it/2005-01-24/1355512923.shtml。

未来发展的障碍。[1]

　　由于该案的处理结果关系到Linux操作系统的发展前景，甚至会影响整个开源软件业的发展，故引起了全球信息技术领域的广泛关注。该案表明，开源软件很可能出现侵犯他人著作权的问题，并使软件用户陷入侵权诉讼当中。SCO集团曾于2003年5月向1500家使用Linux系统的大型企业发出警告信，要求警惕使用Linux系统的法律风险，并称将要求商业用户为每台服务器支付699美元的许可使用费。[2]为尽可能避免开源软件可能带来的纠纷，Linux操作系统的创始人曾于2004年5月宣布对Linux软件作出贡献的软件开发商必须在软件上签名并担保其原创性。该项开发者原创性保证（developer's certificate of origin）条款，要求程序员在提交Linux内核的增加代码时，必须以电子邮件的形式同时提交自己的真实姓名与电子邮件地址。[3]显然该条款在追踪修改程序的源代码的起源的同时，在一定程度上能够避免因Linux操作系统包含侵权源代码而产生的法律纠纷，从而给商业用户带来一定的安全感。但开源软件中可能出现的侵犯著作权的问题确实是用户的潜在风险，相关软件许可证对后续修改者和发放授权许可的许可人提出的有关保证享有著作权的要求，并不能切实保证开源软件使用人的合法利益，也无法完全避免相关侵权纠纷的发生。

（2）涉及违反开源许可协议的纠纷

　　在因违反开源软件许可协议而引发的侵权纠纷中，美国作为普通

1　SCO公司除起诉IBM公司外，还起诉了Novell公司、美国汽车制造商DaimlerChrysler公司及汽车零售商Autozone公司；同时，SCO公司也被Linux供货商Red Hat公司提起诉讼。上述案件的争议焦点都在于Linux操作系统是否侵权。

2　丁丽：《透视开放源代码软件——SCO vs. IBM》，载《电子知识产权》2004年第6期，第44-46页。

3　杨慧玫：《Linux创始人号召软件开发者署名并保证原创》，载《电子知识产权》2004年第7期，第8页。

法系国家，其关于著作权法与合同法的规定分别适用联邦法律及州法律，这也导致在有的案件中就开源许可证的性质存在争议。

在2002年MySQL AB诉Progress Software Corp.等案中，原告是开源数据库MySQL的著作权人，同时也是"MySQL"注册商标权人。双方当事人曾签订分销该数据库并提供相应技术支持的协议。2000年8月双方终止协议后，被告将mysql.org注册为域名，发行了软件"NuSphere MySQL Advantage"，其中含有基于GPL许可证发布的MySQL和被告自行开发的双子座软件（Gemini）。因此，原告起诉其商标侵权、违反协议约定、不遵守GPL许可证等行为。美国麻省波士顿法院对被告发布初步禁令，禁止被告改进以及销售任何形式的包含MySQL注册商标的商品和服务，使用与MySQL商标有关的域名以及运行使用MySQL注册商标的网站。尽管该案涉及商标侵权纠纷，但对此问题并不存在太大争议，引起争议的是被告在原告软件基础上开发的Gemini软件是否应按照GPL许可证公开其源代码，其不公开源代码的行为是否构成违约及是否应承担相应的法律责任问题。该案最终以庭外和解的方式结案，被告公开了Gemini的源代码。该案虽然并未对GPL许可证的性质和效力作出裁决，法院发布的禁令也没有明确支持原告关于被告违反GPL许可证的主张，但该案引起了大家对GPL若干核心条款内容及效力的关注。[1]

在2008年美国加州北区联邦地区法院审理的Jacobsen v. Katzer案中，原告起诉被告的软件没有遵守开源协议，未标明源代码的出处和作者，侵犯了其著作权。联邦地区法院未支持其请求，认为被告违反GPL许可证的行为只是违约行为，而非侵犯著作权的行为。美国联邦巡回上诉法院在二审审理中将该案发回重审，认为开源软件许可协议Artistic

---

1　张韬略：《MySQL AB诉Progress Software Corp., NUSPHERE Corp.案——GPL许可证与法律失之交臂》，见张平主编《网络法律评论（第5卷）》，法律出版社2004年版，第361–369页。

license 1.0明示了授权许可源代码文件包可以复制的条件，并使用了惯常用语提示授予复制、改编、分发的权利。如果下载使用者不能满足这些条件，则应该按照提示与版权人另行协商。否则，如果被许可使用者超出许可证限制的范围，就可能对开源软件权利人构成侵权，同时确认GPL许可证为具有强制力的许可协议。[1]

在2017年美国加利福尼亚北区法院审理的Artifex v. Hancom案[2]中，原告研发的PDF编辑器软件Ghostscript以"双重许可证"模式（可选择商业许可证或者GPLv3）发布，被告出售的Hancom Office软件程序使用了该Ghostscript软件，但未遵循许可证公开修改的源代码，也未支付商业许可费，原告为此诉至法院。法院在2017年4月25日作出的针对被告所提驳回动议的裁定中认定，GPL协议为"具有强制执行力的合同"，对开源许可证条款的效力予以确认，同时认定被告未购买商业许可证，在没有获得商业许可的情况下视为同意GPL协议条款，被告在分发其软件时没有按照协议要求提供源代码即违反了协议，认定原告可基于涉案行为侵犯著作权及合同违约提起诉讼，否决了被告的驳回动议。该案双方当事人最终于2018年1月达成和解。

2.德国的做法

德国法兰克福地区法院在Welte诉D-Link案中，根据《德国民法典》第305条第1款，认为GPL开源许可证条款的法律性质是特定的一般交易条款，即通过预先拟定并由著作权人向使用人提出的合同条款。开源软件著作权人无须接受使用人的承诺声明，双方即可构成合同法律关系。此外，法院认为GPL开源许可证中设定的使用条件应认定为"解除条件"，即德国法院倾向于将许可证性质界定为附解除条件的合同。德国慕尼黑地区法院在Harald Welter诉SiteCom案中也持有相同的观点，

---

1 Jacobsen v. Katzer, 535 F. 3d 1373 (Fed. Cir. 2008).

2 Artifex Software, Inc. v. Hancom, Inc., 3:16-cv-06982, (N.D. Cal.).

该案被告的产品软件使用了原告适用GPL许可证的开源代码，被告在使用中未遵循许可证义务。法院认定其基于GPL许可证获得的授权许可自行终止，继续使用原告源代码的行为构成侵权。[1]

从上述德国法院的相关案例可以看出，其认为GPL开源许可证中的许可条件是合同的组成部分，其中关于软件程序使用人必须附上协议的正文、发布原作者著作权标示和无担保声明、附上完整的源代码等规定未不适当地损害使用人的利益，是有效的。如果被许可人违反上述许可条件，根据GPL许可证则不得对开源软件进行复制、修改、再授权或发布。任何试图以其他方式进行复制、修改、再授权或者散布本程序的行为均为无效，并且将自动终止基于本授权所享有的权利。在此情况下，被许可人所获得的授权意味着自动终止，其将为自身未经授权发布或复制软件的行为承担侵权责任。据此可以看出，德国司法实践倾向于将GPL协议认定为附解除条件的合同，其中许可使用条件为解除条件，当被许可人未按许可使用条件使用时，合同解除、终止授权，被许可人继续使用则构成侵权。[2]

（二）我国开放源代码著作权纠纷的司法实践

我国司法实践中已出现涉及开放源代码纠纷的案件，虽然总体数量不多，但因其与我国计算机软件产业发展密切相关，引起了广泛关注。其中既包括针对适用GPL许可证的权利软件提出权属争议和不侵权抗辩的纠纷，也包括因违反GPL许可证而引发的侵权纠纷。

1.涉柚子公司软件GPL协议第一案

北京市高级人民法院于2019年11月6日对数字天堂公司与柚子公司

1　张汉华：《违反开源软件许可证的法律救济——以德国法为视角》，载《法学评论》2015年第3期，第83–88页。

2　罗瑞雪：《开源协议适用范围及其对软件著作权侵权判定的影响》，载《中国版权》2020年第5期，第89页。

等侵犯计算机软件著作权案[1]作出判决，该案被称为我国GPL协议第一案。该案原告开发了HBuilder软件，该软件包括代码输入法功能插件、真机运行功能插件、边改边看插件等三个插件，原告指控柚子公司开发的APICIoud软件使用了其上述三个插件的源代码，侵害了其对涉案软件所享有的著作权。被告抗辩提出，原告的涉案软件使用了受GPL协议保护的第三方软件源程序，其软件亦为开源软件，任何第三方有权在GPL协议授权下使用其代码并构建衍生软件产品，涉案被诉行为不构成侵权。一审法院认为，原告的涉案三个插件属于独立的软件作品，在三个插件的文件夹中并无GPL开源协议文件，而涉案软件的根目录下亦不存在GPL开源协议文件的情况下，尽管涉案软件其他文件夹中包含GPL开源协议文件，但该协议对于涉案三个插件并无拘束力。据此，涉案三个插件并不属于该协议中所指应被开源的衍生产品或修订版本，二被告的相关抗辩理由不能成立。

柚子公司不服提起上诉，主张数字天堂公司的涉案软件整体上应受GPL协议约束，涉案软件三个插件中包含大量开源或第三方代码，应依照GPL协议承担开源义务。二审法院基于三个插件中并无开源协议，在涉案软件的根目录下亦不存在开源协议等事实，对三个插件应受GPL协议约束的主张不予支持，认定柚子公司构成侵权。同时认为，现有证据不足以证明涉案三个插件可以独立于涉案软件中的其他程序独立运行，对一审法院将被诉侵权行为视为多个侵权行为并据此计算赔偿数额的做法进行了纠正。

可见，两审法院均基于三个插件中并无GPL开源协议，在涉案软件的根目录下亦不存在GPL开源协议等相关事实，未支持被告的抗辩

---

1 参见北京市高级人民法院（2018）京民终471号民事判决书，北京知识产权法院（2015）京知民初字第631号民事判决书。在此之前，相关地方法院已受理提出涉及GPL不侵权抗辩的案件，只是判决未就此作出实质回应。

主张；同时，二审法院未支持原告关于涉案软件为聚合体软件包的主张，认为现有证据不足以证明三个插件可独立运行。有观点认为，一审法院将三个插件认定为独立的软件作品，是法律意义上的认定，而非计算机程序技术意义上的概念，而二审法院将涉案软件认定为整体软件而非聚合体软件包，应该属于计算机程序意义上的认定。

2.涉聚合体相关程序的海淘软件案

在最高人民法院审理的不乱买公司与闪亮公司侵害计算机软件著作权案[1]中，原告主张被告运营的网站未经许可使用了与其网站源代码实质相同的源代码，侵害了其涉案不乱买时尚海淘软件的著作权。被告提出GPL抗辩，认为原告网站前端代码中使用了GPL许可协议的开源代码，原告无权对其网站整个软件主张著作权。一审法院认为，前端代码开发主要是指前端用户可见的操作界面如页面布局、交互效果等页面设计的实现方式，后端代码开发则主要是指后端用户不可见的服务端相关逻辑功能等模块的实现，二者展示方式不同、所用技术不同、分工亦有明显区别，属于可独立的程序。原告明确其在该案中主张权利的代码为后端代码，而后端代码中已排除开源代码；原告虽在其前端代码中使用了开源代码，但后端代码程序并非其前端程序的衍生品或修订版本，GPL协议对涉案后端代码并无拘束力，被告的相关抗辩理由不能成立。

被告不服提起上诉，二审法院维持了一审判决。对于上诉人提出涉案权利软件使用大量开源软件代码而对权属存在争议，前端代码与后端代码存在交互且没有进行有效隔离，根据GPL协议的传染性特性，整体软件都可以视为前端程序的修订版本，应当遵循GPL协议无偿开源的主张，二审法院认为，前端代码与后端代码是可以分别独立打包、部署的，二者存在明显不同，因此不能因存在交互配合就认定其属于一

1　参见最高人民法院（2019）最高法知民终 663 号民事判决书，北京知识产权法院（2016）京73民初1111号民事判决书。

体，原审法院认定二者相互独立并无不当。根据GPL协议第3版第5条关于"一个受保护程序和其他独立程序的联合作品，在既不是该程序的自然扩展，也不是为了生成更大的程序，且联合作品和产生的版权未用于限制编译用户的访问或超出个别程序许可的合法权利时，被称为聚合体。包含受保护程序的聚合体并不会使本许可应用于该聚合体的其他部分"的规定，上诉人所称GPL协议的"传染性"应当是指GPL协议的许可客体不仅限于受保护程序本身，还包括受保护程序的衍生程序或修订版本，但不包括与其联合的其他独立程序。该案中，虽然不乱买公司认可其前端代码中使用了GPL协议下的开源代码，但其主张权利的是后端代码，其后端代码是独立于前端代码的其他程序，并不受GPL协议的约束，无须强制开源。

可见，一审、二审法院对于该案涉及的网站前端代码与后端代码在展示方式、所用技术、功能分工等方面均存在明显不同，属于既相互独立又互相关联的独立程序的认定是一致的。根据GPL协议的相关规定，在前端代码和后端代码组成的聚合体中，不因前端代码使用GPL开源代码而必然导致传染至后端代码，后端代码不受 GPL 协议约束，未经许可复制后端代码仍构成侵害软件著作权的行为。[1]

3.罗盒开源软件案

前述两个案件虽然都涉及开源软件问题，但法院在认定开源协议的传染性问题时，均认定主张权利的软件不受相关开源协议的约束，未认定其应属于衍生作品，也无须开放源代码。在司法实践中，如何认定开源软件许可证的行为性质，对于违反开源软件许可证的行为，开源软件的权利人可否提起侵权诉讼等问题，仍有待深入探讨。最高人

1　詹毅：《开源许可证GPL的法律效力及疆界——兼论"柚子案""不乱买案"两案终审判决》，载搜狐网，上载时间：2020年11月29日，访问时间：2023年9月15日，https://www.sohu.com/a/435074599_99915568。

民法院2023年5月审理的罗盒公司与福建风灵创景公司、北京风灵创景公司等侵害计算机软件著作权纠纷两起二审案件（以下简称罗盒开源软件案），¹作为我国首先明确GPL 3.0协议性质的司法案例，明确开源软件维权无须经过所有贡献者的同意或授权，认定开源协议具有合同性质，开源代码使用者的违约行为会触发协议的"终止授权条款"，由于失去权利来源，使用者需要承担侵犯著作权的后果。该案通过明确违反开源软件许可证的侵权法律责任，一方面有利于及时制止侵权行为，防止他人对开源软件的不正当利用；另一方面有利于更加有效保护授权人的利益，鼓励开发者的创作动力和热情，促进软件源代码的共享和传播。

在上述案件中，罗盒公司在软件托管平台GitHub上公开了涉案软件"罗盒（VirtualApp）插件化框架虚拟引擎系统 V1.0"的源代码，其主张福建风灵创景公司等开发、运营的"点心桌面""91桌面"软件未经许可使用了与其开源软件实质相似的源代码，侵害了其涉案软件著作权。被告则辩称，原告的诉讼行为不符合GPL3.0协议关于争议解决的方式，该协议不允许发布者发起诉讼。涉案软件对被诉侵权软件的贡献度极低，其未实质性修改开源代码，故无须公开被诉侵权软件源代码。

一审法院认为，GPL3.0协议的内容和形式均具备合同特征，可认定为授权人与用户间订立的著作权协议。如果用户违反该协议的使用条件复制、修改或传播受保护的作品，其通过该协议获得的授权将会自动终止，用户实施的复制、修改、发布等行为，因失去权利来源而构成侵权。开源软件的贡献者往往人数众多、互不相识又身居世界各地，且随着项目内容的不断修订完善，贡献者的数量亦处于持续增加、变动之

1　参见最高人民法院（2021）最高法知民终2063号、（2022）最高法知民终1589号民事判决书，广东省深圳市中级人民法院（2019）粤03民初3928、3929号民事判决书。

中。若开源项目的起诉维权需经全体贡献者一致同意或授权，实则导致维权行为无从提起。因此，罗盒公司提起该案诉讼无需贡献者的同意或授权。而且，该协议相关条款并未限制授权人对违反许可协议的用户主张著作权，原告的诉讼行为并未违反GPL3.0协议关于争议解决方式的约定。一审法院于2021年4月30日判决认定被告构成侵权，被告不服提起上诉。二审法院判决驳回上诉，维持原判。

二审法院认为，GPL3.0协议的内容具有合同性质，是授权方和用户订立的格式化著作权许可使用协议，被诉侵权软件使用了罗盒公司采用该协议发布的涉案软件中的源代码，应当遵循该协议向公众开放源代码。根据该协议序言部分的约定，使用了开源代码的软件亦应开源；根据该协议第8条关于自动终止授权的约定，该许可协议附解除条件，通过该协议获得的授权将因未开放源代码这一解除条件的成就而自动终止。被诉侵权软件本应遵循该协议向用户开放源代码，其对涉案软件源代码的使用因后续未开源而丧失正当的权利来源基础，因此构成侵权，其所称涉嫌侵权代码在被诉侵权软件中所占比例小，并不影响对侵权行为的定性。

在广州知识产权法院2021年9月29日审理的罗盒公司诉玩友公司等侵害计算机软件著作权案中，[1] 法院也认定涉案软件"罗盒（VirtualApp）插件化框架虚拟引擎系统V1.0"使用了GPLV3协议，被诉四款美颜相机等侵权软件的沙盒分身功能使用了罗盒公司的开源代码，是涉案软件开源代码的衍生作品。玩友公司未遵守开源协议向用户提供被诉侵权软件的源代码的涉案行为，违反了开源协议，最终认定其对涉案软件源代码的复制、发布行为因失去权利来源而构成侵权。

上述案例的重要贡献在于，法院在裁判中对于开放源代码协议的性质、有权提起诉讼的主体、违反开放源代码协议的法律后果等进行

---

[1] 参见广州知识产权法院（2019）粤73知民初207号民事判决书。

了充分分析认定。我国《计算机软件保护条例》第八条规定，软件著作权人可以许可他人行使其软件著作权，并有权获得报酬；第十八条规定，许可他人行使软件著作权的，应当订立许可使用合同。开源协议是著作权人将其复制、发行、修改的权利授权给不特定使用者的著作权许可使用合同，对于违反开源软件许可协议的行为，根据GPL 3.0许可证第8条关于自动终止授权的约定，通过该协议获得的授权将因未开放源代码这一解除条件的成就而自动终止。[1] 这与我国《民法典》第一百五十八条的规定精神一致，"民事法律行为可以附条件，但根据其性质不得附条件的除外。附生效条件的民事法律行为，自条件成就时生效。附解除条件的民事法律行为，自条件成就时失效"。

4.因权利软件违反开源协议主张不侵权抗辩的认定

如前所述，开源软件的传染性问题在涉及计算机软件侵权案件的司法实践中受到广泛关注和争论。在具体案件审理中，如何区分权利软件是否为独立程序，是否属于具有传染性的衍生作品而应遵守GPL等开源协议公开其源代码，如应公开权利软件的源代码而未公开，是否有权主张他人侵犯其权利软件的著作权，被诉侵权人因权利软件违反开源协议未公开源代码而提出不侵权抗辩能否成立等问题都是有待深入研究的问题。

在最高人民法院审理的网经公司与亿邦公司等侵害计算机软件著作权案[2] 中，原告网经公司在通信领域适用GPLv2开源许可协议的OpenWRT开源软件基础上，开发了涉案软件"OfficeTen1800"。被告亿邦公司招募原告前员工到被告启奥公司开发了实质相似的同类软件。原告以被告侵害计算机软件著作权为由诉至法院，被告提出涉案软

---

1 罗瑞雪：《开源协议适用范围及其对软件著作权侵权判定的影响》，载《中国版权》2020年第5期，第89–93页。

2 参见最高人民法院（2021）最高法知民终51号民事判决书，江苏省苏州市中级人民法院（2018）苏05民初845号民事判决书。

件是在开源框架OpenWRT的基础上开发的，OpenWRT受到GPLv2协议的约束，原告并未按照该协议约定公开涉案软件源代码，不享有涉案软件的著作权，也无权指控被告侵权。

一审法院经审理认为，涉案软件系网经公司在开源软件基础上投入大量成本开发形成，具有独创性，构成著作权保护的作品。鉴定结果表明，被诉软件中含有涉案软件特有的"OfficeTen"字样以及网经公司的名称"itibia"等相互可印证的多节事实，足以认定被诉软件复制并修改了涉案软件的源代码。亿邦公司等并非OpenWRT软件权利人，其关于网经公司应开源而未开源、不享有著作权的抗辩缺乏依据，认定亿邦公司等构成侵权。被告不服提起上诉，二审法院判决驳回上诉，维持原判。

二审法院认为，软件开发者是否违反GPLv2协议和是否享有软件著作权，是相对独立的两个法律问题，二者不宜混为一谈，以免不合理地剥夺或限制软件开发者基于其独创性贡献依法享有的著作权。其主要理由为，涉案软件虽涉及GPLv2协议，但OpenWRT开源软件权利人并非该案当事人，基于合同相对性原则，该案不宜对涉案软件是否全部或部分受GPLv2协议约束，网经公司是否违反GPLv2协议及是否因此需承担任何违约或侵权责任等问题进行审理。同时，关于涉案软件是否受GPLv2协议约束，该问题涉及底层系统软件是否受GPLv2协议约束，上层功能软件是否构成GPLv2协议项下"独立且分离的程序"，二者间采用的隔离技术手段、通信方式、通信内容等如何界定以及软件领域对GPLv2协议传导性的通常理解与行业惯例等因素。在该开源软件权利人并非该案当事人情形下，亦难以查明与GPLv2协议有关的前述系列事实。二审法院同时表明，该案最终认定被诉行为构成侵权，并不表明网经公司将来在潜在的违约或侵权之诉中可免于承担其依法应当承担的违约或侵权责任。

对此问题，实践中也曾存在另外一种处理方式。如在未来公司诉云蜻蜓公司侵害计算机软件著作权纠纷案[1] 中，原告的涉案软件包括主程序（FutureTBTool.exe）和预览程序（ViewnNTF.exe）两部分，主程序用于制作投标文件，预览程序用于查看投标文件。被告以原告的涉案软件使用了GPL开源代码，原告未公开其源代码故其请求不应予以支持进行抗辩。一审法院认为，涉案软件主程序系涉案GPL开源代码的衍生作品，受GPL协议的约束，原告因违反GPL协议导致其基于GPL协议获得的许可终止。如果基于原告的该权利认定其他行为人构成计算机软件侵权，即会保护原告的不当行为带来的利益，还会虚置GPL协议关于源代码持续开源的相关规定，对于源代码持续开源传播产生不利影响。基于此，法院未采纳原告关于侵害其涉案软件开源部分的主程序著作权的主张，仅支持了侵害涉案软件非开源部分的预览程序著作权的主张。

可见，在权利软件使用GPL协议等开源代码的情况下，在侵害计算机软件著作权纠纷案件审理中都可能出现GPL开源代码对权利软件是否产生影响的问题。如何在尊重开源规则、共同维护开源生态上下游秩序的前提下，在使用开源代码的过程中，通过以不同文件夹打包部署软件模块，对软件模块分别进行版权登记，调整开发代码与开源代码之间的调用关系等合理技术手段隔离GPL协议的传染性，避免权利人开发的自有代码受GPL协议传染，都是软件开发者作为权利人需要关注和解决的问题。同时，按照最高人民法院在前述网经公司诉亿邦公司案的审理思路，则准确界定了该类开源许可证软件二次开发者的权利边界，在加强著作权保护、尊重软件开发者意思自治、支持鼓励软件开源社区建设三者间寻求最佳利益平衡。[2] 上述案件的审理思路与2021年德国卡尔斯鲁厄高级地区法院的判决要旨一致，该案中原告使用基于GPLv2.0许可

1　参见江苏省南京市中级人民法院（2021）苏01民初3229号民事判决书。
2　《这份判决给软件开发者吃了定心丸》，载最高人民法院知识产权法庭微信公众号，2024年2月18日。

证的WordPress内容管理系统发布了名为Affilliseo的主题软件并进行商业售卖，被告公开表示由于该主题软件系WordPress开源软件的衍生作品，其将基于GPLv2.0在GitHub上发布该主题软件的源代码。为此原告向曼海姆地区法院申请了临时禁令，被告律师明确告知原告在没有法院判决的情况下不会发布涉案软件，一审法院根据原告的申请确认临时禁令已经终结。被告提起上诉，二审法院维持一审判决，认为开发者对开源许可证的违反导致其丧失使用、修改原始开源软件的权利，但不论二次开发的程序依据德国著作权法构成合作作品或改编作品，其均有权进行维权，且其侵权行为并不能使得第三方未经其同意以自己的名义披露二次开发程序的源代码。此外，法院也将原告的二次开发程序构成对原始开源程序的侵权和被他人侵权视为两个须单独考量的法律问题，未就其是否构成原始GPL开源软件的衍生作品或构成独立作品进行评判。[1]

从本章有关计算机软件的著作权法保护方式来看，著作权法对计算机软件的保护范围较宽，大都可能符合著作权法关于作品的独创性和可复制性的保护要件；著作权法的自动保护原则使得权利取得手续简便，为此投入成本相对不大；著作权法只保护软件的表达，不保护软件的思想，为其他软件开发者借鉴已有的创作思想进行后续开发提供了可能。同时，著作权法保护计算机软件也存在不足。由于计算机软件具有不同于一般文字作品的功能性特征，其技术含量高、开发成本大，将其视为一般文字作品，无法予以充分保护；著作权法只能保护软件的表达而不能保护软件的构思、算法和原理等，使具有工具性和功能性的软件实质部分得不到保护；著作权法的保护期过长，与软件更新换代快、生命周期短的特点相冲突等。

---

1 《德国法院：权利人不因违反GPL许可协议而丧失对其衍生程序的著作权（2021）》，载开放原子微信公众号，2024年2月23日。OLG Karlsruhe, Urteil vom 27. 01. 2021 – 6 U 60/20。

第 三 章

计算机软件的专利
法律保护

前述通过著作权法保护计算机软件是全球许多国家的常见做法，但通过专利法保护计算机软件的保护手段在不断推进发展。计算机软件的价值往往体现在为解决某一问题而采取的技术方案上，通常计算机软件的设计开发者所要保护的并非仅仅是版权法所能够保护的程序的表达方式，而是程序所体现出的技术方案本身。因此，近年来通过专利法保护计算机软件的范围越来越宽，争议性较大的商业方法软件专利的保护问题为专利审查部门所关注，而人工智能、云计算、大数据等相关领域的专利保护问题更是不断进入各国专利审查机关的视野。

| 第一节 |

计算机软件专利法律保护的发展历程

在著作权的保护路径下，计算机软件可保护程序和文档，但在专利权保护路径下的计算机软件保护问题，实质上就是对计算机程序的专利保护问题。由于计算机程序本身无论以什么形式出现都可以划入智力活动的规则和方法的范畴，因此能否通过专利法保护计算机软件一直存在很大争议。尽管各国已经开始对计算机软件专利保护模式的探索，但对于专利法中关于创造性、实用性和新颖性的规定如何体现在计算机软件上还存在一定争论；尽管专利权的取得要经过长时间的审查阶段，但由于专利权背后所蕴含的经济利益，促使权利人对软件选择专利保护的方式。从有关计算机软件专利的发展状况看，呈现出对其保护条件越来越宽松，保护范围逐步扩大的趋势。我国对于计算机软件予以专利保护也尚在探索发展中，因此有必要对相关国际发展历程予以关注。

一、计算机软件专利保护的国际状况

从计算机软件专利保护的国际发展历程看，经历了从否定计算机软件的可专利性到通过专利保护计算机软件的过程。而对于通过专利保

护计算机软件的实践，通常可划分为三个发展阶段，即通过软件与硬件的结合认可其可专利性的"装置专利"阶段，通过将软件存放于存储媒体的形式认可其可专利性的"软件媒体专利"阶段，利用软件形成的经营模式和商业方法专利得到认可的"经营模式专利"阶段。

（一）否定计算机软件可专利性的阶段

各国在开始对计算机软件的专利保护之前，经历了相当长时间的否定软件的可专利性的阶段。在20世纪70年代至80年代初期，计算机领域着重于逻辑推演及数学计算的应用，计算机软件的价值并未得到肯定，各国均未将其纳入专利法的保护范围。如美国关于计算机程序的最早判例，美国联邦最高法院于1972年判决的Gottschalk v. Benson案，[1] 就否定了数学算法和公式的可专利性，成为1952年《美国专利法》实施后，美国联邦最高法院作出的第一个关于计算机程序可否取得专利权的重要判决；此后美国关税与专利上诉法院[2] 又在In re Freeman案中提出计算机软件专利审查方法"二步测试法（two-step test）"，即先审查是否直接或间接在权利要求中主张数学算法，如果审查结果为是，则进一步整体审查该专利是否意图先占该数学算法。该二步测试法成为美国计算机相关发明审查基准发布前的计算机软件审查主流方法，涉及软件相关发明的专利审查或上诉案件都适用该方法判断[3]。

在1977年生效的《欧洲专利公约》中，欧洲专利局明确规定计算机软件不受专利法保护，将单纯的计算机软件排除在专利法保护之外。在欧洲专利局的相关审查基准中也作了同样的规定："如果某项发

1　Gottschalk v. Benson, 409 U.S.63. 175U SQ 673.

2　1982年10月美国国会通过《联邦法院改革法》，建立美国联邦巡回上诉法院。该法院系在合并美国关税与专利上诉法院、美国联邦索赔法院上诉审部门基础上设立的，其管辖范围与其他巡回上诉法院不同，涉及专利、商标、国际贸易等多个领域。

3　刘尚志、陈佳麟：《电子商务与计算机软件之专利保护》，中国政法大学出版社2004年版，第53页。

明中只有程序具有新颖性，而其他部分或步骤不含有任何新颖性，那么该发明不得授予专利。"[1]

（二）对计算机软件提供专利保护的发展进程

20世纪70年代中期以来，各国法院及专利审查部门先后开始为计算机软件取得专利授权打开方便之门。20世纪80年代以来，随着计算机技术的飞速发展和商业竞争的加剧，软件产业得到快速发展，计算机行业强烈要求对计算机软件提供更强的知识产权保护。此后，各国都在软件专利审查方面取得了不同程度的进展。

1.美国计算机软件专利保护状况的演进

美国对计算机软件专利保护先后经历了拒绝保护时期、开始保护时期、扩张保护时期、理性回归时期。前述相关内容已经介绍了拒绝保护阶段的相关情况，本部分着重介绍软件专利保护的后续发展阶段。美国于1980年将计算机软件纳入著作权法的保护范围，同时通过在Diamond v.Diehr案[2]（以下简称Diehr案）中作出有利软件专利的判决，确立了计算机软件可专利性的里程碑。[3] 自1987年以来，美国进一步调整了计算机程序的专利审查基准，提出虽然程序本身不受专利保护，但程序控制的硬件运行方法步骤可作为方法申请专利。

美国专利商标局于1995年发布的《与计算机有关发明的审查基准》规定，包含于软件中的数学算法只是一种抽象思想，但是如将该算法用于实践，产生有用的、具体的和有形的结果，该软件即为可专利性主题。因此，专利审查员主要考虑的因素是该发明在其所属的科技领

1　张平、卢海鹰：《从拒绝保护到大门洞开——纵论计算机软件的可专利性》，载《中外法学》2001年第2期，第222-237页。

2　Diamond v. Diehr, 450 U.S. 175,181(1981). Diamond为时任美国专利商标局局长。

3　袁建中：《从"计算机软件相关发明专利审查基准"之制订看计算机软件发明之可专利性》，转引自刘尚志、陈佳麟：《电子商务与计算机软件之专利保护》，中国政法大学出版社2004年版，第57页。

域内的实用性。该审查基准的主要内容包括：明确列举了与计算机有关的发明具有专利性和不具有专利性的情形，规定凡符合下列情形之一时，审查员应推定发明人的专利要求具有专利性：①凡需透过计算机程序或是其他形态的软件来操作的电脑或装置均推定为法定的"机器"；②凡透过计算机而可以用特定的方式来达成特定功能的"电脑可读记忆"均推定构成法定的"制品"；③凡必须借助电脑来进行的一系列操作步骤均推定为符合法定的"工序"要件。有下列情形之一时，则视为不具有专利性：独立于任何实体以外的纯信息组合或排列；已包含了代表创作或艺术表达的信息，并附着于已知的"机器可读储存媒体"如音乐和文艺作品；独立于任何实体以外的"信息结构"也不在电脑的实质组成之中的信息或是资料；仅仅对于抽象的意识或是概念进行操控的程序或步骤，如对于一个数学问题的解答步骤等。该审查基准还明确，只要权利要求符合其中之一，即当然视为具备专利性：一是其权利要求具备独立演绎或事后操作的能力（即独立进行实质性的运作或操作）；二是其权利要求具备事前演绎或操作的能力（即对具体的物理或实质要素或行动信息进行操控）。只有完全不符合上述要件时，审查员才需审查该发明在其所属科技领域内的实用性。该审查基准还将除已知的机器的可读信息之外的信息分为"具备描述功能的信息"和"不具备描述功能的信息"两类，只有前一种信息在被储存到电脑可读媒体后才有可能在结构上和功能上与该媒体融为一体，因而才具有可专利性。[1]

美国联邦巡回上诉法院于1998年在State Street Bank & Trust Co. v. Signature Financial Group Inc.案（以下简称State Street案）[2]中确定"实

---

1 张平、卢海鹰：《从拒绝保护到大门洞开——纵论计算机软件的可专利性》，载《中外法学》2001年第2期，第222-237页。

2 State Street Bank & Trust Co. v. Signature Financial Group Inc., Fed. Cir. No.96-1327.

用、具体、有形"的标准，成为有关美国商业方法专利适格性判断的重要案例。该案判决明确，判定有关的发明是否属于专利保护客体，关键要看该发明是否具有实用性，是否产生了实用的、具体的和有形的结果。该案彻底否定了专利保护客体的"商业方法例外"，认为有关的商业方法是否属于专利保护客体，关键是看该发明是否具有实用性，或者是否产生了实用的、具体的和有形的结果。[1] 该案确定的标准反映了美国在审查软件可专利性时态度的转变，从实体上更加注重能否产生实用性的结果，同时宽泛的解释也为商业方法专利打开大门，促使美国关于商业方法的专利申请数量快速增长。

随着商业方法专利申请的激增，某些近乎荒诞的商业方法亦被授予专利，后美国开始逐渐摒弃"实用性"的标准，对计算机软件专利进行限缩保护。比较典型的案件是Bilski v. Doll案（以下简称Bilski案）[2]，该案申请人于1997年4月提出能源风险管理方法（energy risk management method）专利申请，涉及运用对冲原理规避能源市场风险的方法，美国专利商标局驳回其专利申请。后Bilski不服，经复审后起诉至美国联邦巡回上诉法院。美国联邦巡回上诉法院否定了State Street案提出的实用、具体和有形结果的标准，采纳了机器或者转换测试法，将方法专利与有形的机器或者有形物质的转换相结合，维持驳回决定。Bilski不服又诉至美国联邦最高法院，美国联邦最高法院则认为机器或者转化测试法不是确定某一发明是否属于可授予专利方法的唯一测试标准，但是其并没有完全否定该方法，认为该方法是有用且重要的根据，最终该案历时13年于2010年6月作出判决，认定该申请为不可专利性主题。[3] 该案的审理，对美国当时商业方法专利的审查产生重要指引

1　李明德：《美国知识产权法（第二版）》，法律出版社2014年版，第962页。

2　Bilski v. Doll, 130 S. Ct. 3218 (2010).

3　李明德：《美国知识产权法（第二版）》，法律出版社2014年第2版，第972-974页。

作用，也深刻影响着计算机软件产业和金融业等多个领域的发展。

而之后在2012年Mayo Collaborative Services v. Prometheus Laboratories, Inc案（以下简称Mayo案）[1]和2014年Alice Crop. Pty Ltd. v. CLS Bank International（以下简称Alice案）[2]则彻底改变了美国计算机软件可专利性的格局。美国联邦最高法院规定了更严格的测试方法来评判专利申请，通常被称为Mayo-Alice两步测试法。该测试法以专利申请方案是否具备"创造性概念"（inventive concept）这种更上位的特征作为适格判断标准，并明确规定该测试法中有形性不是必需的。该测试法的第一步是确定权利要求是否符合四种法定发明类型（方法、机器、制造物或组合物），如果不是则直接判定不具备专利资格；如果权利要求落入上述客体范围，则进入第二步A步骤，确定其是否指向法定排除情形（自然法则、自然现象、抽象概念），如果不是则属于可授权客体；如果权利要求中存在法定排除情形则进入第二步B步骤，需要判断权利要求是否记载显著超出法定例外的其他要素，如果是则属于可授权客体，如果不是则不符合专利法第101条规定的专利适格性要求。[3]

在2016年Enfish LLC v. Microsoft案（以下简称Enfish案）[4]中，美国联邦巡回上诉法院认为并非所有的计算机相关发明都无法在Mayo-Alice测试第一步中被认定为具备专利资格，如果计算机程序相关发明是软件领域问题解决方案的具体实施，那么该发明应当具备专利资格。Enfish案反映了美国较为严格的计算机程序专利审查环境，以及美国试图对此进行"松绑"的态度。

美国专利商标局在2019年1月发布了新修订的《专利客体适格性

---

1 Mayo Collaborative Services v. Prometheus Laboratories, Inc, 556 U.S. 66 (2012).

2 Alice Crop. Pty Ltd. v. CLS Bank International, 573 U.S. 134 S. CT. 2347 (2014).

3 宁立志、郭玉新：《专利权权利客体例外制度研究》，载《河南师范大学学报（哲学社会科学版）》2020年第1期，第37页。

4 Enfish LLC vs. Microsoft Corporation et. al., 822 F. 3d 1327 (Fed. Cir. 2016).

审查指南》（Patent Subject Matter Eligibility Guidance，PEG），该指南主要是对Mayo-Alice两步测试法的第二步A进行了两项修改，一是将"抽象概念"分为三类：即①数学概念：数学关系、数学公式或方程、数学计算；②组织人类活动的特定方法：基本经济原理或实践（包括对冲、保险、降低风险）；商业或法律活动（包括合同形式的协议、法律义务、广告、营销、销售活动或行为；业务关系）；管理个人行为或人与人之间的关系或互动（包括社交活动、教学、遵循规则或指示）；③心理过程：人脑执行的概念（包括观察、评估、判断、观点）。二是进一步将第二步的A步骤分为两个子步骤［步骤2A（i）和步骤2A（ii）］。在子步骤2A（i）中，审查员应确定权利要求是否描述了法定例外，如抽象概念，如果是，那么在子步骤2A（ii）中，审查员将进一步确定"所述法定例外是否结合了该例外的实际应用"。如果一项权利要求包含了法定例外，但没有将该法定例外与实际应用相结合，那么该权利要求最终属于法定例外。在这种情况下，需要根据第二步B步骤进一步分析。该指南还给出以下示例性的指引，指明哪些情况属于抽象概念与实际应用相结合：附加要素体现了计算机功能的改进，或对其他技术或技术领域的改进；附加要素应用或使用法定例外实现对疾病或医疗状况进行特定治疗或预防；附加要素结合特定机器或制造方法共同实施或使用法定例外；附加要素实现特定物品转化或缩减到不同的状态或事物等与特定技术环境关联的情况及通过其他方式关联的情况。[1]

2020年4月23日，美国专利商标局发布了由其首席经济学家撰写的报告《适应Alice：在Alice Corp.v.CLS Bank International案之后美国专

1 赵爽：《美国修法完善专利保护客体审查标准》，载人民网，上载时间：2019年3月22日，访问时间：2023年12月1日，http://ip.people.com.cn/GB/n1/2019/0322/c179663-30989792.html；宋志国、负雪妍：《我国商业模式专利化保护困境解析》，载《青海社会科学》2021年第3期，第161页。

利商标局的专利审查结果》。该报告强调了美国专利商标局最近采取的行动如何为受影响最大的技术领域的专利适格性提供了更大的可预测性和确定性。报告指出，在美国联邦最高法院对Alice案作出判决后的18个月里，在33个受到Alice案影响的技术领域中，因为不符合专利适格性而被拒绝授予专利的可能性增加了31%，专利审查中的不确定性增加了26%。而在美国专利商标局发布其于2019年1月修订的《专利客体适格性审查指南》一年后，受Alice案影响的技术由于不符合专利适格性而被拒绝的可能性降低了25%，在发布《专利客体适格性审查指南》之后的12个月中，受Alice案影响的技术的专利审查不确定性降低了44%。由此报告认为，《专利客体适格性审查指南》为决策过程提供了清晰性和结构性，从而降低了在主题适格性判断中审查员之间的差异程度。对于专利申请人而言表明审查过程更加一致和可预测。[1]

2.日本的实践

日本特许厅1975年制定公布的《计算机程序发明的审查基准之一》中规定，单纯的计算机软件不能获得专利，只有当它和硬件结合为一个整体，作为硬件的工具对数据进行处理并对硬件相应的反馈控制，才能获得专利法的保护；1988年日本特许厅通过了《关于计算机软件有关发明的审查方法》，表明单纯算法本身并不受专利法保护，但当它被一项发明所应用，并且该发明是硬件和软件的结合时，就可获得专利法保护。但程序语言、程序本身以及程序显示不可能获得专利，权利要求记载了程序的可读媒体或权利要求是"程序"或"软件"的，也不受专利法保护；由于受国内专利实践和美国新审查基准的影响，日本特许厅于1997年公布并实施了《计算机软件相关发明审查指南》，指南放宽了对计算机应用软件的可专利性的条件，与此前的规定相比有两个重大突破：①将计算机程序或资料结构的记录媒体扩大认定为发

1 张广良：《国际知识产权发展报告2020》，中国人民大学出版社2022年版，第76-77页。

明；②有关发明的基本概念更为明确，并不一定会因为发明主题属于排除专利保护的类型就必然遭到驳回。[1]

2002年《日本专利法》修改时，认为计算机软件作为无体物属于专利法中的"物的发明"，即增加了《日本专利法》第2条第4项的规定：该法所称的"程序等"是指程序（为能获得一个结果被编制成的针对计算机的指令）以及相当于程序的供电子计算机处理用的信息。[2]日本特许厅2015年10月实施的《专利和实用新型审查指南》专章对软件相关发明的审查进行规定并发布典型示例，2018年3月就涉及计算机软件相关发明内容进行修订时，结合人工智能、物联网等相关发明发布相关示例。该指南指出，在对计算机程序相关专利进行专利资格审查时，若将硬件资源或技术手段与软件程序一起申请保护，需具体说明软件与硬件之间是如何交互的，仅仅在权利要求中涉及随机硬件资源则无法获得专利资格。此外，如单独申请计算机程序产品发明专利，权利要求中没有与硬件资源的交互的，则需要表明该计算机程序为利用自然法则的技术思想创新，[3] 才具备专利资格。[4]

3.欧洲的争论

欧洲专利局1985年颁布的审查指南确认，一项与软件有关的发明如果具有技术性，则该软件就具有可专利性。对已知技术有贡献的发

1　张平、卢海鹰：《从拒绝保护到大门洞开——纵论计算机软件的可专利性》，载《中外法学》2001年第2期，第222-237页。

2　中山信弘、小泉直树：《新注解特许法》，青林书院2011年版，第18页。

3　即"creation of a technical idea utilizing the laws of nature"，参见自2015年10月1日施行的Examination Guidelines for Patent and Utility Model in Japan英文版第三部分第一章第2.2条的相关规定，载日本特许厅网站，上载时间：2023年4月3日，访问时间：2023年10月18日，https://www.jpo.go.jp/e/system/laws/rule/guideline/patent/tukujitu_kijun/index.html。

4　Matteo Dragom. Software Patent-Eligibility and Patentability: A Comparison between Japan, Europe and the United States, 载AIPPI Journal 2018年1月刊，第42-43页。

明，如果在其他方面都符合专利申请条件，不能仅仅由于它采用计算机程序形式而否认其符合专利申请条件，即一项与计算机软件有关的发明如果具有技术特性，则可能获得专利权。随后，欧洲专利局1998年7月在IBM案中，明确只要计算机程序具有技术性就可以获得专利权，仅仅具有抽象意义的创造性而缺乏技术性的计算机程序不能授予专利权，从而与美国专利商标局和日本专利局的见解同步。[1] 2000年9月8日，备受关注的养老金收益案T931/95作出判决。该案涉及的专利申请养老金收益控制系统（Controlling pension benefits system）在经历了自申请以来12年的争论之后尘埃落定，被欧洲专利局上诉委员会认定具有可专利性，欧洲新技术复审委员会批准了由养老金管理部门提出的该软件专利申请。该控制系统涉及养老金的管理方法，在一些步骤上和计算机装置联系起来，包括实现上述目标的软件系统，涵盖具有计算手段和运算数据功能的装置。新技术复审委员会认为：为在一个特定的领域内（即使在商业和经济领域）的使用而编制的计算机系统和程序在物质实体上和人为功利目的上具有具体的设备特征，那么它也是《欧洲专利公约》第52条（1）意义上的发明，尽管欧洲专利局特别排除了针对经济和商业活动的方案、规则和方法，但是其第52条（2）并没有提到关于对适于经济活动的具体的设备的权利的要求，因此其并不必然被排除。[2]

由于《欧洲专利公约》第52条明确规定计算机软件不受专利法保护，对该公约进行修改的倡议一直不断，2000年10月30日通过的《欧洲专利公约修正草案》已删除将计算机程序本身排除在专利保护之外的规定。修正后规定，如果将计算机硬件系统与软件作为一个整体，能够对现有技术作出贡献，可以被授予专利。2002年2月20日，欧盟委

1　刘孔中、宿希成、寿步：《软件相关发明专利保护》，知识产权出版社2001年版，第49-52页。IBM案，T1173/97（OJ 1997，609）。

2　余翔、刘珊：《欧盟对计算机软件相关发明的专利保护》，载《电子知识产权》2005年第6期，第37-41页。养老金收益案，T931/95（OJ 2001，441）。

员会提出《计算机软件相关发明的可专利性指令》（Directive on the Patentability of Computer-implemented Inventions）草案，提出确立计算机程序在欧盟成员国获得专利保护的可能性，同时强调在欧盟获得专利保护的计算机程序必须具有技术性贡献。由于欧盟部长理事会、欧盟委员会与欧洲议会在计算机软件的专利保护方面出现很大分歧，该指令的制定过程引起广泛关注。该草案提交欧洲议会讨论后，欧洲议会提出了对该草案的重大修订意见，重申了《欧洲专利公约》规定的计算机程序本身不能获得专利保护的原则，明确了专利保护的四要件，即新颖性、创造性、工业实用性以及具有技术性贡献，[1]并强调以计算机实施的发明不能仅仅由于使用了计算机、网络或其他可编程设备就被视为作出了技术性贡献。欧洲议会还明确商业方法软件专利申请应予以禁止，显然其对于计算机软件专利保护的态度是保守的，希望将软件排除在专利范围之外，理由是版权法已经对软件给予了充分保护，因而在审读该法令时附加了修正条款，限制普遍性的软件专利申请。而欧洲部长理事会的意见则希望不考虑欧洲议会的意见，给予计算机软件以专利保护，主张放开对计算机程序可专利性的限制。2004年5月，欧洲部长理事会删除了欧洲议会所作的修改，更倾向于对计算机程序给予更广泛的专利保护。按照欧盟的立法程序，由于就该指令欧盟部长理事会与欧洲议会的意见存在重大分歧，欧盟部长理事会通过的文本返回欧洲议会进

---

1 根据欧洲专利局的解释，技术性贡献可以产生于四种情况，包括为实现所要求保护的计算机程序需要的技术考虑；要求保护的发明所隐含并解决的问题；手段，即构成隐含问题解决方案的技术特征；在解决隐含问题过程中获得的效果。而其中的技术考虑标准是以1999年德国联邦最高法院就"逻辑检验（Logic verification）"案作出的判决为基础的。参见范长军、郑友德：《判断计算机程序作出技术贡献的技术考虑标准——德国联邦最高法院"逻辑检验"案判决及评价》，载《电子知识产权》2004年第7期，第37-39页。

入"二读"程序。[1] 对该指令草案，欧洲各大软件开发商表示支持，希望欧洲引入美国的软件专利制度，加大对软件的保护力度；而众多软件中小企业则希望通过著作权法保护软件，以使其能够借鉴其他软件的设计思想；同时，也有观点认为，对软件的过度保护将阻碍社会科技进步和创新，显然并不符合知识产权制度建立的根本宗旨和基本原则。最终，2005年7月6日，欧洲议会以648票对14票的优势否决了《计算机软件相关发明的可专利性指令》这一软件专利法案，[2] 意味着欧盟在对计算机软件提供法律保护和不遏制其创新上达成了某种妥协。

因此，计算机软件的专利性仍然受到《欧洲专利条约》第52条的限制，欧洲专利局想在计算机程序方面获得进展，必须对此条款重新作出解释。基于专利技术性的要求，欧洲专利局已经通过相关判例对计算机软件申请专利的限制作出了解释。如前述欧洲专利局1999年在IBM案中认为，只要计算机程序具有技术性就可以获得专利权，仅仅具有抽象意义的创造性而缺乏技术性质的计算机程序不能授予专利权，不被视为发明。该认定也印证了欧洲专利局1985年确定的专利审查基准，一项与软件有关的发明如果具有技术性，可以获得专利权。同样的道理也适用于商业方法的专利性，如在IBM申请的控制自动服务机器的卡式片阅读器专利的案件中，所申请的发明是一种服务的商业方法，由于这项发明缺少与装置相联系的技术步骤，即缺少技术性而不能获得专利权。因为在可专利主题上，欧洲法的基础是发明的技术特征要能够用来指导实

1　杨红菊：《〈欧盟计算机程序可专利性指令〉的进展》，载《电子知识产权》2004年第8期，第27-30页。该文对欧洲的专利体系及欧盟的立法程序作了全面介绍，并详尽说明了该指令的进展情况，表明欧盟部长理事会和欧盟委员会与欧洲专利局及部分成员国专利局的立场接近，代表了大型通信和程序公司的意愿，主张放开计算机程序专利保护的大门；而欧洲议会则代表了部分中小企业和自由软件支持者的意愿，要求限制计算机程序的可专利性。

2　冯晓青：《专利权的扩张及其缘由探析》，载《湖南大学学报（社会科学版）》2006年第5期，第132页。

践，专利申请必须与技术问题相关且应该明确对发明的技术特征的权利要求。专利复审委员会认为，通过计算机软件实现的商业方法如果不具有技术性特征不能被授予专利权。[1]

随着人工智能技术的发展，2018年年初欧洲专利局顺应新的形势，将人工智能的专利申请问题提上了日程；2018年5月欧洲专利局举行会议讨论人工智能技术专利申请所面临的问题与挑战；2018年11月1日，关于人工智能与机器学习技术可专利性方面的审查指南在欧洲专利局已经生效。根据欧盟委员会2020年发布的《欧洲数据战略》，欧盟可以建设强大的法律框架（数据保护、基本权利、安全等层面），以及接纳各种规模和不同行业基础的有竞争力公司的内部市场，协调一致地解决从数据连接到数据处理、存储、计算能力和网络安全等一系列问题。

2019年修改的《欧洲专利局审查指南》（Guidelines for Examination in the European Patent Office）于2019年11月实施。第F-Ⅳ-4.13节就"用于……的设备/产品"（apparatus for.../product for...）、"用于……的装置"（means for...）、"用于……的方法"（method for...）等表述的解释作出了说明。第4.13.2节则对"用于……的装置"的解释进行了修订。该部分说明，这类表述是功能性特征的一种，在欧洲专利局的一般性解释原则下，如果申请日前现有技术中有适合于实现该功能的装置，则该功能性特征包括了现有技术。但一个例外情况是，如果"装置加功能"的特征是由计算机或类似设备实现的，那么在这种情况下，"手段加功能"特征将被解释为被配置为实施有关步骤/功能的装置，而不是解释为仅仅适用于执行这些步骤/功能的装置。该节以眼镜镜片研磨机为例，列举了两种权利要求的写法，说明现有技术

1　李士林、郑友德：《欧盟计算机软件发明专利保护的发展研究》，载《科技与法律》2003年第16期，第60-67页、第86页。

文件必须披露实施所述步骤的眼镜镜片研磨机，而不仅是适合于实现所述步骤的设备。第4.13.3节指出，在方法专利中可能存在两种不同的目的：①该方法应用或使用的目的；②定义该方法的步骤产生的效果并隐含其中的目的。是否存在第二种目的，关键在于所述目的是否定义了方法的特定运用，以及实现的技术效果是不是在实施方法步骤时固有或不可避免。[1]

2022年新修订的《欧洲专利局审查指南》[2]涉及专利适格性方面的修改，对于可专利性审查问题在"G-Ⅱ 2"提出了所谓的"two-hurdle approach"。第一关是评估适格性，申请发明从整体上不得落入《欧洲专利公约》第52条（2）及（3）所定义之"非发明"。第二关则是评估进步性，专利申请中除了技术特征，并非不可以包含"非技术特征"，此时则要使用"G-Ⅶ 5.4"所述的COMVIK法评估专利申请的进步性，该方法的目的在于确定发明中的哪些特征属于技术特征（technical character），即哪些特征对于解决技术问题的技术方案提供了技术效果，若某项特征有助于发明的技术性，则可初步判断该特征可以支持进步性。[3]关于技术性问题，《欧洲专利局审查指南》G部分第Ⅱ章第1节中明确指出，"欧洲专利公约第52条（1）意义上的'发明'必须是具体的并具有技术性"。G部分第Ⅰ章第2节表明，发明技术性必

1 张广良：《国际知识产权发展报告2020》，中国人民大学出版社2022年版，第4-5页。

2 Guidelines for Examination in the European Patent Office，载欧洲专利局官网，上载时间：2022年3月1日，访问时间：2023年12月23日，https://link.epo.org/web/epo_guidelines_for_examination_2022_hyperlinked_showing_modifications_en.pdf。

3 喻韬：《2022年EPO审查指南更新概述》，载北美智权官网，上载时间：2022年3月9日，访问时间：2023年12月25日，http://cn.naipo.com/Portals/11/web_cn/Knowledge_Center/Research_Innovation/IPND_220309_1402.htm。该方法在欧洲专利局发布的2023版审查指南中未做修改，参见欧洲专利局官网Guidelines for Examination in the European Patent Office（March 2023），上载时间：2023年3月1日，访问时间：2023年12月25日，https://www.epo.org/en/legal/guidelines-epc/2023/g_ii_2.html。

须达到这样的程度，涉及一个技术领域，与一个技术问题有关，以及在权利要求中存在技术特征。[1]

"通过计算机实施的发明"部分主要涉及数学方法、人工智能以及重要仿真技术的示例，主要修改包括：

（1）数学方法（G-Ⅱ 3.3）

在此次修改中，仿真技术被从数学方法章节中移除，单独设立一个章节。该部分依旧遵从目前已经形成共识的审查规则，即将数学方法能否对现有技术作出实质技术性进步来判断其专利适格性。

（2）仿真技术（G-Ⅱ 3.3，3.5.2，3.6.3）

在此次修改中，单独增加了仿真技术一章。在专利适格性判断方面，仿真技术与其他通过计算机实现的发明采用相同的判断标准，即仿真技术或过程是否具有技术效果。具有物理实现方式输入或输出的通过计算机实现的仿真技术通常是具有专利适格性的，但仅包含纯数学算法的仿真技术则不具专利适格性，除非该申请的权利要求包含特定的技术手段和通过仿真系统产生的数据实现特定的技术效果。

（3）人工智能（G-Ⅱ 5.4.2.5）

在此次修改的人工智能章节中增加了参考案例，涉及一种使用热喷涂工艺对工件进行涂层的方法，其参数由仿真神经控制器控制。该示例清楚地说明了计算机仿真发明的相同方法如何适用于使用人工智能手段的主题。在该示例中，仿真神经控制器被认为带来了技术效

---

[1] 即 "an 'invention' within the meaning of Art. 52 (1) must be of both a concrete and a technical character; the invention must be of 'technical character' to the extent that it must relate to a technical field, must be concerned with a technical problem and must have technical features in terms of which the matter for which protection is sought can be defined in the claim." 参见张婧、廖泽鑫、吴虹雨，等：《人工智能的知识产权保护：第三章 中国及其他主要法域的人工智能专利保护（2）》，载柳沈律师事务所网站，上载时间：2022年3月17日，访问时间：2023年11月6日，https://www.liu-shen.com/Content-3165.html。

果，但在现有技术文件中显而易见，因此虽然具备专利适格性，但不具备创造性。[1]

近年来，关于由人工智能生成的"创新成果"能否受到保护，如何进行保护等在著作权领域存在的问题，在专利法领域也同样存在，尤其是针对人工智能形成的创新成果的发明人是否可为机器等均没有结论，但在现行相关知识产权法律之下，将发明人写为机器是不能通过专利审查的。如前述英国最高法院2023年12月20日作出的涉及人工智能专利申请的判决，[2] 即明确专利发明人必须是自然人。该案涉及的申请人向英国知识产权局递交了两件欧洲专利申请，后该专利申请到达了欧洲专利局。在申请书中，专利人处没有填写姓名，也没有提交单独的发明人姓名，欧洲专利局通知其提交关于发明人姓名的补充文件。后申请人提交了补充文件，指明发明人姓名为一个机器，欧洲专利局基于申请中的发明人必须为自然人的理由，判定不授予专利权。[3]

（三）计算机软件专利保护发展的三个阶段

从上述各国保护计算机软件的专利实践看，对于计算机软件的专利保护实质上经历了装置软件专利、媒体软件专利和商业方法软件专利三个阶段。

1.装置专利阶段

该阶段对计算机软件授予专利权的前提是软件与相关的计算机或信息数据处理装置等硬件相结合后，形成具有实用性的装置等，从而可

---

1 刘一勇：《欧洲专利局公布最新版〈审查指南〉》，载智南针官网，上载时间：2022年3月18日，访问时间：2023年8月28日，https://www.worldip.cn/index.php?m=content&c=index&a=show&catid=64&id=1975。

2 Thaler v. Comptroller-General of Patens, Designs and Trademarks, (2023) UKSC 49。Thaler (Appellant) v. Comptroller-General of Patents, Designs and Trademarks (Respondent)，载英国最高法院网站，上载时间：2023年12月20日，访问时间：2023年12月22日，https://www.supremecourt.uk/cases/uksc-2021-0201.html。

3 张广良：《国际知识产权发展报告2020》，中国人民大学出版社2022年版，第7页。

取得专利保护。

日本特许厅1975年制定公布的《计算机程序发明的审查基准之一》和1988年《关于计算机软件有关发明的审查方法》中均规定，一个纯算法本身并不受专利法保护，但是当它被一项发明所应用时，并且该发明是硬件和软件的结合，那么就可以获得专利法保护。1977年颁布的《欧洲专利公约》经修改后规定，如果将计算机硬件系统与软件作为一个整体，能够对现有技术作出贡献，可以被授予专利。在美国该阶段是以1981年的Diehr案为开端的，认为计算机软件本身与数学公式和数学算法相近，不属于可以获得专利权的主题，但如果计算机软件与某种装置工序或结构的其他部分融为一体，则作为整体的工序可以成为可授予专利权的主题。

在Diehr案中，申请人于1975年就一项硫化合成橡胶产品的方法向美国专利商标局提出专利申请。使用模具以硫化的方式将合成生橡胶制成特定的产品，需要掌握温度、压力和时间，传统的硫化方法可以用人工计算各种参数，掌握温度、压力和时间，但会发生硫化时间过长或者过短的现象，从而影响产品的质量。而申请人则通过使用计算机持续计算模具内的温度和压力，并在达到预定时间后自动发出信号打开模具的方法，这是其对于现有技术的贡献。1976年，美国专利商标局以权利要求的发明不属于法定主题为由驳回了该申请。1979年，美国关税与专利上诉法院撤销了该决定，认为申请人是就法定的专利保护客体申请专利，不能因为涉及了计算机软件，就使原来可以受到保护的客体变为不受保护的客体。申请人的权利要求并非数学算法或改进的计算方法，而是通过解决橡胶产品压模中产生的实际问题进行改进的橡胶硫化方法，应当获得专利保护。此后，美国专利商标局上诉至美国联邦最高法院。美国联邦最高法院认为申请人所主张的硫化合成橡胶的物理方法和化学方法，属于专利法保护的客体，这种受保护的方法不因其中的几个步骤使用了数字计算机或数学算法而改变性质，成为不受专利法保护的客体。同时，该案与此前的Benson案不同，美国联邦最高法院一方面仍然强调数学方法不能获得专利保护，而在另一方面则裁定当数学方法或计算机软件与具体的方法发明相联系时，并且是就具体的方法发明寻求专利保护时，就属于专利法保护的对象。[1]

2.媒体专利阶段

该阶段不再要求软件与硬件的结合，而提出将计算机软件存储在可读介质上，从而将该存储介质作为专利授权的对象，而实质取得授权的仍是计算机软件。

20世纪90年代以来，美国、日本和欧洲出现了被称为"计算机可读存储介质"的专利。"计算机可读存储介质"专利又称为"软盘权利要求"，实际上是将有关程序的发明描述成一种制造物，发明人往往可以避免将权利要求直接指向具体的代码指令，而是将权利要求描述成相对抽象的操作步骤。这种专利强调发明的两个要素，即程序算法步骤和计算机可读载体。该专利的权利要求的典型撰写方式为"一种记录有计算机程序的计算机可读存储介质，其特征在于所述程序能够使计算机执行如下步骤，其中步骤A是……步骤B是……步骤C是……"美国专利商标局、欧洲专利局和日本特许厅已经修改了其审查指南，为这种类型的权利要求开放了绿灯。[2]如美国现行《与计算机有关发明的审查基准》规定，凡透过计算机而可以用特定的方式来达成特定功能的"计算机可读记忆"均推定构成法定的"制品"而受到专利保护；日本和韩国也分别于1997年和1999年修改了专利审查指南，对计算机可读存储介质的专利保护作了规范。这种撰写方式表面上取得授权的是一种存储介质，而实质上所保护的是计算机程序。与以往要求软件要带来硬件的变化，软件应当与硬件相结合等条件相比，使计算机程序专利申请

---

1 李明德：《美国知识产权法（第二版）》，法律出版社2014年版，第948-950页。

2 国家知识产权局条法司：《新专利法详解》，知识产权出版社2001年版，第182页。

更为容易。有学者提出，对以计算机程序为特征的计算机可读存储介质的专利保护问题的态度由否定转向肯定，并没有在实体意义上扩大专利保护的范围，因为任何计算机可读存储介质中的计算机程序都可以和计算机或信息数据处理装置相结合而具备可专利性。媒体专利的出现并不意味着工业产权保护原则的改变，这种改进只是使得专利的保护范围更符合产业领域的客观情况。也有学者通过美国相关判例，总结分析了美国法院对软盘权利要求审查的态度，并提出美国法院基于机器可读和结构性联系来否认印刷物规则在计算机程序磁盘专利上的适用，是缺乏说服力的，应当直接审查确认计算机程序算法步骤本身等抽象内容的技术性，从而否定印刷物规则。[1]

3.商业方法软件专利阶段

该阶段以美国法院1998年审理的State Street案[2]为开端，对计算机软件的专利保护进一步扩展为对与商业方法有关的计算机程序的保护。如美国现行《与计算机有关发明的审查基准》规定，商业方法的权利要求不应区别对待，应与其他权利要求一视同仁，不能因为属于商业领域的方法而予以驳回，明确了商业方法软件的可专利性。而此后美国法院通过相关案件的审理，也确定了商业方法软件专利申请的适用规则；日本特许厅和欧洲专利局于2001年也制定了商业方法发明专利的规范文件。有关商业方法软件专利保护的争论及其中的法律问题将在本章第二节进行讨论。

---

1 崔国斌：《计算机程序磁盘的专利法客体审查》，载《计算机软件保护制度12年回顾与未来展望研讨会论文集》第103页。

2 State Street Bank & Trust Co. v. Signature Financial Group Inc., Fed. Cir. No. 96-1327.

二、我国计算机软件专利保护状况

（一）相关法律规定和审查依据

1.法律和专利审查指南的规定

根据我国《专利法》第二十五条的规定，对智力活动的规则和方法不授予专利权。智力活动的规则和方法是指导人们思维、分析和判断的规则和方法，具有抽象思维的特点，因此不能被授予专利权。国家知识产权局制定的《审查指南2001》第二部分第一章规定，智力活动是指人的思维运动，它源于人的思维，经过推理、分析和判断产生出抽象的结果，或者必须经过人的思维运动作为媒介才能间接地作用于自然产生结果，它仅是指导人们对信息进行思维、识别、判断和记忆的规则和方法，由于其没有采用技术手段或者利用自然法则，也未解决技术问题和产生技术效果，因而不构成技术方案。因此，其既不符合《专利法实施细则》第二条第一款的规定，又属于《专利法》第二十五条第（二）项规定的情形，指导人们进行这类活动的规则和方法不能被授予专利权。《审查指南2001》中还对仅涉及智力活动的规则和方法的发明申请进行了例举，其中包括"计算机程序本身"。[1] 由于计算机程序离不开算法或者逻辑运算，因此计算机软件往往被列入智力活动的规则和方法的范围。这种判断思路显然不利于对计算机软件的专利保护，因此在《审查指南2006》和《专利审查指南2010》[2] 中增加了"如果一项权利要求在对其进行限定的全部内容中既包含智力活动的规则和方法的内容，又包含技术特征，则该权利要求就整体而言并不是一种智力活动的规则和方法，不应当依据专利法第二十五条排除其获得专利权的可能性"。

1　国家知识产权局：《审查指南2001》，知识产权出版社2001年版，第（2-5）页。

2　国家知识产权局：《审查指南2006》，知识产权出版社2006年版，第（2-6）页；国家知识产权局：《专利审查指南2010》，知识产权出版社2010年版，第（2-6）页。

《审查指南2001》第九章还明确"计算机程序本身"是指为了能够得到某种结果而可以由计算机等具有信息处理能力的装置执行的代码化指令序列,或者可被自动转换成代码化指令序列的符号化指令序列或者符号化语句序列。计算机程序本身包括源程序和目标程序。如果发明申请只涉及计算机程序本身或者仅仅记录在载体(例如磁带、磁盘、光盘、磁光盘、ROM、PROM、VCD、DVD或者其他的计算机可读存储介质)上的计算机程序,就其程序本身而言,不论以何种形式出现,都属于智力活动的规则和方法,不属于可给予专利保护的客体。但是,一件涉及计算机程序的发明专利申请是为了解决技术问题,利用了技术手段和能够产生技术效果,就不应仅仅因为该发明涉及计算机程序而否定该申请属于可给予专利保护的客体。如,将一个计算机程序输入一个公知的计算机来控制该计算机的内部操作,从而实现计算机内部性能的改进;或者使用一个计算机程序来控制某一工业过程、测量或者测试过程;或者使用一个计算机程序来实现外部数据处理等,这些发明专利申请的主题符合上述要求时都不应被排除在属于可给予专利保护的客体范围之外。[1] 《审查指南2006》和《专利审查指南2010》则进一步明确,涉及计算机程序的发明是指为解决发明提出的问题,全部或部分以计算机程序处理流程为基础,通过计算机执行按上述流程编制的计算机程序,对计算机外部对象或者内部对象进行控制或处理的解决方案。涉及计算机程序的解决方案并不必须包含对计算机硬件的改变。 如果涉及计算机程序的发明专利申请的解决方案执行计算机程序的目的是解决技术问题,在计算机上运行计算机程序从而对外部或内部对象进行控制或处理所反映的是遵循自然规律的技术手段,并且由此获得符合自然规律的技术效果,则这种解决方案属于《专利法实施细则》第二条第一款

---

[1] 国家知识产权局:《审查指南2001》,知识产权出版社2001年版,第(2-144)页至第(2-149)页。

所说的技术方案，属于专利保护的客体。[1]

2.现行审查指南的发展

我国现行《专利审查指南2010》颁布后经历了七次修改，其中针对第二部分第九章的内容进行了四次修改。

（1）关于计算机可读存储介质的申请

2017年修改的《专利审查指南2010》对第二部分第九章的内容进行了以下主要修改：一是将《审查指南》第二部分第九章第2节第（1）项第一段中的"仅仅记录在载体（例如磁带、磁盘、光盘、磁光盘、ROM、PROM、VCD、DVD或者其他的计算机可读介质）上的计算机程序"修改为"……的计算机程序本身"。将第九章第2节第（1）项第三段第一句中的"仅由所记录的程序限定的计算机可读存储介质"修改为"仅由所记录的程序本身限定的计算机可读存储介质"。二是将第二部分第九章第5.2节第1段第一句中的"即实现该方法的装置"修改为"例如实现该方法的装置"；将第三句中的"并详细描述该计算机程序的各项功能是由哪些组成部分完成以及如何完成这些功能"修改为"所述组成部分不仅可以包括硬件，还可以包括程序"。将第2段中所有的"功能模块"修改为"程序模块"。[2]《专利审查指南2023》第二部分第九章第5.2节第1段第1句修改为"涉及计算机程序的发明专利申请的权利要求可以写成一种方法权利要求，也可以写成一种产品权利要求，例如实现该方法的装置、计算机可读存储介质或者计算机程序产品"，并说明计算机程序产品应当主要理解为主要通过

1　国家知识产权局：《审查指南2006》，知识产权出版社2006年版，第（2-142）页；国家知识产权局：《专利审查指南2010》，知识产权出版社2010年版，第（2-142）页。

2　国家知识产权局《关于修改〈专利审查指南〉的决定（2017）》，载国家知识产权局官网，https://www.cnipa.gov.cn/art/2017/2/28/art_2790_172141.html，上载时间：2017年2月28日，访问时间：2023年7月29日。

计算机程序实现其解决方案的软件产品。

关于可否以计算机可读存储介质申请软件专利保护问题，早在《审查指南2001》修改前，就有学者提出增加对计算机可读存储介质专利保护，将其纳入含有计算机程序的发明的特殊技术领域进行判断。[1] 理由是虽然存在计算机软件与硬件相结合的规定，但事实上计算机程序本身并不能直接与计算机结合，而只有被记录到计算机可读存储介质上，赋予可读介质特殊的功能，再通过具有这种特殊功能的介质才能指令计算机产生具有技术效果的运作，也才能实现所说的含有计算机程序的发明。该存储介质是一个直接与计算机程序有关的独立产品，是一个在含有计算机程序的发明中起着关键作用的相关产品，将其作为一个独立的产品给予专利保护也是合理的；而且这并不意味着保护原则发生变化，只是纠正了由于主观认识的局限性所导致的盲点，使专利的保护范围更符合软件产业领域的客观情况；确认该存储介质的可专利性，在涉及侵犯该专利的侵权判断时，争议的焦点集中在该专利特征部分所记录的能够使计算机执行的具体步骤与被控侵权软件可使计算机实施的步骤之间是否相同或等同，而不会判断该存储介质的结构形状等外部静态特征。[2] 2017年修改的《专利审查指南2010》允许了计算机可读存储介质的主题，将第二部分第九章第2节第（1）项第三段第一句中的"仅由所记录的程序限定的计算机可读存储介质"修改为"仅由所记录的程序本身限定的计算机可读存储介质"。该修改进一步明确了"计算机程序本身"不同于"涉及计算机程序的发明"，缩小了"计算机程序本身"的外延，澄清

1　黄敏：《浅谈计算机可读存储介质的专利保护》，载《中国知识产权报》2000年4月21日第2版；蒲迈文：《应当认可以计算机程序为特征的计算机可读存储介质的专利性》，载《中国知识产权报》2000年7月28日第2版。转引自刘孔中、宿希成、寿步：《软件相关发明专利保护》，知识产权出版社2001年版，第90-93页。

2　刘孔中、宿希成、寿步：《软件相关发明专利保护》，知识产权出版社2001年版，第93页。

了仅仅是"计算机程序本身"不属于专利保护的客体，"涉及计算机程序的发明"可以获得专利保护，进而也明确了由程序而非程序本身限定的计算机可读存储介质属于专利保护的客体，允许其作为保护的主题写入权利要求书中，丰富了软件改进方案的保护主题。[1]

（2）关于算法或商业规则和方法的申请

《专利审查指南2010（2019年修订）》在第二部分第九章增设第6节，针对涉及人工智能、"互联网+"、大数据以及区块链等新领域、新业态相关发明专利申请，明确了包含算法或商业规则和方法等智力活动规则和方法特征的发明专利申请的审查规则。

第6.1节涉及的审查基准中规定："审查应当针对要求保护的解决方案，即权利要求所限定的解决方案进行。在审查中，不应当简单割裂技术特征与算法特征或商业规则和方法特征等，而应将权利要求记载的所有内容作为一个整体，对其中涉及的技术手段、解决的技术问题和获得的技术效果进行分析。""如果权利要求涉及抽象的算法或者单纯的商业规则和方法，且不包含任何技术特征，则这项权利要求属于专利法第二十五条第一款第（二）项规定的智力活动的规则和方法，不应当被授予专利权。例如，一种基于抽象算法且不包含任何技术特征的数学模型建立方法，属于专利法第二十五条第一款第（二）项规定的不应当被授予专利权的情形。""如果要求保护的权利要求作为一个整体不属于专利法第二十五条第一款第（二）项排除获得专利权的情形，则需要就其是否属于专利法第二条第二款所述的技术方案进行审查。对一项包含算法特征或商业规则和方法特征的权利要求是否属于技术方案进行审查时，需要整体考虑权利要求中记载的全部特征。如果该项权利要求记载了对要解决的技术问题采用了利用自然规律的技术手段，并且由此获得

---

1 王京霞：《专利审查规则适用及案例新解——新领域、新业态相关发明专利申请最新审查规则解析》，知识产权出版社2022年版，第6页。

符合自然规律的技术效果，则该权利要求限定的解决方案属于专利法第二条第二款所述的技术方案。例如，如果权利要求中涉及算法的各个步骤体现出与所要解决的技术问题密切相关，如算法处理的数据是技术领域中具有确切技术含义的数据，算法的执行能直接体现出利用自然规律解决某一技术问题的过程，并且获得了技术效果，则通常该权利要求限定的解决方案属于专利法第二条第二款所述的技术方案。"

第6.1.3节涉及新颖性、创造性的审查中规定，对包含算法特征或商业规则和方法特征的发明专利申请进行新颖性审查时，应当考虑权利要求记载的全部特征，所述全部特征既包括技术特征，也包括算法特征或商业规则和方法特征。对既包含技术特征又包含算法特征或商业规则和方法特征的发明专利申请进行创造性审查时，应将与技术特征功能上彼此相互支持、存在相互作用关系的算法特征或商业规则和方法特征与所述技术特征作为一个整体考虑。"功能上彼此相互支持、存在相互作用关系"是指算法特征或商业规则和方法特征与技术特征紧密结合，共同构成了解决某一技术问题的技术手段，并且能够获得相应的技术效果。例如，如果权利要求中的算法应用于具体的技术领域，可以解决具体技术问题，那么可以认为该算法特征与技术特征功能上彼此相互支持、存在相互作用关系，该算法特征成为所采取的技术手段的组成部分，在进行创造性审查时，应当考虑所述的算法特征对技术方案作出的贡献。再如，如果权利要求中的商业规则和方法特征的实施需要技术手段的调整或改进，那么可以认为该商业规则和方法特征与技术特征功能上彼此相互支持、存在相互作用关系，在进行创造性审查时，应当考虑所述的商业规则和方法特征对技术方案作出的贡献。[1]

1　国家知识产权局《关于修改〈专利审查指南〉的公告（第343号）》，载国家知识产权局官网，上载时间：2019年12月31日，访问时间：2023年7月29日，https://www.cnipa.gov.cn/art/2019/12/31/art_2073_143003.html。

（3）关于汉字编码和输入方法的申请

《审查指南2001》第二部分第九章还规定了对于涉及汉字编码方法及计算机汉字输入方法的申请的审查，因为汉字编码输入方法应属于涉及计算机程序的发明专利。该指南规定，汉字编码方法本身属于一种信息表述方法，并非技术方案，不属于可给予专利保护的客体。但如果把汉字编码方法与该编码方法所使用的特定键盘相结合而作为计算机系统处理汉字的一种计算机汉字输入方法或者计算机汉字信息处理方法，使原来不能运行中文汉字的公知计算机系统能够以汉字信息为指令，产生出若干新的功能，以至能实现生产过程的自动化控制或者办公系统的自动化管理，则该计算机汉字输入方法或者计算机汉字信息处理方法属于可给予专利保护的客体。[1] 根据2017年相关统计分析，我国输入法相关的国内专利处于有效状态的为1133件，专利申请排名前三位的为百度公司、搜狗公司、腾讯公司，其专利申请量分别达到263件、185件、128件。自1997年至2011年，涉及输入法的专利申请人数和专利申请量稳步增长，专利年度申请未超过400件，年度申请人数发展到300个左右，专利技术稳步增长，属于输入法行业的发展期。自2012年至2015年，专利申请量继续增长，而专利申请人数逐渐稳定并呈下降趋势，更多的专利掌握在大型企业手中，输入法行业进入技术相对稳定的成熟期。[2]

从上述我国相关法律规定和专利审查指南的规定来看，我国专利审查机关对于计算机程序专利申请并非完全不予授权，判断涉及计算机程序的发明申请是否具备可专利性的标准是看其是否符合解决技术问题、获得技术效果、构成技术方案这三个条件，只有为了解决技术问题

1　国家知识产权局：《审查指南2001》，知识产权出版社2001年版，第（2-149）页。

2　凌赵华、夏立鹏：《国内输入法领域专利态势分析》，载《中国发明与专利》2017年第1期，第41-47页。

且能够产生技术效果的构成技术方案的计算机程序才属于可受到专利保护的客体。我国《审查指南2001》和《审查指南2006》将软件本身等同于数学方法应用，同时承认软件和硬件结合的系统作为可专利主题，强调软件专利授权的技术特征；《专利审查指南2010》以专章形式规定"关于涉及计算机程序的发明专利申请审查"，进一步明确涉及计算机软件的权利要求如果包括技术特征、解决了技术问题，不排除授予专利权的可能性；增加了涉及商业模式的权利要求，明确既包含商业规则和方法的内容，又包含有技术特征的，不应当排除其获得专利权的可能性；2020年修改的《专利审查指南2010》新增"包含算法特征或商业规则和方法特征的发明专利申请审查相关规定"专节规定，结合具体示例对此类申请的授权客体、新颖性和创造性、说明书和权利要求书撰写方面进行了明确规定；《专利审查指南2023》明确涉及计算机程序的发明专利申请的权利要求可以写成一种方法权利要求，也可以写成一种产品权利要求，例如实现该方法的装置、计算机可读存储介质或者计算机程序产品；同时，增加了涉及算法、大数据处理等客体审查基准及示例。[1] 有观点认为，我国以《专利法》第2条（即可专利主题）和第25条（即专利排除条款）规定为基础，通过规范解释、学理阐述和实践总结，我国对软件专利保护实现了从排斥到开放的制度转变。[2]

（二）有关计算机软件专利保护的实践

1.有关汉字输入方法的可专利性问题

关于汉字输入方法，从1983年的五笔字型输入法开创了单机时代输入法的先河，2006年搜狗拼音输入法面世推动输入法进入互联网时

1　《2020年〈专利审查指南〉第二部分第九章修改解读》及《专利审查指南》（2023）（局令第78号），载国家知识产权局官网，上载时间：2020年1月21日及2023年12月21日，访问时间：2023年12月21日，https://www.cnipa.gov.cn/art/2020/1/21/art_66_11475.html，https://www.cnipa.gov.cn/art/2023/12/21/art_3317_189349.html。

2　吴汉东：《计算机软件专利保护问题研究》，载《当代法学》2022年第3期，第7页。

代，2009年搜狗云输入法的推出则展示了云时代输入法的轮廓。[1] 对于汉字输入方法是否具有可专利性，国家知识产权局在部分案件中亦有相关认定。单纯的汉字编码方法属于一种信息表述方法，不属于专利保护的客体，但是如果汉字编码方法与输入设备相结合，构成计算机系统处理汉字的一种计算机汉字输入方法或者计算机汉字处理方法，使得计算机系统能够在汉字编码后的信息的指令下对内部或外部对象进行控制，则属于专利保护的客体。[2]

国家知识产权局在第53045号复审决定（200910213605.8）中认定，涉案申请要求保护一种汉字输入方法，所要解决的问题是现有技术在拼音和五笔混输的模式下，输入串还可能会被当作是拼音串，而当用户要输入拼音时，若用户输入的拼音串还不完整，在词库中还查找不到对应的拼音词，则当输入第四个字符时，会按照五笔输入直接上屏，输出对应的五笔词，从而给用户的拼音输入造成干扰。该问题属于现有技术中汉字输入法中存在的技术问题，即在混合输入的模式下，若用户输入第四个字符时，没有良好的判断方式来判断五笔词和拼音词哪个为用户所希望获得而是直接按照五笔词上屏。涉案申请采用的手段是通过获取输入串并判断输入串能否进行拼音扩展，当输入串能进行拼音扩展时，则对输入串进行拼音扩展，并从词库中查找扩展后的输入串对应的拼音词，并将该拼音词与五笔词共同作为候选词进行显示。该手段属于能够利用汉字信息为指令，运行根据相应的方法编制的程序，从而控制或处理外部对象或者内部对象，即通过对输入的字符串进行分析，将分析结果作为指令，控制显示的候选词，属于技术手段。涉案申请所获得的效果是能确保在拼音串未输入完整时，拼音串能正确地识别出，避免

---

1 王艳坤：《汉字输入法及其专利保护》，载《中国发明与专利》2011年第7期，第83-85页。

2 国家知识产权局专利复审委员会：《以案说法——专利复审、无效典型案例指引》，知识产权出版社2018年版，第35页。

了当输入串对应有四码唯一的五笔词时直接上屏的情形，尽可能地减少了拼音串与五笔串之间的干扰，在输入串不会用五笔拆分时能立即用拼音打出来，而能用五笔拆分则不会被认为是拼音串，从而提高了文字输入的流畅性。该效果能够获得更加精准的上屏词，解决了现有技术中存在的问题，取得了相应的技术效果。因此，涉案申请要求保护的方案属于技术方案。

但仅仅明确输入设备为某种特定的输入设备以及从操作者的角度描述如何操作该输入设备，不属于汉字编码方法与输入设备的结合，相应的输入方法不属于技术方案。国家知识产权局在第9837号复审决定（01115560.4）中认定，涉案申请要求保护一种电脑汉字典码输入方法，其具体记载了用鼠标选择单击目标部首或部件后，再继续点击特征选择条件窗口中给出的各个候选特征中的接续目标特征的输入汉字的方法，但涉案申请要求保护的方法仅记载了人机交互的界面上如何用鼠标点击所述界面上的输入汉字的候选窗口和特征条件的选择窗口上点击由部首、拼音、笔画、笔顺、笔画数部件和间架结构构成的索引直至选取到目标汉字的方法，而该方法仅仅是所述汉字编码输入法的使用方法或操作说明，由于该方法没有记载计算机如何对鼠标点击的所述索引进行处理，以使该索引能与各类汉字标准字库中的汉字相关联，从而可以得到目标汉字的技术特征，电脑主机、显示器、鼠标等硬件特征都是用来限定汉字输入法的使用方法或操作说明的特征，并不是计算机如何根据索引在汉字标准字库中搜索汉字并输出目标汉字的技术特征，其未采用技术手段或利用自然法则，而仅仅是来源于人的思维，是人为制定的一种汉字输入法的使用规则，因此涉案申请不属于专利法意义上的技术方案，不能被授予专利权。[1]

1　国家知识产权局专利复审委员会：《以案说法——专利复审、无效典型案例指引》，知识产权出版社2018年版，第36-37页。

从审查实践看，对于汉字输入法专利申请，应当在说明书中清楚、完整地记载借以形成计算机汉字输入法的汉字编码规则，其中应当明确、清楚和具体地指出赖以对汉字进行编码的编码码元，如字根、笔画、部首等，上述编码输入码元与计算机键盘键位等用于输入编码码元的输入单元之间的相互映射关系以及在计算机键盘上输入汉字的步骤。所述汉字输入方法应当包括对各种结构汉字（包括独体字及合体字等）以及各种词组的计算机输入方法。在撰写权利要求书时其主题名称应该反映出汉字的输入方法，而不应当撰写为汉字编码方法。同时，虽然在权利要求中必须记载编码码元与键盘的对应关系，但不能将权利要求的主题名称撰写为汉字输入方法及其键盘（或输入装置），以使权利要求的类型清楚，避免出现因撰写不当而无法获得授权的情况。[1]

2.涉及输入法专利的侵权纠纷

从我国的司法实践看，涉及计算机软件专利纠纷的案件逐年增多，其中包括涉及输入法专利的侵权纠纷。自1993年第一起涉及五笔字型编码方法软件专利侵权案以来，2000年前后曾出现多起涉及汉字输入方法的专利侵权纠纷，2009年腾讯公司、2014年百度公司曾以不正当竞争为由起诉搜狗拼音输入法，2015年搜狗公司起诉百度输入法侵犯了其相关专利权，提起17起诉讼，索赔总额1.8亿元；2016年百度公司起诉搜狗拼音输入法等侵犯了其10项专利权，索赔1亿元；同时，双方还就各自涉诉专利提起无效宣告并进入行政诉讼程序。

（1）五笔字型编码专利案

在北京市高级人民法院1997年7月审理的王码公司与东南公司侵害

1　国家知识产权局专利局电学发明审查部：《专利申请基本知识三问三答》，上载时间：2017年4月12日，访问时间：2023年10月15日，https://www.cnipa.gov.cn/art/2017/4/12/art_2651_167334.html。

发明专利权案[1]中，王码公司主张权利的涉案专利是五笔字型技术发展过程中的第三版技术，其独立权利要求为"一种采用优化五笔字型计算机汉字输入编码法设计的标识有优选字根符号的汉字输入键盘，将经过选定的键位字根，依其相互之间的相容关系……在上述键盘的键位上将字根有规律地搭配成5个区……形成该最多四码输入（包括一、二、三级常用字简码）的按拼形组字、拼形组词计算机汉字输入编码方法设计的汉字输入键盘"。王码公司发现东南公司制造、销售的东南汉卡中使用了五笔字型发展过程中的第四版技术，认为侵犯了涉案专利权故诉至法院。

一审法院认为，五笔字型第四版技术与涉案专利第三版技术相比较，减少了21个字根，第三版的四种字型减少为三种字型，上述两点差异对提高汉字输入速度和易学性确有进步，但该进步是在第三版基础上进行改进所取得的。从整体上看，无法得出第四版技术已经突破第三版的编码体系及其字根在键盘分布的方法的结论。第四版的主要技术特征仍然落入涉案专利保护范围之内。因此实施第四版技术时应当与涉案专利权人协商，对其中含有第三版技术部分应支付合理的使用费。一审法院判决东南公司支付王码公司24万元，东南公司今后继续使用第四版五笔字型技术应当与王码公司协商并支付合理的费用。东南公司不服提起上诉，二审法院予以改判。

二审法院认为，涉案专利采用经优化的220个字根构成对简、繁汉字和词语依形编码的编码体系，将其字根分布在下述五个区共25个键位上，并具体描述了字根在各键位上的分布。被诉侵权的东南汉卡中使用的五笔字型第四版技术与涉案专利属于同一类汉字编码体系。从二者的技术特征

1　参见北京市高级人民法院（1994）高经知终字第30号民事判决书，北京市中级人民法院（1993）中经初字第180号民事判决书。该较早授权的涉案专利权利要求的主题名称即采取了编码法及其键盘的方式，国家知识产权局已对此明确可将主题名称表述为汉字输入方法。

看，涉案专利是由220个字根组成的编码体系，而五笔字型第四版技术是由199个字根组成的编码体系，这种字根的减少并非在220个字根中删减的结果，而是依据易学易记的目标需要，重新优选字根的结果，这其中注入了开发者创造性的劳动；五笔字型第四版技术将涉案专利中的四种字型减少为三种，方便了记忆。五笔字型第四版技术与涉案专利在技术上有联系，但二者的区别也是明显的。从这类编码技术发展的角度看，涉案专利属于低版本，五笔字型第四版技术属于高版本，高版本的技术内容不能覆盖低版本的技术内容。因此，涉案专利技术与五笔字型第四版技术是两个计算机汉字输入方案，东南公司在其东南汉卡中使用五笔字型第四版技术不构成对涉案专利权的侵犯。二审法院对原审判决的相关内容予以纠正，判决撤销原判并驳回王码公司的诉讼请求。

（2）笔画输入法专利案

胡某华、汉普公司等诉摩托罗拉公司、爱立信公司等侵犯专利权案中，原告提出被告未经许可擅自使用了其"笔画输入法"专利并提出索赔请求。而被诉侵权人则提出其手机所采用的输入法是经合法授权获得的加拿大字源资讯技术公司的字能输入法及摩托罗拉公司的iTAP输入法等。北京市第二中级人民法院经审理，于2002年5月判决驳回原告的诉讼请求，认为被控侵权物所使用的技术方案与涉案专利技术相比，尽管目的同为解决汉字输入问题，但两种技术方案中采用了不同的解决方法，功能各异，效果也各有不同，不具备以基本相同的手段、实现基本相同的功能、达到基本相同效果的等同特征，故其未全面覆盖涉案专利的技术特征。[1] 原告不服提起上诉，二审法院判决驳回上诉，维持原判。前述"笔画输入法"专利诉讼涉及iTAP输入法和字能输入法；而广州市中级人民法院审理的"自由写"专利权人何某恭诉深圳桑

1　参见北京市高级人民法院（2001）高民终字第491、492号民事判决书，北京市第二中级人民法院（2001）二中知初字第104、105号民事判决书。

梓公司、广州东泽电器公司侵犯专利权纠纷案，则针对当时应用最广泛的T9输入法。[1]

在北京市高级人民法院2000年8月受理的专利权人胡某华、胡某及专利被许可人汉普公司起诉爱立信公司、索爱普天公司侵犯专利权纠纷案[2]中，原告主张权利的是"笔画输入的键位分布及其屏幕提示"发明专利，其认为爱立信公司等制造销售的T18SC、T28SC、R320SC等型号的移动电话，均未经许可擅自使用了涉案专利构成侵权，故诉至法院。

在该案审理期间，爱立信公司向原国家知识产权局专利复审委员会（简称专利复审委员会）提出宣告涉案专利权无效的请求。专利复审委员会经审查，于2003年12月19日作出第5885号无效宣告请求审查决定，维持涉案专利权有效。爱立信公司不服向北京市第一中级人民法院提起诉讼。北京市第一中级人民法院经审理，于2004年12月20日判决撤销第5885号无效决定并由专利复审委员会重新作出审查决定。爱立信公司、专利复审委员会、胡某华、胡某、汉普公司不服一审行政判决提起上诉。北京市高级人民法院经审理，于2008年6月20日判决驳回上诉，维持原判。[3] 2009年3月13日，专利复审委员会作出第13125号无效宣告请求审查决定，宣告涉案专利权利要求1无效，维持涉案专利权利要求2-4继续有效。该无效宣告请求审查决定已经生效。

后汉普公司、胡某华、胡某在诉讼中主张以涉案专利新的独立权利要求，即涉案专利原权利要求2为其主张权利的基础。经比对，涉案专利独立权利要求与T28SC爱立信移动电话的中文输入方法相比，两

---

1 信息产业部电子知识产权咨询服务中心：《手机输入法专利详解与企业对策分析》，载《电子知识产权》2004年第12期，第47页。

2 参见北京市高级人民法院（2000）高知初字第57号民事判决书。

3 参见北京市高级人民法院（2005）高行终字第132号行政判决书，北京市第一中级人民法院（2004）一中行初字第551号行政判决书。

者在成字、构字部件、笔画的显示方式不同，成字构成及成字上屏的方式不同，笔画键和提示选择键的分布均有不同。鉴于汉普公司、胡某华、胡某主张T18SC、R320SC等型号的爱立信移动电话均使用了与T28SC爱立信移动电话相同的中文输入方法，因此涉案T28SC等爱立信移动电话使用的中文输入方法均未落入涉案专利的保护范围。法院于2012年3月判决驳回汉普公司、胡某华、胡某的诉讼请求。

（3）百度输入法案

在最高人民法院再审审理的百度公司与搜狗公司等侵害发明专利权案[1]中，该案涉及"一种输入过程中删除信息的方法及装置"发明专利。涉案专利授权公告的权利要求1为："一种输入过程中删除信息的方法，其特征在于，输入区域包括编码输入区和字符上屏区，所述方法包括：当输入焦点在编码输入区时，接收删除键的指令，删除已输入的编码；当所有的编码全部删除完时，暂停接收所述删除键的指令；当所述删除键的按键状态达到预置条件时，继续接收删除键的指令，删除字符上屏区中的字符。"该案原告以被告提供的百度输入法及其删除信息的方法落入涉案专利权利要求1的保护范围为由提起诉讼。百度公司以飞利浦手机及其使用手册作为涉案专利的现有技术。一审法院认为百度输入法具有涉案专利中的"暂停接受""删除字符"以及"删除编码"特征，落入权利要求1的保护范围。涉案专利要解决的技术问题不是单纯由于用户操作失误，发出了多余的删除指令，而是要解决用户在删除过程中由于需要连续发出删除键指令，导致操作失误，发出了多余的删除指令。百度输入法连续下发删除指令的技术特征与涉案专利的保护范围是相关的，并且该特征与飞利浦手机一次下发删除键指令即全部清空已输

---

[1] 参见北京知识产权法院（2015）京知民初字第1943号民事判决书，北京市高级人民法院（2018）京民终498号民事判决书，最高人民法院（2020）最高法民再82号民事判决书。

入内容的特征不相同也不等同。因此，百度公司的现有技术抗辩不能成立。后百度公司不服提起上诉，二审法院判决驳回上诉，维持原判。

百度公司不服，向最高人民法院申请再审。最高人民法院认定，百度输入法"长按"删除键时，编码输入区中已输入的编码（拼音）被删除，故具备与权利要求1中的"删除编码"特征相同的技术特征。虽然百度输入法删除的具体方式为逐个删除，与现有技术飞利浦手机的一次性删除不同，但二者的手段、功能、效果并不存在实质性的差异。在权利要求1没有限定删除的具体方式的情况下，无论是逐个删除还是一次性删除，均已被权利要求1中的"删除已输入编码"所覆盖，具体删除方式的不同不会对专利侵权判断产生实质性影响。相应地，在现有技术飞利浦手机长按删除键会删除编码输入区的编码（拼音），公开了与"删除已输入编码"相对应的相应特征的情况下，不能仅因百度输入法与现有技术的具体方式有所不同，即认定现有技术抗辩不能成立。因此，百度公司的现有技术抗辩主张应予支持，最高人民法院最终认定不构成侵权。

3.涉及图形用户界面的纠纷

图形用户界面（Graphical User Interface, GUI），是指在电子产品显示装置上以图形方式显示的计算机操作用户界面，用户可通过图形对象进行操作，具有人机交互性、美观实用性等特点。关于GUI的保护问题，国际上通信产业比较发达的国家和地区，都先后建立了电子产品图形用户界面的外观设计保护制度，如美国、日本、韩国、欧盟、我国台湾地区等。我国2014年修改的《专利审查指南2010》也增加了相关内容[1]，在第一部分第三章第4.3节第三段第（6）项之后新增一项，内容为："（7）对于包

---

1 《国家知识产权局关于修改〈专利审查指南〉的决定》，上载时间：2014年3月12日，访问时间：2023年12月1日，https://www.gov.cn/gongbao/content/2014/content_2684500.htm。该修改决定系国家知识产权局第六十八号令予以发布。

括图形用户界面的产品外观设计专利申请，必要时说明图形用户界面的用途、图形用户界面在产品中的区域、人机交互方式以及变化状态等。"

在北京知识产权法院一审审理的奇虎公司等诉江民公司侵害外观设计专利权案[1]中，一审法院判决驳回原告的全部诉讼请求，认为被诉侵权行为既不构成直接侵权，也不构成帮助侵权。该案判决后，曾引起业界对图形用户界面外观设计专利如何予以保护的热烈讨论。有观点认为，该案判决依据现行法律规定而作出，并不存在任何逻辑和法律适用问题，但反映出我国对图形用户界面通过外观设计制度予以保护存在问题，导致司法裁判无法脱离产品的特征要求；也有观点认为，过度强调图形用户界面外观设计与产品相结合，过于机械，且无法实现对图形用户界面外观设计专利权的保护，客观上大大限制了其保护范围。[2]

该案原告是"带图形用户界面的电脑"外观设计专利权人，其发现被告开发并提供给用户下载的"江民优化专家"软件界面图像与其外观设计专利相同，主张被告在互联网上提供被诉侵权软件的行为构成直接侵权，即便涉案专利的保护范围为"带图形用户界面的电脑"，需要考虑电脑这一产品，被告的行为也构成帮助侵权行为。一审法院认为，国家知识产权局虽在第六十八号令中引入"包括图形用户界面的产

---

1 参见北京知识产权法院（2016）京73民初276号民事判决书；该案判决后原告不服提起上诉，在二审期间涉案专利被国家知识产权局宣告全部无效。因涉案专利状态不稳定，二审法院裁定撤销一审判决并驳回原告的起诉。参见北京市高级人民法院（2018）京民终167号民事裁定书；原告针对涉案专利无效宣告决定提起行政诉讼，一审法院判决驳回原告的诉讼请求，二审法院认为证据1系他人未经申请人同意而泄露其内容的情形，属于专利法规定的不丧失新颖性宽限期的情形，不能作为在先设计对比文件，被诉决定应予撤销。参见最高人民法院（2020）最高法行终588号民事判决书。

2 宋献涛、曹卉：《戴镣铐的舞者——评GUI专利侵权第一案》，载搜狐网，上载时间：2018年1月5日，https://www.sohu.com/a/214940717_221481；《最高法开庭审理"国内GUI专利侵权第一案"》，载网易订阅，上载时间：2020年12月18日，访问时间：2023年12月1日，https://www.163.com/dy/article/FU4KC42E051187VR.html。

品外观设计", 但该规定中的具体内容均是在现有外观设计专利制度框架下作的适应性调整, 除第六十八号令中有明确规定以外, 其他内容均适用现有的外观设计规则。被诉侵权软件并不属于外观设计产品的范畴, 其与涉案专利的电脑产品不可能构成相同或相近种类的产品, 即便二者用户界面相同或相近似, 被诉侵权软件亦未落入涉案专利的保护范围。用户实施的行为仅为下载被诉侵权软件至其电脑的行为, 并不存在直接实施涉案专利行为, 即便确如原告所述被诉侵权软件属于侵权产品的中间物, 被告的涉案行为亦不可能构成帮助侵权。

而此后在上海市高级人民法院2021年审理的金山公司与萌家公司侵害外观设计专利权案[1] 中, 两审法院均认定被诉侵权软件侵害了涉案"用于移动通信终端的图形用户界面"外观设计专利权。该案原告金山公司是"趣输入"输入法软件的权利人, 该输入法的图形用户界面采用动态进度条的方式实时显示用户的输入量和金币的获取状态, 基于该输入法软件运行后的图形用户界面取得"用于移动通信终端的图形用户界面"的外观设计专利权。该专利包括10个相似设计, 其中设计10的整个界面被一条靠近中间位置从左至右设置的狭长进度条分为上下两块区域, 进度条上部为空白区域, 下部为显示键盘的输入区域; 进度条从左至右推进的前端有爆炸性细点, 进度条最右侧末端有三个金币图案。原告发现被告萌家公司开发并提供"趣键盘"软件产品供用户免费下载, 其用户图形界面与涉案专利属于相同或相近似的外观设计。一审法院认为, 被诉侵权界面与涉案专利界面的整体设计界面和动态变化过程均较为近似, 属于近似的界面设计。萌家公司以生产经营为目的开发被诉侵权软件, 相当于制造了含有被诉侵权图形用户界面的手机产品的最主要实质部分, 将被诉侵权软件上架以供用户下载, 相当于许诺

1　参见上海市高级人民法院〔2022〕沪民终281号民事判决书, 上海知识产权法院〔2019〕沪73民初398号民事判决书。

销售、销售含有了被诉侵权图形用户界面的手机产品的最主要实质部分，构成侵权。一审法院判决萌家公司停止侵权并赔偿经济损失等2.5万元。萌家公司不服提起上诉，二审法院判决驳回上诉，维持原判。

二审法院认为，图形用户界面系随着计算机技术的发展应运而生，包含图形用户界面的产品从硬件到底层的操作系统再到应用软件等一般由不同的主体提供，呈现出"软硬分离、软软分离"的特点。故对于图形用户界面外观设计专利的实施，要结合其自身特点进行判断。采用与制造实质相同的方式，将图形用户界面设计应用于产品上，即可认定为实施了该专利。该案中，当软件被用户下载并安装在手机中，经用户在操作系统中操作软件运行后即可在手机中呈现与涉案专利外观设计相近似的被诉侵权图形用户界面，因此被诉侵权图形用户界面系基于硬件生产商、操作系统开发商、用户、软件开发和提供者共同参与才得以在手机上呈现。其中硬件生产商、操作系统开发商以及用户等的行为仅系为图形用户界面实施提供环境或条件，萌家公司开发并提供涉案软件供用户免费下载，必然会导致被诉侵权界面在手机上呈现，使得涉案专利被实施，该行为与侵犯专利权损害后果的发生具有法律上的因果关系，故其应当承担相应侵权责任。

4.涉及软件专利侵权判定的纠纷

在原北京市中级人民法院于1994年审理的空军总医院等诉达轮公司侵犯发明专利权案中，[1] 法院认定原告的"计算机电疗仪"发明专利是含有计算机程序、具有技术效果的完整技术方案，被诉侵权产品落入涉案专利保护范围构成侵权。此后，对于如何确定计算机软件专利权的保护范围、如何进行侵权技术特征的比对等相关问题开始引起关注和研究。

---

1 该案为原北京市中级人民法院一审审理，北京市高级人民法院二审判决维持的案件。参见张楚、王祥、欧奎：《电子商务法案例分析》，中国人民大学出版社2002年版，第134–139页。

（1）关于计算机软件专利权保护范围的实践

《专利审查指南2023》中第九章专章对于涉及计算机程序的发明专利申请审查进行了规定，主要是对涉及计算机程序的发明专利申请的审查特殊性作出具体规定。其中虚拟装置的权利要求在形式上要求撰写成产品权利要求，但其实质上仍为方法权利要求。鉴于方法权利要求的局限性，《专利审查指南2006》增设了虚拟装置类权利要求，其中提出：对于涉及计算机程序的发明专利申请的权利要求，可以写成一种方法权利要求，也可以写成一种产品权利要求。同时，还进一步对虚拟装置的撰写方式进行了规定：虚拟装置类权利要求中的各组成部分与计算机程序流程的各个步骤或者方法权利要求中的各个步骤完全对应一致。即，虚拟装置类权利要求的各个特征的实质内容其实是和方法权利要求的相应步骤一致的。《专利审查指南2023》第九章第5.2节对权利要求书的撰写进行了细化，明确涉及计算机程序的发明专利申请的权利要求可以写成一种方法权利要求，也可以写成一种产品权利要求，例如，实现该方法的装置、计算机可读存储介质或者计算机程序产品。同时，进一步明确计算机程序产品应当理解为主要通过计算机程序实现其解决方案的软件产品。这主要是考虑到随着互联网技术的发展，越来越多的计算机软件已不再依托于传统的光盘、磁盘等有形存储介质，而是通过互联网以信号的形式进行传输、分发和下载。为满足创新主体强化计算机软件保护的诉求并与国际规则接轨，本节修改进一步丰富了涉及计算机程序的发明专利申请的保护主题类型，允许以计算机程序产品作为保护主题类型，使得对于计算机程序的保护不再限于有形的存储介质，同时明确了计算机程序产品同样属于产品权利要求。[1]

1　国家知识产权局：《〈专利审查指南〉（2023）修改解读（四）》，载国家知识产权局网站，上载时间：2024年1月18日，访问时间：2024年2月17日，https://www.cnipa.gov.cn/art/2024/1/18/art_2199_189877.html。

对于已授权的计算机程序发明专利，在民事侵权案件中如何理解其功能性特征，如何确定其权利保护范围，都是存在争议的问题。根据2016年《最高人民法院关于审理侵权专利权纠纷案件应用法律若干问题的解释（二）》第八条的规定，功能性特征是指对于结构、组分、步骤、条件或其之间的关系等，通过其在发明创造中所起的功能或者效果进行限定的技术特征，但本领域普通技术人员仅通过阅读权利要求即可直接、明确地确定实现上述功能或者效果的具体实施方式除外。涉及计算机程序的发明，如果通过功能或效果对程序流程或方法步骤或其之间关系进行限定的技术特征可被认定为功能性特征，但是如果本领域技术人员通过阅读涉及计算机程序的权利要求即可直接、明确地确定实现这些功能或者效果的技术特征不属于功能性特征。

在上海市高级人民法院审理的诺基亚公司诉华勤公司侵害发明专利权案[1] 中，涉案专利权利要求2要求保护的是一种在电信系统中选择数据传送方法的方法，权利要求7要求保护的是一种能够实现或执行上述方法的终端设备。涉案专利权利要求7采取了在方法权利要求对应的每一个步骤特征前附加"被配置为"的撰写方式来表征其所限定的相关技术特征，涉案权利要求7的内容为："如权利要求6所述的终端设备，其特征在于：所述终端设备被配置为：将所述数据传送方法选择应用于用于输入消息的消息编辑器；所述终端设备被配置为：基于在所述消息编辑器中执行的所述数据传送方法的选择，将所述消息传送到支持所选择的数据传送方法的数据传送应用程序；以及所述终端设备被配置

1　参见上海市第一中级人民法院（2011）沪一中民五（知）初字第47号民事判决书，上海市高级人民法院（2013）沪高民三（知）终字第96号民事判决书，最高人民法院（2014）民申字第1492号民事裁定书。涉案发明专利权"选择数据传送方法"被原国家知识产权局专利复审委员会第21580号无效宣告请求审查决定宣告全部无效，后经过一审、二审行政诉讼，并经向最高人民法院申请再审，驳回了诺基亚公司的再审申请，参见最高人民法院（2015）知行字第268号行政裁定书。后最高人民法院裁定准许诺基亚公司撤回该侵权民事案件的再审申请。

为：根据所述数据传送应用程序所使用的数据传送协议，将所述消息传送到电信网络。"

一审法院认为，权利要求7的撰写方式是在方法步骤特征前附加"被配置为"进行限定，在文义上应该将"被配置为"理解为使具备或达到其所限定的执行某一步骤的功能或效果。权利要求中以"被配置为"表述的技术特征均应结合说明书和附图描述的具体实施方式及其等同方式确定其内容。说明书的相关内容多数是方法、步骤或者功能，而缺乏对装置本身的描述，没有关于装置本身如何"被配置为"的具体实施方式。因此，原告专利权利要求的保护范围结合说明书仍然不能确定。原告专利中的方法和实施该方法的装置在技术上虽然相互关联，但保护对象和范围应当是界限清晰、各不相同。而两者的权利要求的区别仅在于涉及装置的权利要求系方法权利要求每一个步骤前加上"被配置为"而组成，因此应当要求原告进一步说明"被配置为"的具体实施方式，以明确原告在装置上相对于对现有装置的技术贡献，否则就是给予纯功能限定的装置予以保护。鉴于利权利要求7的保护范围不能确定，无须亦无法就被告是否实施了原告专利进行确定，一审法院判决驳回原告的诉讼请求。

可见，由于涉案专利权利要求7包含功能性技术特征，且结合涉案专利说明书及附图仍然不能确定权利要求7的保护范围，不应判定被告构成侵权。因此法院将"被配置为……"解释为限定装置的功能性特征，并结合涉案专利说明书及附图来寻找装置本身"被配置为"的具体实施方式和相对于对现有装置的技术贡献，以确定权利要求的范围。

（2）关于计算机软件专利侵权判定的相关实践

对于计算机软件专利侵权判定问题，由于涉及相对复杂的技术问题，因而相关案件也会借助技术调查官或专业领域的人民陪审员之力进行审理。但也有的案件出现被告认可侵权且坚持要求法院出具判决的案件，如在北京市第二中级人民法院审理的中科信安公司诉神州航公司侵犯专利权案[1]中，该案涉及"一种计算机网络非对称信道传输系统"的发明专利，其权利要求1记载："一种计算机网络非对称信道的传输系统，包括信息源，发送端路由器，接收端路由器，微机局域网或单个微机，双向信道，其特征在于还包括：a.在发送端路由器及接收端路由器的数据总线上分别对应安装有单发接口和单收接口；b.在发送端路由器与接收端路由器之间至少有一个单向信道。"该案原告指控被告实施的以PPPOE方式进行ADSL宽带接入服务的行为落入涉案专利权保护范围，被告神州航公司的特别授权委托代理人承认神州航公司于2004年开始实施被诉行为并认可落入涉案专利权的保护范围。法院依据证据规则，根据当事人的承认认定侵权成立，判决被告停止侵权行为。

在北京市高级人民法院审理的速帮公司与同方公司等侵害发明专利权案[2]中，该案涉及"远程软件服务系统"的发明专利，涉案专利授权公告文本的权利要求书有9项权利要求，其中权利要求1为："1.一种远程软件服务系统，包括用户端、服务器端及其服务终端，其服务于包含主操作系统的用户电脑，其特征在于，所述用户端包括：第一通信模块，用于实现用户端和服务器端之间的通信，向服务器端发送服务请求以及身份认证信息；受控端程序模块……所述服务器端包括：用户接入模块……数据库，根据上述用户群接入模块所传送来的身份认证信息完成用户端的身份认证，并对通过身份认证的服务请求进行排序；第二通信模块……服务终端接入模块……所述服务器终端包括：第三通信模块……控制端程序模块……"

1　参见北京市第二中级人民法院〔2006〕二中民初字第01919号民事判决书。

2　参见北京市高级人民法院〔2017〕京民终206号民事判决书，北京市第一中级人民法院〔2014〕一中民（知）初字第6912号民事判决书。

被诉侵权的技术方案包括零时空远程软件、服务器和人工客服的远程服务系统。速帮公司公证购买了涉案软件，并在公证处的电脑上进行安装。一审法院认为，根据涉案公证书及速帮公司提交的技术特征对照表，被诉侵权的技术方案所包含的技术特征完整包含了涉案专利的所有技术特征，被诉侵权技术方案已经落入该涉案专利的权利保护范围内。两被告主张被诉侵权技术方案属于现有技术，并提交《完美的远程控制软件：RemotelyAnywhere》作为其现有技术证据。该证据记载的服务系统包括服务器端和客户端，而涉案侵权技术方案包括客户端、服务器端和工程师端，二者系统结构并不相同。该证据亦没有公开"会话排序"或"服务请求排序"的技术特征。虽然两被告亦提交多篇其他现有技术文献，但其并未证明被诉侵权的技术方案与一项现有技术方案中的相应技术特征相同或者等同，或者是一项现有技术与所属领域公知常识的简单组合。因此其现有技术抗辩主张不能成立。

同时，一审法院还对两被告主张被诉侵权的技术方案不包含权利要求1中的3个技术特征问题——进行了论述，包括权利要求1中服务请求由用户端发起，"零时空远程服务专家"仅能通过工程师端发起服务请求；权利要求1通过服务器端的数据库对用户服务请求进行排序，"零时空远程服务专家"中服务请求由工程师发出，不需要数据库参与，也不存在排序；权利要求1必须经过服务器端的转接才能实现工程师端和用户端之间的互联，服务器端断开则远程服务终止，"零时空远程服务专家"的服务器端仅参与向用户端分配工程师电脑IP及端口，工程师端与用户端直接连接提供服务，不需要通过服务器端中转。最终认定被诉侵权的技术方案包含权利要求1的技术特征，两被告的抗辩主张不能成立。在二审审理过程中，鉴于双方在二审中对涉案专利的效力及侵权认定均不再争议，故二审争议焦点在于一审判决确定的赔偿数额是否合适，未涉及侵权判定的相关问题。

（三）人工智能与计算机软件专利保护的实践

1.关于人工智能相关申请的可专利性问题

如前所述，从我国与人工智能相关的专利申请看，主要集中在图像识别、语音识别、智能家居等，以及无人驾驶、无人机领域，AR/VR虚拟现实、增强现实类，类脑/智能机器人，人工脑包括智能穿戴等。人工智能领域的每一个发明创造都是在解放人类，其在技术层面最核心的创新就是算法的创新，但单纯的算法本身属于智力活动的规则和方法，按照《专利法》第二十五条的规定是不能被授予专利权的。但对于计算机软件专利、商业方法软件专利来说，按照我国《专利审查指南2023》的相关规定，将算法与具体的应用领域相结合，形成具体的产品或方法的技术方案，就可能符合授权条件。

如国家知识产权局在2015年4月作出的《"机器学习方法和装置"发明专利驳回复审决定书》[1]中认定，"如果一项权利要求请求保护的方案采用了技术手段、解决了技术问题并由此获得了技术效果，则该方案属于专利法第二条第二款规定的技术方案"。针对驳回决定中关于"权利要求1—10不符合专利法第二条第二款的规定。具体为：本申请中自动标注方法实质上是一种人为制定的标注规则，同时，交叉验证也是人为制定的验证规则；该方案所解决的是如何训练不同的分类器来实现容错学习，不构成技术问题，使用的手段实质在于人为制定的训练规则，不受自然规律的约束，不是技术手段，获得的也仅是符合设定规则的分类训练结果，没有获得技术效果，即不构成技术方案"的理由，国家知识产权局认为，"机器学习领域是人工智能领域这一技术领域的分支，本申请请求保护的方法和装置中涉及机器学习领域的数据处理，应属于技术手段，数据集标注的可靠性和准确性改善了机器学习的分类器的性能，也应当解决了技术问题，并获得技术效果"，并据此撤销了对

1　参见国家知识产权局第90317号复审请求审查决定。

该申请作出的驳回决定。

本书认为，对处于弱人工智能发展阶段的人工智能技术给予专利保护是十分必要的，尤其是还要注重将人工智能的专利保护与标准化工作的开展结合起来，通过对人工智能及其产业发展具有基础性、支撑性、引领性作用的标准化的推进，力争占领产业竞争的制高点。中国电子技术标准化研究院等单位编写发布的《人工智能标准化白皮书（2018版）》曾对国内外人工智能标准的现状进行了总结，并结合我国的情况提出了人工智能标准体系以及对人工智能标准化工作的重点建议。同时，也提出了人工智能领域标准化工作所面临的问题和挑战，包括由于人工智能的技术和相关产品都还在快速发展之中，业界对其概念、内涵、应用模式、智能化水平等尚难达成共识，现有标准化工作基础较为薄弱；人工智能标准涉及的共性技术领域多，涉及不同的标准化技术委员会，需要加强标准化的顶层设计，避免工作交叉重复；人工智能作为国内外关注的前沿技术，行业巨头正在加快谋篇布局，我国在人工智能领域的创新能力有待进一步提升等所面临的问题和挑战。因此，我国有必要直面和解决《人工智能标准化白皮书（2018版）》中提出的上述挑战和问题，加快制定人工智能各领域的标准体系，明确相关专利与技术标准之间的相互制约和依存关系，建立统一完善的标准体系，以专利和技术标准的融合促进我国人工智能产业的发展。

2.人工智能相关纠纷的司法实践

目前，司法审判领域在诉讼中已经出现了涉及人工智能领域的专利授权确权的行政纠纷案件，主要涉及无人机、机器人、语音识别、自动驾驶、智能家居等应用领域，也有取得专利授权的权利人维权的民事侵权纠纷案件出现。

如在最高人民法院审理的智臻公司与苹果公司、国家知识产权局发明专利权无效行政案[1] 中，涉及智臻公司的"一种聊天机器人系统"发明专利，就属于相对典型的人工智能领域的专利。该专利的权利要求1的内容为"一种聊天机器人系统，至少包括：一个用户；和一个聊天机器人，该聊天机器人拥有一个具有人工智能和信息服务功能的人工智能服务器及其对应的数据库，该聊天机器人还拥有通信模块，所述的用户通过即时通信平台或短信平台与聊天机器人进行各种对话，其特征在于，该聊天机器人还拥有查询服务器及其对应的数据库和游戏服务器，并且该聊天机器人设有一个过滤器，以用来区分所述通信模块接收到的用户语句是否为格式化语句或自然语言，并根据区分结果将该用户语句转发至相应的服务器，该相应的服务器包括人工智能服务器、查询服务器或游戏服务器"。

针对苹果公司提出的该专利实施例没有给出如何利用游戏服务器5来实现游戏功能等无效理由，原国家知识产权局专利复审委员会认为，本领域技术人员根据专利说明书相关记载内容能够实现本发明利用聊天机器人系统的游戏服务器互动游戏的功能，苹果公司相关无效理由不能成立。苹果公司不服诉至一审法院，一审法院认为，该专利先要实现拟人化的对话，而游戏功能是在拟人化对话的基础上的附加功能，本领域技术人员运用其普通技术知识可以明了游戏服务器主要涉及提供服务的内容，根据其普通技术知识能够实现，苹果公司关于本专利未充分公开如何实现游戏功能的主张不能成立，判决维持被诉决定。苹果公司不服提起上诉，二审法院认为，实现游戏功能是本专利实现拟人化的一种表现形式，并非拟人化的附加功能，如何实现游戏功能是实现本专利必不可少的技术特征。本专利说明书仅仅记载了具有一个游戏服务器以及提到

1　参见最高人民法院（2017）最高法行再34号行政判决书，北京市高级人民法院（2014）高行（知）终字第2935号行政判决书，北京市第一中级人民法院（2014）一中知行初字第184号行政判决书。

实现互动游戏的设想，而对于游戏服务器与聊天机器人的其他部件如何连接等完全没有记载。本专利说明书未充分公开如何实现本专利权利要求1所限定的游戏功能，违反了《专利法》第二十六条第三款的内容，本专利权应当被宣告无效。

智臻公司向最高人民法院申请再审，最高人民法院认定，根据本专利说明书的完整内容并结合该案证据，应当认定本专利限定的游戏服务器的功能是通过本专利中描述的格式化语句调用现有的成熟的游戏模块来实现的。本领域普通技术人员根据本专利说明书的相关记载内容可以实现，聊天机器人的一端连接用户，另一端连接游戏服务器，用户通过即时通信平台或短信平台与聊天机器人进行对话，可以使用格式化的命令语句与机器人做互动游戏。因此，本专利涉及游戏服务器的技术方案符合《专利法》第二十六条第三款规定。在本专利申请日前，在聊天服务系统中设置游戏服务器是本领域常规设置，包括美国专利在内的现有技术也已经公开了在聊天服务系统中设置游戏服务器的技术内容。本领域技术人员具有获知本领域现有技术的能力，即通过检索现有技术可以实现在聊天机器人系统连接游戏服务器并进行游戏，无须由说明书给出如何连接游戏服务器并进行游戏的具体指引。苹果公司提交的证据不足以证明其关于本专利未充分公开游戏功能的主张，二审判决关于本专利说明书未充分公开本专利权利要求1所限定的游戏功能的认定存在错误，判决撤销二审判决，维持一审判决。

该案当事人的争议主要涉及对是否违反《专利法》第二十六条第三款说明书应当充分公开的认定，主要是判断本领域技术人员根据说明书是否能够实现相关技术方案。该规定所称的所属技术领域的技术人员能够实现，是指所属技术领域的技术人员按照说明书记载的内容，能够实现该发明或者实用新型的技术方案，解决其技术问题，并产生预期的技术效果。因此，说明书应当清楚记载发明或者实用新型的技术方案，详细描述实现发明或者实用新型的具体实施方式，达到所属技术领域的技术人员能够实现该发明或者实用新型的程度。

3.人工智能专利与多主体侵权问题

对于专利侵权行为由多主体共同实施的问题，不仅在人工智能领域中可能出现，在传统领域的专利侵权纠纷当中也可能出现，尤其是在当下社会分工越来越细化，精细化程度越来越高的情况下，更是如此。

（1）相关司法解释规定

关于间接侵权的问题，在我国专利法中并没有明确规定。虽然2008年的《专利法》修改并未将间接侵权的规定纳入，但同期起草和修改的我国2009年《侵权责任法》（已废止）第九条明确规定了教唆帮助行为的共同侵权行为及责任。此后，间接侵权的相关规定在《专利法》第四次修改过程中，曾被纳入草案。2015年12月的《专利法修订草案（送审稿）》第六十二条表述为，"明知有关产品系专门用于实施专利的原材料、中间物、零部件、设备，未经专利权人许可，为生产经营目的将该产品提供给他人实施了侵犯专利权的行为的，应当与侵权人承担连带责任"，"明知有关产品、方法属于专利产品或者专利方法，未经专利权人许可，为生产经营目的诱导他人实施了侵犯该专利权的行为的，应当与侵权人承担连带责任"，但2019年最新修订草案版本并未保留。2020年颁布的《民法典》侵权责任编第一千一百六十九条规定了"教唆、帮助他人实施侵权行为的，应当与行为人承担连带责任。"相关规定与《侵权责任法》（已废止）第九条的规定一致。

我国关于专利间接侵权的相关规定，体现在最高人民法院制定的相关司法解释中。2016年4月实施的《最高人民法院关于审理侵犯专利权纠纷案件应用法律若干问题的解释（二）》第二十一条对此作了规定，即"明知有关产品系专门用于实施专利的材料、设备、零部件、中间物等，未经专利权人许可，为生产经营目的将该产品提供给他人实施了侵犯专利权的行为，权利人主张该提供者的行为属于侵权责任法第九条规定的帮助他人实施侵权行为的，人民法院应予支持。明知有关产品、方法被授予专利权，未经专利权人许可，为生产经营目的积极诱导他人实施了侵犯专利权的行为，权利人主张该诱导者的行为属于侵权责任法第九条规定的教唆他人实施侵权行为的，人民法院应予支持"。其中所引述的《侵权责任法》（已废止）第九条的规定，是指"教唆、帮助他人实施侵权行为的，应当与行为人承担连带责任"。根据该司法解释发布时新闻发布会的解读，第二十一条规定是考虑到实践中，间接侵权人与最终生产侵犯专利权产品的侵权人之间没有意思联络，并不构成共同过错。但是，间接侵权人明知其提供的零部件等只能用于生产侵犯专利权的产品，而仍然提供给侵权人实施。鉴于间接侵权人明显的主观恶意，且其提供的零部件是直接侵权行为的专用品或者其积极诱导他人实施专利侵权行为，故将其纳入《侵权责任法》（已废止）第九条规制的范围。[1]

（2）人工智能专利的实施

在人工智能专利应用场景中，作为一个系统工程，其实施主体往往也是多元的，需要多个主体共同完成，这无疑为人工智能专利的侵权判定增加了难度。云计算、大数据等技术在提升运算速度、降低计算成本的同时，也为人工智能发展提供了丰富的数据资源，协助训练出更加智能化的算法模型。正如云计算的出现打破了传统的商业模式，整个产业链包括平台提供商、系统集成商、服务提供商、应用开发商和用户五个重要角色，其都可能成为云计算技术的实施者。云计算专利的实施，通常需要服务提供商和用户的共同参与，在服务提供商租用云计算基础平台的情况下，还可能涉及提供基础平台的云计算平台提供商，这无疑对云计算技术专利保护提出了新的挑战。

---

[1] 有学者指出，有研究认为，我国司法解释关于间接侵权的规定与美国、德国、日本等国家的规定有一定差异，即在规定专用品的同时要求行为人明知，可能过于严苛而不利于专利权保护，应通过立法予以完善。参见管育鹰：《软件相关方法专利多主体分别实施侵权的责任分析》，载《知识产权》2020年第3期，第3-16页。

（3）域外对间接侵权认定的实践

对间接侵权的认定问题，美国联邦巡回上诉法院对此问题观点的发展和变化，可为人工智能专利侵权判定提供一定的参考和借鉴。在2007年审理的BMC Rescources v. Paymentech案[1]（以下简称BMC案）中，美国联邦巡回上诉法院认为，原告的涉案专利是银行客户可以不输入账号而仅通过声音指令银行向收款单位转账支付的方法专利，被告作为第三方向收款商户提供技术支撑服务，银行客户通过向被告拨打电话发出语音付款指令再由被告将相关指令转给收款商户。被告并未实施涉案专利方法的所有步骤，仅实施了该方法专利的部分步骤，原告认为其构成专利侵权。法院认为，诱导侵权的行为需要导致直接侵权的后果才能构成专利法意义上的引诱侵权，而构成直接侵权则必须由单一行为人实施了专利的全部技术特征。该案没有任何一个独立的主体实施专利的全部技术特征，因此银行、商户、银行客户或银行网络管理者均不构成直接侵权，被告也不能构成引诱侵权。

但在2012年审理的Akamai v. Limelight案[2]的判决中，美国联邦巡回上诉法院否定了BMC案中所阐述的引诱侵权判断规则，重新确立了更加有利于云计算专利权人的新的引诱侵权的侵权判断规则。该案没有任何一个单独的主体实施涉案方法专利的全部步骤，而是由多主体分别实施了相关步骤。法院经全席审理（en banc）推翻了BMC案中的规则，认为如果被告故意诱导多人实施侵犯专利权的必要行为并且被诱导者整体实际实施了侵犯专利权的行为，那么就没有理由因为没有单个的被诱导者实施直接侵权行为的全部要素而使被告免除引诱侵权的责任，认为该案被告虽然不能根据《美国专利法》第271条（a）而构成直接侵权，但有证据表明其可以根据《美国专利法》第271条（b）而构成引诱侵

1　BMC Rescources, Inc. v. Paymentech, LP., 498 F. 3d 1373 (Fed. Cir. 2007).

2　Akamai Tech., Inc. v. Limelight Networks, Inc., 692 F. 3d 1301 (Fed. Cir. 2012).

权。2014年6月，美国联邦最高法院撤销了美国联邦巡回上诉法院的该判决，发回重审。[1] 美国联邦最高法院认为，如果根据《美国专利法》第271条（a）或任何其他条款，无人构成直接侵权，那么被告不可能根据《美国专利法》第271条（b）而构成引诱侵权。2015年8月，美国联邦巡回上诉法院再次经全席审理作出判决，认定被告构成直接侵权。[2] 美国联邦巡回上诉法院对云计算专利保护的上述态度，一方面表明司法机关对新技术挑战有一个反复认识和判断的过程；另一方面似乎也隐含着通过司法途径保护产业全球竞争力的政策考量。[3]

（4）我国的对策

我国司法机关如何应对人工智能技术带来的挑战，本书认为，亦应充分考虑我国相关司法规则和政策可能给相关产业发展带来的冲击和影响，构建出适合我国国情并有利于人工智能产业发展的专利侵权判定规则。面对人工智能技术的发展和进步所带来的多主体实施专利的情况，司法可以通过对专利间接侵权规则的合理适用，甚至如美国联邦巡回上诉法院最终将其认定为直接侵权等做法，积极有效制止专利侵权行为，实现充分保护人工智能专利权人合法权益的目的。

在最高人民法院2019年12月审结的敦骏公司与吉祥腾达公司等侵害发明专利权案[4] 中，原告主张权利的专利权利要求为："1.一种简易访问网络运营商门户网站的方法，其特征在于包括以下处理步骤：……2.根据权利要求1所述的一种简易访问网络运营商门户网站的方法，其特征在于：所述的步骤A，由门户业务用户在浏览器上输入任

1　Limelight Networks, Inc. v. Akamai Tech., Inc., 2014 WL 2440535 (U.S. June 2, 2014).

2　Akamai Tech., Inc. v. Limelight Networks, Inc., 797 F. 3d 1020 (Fed. Cir. 2015).

3　吴汉东、张平、张晓津：《学者对话法官：人工智能对知识产权法律保护的六大挑战》，载《中国法律评论》2018年第2期，第1—24页。

4　参见最高人民法院（2019）最高法知终147号民事判决书，山东省济南市中级人民法院（2018）鲁01民初1481号民事判决书。

何正确的域名、IP地址或任何的数字，形成上行IP报文；所述的步骤B，由'虚拟Web服务器'虚拟成该IP报文的IP地址的网站。"原告主张吉祥腾达公司制造、销售的W15E、W20E、G1等多款商用无线路由器均侵害其涉案专利权。一审法院经比对，认定用户使用被诉侵权产品访问网络运营商门户网站时，再现了涉案专利权利要求1、2的全部技术方案，因此，吉祥腾达公司未经原告许可，制造、销售、许诺销售被诉侵权产品，其行为侵害了敦骏公司的涉案专利权，应承担停止侵权、赔偿经济损失的责任。

吉祥腾达公司不服提起上诉，主张原审判决侵权认定有误，涉案专利保护的是一种网络接入认证方法，吉祥腾达公司仅是制造了被诉侵权产品，但并未使用涉案专利保护的技术方案。二审法院认为，涉案专利技术属于网络通信领域，该领域具有互联互通、信息共享、多方协作、持续创新等特点，该领域中的绝大多数发明创造的类型为方法专利，且往往只能撰写成为需要多个主体的参与才能实施的方法专利，或者采用此种撰写方式能更好地表明发明的实质技术内容。然而这些方法专利在实际应用中，往往都是以软件的形式安装在某一硬件设备中，由终端用户在使用终端设备时触发软件在后台自动运行。因此，被诉侵权人完全可以采用上述方式，在未获得专利权人许可的情况下，将专利方法以软件的形式安装在其制造的被诉侵权产品中，甚至，还可以集成其他功能模块，成为非专用设备，并通过对外销售获得不当利益。从表面上看，终端用户是专利方法的实施者，但实质上，专利方法早已在被诉侵权产品的制造过程中得以固化，终端用户在使用终端设备时再现的专利方法过程，仅仅是此前固化在被诉侵权产品内的专利方法的机械重演。因此，应当认定被诉侵权人制造并销售被诉侵权产品的行为直接导致了专利方法被终端用户所实施。

二审法院进一步认为，网络通信领域方法的专利侵权判定应当充分考虑该领域的特点，如果被诉侵权行为人以生产经营为目的，将专利方法的实质内容固化在被诉侵权产品中，该行为或者行为结果对专利权利要求的技术特征被全面覆盖起到了不可替代的实质性作用，也即终端用户在正常使用该被诉侵权产品时就能自然再现该专利方法过程的，则应认定被诉侵权行为人实施了该专利方法，侵害了专利权人的权利。吉祥腾达公司虽未实施涉案专利方法，但其以生产经营为目的制造、许诺销售、销售的被诉侵权产品，具备可直接实施专利方法的功能，在终端网络用户利用被诉侵权产品完整再现涉案专利方法的过程中，发挥着不可替代的实质性作用。终端网络用户利用被诉侵权产品实施涉案专利方法的行为并不构成法律意义上的侵权行为，因此应当认定吉祥腾达公司的涉案行为构成专利侵权，原审法院判令其停止制造、许诺销售、销售固化了涉案专利方法实质内容的3款涉案路由器产品正确。

此后，最高人民法院在西电捷通公司与苹果公司等侵害发明专利权案[1]中，对标准必要专利与多主体实施侵权问题进行了进一步阐释。该案涉及"一种无线局域网移动设备安全接入及数据保密通信的方法"发明专利，是需要多个主体相互配合的多主体实施方法专利。在侵权判断中，一审法院认为，涉案专利技术方案采用了多侧撰写方式，[2]其权利要求中的不同技术实施步骤由多个不同主体共同执行，多个主体共同或交互作用方可实施该方法专利技术方案，其中每一个主体均未完整实施专利技术方案。在涉案专利侵权判断过程中，技术特征全面覆盖原则应理解为各执行主体分别完成了各自承担的专利技术方案的相应步

---

[1] 参见最高人民法院〔2022〕最高法知民终817号民事判决书，陕西省高级人民法院〔2016〕陕民初10号民事判决书。

[2] 在专利技术方案的撰写中，通常存在单侧撰写与多侧撰写的不同方式。单侧撰写权利要求中，仅以一个设备作为执行主体来描述各个步骤。而多侧撰写的权利要求中，会出现由不同执行主体所执行的不同步骤。多主体实施的方法专利在信息、通信领域比较常见，多侧撰写的方式在该类专利中非常常见，与单侧撰写相比各有优势。对于部分技术方案而言，只有多侧撰写才能更精确地描述技术方案的实质性技术特点。

骤，某一个执行主体的行为仅实施部分技术方案或步骤，各执行主体的行为整体上全面覆盖专利技术方案。如果被诉侵权人以生产经营为目的，将专利方法的实质内容即执行步骤固化在被诉侵权产品中，该行为或者行为结果对专利权利要求的技术特征被全面覆盖起到了不可替代的实质性作用，应视为被诉侵权行为人实施了该专利方法，侵害了专利权人的权利。该案中，美国苹果公司生产制造并通过苹果公司销售的产品固化了涉案方法专利的实质内容，该行为或行为结果对最终该方法专利的全面覆盖起到了不可替代的作用。最终认定构成侵权，判决被告承担停止侵权、赔偿损失和合理开支的法律责任。

被告不服提起上诉，二审法院认为，涉案专利是一种多主体实施的方法专利，发明目的是为移动终端提供一种安全保密接入无线局域网的方法，涉及移动终端、无线接入点、认证服务器三个物理实体相互配合才能实现全部技术方案。移动终端、无线接入点、认证服务器各自的制造商都固化了涉案专利的相关实质技术内容，使得终端用户可以根据自己的需求，通过在移动终端的正常操作，启用WAPI功能，触发涉案专利技术方案的自动执行。因此，移动终端的固化方当是实施涉案专利技术的最大受益者，最终认定苹果公司应基于其与美国苹果公司之间高度关联、分工合作、密切配合、共同参与的共同行为而承担连带责任，对一审判决认定的赔偿损失和合理开支的判项予以维持。

对于多主体侵权责任问题，有的学者提出，无须纠结于相关主体是否有主观过错、是否直接侵权、是否有主观意思联络等问题，可通过认定关键程序控制人的侵权责任找到解决路径：从技术层面看，此类技术方案主要由一套软件或系统控制实施，其他步骤不管由其他多少个主体分别执行，其实均是按程序事先设置的步骤操作并自动完成。因此，事实上判定侵权时不必纠结其他主体是否有主观过错，是否直接侵权等疑难问题，仅需考虑在设计、生产和销售的装置或设备中事先植入实施方法专利的关键程序并因此获得相应利益的主体之直接侵权责任。为进一步明确规则解决方法专利多主体分别实施侵权的困境，可考虑在专利法中制定"明知是方法专利而实施关键步骤并与他人共同造成侵害后果的，应承担侵权责任"的专门条款，或明确司法解释规则，针对多主体分别实施方法专利的行为，吸收国外的"控制或指导"说或"工具论"及国内外实践经验，淡化各方的主观意思联络要件，强调其客观行为关联，追究实施方法专利流程中关键步骤的控制人之直接侵权责任。实践中，主要设备的生产者或提供服务者因投入市场的产品之新功能的需要，往往将控制专利流程的程序预装到相关设备上，并执行整个流程步骤以检测确认该方法专利功能是否实现，因此一般更容易被认定为关键步骤的控制人。[1]

三、对计算机软件专利保护制度的思考

从世界范围看，计算机软件专利审查标准的不断修改、放宽，软件专利数量的不断增加，充分反映出越来越多的发达国家开始倾向于采用积极的态度通过专利权来保护计算机软件的明显趋势。而且随着网络技术、数字技术和人工智能等新质生产力的发展，计算机软件的专利保护范围将不断得到拓展。通过专利制度，保护了计算机程序中无法受到著作权法保护的构思、结构等内容，充分体现了计算机软件的功能性特征。但不可否认，通过专利制度保护计算机软件也存在一定的不足。

首先，对软件权利人来说，由于专利权的申请和审查时间往往较长，使得相关权利较长时间处于不确定状态，不利于对其提供及时有效的保护。如美国专利商标局对商业方法专利的授权审理期间与其他类别的专利申请相比，等待时间更长且授权率更低。2007年所有技术领域的专利授权时间平均约为32个月，而商业方法专利的授权时间平均约为

---

1 管育鹰：《软件相关方法专利多主体分别实施侵权的责任分析》，载《知识产权》2020年第3期，第3—16页。

54个月。2002年至2009年，美国专利商标局对商业方法专利的授权率约为9%，远低于超过50%的平均授权率。[1]

其次，对社会公众来说，由于计算机软件的生命周期较短，凸显其专利保护期限过长。计算机软件作为发明专利的范畴，根据我国《专利法》第四十二条的规定，发明专利权的期限为二十年。随着网络技术等高新技术的发展，软件的更新换代更为迅速，其生命周期[2]更短。如果给予其二十年的保护期限，无疑不利于技术的发展和进步，甚至存在社会成本和社会收益失衡的可能性。因此，适当缩短对计算机软件专利的保护期限一直是学术界较为一致的观点。[3]本书认为，今后的专利立法确实应考虑适当缩短计算机软件专利的保护期限问题，相关保护期限的确定应与软件的正常的生命周期相适应，避免较长保护期限可能造成的垄断。根据英国知识产权委员会的报告，美国联邦最高法院审理的某案就涉及起诉方认为《1998年著作权期限延长法案》违反了《美国宪法》明令规定的保护必须"有限"的条款，延长现有著作的保护期限没有任何激励作用，而且违背了《美国宪法》有关垄断权的交换

---

1 刘银良：《美国商业方法专利的十年扩张与轮回：从道富案到Bilski案的历史考察》，载《知识产权》2010年第6期，第94页。

2 根据我国国家标准《计算机软件开发规范》（GB 8566—88），软件生存周期(Systems Development Life Cycle)包括软件计划、软件开发、软件维护三个阶段，并可以细分为问题定义、可行性研究、需求分析、总体设计、详细设计、编码、测试、运行维护等阶段。参见360文库该规范词条，https://wenku.so.com/d/b79ac9056afa39b6780e7847066ee208。

3 在对计算机软件著作权保护模式下，存在同样的问题。根据我国《计算机软件保护条例》第十四条，"自然人的软件著作权，保护期为自然人终生及其死亡后50年，截止于自然人死亡后第50年的12月31日……法人或者其他组织的软件著作权，保护期为50年，截止于软件首次发表后第50年的12月31日，但软件自开发完成之日起50年内未发表的，本条例不再保护。"该规定与我国著作权法有关作品保护期的规定基本相同，对计算机软件提供著作权保护的期限至少为50年。

要求，即授予垄断权应以获取公众利益为交换。[1]

　　而且，通过专利保护软件并未达到专利制度所应当带来的充分公开程序思想的目的，并未在取得专利保护的同时，使相关的技术方案得以充分地公开。尽管软件专利的说明书必须对程序的构思、结构与算法做充分支持和描述，并给出能使本领域技术人员实施的最佳方式，但程序的源代码仍然处于保密状态。在绝大多数情况下，申请专利的软件的程序源代码都不必公开。如在1971年的In re Ghiron案[2]中，美国关税与专利上诉法院指出，软件专利申请的公开应该达到使相关技术领域的技术人员经过合理的工作后能够实施所请求保护的软件的程度。如果专利申请公开了软件的流程图，对流程图中的每个框和箭头都做了解释，并对执行程序所需的硬件平台进行了描述，则可以不公开源代码；后1990年美国联邦巡回上诉法院在Northern Telecom v. Datapoint案[3]中对此做了总结，法院指出软件专利申请需要公开的细节取决于软件的难易程度，究竟应该公开哪些细节需要由撰写申请文件的专利代理人决定。但是，如果发明的实质性特征在流程图的层面上已经充分公开，通常就不需要公开源代码；且美国自1996年开始施行的《与计算机有关发明的审查基准》也规定申请人应该从操作角度详细说明计算机运行的步骤，而不是简单地提供计算机的源代码或者目标码指令。因此，无论从美国相关审查基准，还是从司法判例看，都不要求计算机软件程序源代码的公开。而事实上，程序员可能更多地能够通过对程序源代码的分析和研究促进软件的发展。

　　因此，虽然专利保护制度是以公开专利技术方案为基本内容的，

1　英国知识产权委员会：《知识产权与发展政策相结合》，载英国知识产权委员会网站，上载时间：2002年9月22日，访问时间：2023年12月12日，http://www.iprcommission.org/graphic/documents/final_report.htm。

2　In re Ghiron, 442 F. 2d 985, 169 USPQ 723 (CCPA 1971).

3　Northern Telecom, Inc. v. Datapoint Corp. 908 F. 2d 931 (Fed. Cir. 1990).

但用专利法保护计算机软件并不能完全实现社会及时了解软件领域发展的动态，他人在现有专利的基础上进行新的发明创造，从而有利于推进整个社会的经济科技发展的目的。

| 第二节 |
关于商业方法软件专利保护的争论

所谓商业方法软件，是指随着网络技术的不断拓展而产生的一系列能够实现在网络环境下达成和进行交易的计算机程序。引起学者广泛讨论的商业方法，并非指所有商业方法和技巧、诀窍等，而是通过计算机程序的执行进行商业交易的方法。互联网上商业方法的实现必然要借助计算机程序，已经取得授权的多个商业方法软件专利及相关专利侵权诉讼的提出也在一定程度上引发了人们对网络专利技术是否会构成垄断等问题的担忧。本节在分析商业方法软件可专利性的基础上，提出对商业方法软件专利保护与计算机软件专利保护方式的几点思考。

一、商业方法软件专利问题的提出

自1998年7月美国联邦巡回上诉法院对State Street案[1] 作出判决，就开始引发了学术界和计算机软件及网络业界对商业方法软件可专利性问

---

1 State Street Bank & Trust Co. v. Signature Financial Group Inc., Fed. Cir. No. 96–1327.

题的讨论。此后，相关专利申请量的激增[1]和侵权诉讼的增加都给网络发展带来了巨大的影响，同时也引发了广泛关注和思考。

（一）美国涉及商业方法软件专利的典型案例

1.首例确认商业方法软件可专利性的State Street案

该案被告Signature公司是美国"轴辐式金融服务配置数据处理系统"专利权人，该专利的用途在于管理与计算由数个共同基金所组成的合伙关系。"轴辐式（hub & spoke）"是指各个共同基金（辐基金）将其资产放在一个投资组合（轴基金）中，该专利使得共同基金管理人能够监视并记录各种金融信息，并为维持合伙基金金融服务组合作出各种必要的计算，以决定投资于"轴"基金中的"辐"基金应如何配置资产，同时考虑"轴"基金投资与附随之每项"辐"基金价值的日变化。而这种计算的复杂性，要求必须通过计算机或相关设备才能完成。[2]原告因与被告就该专利实施许可问题谈判不成，起诉要求确认该专利无效。麻省地方法院认为该专利涉及的商业方法（business method）及其使用的数学算法（mathematical algorithm）为抽象的概

1　根据相关统计，1997年美国专利商标局共收到927件商业方法软件专利申请，2001年为8700件，2003年为6000件，2007年为11000件。1997~1999年分别授权246件、493件和717件，自1963年至2009年，授权商业方法专利数量为12358件；我国专利局2003年收到的商业方法软件专利申请为611件，2007年为1554件，2014年为7839件。北京大学互联网法律中心2016年和2017年颁布的互联网技术创新专利观察报告数据显示，我国商业方法专利申请量呈现逐年上升的趋势，从2000年的1006件增加到2017年的20548件。截至2018年8月，国内商业方法专利申请总量已达到87238件。参见刘银良：《美国商业方法专利的十年扩张与轮回：从道富案到Bilski案的历史考察》，载《知识产权》2010年第6期，第93页；参见石丹：《知识经济中的技术创新与知识产权》，载北京大学科技法研究中心网站，上载时间：2017年3月5日，访问时间：2023年11月6日，http://stlaw.pku.edu.cn/hd/kjflt/4873.htm；参见张平、石丹：《商业模式专利保护的历史演进与制度思考》，载《知识产权》2018年第9期，第49~56页。

2　刘孔中、宿希成、寿步：《软件相关发明专利保护》，知识产权出版社2001年版，第59页。

念，不具有可专利性，判决该专利权无效；被告上诉至美国联邦巡回上诉法院，法院认为金融服务业所使用的软件，虽属商业方法，仍应与其他方法采取相同的标准进行审查，只要其能产生"实用的、具体的及有形的结果（useful, concrete and tangible result）"均可受到专利法保护。该专利所保护的是用以管理共同基金财务的资料处理系统，能够产生实用、具体及有形的结果，属于《美国专利法》第101节规定的法定可专利性主题。原告不服向美国联邦最高法院请求重新审查，美国联邦最高法院于1999年1月作出不予受理的裁决，对该案作出定论。该案是美国联邦巡回上诉法院作出的首例对商业方法计算机软件专利可否申请专利问题有利于专利权人的判决，受到广泛关注。该案作为计算机软件专利的经典判决，对商业运作在应用专利保护方面产生深远影响。

2.进一步确认商业方法软件可专利性的AT&T案

State Street案判决后，美国联邦巡回上诉法院于1999年又作出与商业方法软件专利相关的判决，即AT&T v. Excel案[1]。该案涉及的专利为"电话系统通话讯息记录"，是在长途电话通话记录中增加主要长途电话营运商指针（PIC indicator），以协助长途电话营运商视其用户是否与使用相同长途电信营运商的用户通话，而提供不同的计费待遇。该专利共包括六项权利要求，其中五项为方法权利要求，一项为装置权利要求。地方法院判定五项方法权利要求均非专利保护的法定主题，美国联邦巡回上诉法院否定了地方法院的判决，对State Street案的观点进一步进行了确认并强化了商业方法软件可专利性的见解，并认为其中的PIC指针是一个实用且非抽象的结果，可以帮助长途电话经营者根据情况进行差别计价，尽管其中包含了数学算法，也并不要求其产生的结果产生"实质转换"。因此，该专利属于专利法的授权范围。

1　AT&T Corp. v. Excel Communications, Inc., Docket No. 98–1338 (CAFC, 1999).

（二）上述案例所产生的影响

上述案例发生后，与商业方法软件专利相关的发明申请数量越来越多，而且此后发生了多起网站经营者被诉侵犯商业方法软件专利权纠纷案件。

1999年前后不仅成为商业方法软件专利申请的高峰时期，网站经营者纷纷申请与互联网和电子商务有关的商业方法软件专利，而且许多权利人利用所取得的专利对其他网络经营者提起专利侵权诉讼。如美国亚马逊书店（Amazon.com）于1999年10月获得"通过网络定购货物的系统和方法"（method and system for placing a purchase order via a communication network）美国专利[1]（即通常所说的"one-click" "一次点击"专利）后，即指控美国最大的实体连锁书店——邦诺书店（Barnes & Noble）使用的"Express Lane"网上购物技术侵犯了其专利权；[2] 而Priceline.com也于1999年10月指控Microsoft公司旗下的Expedia公司侵害了其可运用于因特网或传统通信系统的"一种双向买者导向商务之方法及装置"的专利权，因为Expedia公司所提供的"Hotel Price Matcher"与其专利方法相同；[3] 此外，还包括美国DoubleClick,Inc.根据其拥有的"Method of Delivery, Targeting and Measuring Advertising

---

1　该发明专利于1999年9月取得授权，发明涉及一套电子商务系统，其提供的方法和系统可减少消费者与客户机系统间的行为及客户机系统与服务器系统间的数据传送（如信用卡号码等信息），从而使电子交易更加便捷安全。

2　虽然美国西雅图地方法院曾于1999年12月21日向被告发布禁令，要求其停止涉案专利侵权行为，但2001年2月14日，美国联邦巡回上诉法院废止了该禁令，该案继续审理，理由是被告提出原告的专利存在缺乏非显而易见性的可能。参见Amazon.com, Inc. v. Barnesandnoble.com, Inc., 239 F. 3d 1343 (Fed. Cir. 2001.)，转引自刘尚志、陈佳麟：《电子商务与计算机软件之专利保护》，中国政法大学出版社2004年版，第99页。

3　两公司于2001年达成协议，Priceline.com将撤回对微软旗下的Expedia网站的指控。参见《微软与Priceline就一起诉讼案达成协议》，载新浪网，上载时间：2001年1月10日，访问时间：2005年1月17日，https://tech.sina.com.cn/it/w/49488.shtml。

over the Internet"专利（在互联网上广告的传送、目标选定及效果测量方法）专利于1999年年底分别向L90和24/7 Media的子公司Sabela Media提起专利侵权诉讼，以及半年后两被告分别向DoubleClick公司提起的关于专利侵权和不正当竞争诉讼等。[1]

除上述诉讼外，还有的专利权人通过发掘其已有专利，将之运用于网络交易技术和程序，提起侵权诉讼。如美国E-Data公司就20世纪80年代初申请的关于软件、音乐、字型、新闻材料、数字影像之销售点交易电子配送系统的专利，其独立权利要求包括利用销售点机器在材料上复制信息的方法。根据现在对该专利内容的理解，其应包含了所有网络商业交易的形式。为此，E-Data公司曾向75000家公司发送有关公司专利实施许可的信函，索取4000美元至40000美元不等的使用费。为避免诉讼的发生，IBM公司、Adobe公司、VocalTec公司等先后向其支付了费用。1996年6月，E-Data公司在纽约联邦地方法院向CompuServe等多家公司提起专利侵权诉讼。1998年5月法院判决认为该专利中的销售点并不包含顾客使用家中的计算机，消费者必须进入商店，使用专门机器复制储存于资料库的数字化信息，而且该专利申请时的1983年尚无互联网的概念，其专利限于消费者自行选取音乐至空白光盘上的零售自动贩卖装置，不包含互联网络；2000年11月3日，美国联邦巡回上诉法院认为地方法院对该专利的权利要求解释有误，撤销原判并发回重审。本书认为，地方法院对该权利要求的解释是恰当的。因为，对于专利权利要求的解释应当根据专利申请时的技术状况进行限定，而不应将技术发展之后权利要求中某些词汇含义的变化来限定，否则实质上是扩大了权利要求的保护范围。

与该案类似的还有英国电讯公司的"有关信息处理系统和终端装

---

1 刘尚志、陈佳麟：《电子商务与计算机软件之专利保护》，中国政法大学出版社2004年版，第99-101页。

置"，该公司认为其专利的权利要求涵盖了互联网络上所有超级链接（hyperlink）的实施，并于2000年6月提出要求美国17家网络服务提供商向其支付许可使用费；[1] 美国DE科技公司所拥有的全球电子商务专利也给网络电子商务带来了相当巨大的影响，该公司的专利于2002年10月取得授权，主要涉及一套网上处理不同国家之间语言、货币、税款以及进口税差异的方法，被称作无国境订货系统（Borderless Order Entry System, BOES），即全球电子商务。该公司曾向联邦地方法院提起诉讼，指控戴尔公司侵犯了其专利权。该诉讼给整个网络界带来震动，因为这意味着几乎每一家通过互联网络进行国际交易的公司都可能进入侵权之列。[2]

二、商业方法软件的可专利性分析

从上述案例中，人们越来越意识到商业方法软件专利可能给互联网络的发展所带来的重大影响，从而更加关注商业方法软件的可专利性问题。其实，大家所探讨的商业方法软件的可专利性一方面是从专利法的应有之义上分析的，另一方面则是从商业方法软件专利可能带来的垄断网络发展的危机上考虑的。

（一）商业方法软件的可专利性及其专利审查基准

所谓商业方法，是指商业经营的策略，其并非专利法所保护的发明创造的范畴，因而其本身并不能被授予专利权。随着计算机技术和网络技术的发展，运用在电子商务中的许多商业方法软件开始寻求专利法的保护。尽管由于商业方法软件专利可能阻碍网络经营的正常发展，而曾被质疑其可专利性，但随着对商业方法软件认识的不断深化，美

1　刘尚志、陈佳麟：《电子商务与计算机软件之专利保护》，中国政法大学出版社2004年版，第99-101页。

2　《戴尔全球电子商务模式被控侵权》，载《电子知识产权》2004年第12期，第7页。

国、日本、欧洲都相继确立了对商业方法软件专利的保护。

各国之所以能够逐步确立对商业方法软件专利的保护，一方面是由于从各国专利法及对于与计算机程序有关的专利审查标准看，都没有将商业方法软件排除在外，所排除的只是抽象的概念、思想、方法等。而商业方法作为外在化的表达，已经不是抽象的思想，而成了具体的技术方案，没有理由被排除在专利法的保护范围之外，确立了计算机程序的专利保护的问题，就无须再讨论商业方法软件的可专利性问题。[1] 随着各国相关专利审查实践和司法审判实践的发展，对于商业方法软件本身属于专利法保护的范畴，能够进入专利保护的门槛问题，基本已经成为大家的共识。另一方面，是由于对于商业方法软件的专利审查基准把握的尺度较为宽松，尤其是在新颖性和创造性的审查方面，而这一点也引起了较大的争议。尽管商业方法软件专利申请所涉及的许多商业方法在传统环境下早已存在，该专利只是将其运用于网络环境在电子商务范围内使用，但由于相关新颖性和创造性审查对于现有技术的把握很不充分，且一项新兴领域的专利申请，并无更多在先专利可循，因此，商业方法软件专利申请往往能够符合专利法对发明专利所要求的新颖性、创造性和实用性的要求，从而取得专利授权。

从美国所授予的商业方法软件专利来看，许多商业方法本身在传统环境下已经存在，应当属于现有技术的范畴，因此，上述专利的授权引起了人们的许多争议，甚至提出撤销这些专利的请求。如美国电子前沿基金（EFF）于2004年6月公布了其评出的10项最"坏"的软件和商业方法专利，希望美国专利商标局启动重审程序撤销这些专利。其中包括Acacia Technologies公司覆盖广泛应用于互联网、有线和卫星的音频视频流程的专利群；Ideaflood公司管理子域名的一项商业方法专利；

---

1 宋慧献：《唐广良：综论软件保护与相关立法》，载《中国版权》2004年第1期，第28–31页。

NeoMedia Technologies公司一项自动进入远程计算机的专利等。[1]

为此，美国与日本设计了趋向合理的制度框架，包括：为计算机程序的创造性界定更加明确具体的要求；加强对计算机程序发明的新颖性审查，强化现有技术数据库的建设，并鼓励公众向专利授权机构提供现有技术信息；开发更便捷的检索技术，最大限度避免不适当的专利申请和授权；引入专家辅助审查制度，谨慎授权；针对商业方法软件专利实施特定的异议和复审制度，允许社会公众在授权前对专利申请提出异议；加强国家间合作，争取在商业方法软件专利领域形成统一的审查标准。[2] 美国专利商标局于2000年3月公布了《商业方法专利行动计划》（Business Methods Patent Initiative: An Action Plan），于2000年9月公布了《商业方法白皮书》（White Paper: Automated Financial or Management Data Processing Methods/Business Methods），对于设立检索与商业方法软件相关的现有技术资料库，如何审查商业方法软件专利，如何加强专利审查员的训练等问题进行了讨论，并在白皮书中对各类商业方法软件专利审查应检索哪些主要专利资料库和非专利资料库等做了详尽的说明和解释。

进入21世纪，美国联邦巡回上诉法院开始收紧对商业方法的适格性判断，其中最值得关注的是2008年的Bilski案。Bilski案涉及一种商品提供者对以固定价格销售的商品的消费风险进行管理的方法。法院放弃了State Street 案的判定标准，采用了"机器或转换"标准，即一项方法权利要求是否构成专利保护的客体，先判断涉案方法发明是否与特定的机器或设备相连接，如果是，则是适格的；如果否，则继续判断该方法是否可以将特定物品转换为其他形态或物质，如果是，则是适格的；

1　郑丹怡：《电子前沿基金评出美国最坏的专利》，载《电子知识产权》2004年第8期，第7页。

2　宋慧献：《唐广良：综论软件保护与相关立法》，载《中国版权》2004年第1期，第28–31页。

"机器或转换"标准是判断一项"方法"发明是否适格的唯一标准，Bilski案不满足此标准，因此是不适格的。美国联邦最高法院同样认定涉案专利无效，但并不认可美国联邦巡回上诉法院所确立的"机器或转换"标准，其认为自然规律、自然现象和抽象概念是排除对象，Bilski案属于抽象概念，因此不具备适格性。然而，美国联邦最高法院并没有完全否定"机器或转换"标准，认为在进行适格判断时，该标准提供了有用且重要的依据，但并不是检验适格性的唯一工具，因为该标准本身缺乏确定性。[1]

虽然Bilski案广受争议，美国专利商标局还是基于此案的判决结果修改了客体审查标准，在2009年8月颁布了新的《可专利客体暂行审查指南》。规定专利适格性必须同时满足两个条件：①必须是四种法定类型之一；②对权利要求进行整体分析，以判断是否指向抽象概念。2010年7月发布了《在 Bilski 案视角下审查程序的临时指南》，指出计算机实施方法的适格性审查要判断：①是否充分应用了特定的机器或装置；②是否对抽象概念的应用仅仅是对抽象概念的先占；③是对抽象概念的运用还是仅仅简单的描述。在上述两个文件的基础上，美国专利商标局发布了新版《专利审查程序指南》（MPEP），帮助申请人更好地理解审查员如何进行适格性审查。[2]

2014年6月美国联邦最高法院对Alice案[3]进行了判决，维持了美国联邦巡回上诉法院关于Alice公司的涉及商业方法的申请不可专利的判决，认定其方案为不可专利主题。判决明确指出，判断利用计算机实施的发明的可专利性应当适用其在前述2012年Mayo案中确立的"Mayo两

---

1 汪涛、唐田田、智月：《美国商业方法专利保护制度研究》，载《TECHNOLOGY INTELLIGENCE ENGINEERING》2021年第7卷第5期，第75–86页。

2 汪涛、唐田田、智月：《美国商业方法专利保护制度研究》，载《TECHNOLOGY INTELLIGENCE ENGINEERING》2021年第7卷第5期，第75–86页。

3 Alice Corp. v. CLS Bank Int'l, 573 U.S. 208 (2014).

步分析法"。即在判断一项权利要求是否具有专利适格性之时第一步要确定权利要求是否指向方法、机器、产品或组合物这四类法定主题范畴。如果不符合这四类，则权利要求主题不适格；如果符合这四类，就继续审查专利适格性，进入第二步。在第二步中，需要先确定涉诉权利要求是否指向自然法则、自然现象或抽象概念这些不具有专利适格性的基本工具本身。如果答案是否定的，权利要求主题适格，应继续审查专利适格性的其他实质要件及程序要件；如果答案是肯定的，则需要进一步评估权利要求作为一个整体是否具有专利适格性。[1]

美国联邦最高法院判决后不久，美国专利商标局根据Alice案的判决以及《根据Alice判决的审查指南备忘录》发布《2014专利客体适格性审查临时指南》，2015年对该临时指南进行补充完善，2016年5月最终确认了2015年7月的修订版《审查员依据第101条判断可专利性审查指南》。同时，在美国联邦巡回上诉法院作出典型案件判决后，美国专利商标局及时发布备忘录来解释最新的法律适用，截至2018年4月的《Berkheimer备忘录》解决附加元素（或附加元素的组合）是否表示公知的、惯用的、常规的活动这一问题。2019年10月17日，美国专利商标局针对收集到的公众意见，再度发布更新版本（october peg update），主要涉及以下三方面的修改：①细化Alice/Mayo二分测试法的步骤2A；②细化抽象概念的分组；③判断附加元素是否整合至实际应用。[2]

针对商业方法软件专利存在的缺乏新颖性、创造性问题，现有技术的检索在商业方法软件申请的审查上具有重要意义，尽管专利审查机关可能通过相关供检索资料库的不断完善而得到一定程度的改进，但由

1　张子路、唐俊峰：《浅析美国涉及商业方法专利的审查政策历程》，载《专利代理》2017年第2期，第106–112页。

2　汪涛、唐田田、智月：《美国商业方法专利保护制度研究》，载《TECHNOLOGY INTELLIGENCE ENGINEERING》2021年第7卷第5期，第75–86页。

于专利检索所存在的不可能穷尽所有资料的问题，新颖性创造性的要件往往难以判断，尤其是在网络技术发展变化极为迅速的环境下。由于早期在商业方法软件专利方面的排除保护倾向，使得专利文献相对较少，仅检索专利文献无法真实反映这一领域的在先技术状况，因此非专利技术文献就显得格外重要。鉴于在先的商业方法文献并不一定被记录在技术文献中，所以要准确检索出商业方法以及商业方法软件的在先技术，还需要结合技术文献、商业文献、金融文献等一并进行。如美国微软公司于2004年9月取得了Tab键浏览专利，[1] 专利名称为"使用Tab键发现和导航超链接"（Tabbed Browsing），该专利申请于1997年3月提出。所谓"Tabbed Browsing"，是指使用键盘上的Tab键实现在网页的超级链接上跳转功能，如用户可使用Tab键来发现并导航到当前超文本文件的第一个超链接处，而第一个超链接将会获得焦点，该焦点的形状是根据当前超链接的热区来绘制的。如果用户再次按下Tab键，下一个超链接将获得焦点。实质上，该功能在微软公司Internet Explorer尚未发明之前，就已出现在许多现代化的网络浏览器上，如网景浏览器。因此，该专利的授权也引发了大量争论，相关人员已在研究使其无效的办法。为应对新颖性创造性审查不当导致专利授权后而产生的纠纷，网络上还曾出现以高额奖金悬赏"现有技术"的网站，以无效相关授权专利。

（二）商业方法软件专利垄断网络发展的可能性分析

在分析商业方法软件的可专利性问题时，除了上述根据专利制度的内涵所进行的分析，人们往往担心大量商业方法软件专利的授权，不仅可能导致相关专利诉讼的发生，而且很可能就此导致影响互联网络的正常有序发展，前述已经发生的诸多诉讼往往是涉及整个网络电子商务

1　《微软公司赢得"Tab键浏览"专利》，载集佳知识产权网，上载时间：2004年11月2日，访问时间：2023年11月3日，http://unitalen.com/html/report/16114213-1.htm。

经营的专利。这种担心不无道理，从美国和日本的相关授权和司法实践看，似乎也存在对之过度保护的趋势，由此可能导致对软件专利权的滥用，从而对网络电子商务方法形成垄断的局面，而这种垄断必然会影响到整个网络的发展，影响到社会公众的利益。

这种单一商业方法软件专利可能带来的垄断问题，还只是涉及网络经营的部分技术领域，但如果产生如某些专家所预言的多个商业方法专利向技术标准的方向发展的情况，所产生的垄断就可能波及整个互联网络的发展。技术标准虽然在一定程度上能够为权利人带来利益，但技术标准的目的是统一技术产品或服务的规格和质量，是为大众利益服务的，这是技术标准的根本利益所在。为此，即使商业方法软件专利发展成为统一的技术标准，也要考虑处理好权利人的利益和社会公众利益冲突的问题，对技术标准的技术许可进行反垄断审查。[1]

尽管商业方法软件专利的大量授权，存在上述涉及网络行业发展的负面影响问题。权利人如果滥用权利，可能会影响网络行业的正常发展。但不应以此作为否定商业方法软件可专利性的理由。因为任何权利的滥用都可能带来负面影响，但不能据此否定其可专利性。可行的解决方案是在授权审查时，要做好充分的现有技术检索工作，防止将缺乏新颖性、创造性的商业方法纳入专利权的保护范围；同时要加强反垄断审查，避免权利人滥用权利。

三、商业方法软件专利侵权判断原则

商业方法软件专利授权及相关诉讼的发展，也带来了对专利侵权判断原则的再思考。一般专利侵权判断原则是否适用于商业方法软件专

1　技术标准在技术许可中经常用到的方式是交叉许可，约定协议各方可以使用其他方所拥有的知识产权，通常是有助于竞争的。但有时也可能产生限制竞争的效果，尤其是当协议用于实现固定价格、分配市场和客户，则会对竞争产生妨碍。

利的侵权判断，在传统经营模式中已经广泛使用的商业方法能否认定与专利技术方案等同，现有技术抗辩能否成立等问题值得认真研究。

（一）全面覆盖原则和等同原则

专利侵权判断通常分为两个步骤：先是把被控侵权产品或方法与专利权利要求进行对比，如果被控侵权产品或方法具备了权利要求中的每一项技术特征，即构成侵权。该步骤一般称为全面覆盖原则或全部技术特征原则，或称字面侵权（literal infringement）。如果二者不完全相同，就要进行第二步，即判断被控侵权产品或者方法和权利要求所覆盖的发明是否等同。所谓等同原则（doctrine of equivalents，DOE），是指被控侵权产品或者方法和权利要求相比，二者只有一些非实质性的区别。在此情况下，法院将专利保护的范围扩大到专利技术的等同物。等同原则的适用仅仅扩大了专利的保护范围，我国和美国的法律都没有对等同原则作出明确规定，等同原则是法院在司法实践中创立的。[1]

从美国的司法实践看，等同原则最早适用于1853年的威南诉丹麦德案；1870年美国新的专利法颁布后，美国联邦最高法院又开始强调以权利要求的文字作为衡量专利的排他性权利的标准；此后美国联邦最高法院在1950年的格里夫油罐生产公司诉林德航空产品公司案[2]中，对等同原则在现代专利法中的地位重新予以确认。美国联邦最高法院在该案中提出判断二者是否利用实质相同的方式、达到实质相同的功能、得到实质相同的结果，即使其名称、形式或形状不同，该方式后被称为"三步测试法"。[3]

我国在司法实践中也曾使用该原则认定专利侵权成立，如涉及

---

1 程永顺、罗李华：《专利侵权判定》，专利文献出版社1998年版，第121页。

2 Graver Mfg. Co. v. Linde Co., 339 U.S. 605 (1950).

3 刘尚志、陈佳麟：《电子商务与计算机软件之专利保护》，中国政法大学出版社2004年版，第137页。

"周林频谱仪"的纠纷。[1] 在总结相关司法实践经验的基础上，最高人民法院于2009年12月发布的《关于审理侵犯专利权纠纷案件应用法律若干问题的解释》中对等同原则进行了规定，被诉侵权技术方案包含与权利要求记载的全部技术特征等同的技术特征的，人民法院应当认定其落入专利权的保护范围；被诉侵权技术方案的技术特征与权利要求记载的全面技术特征相比，缺少权利要求记载的一个以上的技术特征，或者有一个以上技术特征不等同的，人民法院应当认定其没有落入专利权的保护范围。北京市高级人民法院公布的《专利侵权判定指南2017》对等同原则亦有规定。被诉侵权技术方案有一个或者一个以上技术特征与权利要求中的相应技术特征从字面上看不相同，但是属于等同特征，在此基础上，被诉侵权技术方案被认定落入专利权保护范围的，属于等同侵权。等同特征是指与权利要求所记载的技术特征以基本相同的手段，实现基本相同的功能，达到基本相同的效果，并且本领域普通技术人员无须经过创造性劳动就能够想到的技术特征。

（二）等同原则在商业方法软件专利中的适用

渐趋成熟和稳定的等同原则主要适用于针对机械、化学或组合物的侵权认定上，对于商业方法软件专利来说，能否适用该原则引发了学者的讨论。由于许多商业经营方法已经在传统经营模式中被广泛使用，许多商业方法软件专利仅仅是将这些现有技术通过计算机软件在互联网上运行，除了可能导致该专利被宣告无效，在专利侵权诉讼中，对于使用现有技术的经营者如何判断是否构成侵权；传统经营模式中的现有技术是否与专利技术构成等同，被控侵权人提出现有技术抗辩的主张能否成立等问题都值得深入研究。有观点认为，将存在多年的传统商业方法计算机软件化后的商业方法软件专利会在日后的专利侵权诉讼埋下许多隐患，大量的商业方法软件专利极易落入与现有技术实质等

---

1 参见北京市高级人民法院（1995）高知终字第22号民事判决书。

同的范围。[1] 也有观点认为，由于商业方法软件专利多数属于资料库的处理、传递与资料接收，这些程序在专利申请前已经公开使用，或是互联网与电子商务实施所不可或缺的基本特性，因此进行侵权判断时，应先分辨已经存在的现有技术，以及达到此专利目的或效果的特定技术特征和其所诉求之功能等，以利于进行侵权对比。[2]

商业方法软件专利侵权判断中所遇到的现有技术抗辩问题，涉及现有技术与等同原则的关系问题。曾有学者在论著中详细分析了二者的关系，法院要审查现有技术抗辩是否成立，就要审查专利权利要求的等同范围。等同范围越大，覆盖被控侵权产品或方法的可能性就越大。专利权人往往希望该等同范围越大越好，当等同范围扩大到一定程度后，就可能出现和现有技术的交叉，专利局显然不会将覆盖了现有技术的权利要求授予专利权，因此法院也不能把覆盖了现有技术的等同范围作为判断专利侵权的依据。[3] 北京市高级人民法院于2001年9月发布的《专利侵权判定若干问题的意见（试行）》，[4] 曾对已有技术抗辩[5] 和等同侵权的关系作了规定。已有技术抗辩是指在专利侵权诉讼中，被控侵权产品或方法与专利权利要求所记载的专利技术方案等同的情况下，如果被告答辩并提供相应证据，证明被控侵权产品或方法与一项已有技术

---

1 张平：《商业方法软件专利保护:美国的实践及其启示》，载中国私法网，上载时间：2005年9月3日，访问时间：2005年10月19日，http://www.privatelaw.com.cn/Web_P/N_Show/?News_CPI=9&PID=3424。

2 刘尚志、陈佳麟：《电子商务与计算机软件之专利保护》，中国政法大学出版社2004年版，第173页。

3 程永顺、罗李华：《专利侵权判定》，专利文献出版社1998年版，第238页。

4 2013年9月《北京市高级人民法院专利侵权判定指南》印发后，2001年9月发布的《专利侵权判定若干问题的意见（试行）》同时废止。后北京市高级人民法院对该指南进行了修订，并于2017年4月公布了《专利侵权判定指南（2017）》。

5 对于已有技术和已有设计抗辩，现行专利法及相关司法解释均已将其改为现有技术和现有设计抗辩。

等同，则被告的行为不构成侵犯原告的专利权。已有技术抗辩仅适用于等同专利侵权，不适用于相同专利侵权的情况。当专利技术方案、被控侵权物（产品或方法）、被引证的已有技术方案三者明显相同时，被告不得依已有技术进行抗辩，而可以向国家知识产权局专利复审委员会请求宣告该专利权无效。[1] 现行《专利法》第六十七条规定，在专利侵权纠纷中，被控侵权人有证据证明其实施的技术或者设计属于现有技术或者现有设计的，不构成侵犯专利权。北京市高级人民法院公布的《专利侵权判定指南（2017）》，规定了现有技术抗辩的相关内容，"现有技术抗辩，是指被诉落入专利权保护范围的全部技术特征，与一项现有技术方案中的相应技术特征相同或者等同，或者所属技术领域的普通技术人员认为被诉侵权技术方案是一项现有技术与所属领域公知常识的简单组合的，应当认定被诉侵权人实施的技术属于现有技术，被诉侵权人的行为不构成侵犯专利权"。同时还对相关审查方法作了规定，审查现有技术抗辩是否成立，应当判断被诉落入专利权保护范围的技术特征与现有技术方案中的相应技术特征是否相同或等同，而不应将涉案专利与现有技术进行比对。审查现有设计抗辩是否成立，应当判断被诉侵权设计是否与现有设计相同或相近似，而不应将专利外观设计与现有设计比对。但是，当被诉侵权设计与专利外观设计相同或相近似，且被诉侵权设计与现有设计视觉差异较小的情况下，如果被诉侵权设计使用了专利外观设计的设计要点，则应当认定现有设计抗辩不能成立。

据此，商业方法软件专利侵权诉讼中，在被控侵权方法与专利方法构成等同的情况下，如果被控侵权人提出其使用的方法与现有技术等同，提出现有技术抗辩，则被告的行为不构成侵权。对于仅仅将现有技术通过计算机软件在互联网络上运行而取得的商业方法软件专利来

---

[1] 北京市高级人民法院《专利侵权判定若干问题的意见（试行）》第一百条、第一百零二条、第一百零三条。

说，就可能存在被控侵权方法与专利技术和现有技术分别构成等同的情况，从而被控侵权人的现有技术抗辩能够成立。

（三）商业方法软件专利的回避设计问题

在明确商业方法软件专利侵权判断基本原则的基础上，有的实施主体会据此进行专利回避设计。所谓专利回避设计（design around or invent around），是指根据专利侵权判断的过程和方法为基础，形成所使用的技术与专利权利要求之间存在实质差异，避开专利权保护范围的情形。如在美国法院审理的美国亚马逊书店（Amazon.com）就"一次点击"（one-click）专利指控邦诺书店（Barnes & Noble）构成专利侵权案中，西雅图地方法院曾在裁决中载明：证据显示Barnes & Noble公司能够轻松修改其所使用的Express Lane系统的特征以避免侵害专利权，如要求消费者于确认订单前操作额外的动作。上述文字似乎也在提示相关企业在推出新产品或服务前，宜切实作好专利回避设计。[1]

专利回避设计可以通过减少专利权利要求的某一个技术特征，从而适用全面覆盖原则时不构成侵权；也可以利用等同原则，使新的产品或方法设计与专利技术特征实质不等同。商业方法软件专利的回避设计即利用减少元件的方式，以符合周边限定及全面覆盖原则；以置换的方式，使得所设计的产品或方法的元件与专利权利要求所描述的元件相区别，避免完全落入权利要求的字面侵权；以实质改变功能或方式或结果的构成要件之一，以避免落入等同侵权的范畴。如针对前述亚马逊书店的"one-click"专利而言，可以通过两次点击予以回避，如加入顾客身份确认的命令，就可以产生与专利不同的目的和效果。[2]

1　郭懿美：《论电子商务中的知识产权问题暨解决之道》，载法律快车网，上载时间：2019年6月9日，访问时间：2023年12月29日，https://www.lawtime.cn/info/zscq/zscqlw/20111025114033.html。

2　刘尚志、陈佳麟：《电子商务与计算机软件之专利保护》，中国政法大学出版社2004年版，第186—189页。

四、我国的对策和选择

软件大国在2000年前后纷纷确认了对商业方法软件进行专利保护的立场，并相继进入专利授权和诉讼的高峰时期；而且，这种形势也波及我国。根据有关统计，美国花旗银行自1992年11月开始至2003年9月28日，已经以不同译名[1]陆续向我国国家知识产权局递交了36项与商业方法有关的发明专利申请，其中"电子货币系统"和"数据管理的计算机系统和操作该系统的方法"两个专利已经取得授权。这些专利申请主要是请求对与新兴网络技术和电子技术相结合的金融服务方法及其相关系统授予专利，以花旗银行为代表的外资银行已经向我国国家知识产权局递交了多项以金融服务系统为内容的发明专利申请。[2]花旗银行取得授权的"电子货币系统"专利包括101项权利要求，独立权利要求22项，专利保护范围覆盖了网上银行、证券、保险、电子购物等诸多与电子货币有关的业务。"电子货币系统"专利申请是关于电子货币的发行、支付、转账与管理的系统，花旗银行也分别向美国、日本和欧洲专利局提出申请，结果在美国取得了授权，在欧洲经过修改取得了授权，在日本则被驳回。[3]美国花旗银行保护范围如此之大的专利无疑给中国金融领域带来了巨大影响，并可能因此引发专利侵权纠纷。

面对上述形势，我国应如何应对商业方法软件专利的审查和授权，相关网络经营者该如何处理可能产生的专利侵权诉讼，都是亟待解

1　译名包括花旗银行、美国花旗银行等，其中使用最多的为"花旗集团发展中心有限公司"。

2　刘景文：《论商业方法、商业方法软件及系统的可专利性——以花旗银行的专利申请为例》，载《电子知识产权》2003年第12期，第25页；张平：《商业方法的专利保护——中国法及实践》，载《21世纪科技发展与知识产权保护中德学术研讨会》资料，第122-125页。

3　张平：《商业方法的专利保护——中国法及实践》，载《21世纪科技发展与知识产权保护中德学术研讨会》资料，第122-125页。

决的问题。北京大学互联网法律中心2016年和2017年颁布的互联网技术创新专利观察报告中的数据显示，我国商业方法专利申请量呈现逐年上升的趋势，从2000年的1006件增加到2017年的20548件。截至2018年8月，国内商业方法专利申请总量已达到87238件。[1]

（一）我国关于商业方法软件专利保护的对策

首先，从我国专利法及审查指南的相关规定看，并未将商业方法软件排除在专利保护范围之外。我国《专利法》第二十五条规定，智力活动的规则和方法不属于应授予专利权的范围。《专利审查指南2023》对此的解释为：由于智力活动没有采用技术手段，也未解决技术问题和产生技术效果，因而不构成技术方案，因此组织、生产商业实施和经济等管理的方法及制度，仅仅涉及智力活动的规则和方法，不应被授予专利权。对于涉及商业方法软件的发明专利申请，如果是为了解决技术问题，采用了技术手段和能够产生技术效果，就应当肯定其可专利性。对此，也有学者提出，不能笼统地认为所有商业方法及其软件都属于智力活动的规则和方法，应区别情况予以分析。对于其中相关运作不需要人的思维活动参与，其运行可以产生具体的实用的结果，并被直接应用于商业实践，产生实际的经济价值的商业方法及其软件，考虑其具有很强的技术性，不属于智力活动的规则和方法，具有可专利性；而对于其他运行须人的主观思维活动的参与，其运行无法产生具体实用的结果的情况，不应授予专利权。[2]

其次，从我国商业方法软件专利授权审查实践看，往往采取了比较严格的标准。但这种严格审查只能在一定的阶段对我国国内相关企业暂时起到保护作用，并非解决问题的根本办法。对于我国对待商业方法

---

1 张平、石丹：《商业模式专利保护的历史演进与制度思考》，载《知识产权》2018年第9期，第54页。

2 刘景明：《论商业方法、商业方法软件及系统的可专利性》，载《电子知识产权》2003年第12期，第25页。

软件专利的立场，主要存在两种截然相反的观点。一是认为我国网络电子商务尚处在发展初期，还很不成熟，因此应当暂缓将商业方法软件纳入专利法保护的主题，否则可能导致外国相关竞争企业抢占先机，使我国电子商务发展更陷入被动；[1] 二是认为我国电子商务的发展现状不应成为阻碍商业方法软件专利发展的障碍，商业模式的创新需要专利法的保护，我国对商业模式提供的法律保护尚未达到相关产业发展的需求，建议在现有专利制度基础上，适当放宽专利客体审查要求，明确创造性判断标准，充分考虑创新成果的典型特征和互联网企业发展的实际需求，在激励技术创新和保障市场竞争之间寻求平衡。[2] 其中，第一种观点认为我国的综合国力和科技水平与美国相比存在很大距离，因此不能照搬美国的政策；事实上，科技水平较美国稍落后的欧盟和日本，在商业方法软件专利的"三性"审查标准上，也要比美国严格一些。因此，我们应借鉴他国这种尊重客观事实且符合自身根本利益的做法。第二种观点认为如果出现外国企业通过所取得的商业方法软件专利制定统一的技术标准时，利用"技术专利化—专利标准化—标准全球许可化—进而达到最大的技术垄断化的目的"，[3] 如果我国企业在某技术领域有相关专利技术，就有可能以专利交叉许可的方式处理。[4] 本书认为，上述两种观点都有一定的论据基础，都有其存在的合理性。就我国的电子商务及网络的发展状况而言，既不能放松审查标准大量授权商业方法软

1　周翌炜："计算机软件专利保护问题研究"，上海大学硕士学位论文，第37页。

2　郑成思：《中国知识产权保护现状与定位问题》，载《今日中国论坛》2005年第2-3期，第118-121页；张平、石丹：《商业模式专利保护的历史演进与制度思考》，载《知识产权》2018年第9期，第55页。

3　郑成思教授以国际金融市场为例谈到"金融方法专利化、专利标准化、标准许可化"的问题。参见郑成思：《中国知识产权保护现状与定位问题》，载《今日中国论坛》2005年第2-3期，第118-121页。

4　我国曾经在移动通信领域与美国相关企业谈判中处于被动局面。

件专利，也不能坐等电子商务发展进入强盛时期，因为这可能是与网络技术相伴相生的长期过程。在此情况下，建议我国与电子商务有关的企业积极寻求相关商业方法软件的专利保护，而专利审查机关也应在适当放宽标准的情况下，为商业方法软件专利提供适度的保护。事实上，从世界范围内专利体系的演进来看，专利客体范围逐渐扩展，促进了专利保护强度的提升。专利保护逐渐强化的历史，其实也是人类的近现代科技发展史。几乎每一次专利客体的限制突破，都伴随着科技时代性的重大创新，由此产生了对科技成果的强烈保护需求，从而重新检视关于专利客体的相关规定。[1]

对于商业方法软件的可专利性问题，国家知识产权局曾于2004年发布《商业方法相关发明专利申请的审查规则（试行）》（已废止），明确指出对于商业方法相关发明专利申请的审查，以现有技术作为参照物，采用客观性的判断方式判断技术问题、技术手段和技术效果。《专利审查指南2010》修改后，国家知识产权局对于商业方法专利的审查思路大致可以分为两步：第一步客体审查：考查权利要求是否属于技术方案，剔除纯粹的商业方法专利；第二步进行新颖性、创造性审查：考查权利要求是否对现有技术作出贡献。2017年修改的《专利审查指南2010》明确将专利保护范围扩展至含有技术特征的商业模式，同时在专利审查程序、修改方式和专利公开范围等方面作了修改，强调专利申请权利要求所述的装置组成部分不仅可以包括硬件，还可以包括计算机程序，放宽了商业模式专利的保护范围。《专利审查指南2010（2019年修订）》明确应将权利要求记载的所有内容作为一个整体考虑，不应当简单割裂权利要求中的技术特征与算法特征或商业规则和方法特征，并强调应将与技术特征在功能上彼此相互支持、存在相

---

1 易继明、王芳琴：《世界专利体系中专利客体的演进》，载《西北大学学报》2020年第1期，第84—88页。

互作用关系的算法特征或商业规则和方法特征与所述技术特征作为一个整体考虑，考虑算法特征或商业规则和方法特征对技术方案作出的贡献。[1]

《专利审查指南2023》增加了涉及人工智能和大数据的算法实现计算机系统内部性能改进、涉及大数据处理的客体审查基准，规定对一项包含算法特征或商业规则和方法特征的权利要求是否属于技术方案进行审查时，需要整体考虑权利要求中记载的全部特征，对其中涉及的技术手段、解决的技术问题和获得的技术效果进行分析。规定如果权利要求的解决方案涉及人工智能、大数据算法的改进，该算法与计算机系统的内部结构存在特定技术关联，并且解决了提升硬件运算效率或执行效果的技术问题，获得符合自然规律的计算机系统内部性能改进的技术效果，则属于《专利法》第二条第二款所述的技术方案；如果权利要求的解决方案处理的是具体应用领域的大数据，如果挖掘出数据的内在关联关系符合自然规律，并且解决了如何提升具体应用领域大数据分析可靠性或精确性的技术问题，则该解决方案属于《专利法》第二条第二款所述的技术方案。针对大数据处理的手段，列举了分类、聚类、回归分析、神经网络等。同时此次修改还增加了算法实现计算机系统内部性能改进，用户体验提升的创造性审查基准，规定如果权利要求中的算法与计算机系统的内部结构存在特定技术关联，实现了对计算机系统内部性能的改进，提升了硬件的运算效率或执行效果，则可以认为该算法特征与技术特征功能上彼此相互支持、存在相互作用关系，在进行创造性审查时，应当考虑所述的算法特征对技术方案作出的贡献；如果发明专利的解决方案能够带来用户体验的提升，且该用户体验的提升是由技术特

---

[1] 《2020年〈专利审查指南〉第二部分第九章修改解读》，载国家知识产权局网站，上载时间：2020年1月21日，访问时间：2023年8月20日，https://www.cnipa.gov.cn/art/2020/1/21/art_66_11475.html。

征带来或产生的，或者是由技术特征以及与其功能上彼此相互支持、存在相互作用关系的算法特征或商业规则和方法特征共同带来或者产生的，在创造性审查时应当予以考虑。该审查基准既充分考虑创新主体作出的技术贡献，又避免了在判断用户体验时的主观性。[1]

在对包含商业规则和方法特征的方面的创造性判断中，判断权利要求实际解决的问题是否为技术问题成为难点，原因是上述区别特征通常既包含技术特征也包含非技术特征，特别是对于技术特征与非技术特征之间相互关联的区别特征解决技术问题的认定通常成为争议的焦点。判断非技术特征能否独立于技术特征而存在，其作用能否与技术特征相关，以及能否与技术特征共同解决技术问题等，都是创造性判断过程中亟待解决的难点，也是社会公众比较关注的热点，也决定了该类发明是否具备创造性的结论走向。对于包含商业规则和方法特征的发明而言，如果权利要求与最接近现有技术相比，其区别特征包含了非技术特征，如将商业规则应用于不同于现有技术的应用场景，所述商业规则与所述应用场景中的处理过程相互支持、相互作用，使得处理过程中的信号走向、信息控制方式发生较大变化，进而导致所述处理过程产生了较大的差异，且这种应用能够共同解决应用场景中的技术问题并获得不同于现有技术的有益效果，则应对其进行客观认定，而不能一味地否定非技术特征的作用。[2]

（二）我国商业方法软件专利的审查审理实践

对一项涉及商业方法软件的专利申请进行审查，我国专利审查机关首先考查其是否属于专利保护的客体，其次再对该申请的新颖性、创

1　国家知识产权局：《〈专利审查指南〉（2023）修改解读（四）》，载国家知识产权局网站，上载时间：2024年1月18日，访问时间：2024年2月17日，https://www.cnipa.gov.cn/art/2024/1/18/art_2199_189877.html。

2　国家知识产权局专利复审委员会：《以案说法——专利复审、无效典型案例指引》，知识产权出版社2018年版，第213—214页。

造性进行评判。在后续的行政诉讼中，各方当事人争议的焦点问题主要集中在相关专利申请是否属于我国《专利法》第二条第二款"发明，是指对产品、方法或者其改进所提出的新的技术方案"中所保护的技术方案，是否具备我国《专利法》第二十二条第三款"创造性，是指与现有技术相比，该发明具有突出的实质性特点和显著的进步，该实用新型具有实质性特点和进步"所规定的创造性等问题。

1.关于专利法保护客体的认定

《专利审查指南2010》规定，如果某项权利要求记载了对要解决的技术问题采用了利用自然规律的技术手段，并且由此获得符合自然规律的技术效果，则该权利要求限定的解决方案属于《专利法》第二条第二款所述的技术方案。据此，判断一项技术方案是否符合《专利法》第二条第二款的规定，要从技术问题、技术手段、技术效果三个方面进行评判。审查审理实践中，对于包含技术特征的商业方法软件专利权利要求能否被授予专利权，就要从整体上判断该权利要求是否采用了技术手段、解决了技术问题、产生了技术效果，是否属于专利法保护的技术方案。

（1）电子商务物流管理方法专利行政案

在北京市高级人民法院2014年6月审理的张某红与国家知识产权局发明专利申请驳回复审行政案[1]中，涉及"零售生鲜农产品类电子商务物流配送管理方法"的发明专利申请。国家知识产权局作出的被诉决定认为，本申请权利要求1要求保护的方案没有采用技术手段解决技术问题，也没有获得技术效果，本申请权利要求1-14不符合《专利法》第二条第二款的规定。张某红不服被诉决定，向北京市第一中级人民法院提

1　参见北京市高级人民法院（2014）高行终字第1227号行政判决书，北京市第一中级人民法院（2014）一中知行初字第450号行政判决书。张某红曾就该案申请再审，最高人民法院裁定驳回其再审申请，参见最高人民法院（2015）知行字第21号行政裁定书。

起诉讼，一审法院判决维持复审决定。张某红不服提起上诉，二审法院判决驳回上诉，维持原判。

法院认定，涉案申请针对电子商务企业对生鲜农产品物流系统配送存在的配送时间长、效率低等不足之处，提出了一种零售生鲜农产品类电子商务物流配送管理方法，该方法属于商业问题，不是专利法意义上的技术问题。虽然该技术方案中涉及消费者终端、电子商务网站服务器、数据库、通信网络等软硬件设备，并包括用户注册，订单处理，数据的输入、存储、传输、比较等过程，但上述设备及对数据的处理均是计算机和网络通信领域所公知的设备和处理技术，所述方法并未给电子装置的内部性能例如数据传输、内部资源管理等带来改进，也没有为所述硬件的构成或功能带来任何技术上的改进。该方法实质是一种生鲜农产品分送过程的管理，涉及电子商务物流配送管理，属于人为设定的商品配送方法，并非遵循自然规律的技术手段。采用权利要求1所述的管理方法能在合理的时间范围内实现销售物流和回收物流，并给消费者带来很大的便利，但上述效果属于商业性的效果，不是技术效果。因此，权利要求1的方案未采用技术手段解决技术问题，也未获得技术效果，不属于专利法意义上的技术方案，不符合《专利法》第二条第二款的规定。

后张某红向最高人民法院提出再审申请，法院裁定驳回其申请。法院认为，涉案专利申请权利要求1所述方案主要体现的是人对商业活动参与各方及其他相关要素的主观要求，属于人为拟制商业活动规则的范畴。涉案专利申请方案所拟解决的问题，也是克服原有管理模式存在的订单分散、装卸不便、配送效率低、运转成本高等商业运作方面的缺陷，实现的是降低成本、提高效率等商业效果。方案中虽然也涉及软硬件设备和信息数据处理过程，但上述设备及数据处理均服从和服务于商业管理意义上的总体操作方案，属于实施商业方案的具体手段和措施。这些设备和信息数据处理，并未因应用于该商业方案而发生结构、性能等方面的技术改进，没有改变涉案专利申请作为商业管理方案的本质属性。

（2）在线购物方法专利复审案

在国家知识产权局2015年9月作出的第96991号复审请求审查决定中，微软公司涉案申请要求保护"一种构造实时交互式在线社交购物网络的机器实现的系统及方法"，包括远程接受用户感兴趣的产品的数据；通过网页的交互连接，使用户与零售商之间就感兴趣的产品进行交流，实现交互式在线购物。复审决定认为，现有技术中的在线购物模式虽然高效但不存在顾客可在实体店获得的社交方面的功能，这是实时通信领域的技术问题。为了解决上述技术问题，在涉案申请权利要求1中，使用门户组件来接收关于用户感兴趣的产品的数据，并将所述数据传送给提供所述感兴趣的产品的零售商的商家设备，并且通过实时建立网页来促进所述用户和所述零售商之间的交互连接，使用户和商家能够实时的交流。上述的数据接收和传递以及实时建立网页等手段均是解决上述技术问题的技术手段。通过上述技术手段，涉案申请权利要求1的解决方案达到了自动匹配用户和商家，并使用户和商家可以实时通信的技术效果。因此，权利要求1属于《专利法》第二条第二款规定的技术方案，属于专利法保护的客体。

而此前的驳回决定则认为，权利要求1请求保护一种构造实时交互式在线社交购物网络机器实现的系统，该方案所采用的手段是向用户提供零售商信息，向商家提供用户信息，其只是制定了用户和商家应当交互供需信息的规则，而不是技术手段，该方案中虽然利用了计算机网络，但是数据传输、存储和显示等，但都是计算机网络公知功能，并没有对计算机网络数据传输、存储或显示等方面带来任何技术上的改进，该方案所要解决的问题是采用何种方式使商家和用户交换用户需求和商业提供的相关信息，属于商业问题，不属于技术问题，该方案所要达到的效果是增加用户和商家供需信息的交互以达到提高销售效率，同样这也属于商业效果，而不属于技术效果。因此权利要求1的方案不属于《专利法》第二条第二款规定的技术方案。

可见，复审决定重新认定了涉案申请权利要求1的相关技术问题、技术手段和技术效果，认定权利要求1的方案属于技术方案，属于专利法保护的客体。涉案申请所解决的实时交流的问题属于技术问题，所采用的建立页面等手段属于技术手段，实现了自动匹配用户和商家，使其可以实时通信的技术效果。同时应当明确的是，将某种商业构思与计算机网络技术相结合形成的商业模式，虽然其中包含了商业构思的内容，但只要这种新型商业模式采用了技术手段，解决了技术问题并带来了技术效果，则属于专利法保护的客体。[1]

（3）涉及交易方法专利行政案

在最高人民法院2022年11月审理的西门子公司与国家知识产权局发明专利申请驳回复审行政案[2]中，涉案专利申请为"针对处理对象的处理步骤的开启"的发明专利PCT申请。涉案申请权利要求1请求保护一种用于开启针对具有所分派的存款的处理对象的处理步骤的方法。根据说明书的记载，所要求保护的方案要解决的问题是：提供一种经改善的并且受操纵保护的方法以及装置，能够在生产设施中实现资源配置。其解决方案是利用公知的自动化生产设施和处理器进行资源分配，通过人为制订某一或某些处理步骤中处理对象的预先固定出价进而达到对整体生产资源的控制，其中使用处理对象与控制单元和/或生产单元的接口发送处理步骤询问以达到借助处理器来确定可用性结果。国家知识产权局作出被诉决定认为涉案申请权利要求1—16所要求保护的方案不构成技术方案，不符合《专利法》第二条第二款的规定，因此不能被授予专利权。

---

1 国家知识产权局专利复审委员会：《以案说法——专利复审、无效典型案例指引》，知识产权出版社2018年版，第31页。

2 参见最高人民法院（2021）最高法知行终382号行政判决书，北京知识产权法院（2020）京73行初12144号行政判决书。

西门子公司不服向北京知识产权法院提起行政诉讼。

一审法院认定，权利要求1的解决方案实质属于基于经济规律支配的生产管理方案，该方案中虽然涉及计算机以及生成单元，但该解决方案实际所解决的问题是如何根据拍卖结果管理生产资源，不构成技术问题；所采用的手段是通过现有计算机执行人为设定的生产管理方式，但是对于计算机以及生产单元的限定只是按照指定的规则根据拍卖结果确定生产管理，不受自然规律的约束，因而未利用技术手段；该方案获得的效果仅仅是依据交易结果管理生产线，不是符合自然规律的技术效果。因此本申请的问题、手段以及获得的效果都是非技术性的。一审法院判决驳回西门子公司的诉讼请求，西门子公司不服提起上诉，最高人民法院判决驳回上诉，维持原判。

二审法院认定，涉案申请的解决方案虽然涉及处理器、生产单元等硬件设备，也涉及生产步骤授权开启等处理步骤，但本申请的核心在于利用公知的装置来实现一种交易方法。该方法总体上体现的是一种对标的物进行多方竞价拍卖规则的建立和制定，并按照人为设计的规则对出价、报价进行判断并对竞拍成功者扣款，其中存款的分派、减少以及如何比价的规则都是人为的规定，不受自然规律的约束，也无法与自然规律建立关联。本申请方案所采用的手段集合与要解决的问题之间体现的是按照人为制定的规则关系，其所解决的问题是如何根据拍卖结果管理生产资源，获得的效果仅仅是依据交易结果管理生产线，因此，本申请权利要求1的解决方案不构成技术方案。

2.关于创造性审查的典型案例

（1）移动电源租借方法案

在北京知识产权法院审理的挚享公司与国家知识产权局、来电公司发明专利权无效宣告请求行政案[1]中，挚享公司针对第三人的涉案

---

[1] 参见北京知识产权法院（2020）京73行初11284号行政判决书。

专利"一种移动电源的租借方法、系统及租借终端"向国家知识产权局提出无效宣告请求,其理由是本专利权利要求1-28不具备《专利法》第二十二条第三款规定的创造性。涉案专利提供一种移动电源的租借方法、系统及租借终端,该租借方法是在移动终端、云端服务器、移动电源租借终端三方之间实现的移动电源的租借。挚享公司提交的证据涉及基于手机APP的自行车租赁管理方法和系统等,国家知识产权局认为,基于手机APP的自行车租赁管理方法和系统,公开了通过手机、服务器、锁车车墩的三方架构实现自行车的快速租赁的方案,而涉案专利权利要求1是在移动终端、云端服务器、移动电源租借终端三方之间实现的移动电源的租借,虽然二者均是通过移动终端、服务器、相应的租借设备的三方架构实现实物的网上租赁,但应用场景和具体处理过程存在较大的差异。尽管该证据与该案均采用了租赁商业规则,但在不同的应用场景下,二者产生了完全不同的效果,这种效果是技术与所述场景的融合带来的。该案中所述规则与所述应用场景中的处理过程相互支持、相互作用,使得该处理过程中的信号走向、信息控制方式发生较大变化,进而导致该处理过程产生了较大的差异,且这种应用能够获得不同于现有技术的有益效果,则该应用具有创造性。[1]

国家知识产权局维持涉案专利有效,挚享公司不服被诉决定提起行政诉讼。法院经审理认为,涉案专利的权利要求1应用场景与对比文件的应用场景有本质差别,权利要求1限定的技术方案相对于对比文件和公知常识的结合等对于本领域的技术人员来说是非显而易见的,同时具有提供灵活充电的技术效果,具备创造性。同理其他权利要求亦具备创造性,判决驳回挚享公司的诉讼请求。

---

[1] 《评析"一种移动电源的租借方法、系统及租借终端"发明专利权无效宣告请求案 新业态新方法推动审查理念创新》,载国家知识产权局官网,上载时间:2021年7月21日,访问时间:2023年8月8日,https://www.cnipa.gov.cn/art/2021/7/1/art_2648_167397.html。

（2）在线支付系统案

在北京市第一中级人民法院审理的欧洲免税购物公司与国家知识产权局发明专利申请驳回复审行政案[1]中，涉及"安全的在线支付系统"发明专利申请。国家知识产权局认为，在对比文件1的基础上结合所属领域的公知常识得到权利要求1的技术方案，是显而易见的，并且没有产生有益的技术效果，故权利要求1要求保护的技术方案不具备突出的实质性特点和显著的进步，不具备《专利法》第二十二条第三款规定的创造性。欧洲免税购物公司不服驳回复审决定，向法院提起诉讼。

法院经审理认为，权利要求1请求保护一种用于网络中处理在线支付交易的计算机数据处理方法。对比文件1中公开了一种处理在线支付交易的方法，权利要求1与对比文件1的技术方案的区别在于权利要求1中使用系统商业代码，而对比文件1中使用的是商业代码，而系统商业代码实际所起的作用与商业代码的作用相同，都是用于商家和顾客之间的交易。如果顾客在连接到没有预先注册商业代码的商家来购买商品或服务时，则在授权请求中系统自动生成一个系统商业代码以标识商家，从而完成鉴权主机对支付卡的授权请求，是所属领域的公知常识。因此在对比文件1的基础上结合所属领域的公知常识得到权利要求1的技术方案，是显而易见的，判决驳回原告的诉讼请求。

| 第三节 |

开源软件和专利权保护

专利保护制度作为不断发展的保护计算机软件的制度，强调的是对软件中所包含的思想、原理等技术方案的保护。未经计算机软件专利

1　参见北京市第一中级人民法院（2009）一中知行初字第2560号行政判决书。

权人许可，不仅不能复制软件源代码，而且计算机程序所体现的构思等技术方案也属于软件专利权的保护范围。专利权保护的是技术方案的专有权利，而开源软件是依托软件代码共享行为的软件，因此，专利保护制度与开源软件所提倡的复制、发行和修改的自由是相抵触的。开源软件应如何应对专利制度对其所产生的影响，是值得思考的问题。

一、专利保护制度对开源软件的影响

随着开源软件在全球范围内的广泛应用和推广普及，开源软件成为软件开发者的首选，影响力不断扩大，已成为未来软件开发的趋势。[1] 开源软件通过开源许可证的约定虽解决了软件源代码的版权问题，但其涉及的专利风险问题仍然存在，开源软件的使用者仍面临着潜在的法律风险。开源软件的专利侵权风险主要体现在，开源软件不仅可能侵犯第三方软件的专利权，还可能侵犯开源软件开发者的专利权。此外，如果已公开的软件源代码所体现的技术方案被他人提前获得专利权，也会产生专利侵权问题。为避免专利侵权风险，有的开源软件利用开源许可协议，避免部分专利侵权风险。如在Apache-2.0许可证和我国木兰宽松许可证及公共许可证之下，规定贡献者将其贡献的开源软件中的专利权许可给获取者，并且约束获取者不能就自己对该开源软件中的贡献向任何实体主张专利侵权。[2]

1　微软公司加入开放发明社区（OIN）、75亿美元收购全球最大开源社区GitHub，IBM以340亿美元收购全球最大开源公司RED HAT，软件开源受到广泛重视。

2　参见Apache License, Version 2.0 第3条相关内容，载开放源代码促进会网站，提交时间：2004年2月8日，访问时间：2023年12月1日，https://opensource.org/license/apache-2-0。参见《木兰公共许可证》及《木兰宽松许可证》第2条的相关内容，载中国开源云联盟网站，访问时间：2023年12月23日，http://license.coscl.org.cn/MulanPubL-2.0。

（一）侵犯第三方软件专利权的风险

由于开源软件在传播、修改的过程中融入了许多开发者的劳动和贡献，而其中可能存在有意或无意将侵犯他人专利权或侵犯他人著作权的源代码加入开源软件的情况，从而引起专利权人或著作权人对其提起侵权诉讼的风险。而且，通常开源软件被提起相关侵权诉讼的可能性较之普通商业软件更大，因为其源代码是开放的，更容易为权利人所知悉。

从开源软件的发展看，已经出现由于可能出现的专利纠纷，而阻碍开源软件的发布和使用的情况。如LZW公司在1983年申请的一个压缩技术的专利使得GNU相关的自由软件迟迟不能发布；1998年一个生产MP3压缩音像制品的自由软件又因为可能面对的侵犯软件专利权诉讼而被停止在网上发布；MIT的开源软件X Windows系统因被AT&T公司指控侵犯了其包括后援储备技术的相关专利，导致禁止该软件继续使用该专利技术。[1] 此外，根据2004年某开源风险管理公司的调查，其发现开源软件Linux操作系统的源代码可能侵犯了283项专利权。该事件影响了Linux操作系统的发展，如德国慕尼黑市政府曾表示将会停止对于Linux操作系统软件的大规模采购。[2]

如前所述，开源软件的运行模式决定了其最初版本及后续发布版本涉及的相关开发者人数众多，相关开发者往往不会通过在先专利检索规避侵犯他人专利权问题发生，开源软件有可能存在因侵犯第三方软件专利权而引发专利侵权诉讼的情况。对于Linux操作系统是否存在侵犯他人专利权问题，2013年美国微软公司时任首席法律顾问曾表示，Linux内核侵犯了42项微软公司专利，Linux的图形接口侵犯了另外65项微软公司专利，OpenOffice.org侵犯了超过45项微软公司专利，开源电

1　张韬略：《开源软件的知识产权问题研究——制度诱因、规则架构及理论反思》，见张平主编：《网络法律评论（第5卷）》，法律出版社2004年版，第3页。

2　李远：《版权含混导致Linux开源四面楚歌》，载新浪网，上载时间：2004年8月17日，访问时间：2023年11月6日，https://tech.sina.com.cn/it/2004-08-17/1027406210.shtml。

子邮件程序侵犯了15项微软公司专利，其他开源程序侵犯68项微软公司专利（共计235项），但微软公司并没有提起专利侵权诉讼。[1]

可见，开源软件的发展不可避免地受到了专利保护制度的挑战，如何回应专利制度保护相关问题，如何应对开源软件中可能存在的侵犯专利权风险，已成为开源软件发展的一个关键问题。

（二）侵犯开源软件开发者专利权的风险

随着信息产业和计算机软件技术的飞速发展，开源软件和商业软件专利作为保护计算机软件的不同方式，对于软件的保护发挥着重要作用，二者相互交织共同推动软件技术的发展。软件企业在参与软件开源的同时，通常也在利用专利制度保护自身的技术创新，维持核心竞争力。虽然不同的开源许可证关于专利许可授权的内容并不一致，但公开软件源代码后，任何人均可接触到开源软件的源代码，为此开源软件开发者积极、合理进行专利申请与布局，成为与开源许可证并存的常见保护方式。从开源许可证的相关条款看，通常均认可软件的专利权，并没有不得申请软件专利的相关规定。因此，开源软件开发者可以决定是否对其改进的新技术方案申请专利，至于后续授予的专利权如何行使，则应根据不同许可证的条款予以确定。

如前述SCO v. IBM案，就涉及是否侵犯开源软件开发者的专利权问题。该案中，UNIX操作系统原为AT&T公司贝尔实验室开发和研制，通过一系列的购并，SCO集团取得了与UNIX软件有关的包括著作权在内的全部权利，承继了与UNIX软件有关的许可协议的合同权利。IBM公司从AT&T公司取得了UNIX软件的使用许可，许可使用协议约定了IBM公司对该软件的使用范围，规定IBM公司不得向第三人转让UNIX软件的源代码，不得泄露包括技术和方法在内的该软件的商业

1　泊头子：《冤家路窄？——软件开源与软件专利保护》，载专利方舟微信公众号，2018年11月2日。

秘密。后IBM公司以UNIX软件为基础，开发了AIX操作系统，并将部分源代码贡献给Linux开发者。SCO集团指控IBM公司违反了软件许可协议，贡献给Linux开发者的AIX软件部分源代码侵犯其专利权，并主张使用了包括该UNIX组件的全球Linux操作系统的用户都侵犯了其专利权。后许多使用Linux开源软件的企业曾因诉讼风险而支付专利许可使用费，以继续使用Linux操作系统。[1] 虽然该案历时18年，最终双方于2021年达成和解协议，[2] Linux开源软件取得了更大的市场占有率，但其中涉及的相关问题值得关注。

（三）侵犯他人将开源软件技术方案不当申请专利权的风险

开源软件除可能侵犯第三方软件的专利权、侵犯开源软件开发者的专利权外，还可能因他人将公开源代码的开源软件所体现的技术方案申请专利，而可能使得开源软件的原始开发者存在专利侵权风险。该种申请行为是指将他人公开的开源软件源代码体现的技术方案直接提出专利申请的情况，违反了我国现行《专利法》第二十条"申请专利和行使专利权应当遵循诚实信用原则"的规定。如果是在已公开的开源软件体现的技术方案的基础上有所改进和创新再行申请专利，则需结合开源许可证有关专利许可授权的相关规定综合判断。如2017年某软件开发者开发了"XXL-JOB"开源软件，采用GPLV2协议托管在GitHub上，后发现某公司员工以该开源软件为基础申请了专利。[3] 根据我国现行《专利法实施细则》第五十四条的规定，自发明专利申请公布之日起至公告授予

1　张银英、万里晴、安之斐：《开源软件涉及的专利问题探讨》，载知产力网站，上载时间：2019年3月25日，访问时间：2023年11月6日，https://www.zhichanli.com/p/1689713134。

2　Simon Sharwood：SCO v. IBM settlement deal is done, but zombie case shuffles on elsewhere，载The Register网站，上载时间：2021年8月30日，访问时间：2023年8月20日，https://www.theregister.com/2021/08/30/sco_tsg_vs_ibm_settlement/。

3　泊头子：《当你的开源软件被他人申请专利》，载专利方舟微信公众号，2019年4月22日。

专利权之日止，任何人均可以对不符合专利法规定的专利申请向国务院专利行政部门提出意见，并说明理由。因此，针对此种情况，自相关发明专利申请公布后至专利授权前，相关开源软件的发布者或者其他社会公众均可向国家知识产权局专利局提出第三方公众意见，结合已公开的源代码体现出的相关软件结构、流程等，说明不应授予专利权的具体理由。如果专利申请已被授予专利权，则可通过无效宣告程序予以处理。

二、开源软件应对专利制度的相关对策

软件产业作为数字经济发展的重要支撑，已经步入加速创新、快速迭代的爆发期。计算机软件带动云计算、大数据、物联网、区块链和人工智能等新技术的快速演进，促进分享经济、平台经济、算法经济等新技术新业态新模式的不断涌现，开源软件在其中发挥着越来越重要的作用。在欧盟委员会2020年10月21日批准的《开源软件战略2020—2023》[1]中，提到开源无处不在，全球企业和公共服务机构都在使用开源的合作方案来推动创新和建立新的解决方案，提出了鼓励和利用开源进行共同创造、分享和再利用，推进增量创新、渐进式创新的愿景，并提出思想开放、转化、共享、奉献、安全性、持续控制六个方面的实施原则。从我国软件产业的发展状况看，开源软件也发挥着越来越重要的作用。虽然开源软件存在前述专利侵权风险，但截至目前尚未检索到我国司法实践中出现开源软件被诉侵犯专利权的相关案件。要推动我国开源软件的健康有序发展，一方面，需要相关政府部门制定政策和标准加强监管与规范，需要相关企业加大对开源软件的投入和支持，需要开源社区加强内部监督管理、合作交流，以提高其安全性和可靠性，避免或减少出现专利或著作权侵权等问题；另一方面，也需要开源软件开发者

---

1 《欧盟委员会2020—2023年开源软件战略（中文版）》，刘烨译，载知识产权与竞争法微信公众号，2023年5月12日。

积极主动作为，避免侵权风险。对于开源软件如何应对专利制度，其具体应对策略可分为积极和消极的应对策略。所谓积极的应对策略，就是采取积极应对措施避免受到侵犯专利权的指控；消极的应对策略，就是通过不使用相关专利技术以避免受到侵犯专利权的指控。

（一）积极的应对策略

1.开源软件许可证的积极运用

开源软件许可证是开源软件应对专利保护制度的最重要的方式，正如GPL许可证序言中所述，任何自由软件都不断受到软件专利的威胁。为避免软件的修改者和再发布者以个人名义取得与该软件相关的专利权，该许可证要求如果软件中包含专利权，则应授权每个使用者自由使用，否则不能使用该许可证。也就是说，即使开源软件的修改者和再发布者申请并取得了专利授权，也必须授权社会公众使用。根据GPL3.0许可证第10条的规定，"您不得对本协议所授予或确认的权利的行使施以进一步的限制。如不可索要授权费或版税，或就行使本协议所授权利征收其他费用；您也不能发起诉讼（包括交互诉讼和反诉），宣称制作、使用、销售、批发、引进本程序或其部分的行为侵害了任何专利权"。再如，在Apache-2.0许可证下，贡献者将其贡献的开源软件中的专利权许可给用户，并且约束用户不能就自己对该开源软件中的贡献向任何实体主张专利侵权。由此可见，专利限制条款限制开源软件贡献者作为授权人不得向开源软件用户主张任何专利权，旨在保护上述许可证下的开源软件不受专利侵权指控困扰。

但涉及专利授权的开源许可证，也应体现权利义务的对等。如Facebook的开源软件React最初依据较为宽松的BSD许可证进行开源，但在2016年7月的开源协议中加入专利授权条款，即"BSD+专利授权条款"，其中专利授权条款规定用户不能对Facebook及其关联方提出专利侵权主张，否则将自动终止许可。尽管Facebook解释专利授权条款是为了预防专利诉讼、保护核心技术，但该条款引发争议并受到开源社区的广泛关注。后Apache软件基金会宣布其项目中禁止使用React技术及其协议，百度、Wordpress也停止使用该技术，后Facebook将该技术开源许可证修改为MIT。[1]

2.关注相关软件专利申请情况

为避免开源软件被诉侵犯专利权，开源软件的开发者在开源前应慎重筛查检索相关专利申请，避免出现侵犯他人专利权的情况；同时，对于开源软件的相关技术贡献如不申请相关专利，则应在开源的同时尽早将涉及软件开发思想和相关流程、结构等技术方案予以公开发表，增加他人基于公开的源代码的技术贡献而申请相关软件专利的难度，避免他人取得专利授权后对开源软件进行不当维权。同时，开源软件开发者应及时检索相关专利文献，了解自己的开源软件被他人申请相关专利的授权情况，通过提出专利无效宣告申请，最终否定其权利效力。

3.强化开源社区专利交叉许可

除通过开源许可证取得专利授权许可、避免被他人将开源软件的技术贡献申请专利等方面，还应充分发挥开源社区的合力，通过专利交叉许可等方式，更大范围、更高效率避免专利侵权风险。如美国微软公司为避免Linux及其他开源软件的专利风险，于2018年10月加入开放发明社区（Open Invention Network，OIN）。[2] 该社区成立于2005年，主要致力于帮助企业管理专利风险，保护Linux及其相关的开源项目。OIN已拥有全球3200多个成员公司，包括谷歌、IBM、红帽等，我国华为、腾讯、阿里等公司也是其成员。任何从事Linux、GNU、Android

---

1　泊头子：《冤家路窄？——软件开源与软件专利保护》，载专利方舟微信公众号，2018年11月2日。

2　Microsoft joins Open Invention Network to help protect Linux and open source，载微软公司网站，上载时间：2018年10月10日，访问时间：2023年10月18日，https://azure.microsoft.com/en-us/blog/microsoft-joins-open-invention-network-to-help-protect-linux-and-open-source/。

或其他Linux相关软件开发的公司、项目或开发者都可加入OIN，其成员间可进行Linux系统相关技术的交叉许可，同时允许OIN被许可方免费使用OIN名下的所有专利。微软公司为OIN带来了超过6万项授权专利组合，通过其广度和深度降低了核心技术的专利风险。我国华为公司作为全球通信技术基础设施企业，是Linux核心程序的重要贡献者，于2020年4月加入该社区。[1]

（二）消极的应对策略

1.慎重选择涉及相关专利权的开源软件

开源软件的不断发展，重塑了信息产业的格局，在制造业中也无处不在，同时也是公共服务中最常见的工具。在涉及软件的新项目中，大部分程序代码都将基于开源软件代码。国内外相关企业通常会结合企业发展策略、企业专利布局等来选择合适的开源许可协议，借助开源软件的研发成果和专利保护制度推动企业的发展。在选择开源软件过程中，软件使用者和开发者应该更加关注专利和安全问题，加强自我保护意识。在使用开源软件时，需要对其来源和安全性进行评估和测试；在开发开源软件时，需要注意软件的专利侵权问题，避免涉及未经许可实施的专利。同时，应重点关注分析开源软件中关于专利许可的相关条款，并特别关注许可终止的相关条款。[2]应当注意的是，部分开源软件许可证（如BSD、MIT等）没有相关的专利条款，并未规定强制授予专利许可和禁止主张专利侵权的条款，也就是说开源软件权利人可能向开源代码使用者提起专利侵权诉讼。

---

1 《华为加入全球最大专利保护社区OIN，该社区已有超3200名成员》，载通信世界网，上载时间：2020年4月7日，访问时间：2023年10月18日，http://www.cww.net.cn/article?from=timeline&id=468077&isappinstalled=0。

2 张银英、万里晴、安之斐：《开源软件涉及的专利问题探讨》，载知产力网站，上载时间：2019年3月25日，访问时间：2023年11月6日，https://www.zhichanli.com/p/1689713134。

2.规划研发可去除侵权代码

如果开源软件面对专利侵权指控，则应尽可能删除相关侵权代码。但要做到这一点，就有必要在开发软件之初重视研究软件的整体结构，使之能够实现去除侵权代码的目的。对于研发技术涉及开源软件的情况，要确定技术研发中不进入开源领域的软件代码，并着重加强对该部分软件代码的专利保护；对于技术研发中要进入开源领域的软件代码，则可以根据规划进行区分保护。

从本章有关计算机软件的专利法保护方式来看，随着各国计算机软件专利审查标准的不断修改、放宽，软件专利数量的不断增加，显现出越来越多的发达国家通过专利法来保护计算机软件，并将范围拓展到商业方法软件专利保护。专利法对计算机软件的保护能够保护程序的构思、算法等内容，充分体现了计算机软件的功能性特征。但专利法保护计算机软件也存在一定的不足：对软件权利人来说，专利权的申请和审查时间往往较长，使得相关权利较长时间处于不确定状态，并不利于对其提供及时有效的保护；对社会公众来说，由于计算机软件的生命周期较短，而发明专利的保护期限长，不利于技术的发展和进步；通过专利法保护软件并未达到专利制度所应当带来的充分公开程序思想的目的，程序的源代码往往处于保密状态。

第四章

计算机软件的商标、竞争及合同法律保护

计算机软件除可以通过著作权法、专利法保护外，还可以通过其他法律对其进行综合保护，如通过商标、反不正当竞争和合同法等。我国对计算机软件的法律保护虽然主要是在著作权法和专利法的框架下，但司法实践中也出现了一些通过商标法、反不正当竞争法、合同法[1]、反垄断法等保护计算机软件的案例。本章结合相关案例，考察通过著作权法和专利法之外的法律保护计算机软件的可行性。

| 第一节 |

计算机软件的商标法律保护

商标本身具有识别和区分商品或服务来源的作用，而商标在计算机软件保护中，有的标注于软件载体磁盘等有形产品外包装上，有的标注于软件手册上，还有的标注于软件运行界面中，通过不同方式保护计算机软件。商业软件在寻求著作权法和专利法保护的同时，也通过商标法予以保护，如UNIX操作系统[2]的"UNIX"商标、MICROSOFT、ADOBEE等都是商业软件的商标；开源软件放弃著作权保护，又不申请专利保护，商标的法律保护对其有更重要的意义。

一、计算机软件商标保护的发展历程

（一）计算机软件商标保护的缘起

根据我国现行商标法的相关规定，商标使用，是指将商标用于商品、商品包装或者容器以及商品交易文书上，或者将商标用于广告宣传、展览以及其他商业活动中，用于识别商品来源的行为。实践中，较

1　我国在2021年1月1日施行《民法典》合同编之前的相关案例，系适用《合同法》（已废止）予以调整。

2　UNIX操作系统的源代码早期是公开的，但从UNIX（Version 7）开始商业化，不再公开源代码。

为常见的商标使用行为都表现在商品的外包装上的使用,[1] 但北京法院曾审理的一起计算机软件商标侵权案件,涉及的是在计算机软件运行界面中使用权利人标识的侵权行为。

在北京市第一中级人民法院审理的清华文通公司诉清华紫光公司侵犯商标权纠纷案[2] 中,清华大学电子工程系开发完成汉字识别软件后许可原告独家销售该软件,原告1995年在电子计算机及其外部设备、已录制的计算机程序等商品上核准注册取得"TH—OCR"商标,其发现被告销售的汉字识别软件"紫光OCR"程序界面使用了"TH—OCR"字样,故诉至法院。经法院勘验认定,被告软件在安装过程中,安装窗口的标题栏内显示有"TH—OCR安装系统""TH—OCR System"等字样。被告提出其使用的"TH—OCR"中,"TH"为清华大学的英文名称"Tsinghua"的缩写,"OCR"为"optical character recognition"(光学字符识别)的缩写,意为清华大学推出的OCR软件,原告无权对他人的非商标性使用加以禁止;窗口标题栏中通常都是用作技术内容的提示,不会造成商业上的混淆;被告的产品从包装、装潢,到产品名称、用户手册等均以显著位置标注"紫光OCR",只是在个别窗口的标题栏中使用了"TH—OCR"字样,不会导致误认,因此未侵犯原告的商标权。最终该案在法院主持下达成调解协议,被告补偿原告经济损失20万元。

虽然该案以调解方式解决,但其中涉及的与计算机软件的商标权保护有关的问题值得关注。该案原告注册商标的核定使用商品为电子计算机及其外部设备、已录制的计算机程序等商品,其作为注册商标专用权人有权禁止他人在同种或者类似商品上使用与其注册商标相同或者相

---

1 2013年《商标法》修改后,即将原商标法实施条例中有关商标使用的条文内容规定在《商标法》第四十八条。

2 清华文通公司诉清华紫光公司案,参见郭禾:《知识产权法案例分析》,中国人民大学出版社2006年版,第189—193页。

近似的标识。被告在同类商品上使用了与注册商标近似的标识，问题的关键在于被告在软件窗口标题栏中使用涉案标识的行为是否容易造成混淆，是否容易引起相关公众的误认。对此问题，有学者认为，被告虽然仅仅在程序界面的对话框中的标题栏中使用权利人的注册商标，客观上已在一定程度上利用了原告在其商标上的商业信誉，构成了侵犯商标权的行为；[1] 也有学者认为，被告的使用行为并不属于对商标的使用，不会引起相关公众的混淆和误认，不构成侵权。本书认为该案的审理虽然带来了商标侵权认定方面的争论，但其意义主要在于提出了计算机软件关于商标权法律保护的问题。

（二）涉APP软件名称商标保护的发展

随着移动互联网应用的迅猛发展，手机APP作为开展"互联网＋"服务的重要载体，广泛应用于大家生活的各个方面。根据第52次《中国互联网络发展状况统计报告》的相关数据，国内市场上监测到的活跃APP数量达260万款，进一步覆盖网民日常学习、工作、生活。[2] 司法实践中，涉及APP名称的相关侵权案件不断出现，"滴滴打车APP案""曹操专车APP案""西柚APP案"等案件都曾引发社会广泛关注。

1.涉及APP名称商标侵权的一般判定规则

在涉及APP的商标侵权案件中，原告通常在第9类计算机软件类商品上注册有权利商标，而被控侵权人则在其提供的APP软件上使用与原告相同或近似的商标。在审理案件时法院通常认定，原告对计算机软件等核定使用商品上的注册商标享有注册商标专用权，被告在其提供的APP软件上使用与注册商标相同或近似的商标，容易导致消费者对软件类商

1　清华文通公司诉清华紫光公司案，参见郭禾：《知识产权法案例分析》，中国人民大学出版社2006年版，第189-193页。

2　第52次《中国互联网络发展状况统计报告》，载中国互联网络信息中心网站，上载时间：2023年8月28日，访问时间：2023年10月8日，https://cnnic.cn/n4/2023/0828/c199-10830.html。

品的来源产生误认或混淆。在浙江省温州市中级人民法院审理的赵某彪与广发证券公司等侵害商标权案[1] 中，被告在其官网"网上营业厅—软件下载"页面的"软件名称"栏目下有"金管家至强版推荐""金管家至强版v7.35"等字样，点击即可下载上述股票交易软件。虽然被告曾于2007年在第36类上注册了"金管家"服务商标，其有权在经纪、信托、担保等服务项目中使用该商标，但该案所涉的商品类别与其注册商标的类别不同，其不能据此直接在第9类商品上使用该商标，其在股票交易软件上使用"金管家"商标的行为构成侵权。

2.关于APP名称是否商标性使用的判定

讨论APP软件名称的使用是否构成侵权的前提，是要看该APP名称是否构成商标性使用。对于仅是对该APP的功能、用途等特征进行描述的显著性不强的名称，其发挥区分商品或服务来源的功能存在固有的缺陷，其他APP名称则通常属于具有识别商品或服务来源功能的商业标识，下述"拍客"和"西柚"两案就是认定APP名称是否为商标性使用的典型案例。

在北京知识产权法院审理的李某飞等与新浪公司侵害商标权案[2] 中，法院认定，"拍客"一词指代利用各类相机、手机或DV摄像机等数码设备拍摄的图像或视频，通过计算机编辑处理后，上传网络并分享、传播影像的一类人群。随着"拍客"一词的使用与普及，使得"拍客"商标在涉案拍客使用的APP软件上作为商标的显著性程度大大减弱，其发挥商品来源功能的效果明显低于其第一含义的指代作用。商标本身具有的第一含义属于社会公共资源，考虑到该款APP软件系为提供"拍客"用途的专用软件，其针对的目标消费者为"拍客"，实现的功能亦是拍摄照片或视频上传至网络，鉴于该款软件与"拍客"第一含

---

1 参见浙江省温州市中级人民法院（2014）浙温知民初字第120号民事判决书。

2 参见北京知识产权法院（2015）京知民终字第114号民事判决书。

义所指代的特定人群具有天然的紧密联系，此时"拍客"一词在该软件上起到的作用是表明该款软件的用途，并非发挥区分其服务来源作用的商标性使用，不会使消费者混淆和误认。因此，法院认定新浪公司的使用行为不构成侵权。

北京知识产权法院在其审理的灵感方舟公司与康讯睿思公司侵害商标权案[1]中认定，康讯睿思公司主张权利的"西柚"商标核定使用在第9类商品上，其中包括计算机程序（可下载软件），与灵感方舟公司在其网站以及掌汇天下公司运营的"应用汇"等网络平台中提供的供用户下载的涉案软件，在商品的功能、用途、消费对象、销售渠道等方面相近，属于类似商品。灵感方舟公司网站上显示的涉案软件名称为"西柚经期助手"和"西柚—女生助手"，点击相关链接进入"应用汇"平台上，"应用汇"平台使用的名称为"西柚—月经期助手"，上述名称中均包含"西柚"字样，且在灵感方舟公司网站上的其他下载链接所进入的应用市场平台上使用的软件名称亦包含"西柚"字样。灵感方舟公司将"西柚"汉字作为涉案软件的名称进行使用，属于商标性的使用行为，客观上足以误导相关公众，侵犯了原告的"西柚"注册商标专用权。

3.关于涉APP服务与相关商品或服务类似的判定

在北京市海淀区人民法院审理的睿驰公司与小桔公司侵害商标权案[2]中，原告是第35类和第38类"嘀嘀"和"滴滴"文字商标的权利人，前者核定服务项目为商业管理、组织咨询、替他人推销等，后者包括信息传送、计算机辅助信息和图像传送等。原告认为被告经营的"滴滴打车"（原为"嘀嘀打车"）在服务软件程序端显著标注"滴

---

[1] 参见北京知识产权法院（2015）京知民终字第995号民事判决书。

[2] 参见北京市海淀区人民法院（2014）海民（知）初字第21033号民事判决书，该案判决一审生效。

滴"字样，服务内容为借助移动互联网及软件客户端，采集信息进行后台处理、选择、调度和对接，使司乘双方可以通过手机中的网络地图确认对方位置，联系并及时完成服务，属于典型的提供通信类服务，还同时涉及替出租车司机推销、进行商业管理和信息传递等性质的服务，与其注册商标核定的第35类和第38类两类商标服务内容存在重合，侵犯其注册商标专用权，诉至法院要求被告停止使用该名称并公开消除影响。法院经审理认为，被告"滴滴打车"服务使用的图文组合标识具有较强的显著性，与原告的文字商标区别明显。原告所称其商标涵盖的商务和电信两类商标的特点，均非"滴滴打车"服务的主要特征，而是其商业性质的体现以及运行方式的必然选择。考虑到原告的注册商标、"滴滴打车"图文标识使用的实际情形，亦难以导致相关公众混淆误认。综上，被告未侵犯原告的涉案注册商标权，法院判决驳回原告的诉讼请求。

该案涉及"滴滴打车"新兴业态经营模式，判决对相关服务是否类似进行了深入分析。法院认为对于互联网经济下的新产业模式，不应仅因其形式上使用了基于互联网和移动通信业务产生的应用程序，就机械地将其归为此类服务，应从服务的整体进行综合性判断，不能将网络和通信服务的使用者与提供者混为一谈。"滴滴打车"的相关商业行为，是其针对行业特点采用的经营手段或其对自身经营采取的正常管理方式，与第35类针对的由服务企业对商业企业提供经营管理的帮助等内容并非同类。"滴滴打车"平台需要对信息进行处理后发送给目标人群，并为对接双方提供对方的电话号码便于相互联络，上述行为与第38类中所称"电信服务"明显不同，并不直接提供源于电信技术支持类服务，在服务方式、对象和内容上均与原告商标核定使用的项目区别明显，不构成相同或类似服务。最终认定被告提供的服务与原告主张权利的注册商标核定使用的服务既不相同也不类似。

此后，浙江省杭州市滨江区人民法院在其审理的曹一操公司与优行公司侵害商标权案[1] 中，也结合专车运输服务的新模式作出了类似的认定，认为虽然涉案标识附加到的应用程序本身为计算机应用程序，但是被告向消费者提供该应用程序下载以供消费者作为工具使用，"曹操专车"识别的是专车服务来源。被告曹操专车的运行模式是通过智能手机应用程序连接司机和乘客，为乘客提供专车接送服务。网约车服务提供者提供网约车服务依赖于应用软件，是网约车服务以及商业性质的共性，并非网约车服务的目的。涉案注册商标核定使用的第9类可下载的计算机应用软件等商品，其功能和目的是处理、存储和管理信息数据等，针对的是使用该程序和软件进行信息化处理的相关公众。故二者在目的、服务方式、消费对象等方面不相同，亦不存在容易使相关公众混淆的特定联系。同时，涉案标识与权利商标整体结构不相似，从两者使用的实际情形来看，也不容易导致相关公众混淆。综上，涉案标识与"说曹操"文字商标不构成商品来源混淆性近似。

（三）涉计算机软件的驰名商标认定

APP名称的商标侵权纠纷是互联网经济时代一种新型的商标侵权纠纷，除上述案例之外，司法机关在部分侵权案件中也会通过认定权利商标为驰名商标来保护权利人的利益。

在江苏省苏州市中级人民法院审理的字节跳动公司等与亿达公司等侵害商标权及不正当竞争案[2] 中，法院认为，"抖音短视频"作为一款APP产品，其形式上当归属于计算机软件或程序类产品，其成功不仅依托于强大的技术背景，也有赖于后续成功的商业运营，软件产品本身和后续提供网络服务两者不可分割，共同推动了其在短期内快速获得市场知名度和公众认同。基于此，字节跳动公司以其获准注册于第9类计算机软件及第45类在线社交网络服务上的"抖音"商标共同主张驰名

---

1   参见浙江省杭州市滨江区人民法院（2016）浙0108民初5704号民事判决书。

2   参见江苏省苏州市中级人民法院（2018）苏05民初1268号民事判决书。

商标保护，法院予以支持。法院认定，被控侵权商品在显著位置使用"爱抖音"标识，其中完整包含了"抖音"商标，属于复制、摹仿已注册驰名商标的侵权行为。

在广州知识产权法院审理的金堤公司与天眼公司侵害商标权案[1]中，法院认定，"天眼查"作为网络经济下的APP产品，无论从商业模式或是消费者认知角度来看，下载软件仅仅为获取进入平台的途径或媒介，在本质上而言，该软件所提供的仍系商业信息查询服务。软件产品本身与网络查询手段，共同推动"天眼查"在短期内快速获得市场知名度和公众认同。基于此，原告以其获准注册于第9类"计算机软件"以及第35类"通过网络提供商业信息"上的"天眼查"商标共同主张驰名商标保护，合理有据。法院认定，被告使用"天眼查漏水"标识，完整包含了"天眼查"商标，且在宣传中对"天眼查漏水"字样进行多种方式的突出使用，属于对原告已注册驰名商标的摹仿复制，极易使相关公众认为被控侵权产品与涉案商标或其权利人具有相当程度的联系，从而减弱了涉案驰名商标的显著性，不正当利用了涉案驰名商标的市场声誉，致使原告的利益可能受到损害，构成商标侵权。

上述案例主要是侵害商标权纠纷民事案件中认定计算机软件商品上的商标为驰名商标的典型案件，法院在审理商标行政案件中亦可认定引证商标在计算机软件类商品上经过宣传使用达到驰名程度。如在北京市高级人民法院审理的刘某冬与国家知识产权局、腾讯公司商标不予注册复审行政案[2]中，法院认定，腾讯公司提交的证据可以证明，在诉争商标申请日前，引证商标四在第9类"计算机软件（已录制）；计算机程序（可下载软件）"等商品上经过长期宣传使用，已为相关公众广为知晓并具有较高声誉，达到驰名的程度。引证商标四由文字"微信"及

---

1 参见广州知识产权法院（2021）粤73民初2503号民事判决书。
2 参见北京市高级人民法院（2022）京行终6270号行政判决书。

图构成，独创性较高；诉争商标"微信爷"完整包含引证商标四的文字部分"微信"，已构成对引证商标四的复制、摹仿。诉争商标指定使用的"气泵"商品与引证商标四具有较高知名度的"计算机软件（已录制）；计算机程序（可下载软件）"等商品在销售渠道、销售场所、用户群体方面存在关联。在引证商标四已构成驰名商标且诉争商标构成对引证商标四的复制、摹仿的情况下，相关公众在购买诉争商标核定使用的商品时，容易认为诉争商标与引证商标四具有相当程度的联系，进而减弱引证商标四的显著性或者不正当地利用引证商标四的市场声誉，致使腾讯公司对已经驰名的引证商标四享有的利益可能受到损害。因此，诉争商标申请注册在"气泵"商品上违反了《商标法》第十三条第三款的规定，不应予以核准注册。

二、关于开源软件的商标法律保护

由于开源软件在著作权法和专利法保护领域都存在一些无法克服的困难，所以许多开源软件转而寻求商标法律保护。如果说开源软件理念中对著作权和专利权有着天生的排斥，那么对于商标保护倒是青睐有加[1]。许多开源软件都申请了商标，如开源软件Linux本身就是一个商标，商标权人是该软件的最初开发者Linus Torvalds，此外IBM公司、Apple公司等开发的开源软件，同样也寻求商标法的保护。开源软件通过商标使用许可授权，可以取得相应的利益；此外，开放源代码促进会（OSI）也积极寻求商标法的保护，起初其申请将"Open Source"注册为普通文字商标，但是由于缺乏显著性而被驳回；后其成功注册了"OSI certified"（意为"经OSI认证"）证明商标。该证明商标所起的作用就是通过在每一份开源软件的复制件上附加"OSI certified"认证

---

1 张平：《开源软件——知识产权制度的批判与兼容》，载《中国版权》2004年第4期，第38页。

标志，便于识别为开源软件；同时，对于未经OSI认证而擅自使用该商标的行为，可以追究相应的商标侵权责任。GNOME基金会作为开源软件的代表性项目之一，也注册了"GNOME"商标，并曾因Groupon公司的不当注册行为而发表声明，[1] 呼吁开源社区成员和开源爱好者加强自我保护意识，尊重和保护开源软件的商标权，维护开源生态健康发展，真正实现开源软件的可持续发展，让更多的人受益于开源软件的优秀成果。

在常见的几款开放源代码许可证中，均提及商标权的保留问题。如Apache2.0许可证第6条规定："本许可证并未授权使用许可人的商号、商标、服务标识或产品名称，但为描述程序来源或是复制NOTICE文件本身的合理通常做法除外。"[2] 在GNU GPL3.0版本的附加条款e）中也提及可"拒绝授权基于商标法的商号、商标或服务标识的使用许可问题。"[3] 此外，BSD-3-clause许可证第3条还规定："未经在先书面许可，不得将软件版权持有者或是贡献者的名称用于背书或推广衍生软件的产品。"[4] 因此，接受开源软件相关许可证，并不意味着取得相关商标许可。

开源软件发展过程中，曾出现两个较为典型的侵犯商标权的纠纷，一是于1997年达成和解的美国的William R. Della Croce与《Linux杂志》

---

1 GNOME starts campaign to protect its trademarks，载The GNOME Foundation网站，上载时间：2014年11月11日，访问时间：2023年12月12日，https://foundation.gnome.org/2014/11/11/gnome-starts-campaign-to-protect-its-trademarks/。

2 Apache License, Version 2.0，载Open Source Initiative网站，访问时间：2023年12月12日，https://opensource.org/license/apache-2-0/。

3 GNU General Public License Version 3，载Open Source Initiative网站，上载时间：2007年6月29日，访问时间：2023年12月15日，https://opensource.org/license/gpl-3-0/。

4 The 3-Clause BSD License，载Open Source Initiative网站，访问时间：2023年12月15日，https://opensource.org/license/bsd-3-clause/。

和其他Linux商业软件公司的纠纷；二是于2002年达成和解的MySQL AB诉Progress Software Corp. 和Nusphere Corp.纠纷。其中第一个纠纷的起因是1995年原告将Linus Torvalds发布的软件名称"Linux"抢注为其商标，注册类别仅为"计算机"，注册后其要求《Linux杂志》和其他Linux商业软件公司向其支付商标许可使用费。最终，被告不再坚持Linux名称已成为通用名称故不应注册为商标的抗辩主张，于1997年与原告达成和解协议，将"Linux"注册商标转移给Linus Torvalds。[1] 在该商标使用过程中，许多公司在取得Linus Torvalds的授权后，也将各自的Linux注册商标，如TurboLinux、OpenLinux、SUSELinux等。

此外，在2002年MySQL AB诉Progress Software Corp.等案和NUSPHERE Corp.案[2] 中，原告是根据GPL许可证发行的开源数据库MySQL的著作权人，同时也是瑞典、美国等国"MySQL"注册商标专用权人，拥有"MySQL.Com"域名。双方当事人曾签订分销该数据库并提供相应技术支持的协议，2000年8月双方终止协议后被告将"mysql.org"注册为域名并拒绝转让给原告，且其还发行了软件"NuSphere MySQL Advantage"，其中含有基于GPL许可证发布的MySQL和被告自行开发的双子座软件（Gemini）。由于涉案软件是在GPL协议下发布的，要求衍生软件在发布时也必须公开源代码，但被告并未公开Gemini软件源代码。因此，原告起诉其商标侵权、违反协议约定、不遵守GPL许可证等行为。2002年2月，美国麻省波士顿地方法院于2002年2月应原告申请，对被告发布了初步禁令。但该禁令只是禁

---

1 张韬略：《开源软件的知识产权问题研究——制度诱因、规则架构及理论反思》，见张平主编：《网络法律评论（第5卷）》，法律出版社2004年版，第45页。

2 杨林村：《开放源码软件及许可证法律问题和对策研究》，知识产权出版社2004年版，第83-84页；张韬略：《MySQL AB诉Progress Software Corp., NUSPHERE Corp.案——GPL许可证与法律失之交臂》，见张平主编：《网络法律评论（第5卷）》，法律出版社2004年版，第361-369页。

止被告改进以及销售任何形式的包含MySQL注册商标的商品和服务、使用与MySQL商标有关的域名以及运行使用MySQL注册商标的网站，并未涉及源代码公开与否的问题。[1]

| 第二节 |

计算机软件的竞争法律保护

通过反不正当竞争法律制度中有关商业秘密保护的制度来保护计算机软件中所蕴含的技术构思和算法等，不仅可以避免寻求专利保护所带来的公开披露上述信息的弊端，还可以寻求更长期的保护。因此，尽管商业秘密保护所要求的不为公众所知悉、具有商业价值、采取保密措施等构成要件有时举证证明难度很大，仍然有许多权利人寻求计算机软件商业秘密的法律保护。同时，计算机软件权利人还可通过反不正当竞争法律制度中的其他途径以及反垄断法律制度的相关规定，制止同业竞争者的不正当竞争行为，保护其合法权益。

一、计算机软件的商业秘密保护

对于计算机软件来说，可以采用著作权法保护其表达形式，可以通过专利法保护其具有技术特征的独特构思，但是软件开发过程中的大量智力成果，如技术诀窍、程序的逻辑或算法等，往往不能受到专利法的保护，而只能借助商业秘密予以保护。根据2019年修改的我国《反不正当竞争法》的有关规定，商业秘密，是指不为公众所知悉、具有商业价值并经权利人采取相应保密措施的技术信息、经营信息等商业信息。最高人民法院曾在2007年施行的《最高人民法院关于审理不正当

---

1 转引自杨林村：《开放源码软件及许可证法律问题和对策研究》，知识产权出版社2004年版，第87页。

竞争民事案件应用法律若干问题的解释》中涉及9个条款对商业秘密的保护问题作出具体规定，后在2020年施行的《最高人民法院关于审理侵犯商业秘密民事案件适用法律若干问题的规定》中对商业秘密保护问题作了专门的详尽规定，包括商业秘密纠纷案件中的保护客体、构成要件、保密义务、侵权判断、与员工和前员工有关的法律适用、行为保全、刑民交叉、诉讼中的商业秘密保护、民事责任等重要问题。对于采取了加密等保密措施的计算机软件，如果他人通过不正当竞争手段，取得该软件中的技术秘密，就可能涉嫌侵权。但如果他人通过反向工程对计算机软件进行分析而取得的商业秘密，或是通过独立开发研究而得到的商业秘密等都不属于不正当竞争行为。而且，计算机软件开发越来越趋向于模块化设计，软件目标代码中直接体现出的思想和算法越来越明显。而选择商业秘密保护方式的计算机软件，通过采取加密措施，不仅加大了软件开发成本，而且可能使软件的兼容性和通用性变差。因此，通过商业秘密保护计算机软件也存在一定的问题。

（一）软件商业秘密保护的早期实践

在有的案件中，在某些情况下体现出商业秘密对于计算机软件保护具有不可替代的特点和优势。如在美国Computer Associates International v. Altai案[1] 中，美国第二巡回上诉法院于1992年6月依据"抽象、过滤、对比"三步判断法认定被告改写的Oscar3.5程序未侵犯原告软件的著作权。同年12月，美国联邦巡回上诉法院以被告在开发Oscar3.5的前期工作（开发Oscar3.4）中雇佣了原告的一名雇员，该雇员违反了雇佣合同使用了原告的软件为由，认定侵犯了原告的商业秘密。从该案可以看出，计算机软件的商业秘密保护问题已经引起了计算

---

[1] 美国1939年《侵权行为法重述》明确地将计算机软件程序列入商业秘密的保护范围，美国法学会编制的《侵权行为法重述》本身虽不是法律，但它论述了美国侵权法的情况，对商业秘密的保护也有所论述。在司法过程中，大部分州法院在判例法不清楚或找不到相应判例的时候，通常会参考《侵权行为法重述》来保护商业秘密。

机软件业和法律界的广泛关注，它至少发出一个强烈的信息，计算机软件行业必须重视商业秘密保护问题[1]。

在我国的司法实践中，也出现了通过商业秘密保护计算机软件的案件。如在北京市海淀区人民法院审理的斯威格—泰德公司诉银兰公司、刘某春等不正当竞争纠纷案中[2]，原告主张其开发完成的用于商场管理、证件管理和考勤等系统的IC卡系列管理系统软件系其商业秘密，被告刘某春等人利用其在原告单位工作期间所掌握的商业秘密，以银兰公司的名义销售相关IC卡系统侵犯了其商业秘密。法院认定原告的软件构成商业秘密，判令被告停止侵权并赔偿损失。该案中涉及的一个重要问题，就是对于计算机软件是否构成商业秘密的判断标准问题。根据我国1993年《反不正当竞争法》第十条的有关规定，商业秘密是指不为公众所知悉、能为权利人带来经济利益、具有实用性并经权利人采取保密措施的技术信息和经营信息。该规定包含了商业秘密的四个构成要件，即不为公众所知悉的新颖性、能够带来经济利益的价值性、具有使用价值的实用性、采取保密措施的秘密性。虽然该案涉及的IC卡管理系统在功能上大致相同，但实现该功能的方法可能存在很大区别，因此原告对其所开发的软件享有相应权利，并非简单的公知技术；对于权利人主张的商业秘密的秘密性问题，往往是商业秘密案件中争议的焦点，被控侵权方常常质疑权利人所采取的保密措施的适当性。该案被告就提出，虽然刘某春等人与原告签订了保密协议，但原告在为客户安装相应IC卡系统的过程中，并未与客户签订保密协议，因此存在客户披露该系统的可能性，从而不符合秘密性的构成要件。法院认为客户对原告提供的IC卡系统只进行简单的使用和管理，并不能接触到该软件的实质，原告没有必要与

---

1 李顺德：《计算机软件的知识产权保护（九）》，载《电子知识产权》1999年第3期，第31页。

2 贾柏岩：《IC卡商业秘密不正当竞争纠纷案》，见北京市高级人民法院知识产权庭编：《北京知识产权审判案例研究》，法律出版社2000年版，第644页。

客户签订保密协议。

（二）软件商业秘密保护的新进展

1.关于软件商业秘密案件中行为保全措施的适用

在最高人民法院审理的炬芯公司诉彭某等侵害技术秘密案[1]中，彭某曾为炬芯公司员工，参与了"芯片量产测试系统"等涉案技术信息的研发工作，后离职进入泰芯公司工作。炬芯公司以彭某、泰芯公司侵害其技术秘密为由，提起诉讼。一审法院认为，泰芯公司提交的公知技术证据证明原告主张的技术秘密不构成"不为公众所知悉"，原告未举证证明两被告采取不正当竞争手段获取涉案技术信息，亦未证明两被告披露、使用涉案技术信息，故判决驳回原告的诉讼请求。原告不服提起上诉，并提出责令彭某、泰芯公司不得披露、使用、允许他人使用涉案技术信息的行为保全申请。

最高人民法院二审认为，经一审、二审现场勘验，彭某被保全电脑中搜索到的文档覆盖了炬芯公司主张的ASRC相关设计资料、芯片量产测试系统及程序、GL6088芯片调制解调器相关研发资料、蓝牙专利技术交底书四项技术信息，彭某在离职后仍在其电脑中保存涉案技术信息已违反该协议约定，可以认定涉案技术信息确有被非法持有、披露、使用的可能，故原审法院应对彭某、泰芯公司是否存在侵害商业秘密的行为重新予以审查。最高人民法院在将该案发回重审的同时，从申请人的请求是否具有事实基础和法律依据，不采取行为保全措施是否会使申请人的合法权益受到难以弥补的损害或者造成案件裁决难以执行等损害，不采取行为保全措施对申请人造成的损害是否超过采取行为保全措施对被申请人造成的损害以及采取行为保全措施是否损害社会公共利益等方面进行审查，认为符合行为保全的条件，认定炬芯公司要求彭某、泰芯公司在生效判决作出前不得披露、使用、允许他人使用

---

1 参见最高人民法院（2020）最高法知民终1646号之二民事裁定书。

涉案技术信息的申请符合法律规定，应予准许。同时基于最高人民法院在（2020）最高法知民终1646号之一民事裁定书中的相关认定，明确该案中不得披露、使用、允许他人使用的技术信息应为炬芯公司原审主张的ASRC相关设计资料、蓝牙专利技术交底书部分技术信息以及GL6088芯片调制解调器相关研发资料。[1]

2.在开源网站发布他人软件源代码的侵权行为认定

在最高人民法院审理的花儿绽放公司与盘兴公司等侵害技术秘密案[2]中，法院认定涉案有客多软件源代码于2018年12月31日在全球开源网站共享平台Github上被公开披露，盘兴公司等披露源代码的行为侵害了花儿绽放公司的技术秘密，维持一审法院赔偿经济损失及合理维权费用共计500万元等判项。

（1）关于技术秘密的认定

对于花儿绽放公司在该案中主张的技术秘密，法院认定涉案软件源代码不为公众所知悉、具有商业价值并采取了相应保密措施，构成技术秘密。关于不为公众所知悉问题，花儿绽放公司主张其涉案软件部分源代码在2018年12月31日前不为公众所知悉。经委托国家工业信息安全发展研究中心司法鉴定所鉴定，鉴定组依据花儿绽放公司提交的《有客多软件技术点说明》，针对该软件中的20个技术点对应的979个源代码文件，在谷歌、百度两个搜索网站，以及Github、searchcode两个软件源代码共享网站进行了搜索，检索到与该软件14个源代码文件内容相近似的内容，最终鉴定意见为该软件中20个技术点对应的965个源代码文件在2018年12月31日之前不为公众所知悉。关于保密措施问题，其对涉案软件源代码的管理采用VPN统一安全授权、SVN账号密码加密授权，花儿

---

1 彭某、泰芯公司不服该行为保全裁定，曾提出复议申请，最高人民法院经审查驳回其复议申请。

2 参见最高人民法院（2021）最高法知民终2298号民事判决书，广东省深圳市中级人民法院（2019）粤03民初4519号民事判决书。

绽放公司与员工签订有保密协议；花儿绽放公司与盘兴公司签订的涉案合同中，约定了具体的保密条款且以加密载体交付，上述保密措施符合保密性要求。关于商业价值问题，涉案软件为花儿绽放公司吸引了相当数量的客户、带来了现实的经济利益，盘兴公司也实际向其支付了软件许可使用费，故涉案软件源代码显然具有商业价值。

（2）关于侵害技术秘密行为主体的认定

该案中盘兴公司主张，涉案源代码并非其员工披露，即使是其员工行为，其也不应承担侵权责任。一审法院认为，现有证据显示，用户"luxin212121"在Github网站上披露的有客多软件源代码中涵盖了涉案技术秘密。经查证，其一，盘兴公司通过与花儿绽放公司签订涉案合同，获取了涉案软件的源代码。其二，虽无法获悉用户"luxin212121"的具体身份信息，但其披露的涉案软件源代码中，版权信息、域名、客服电话、logo以及平台注释、系统平台名称、默认签名等信息均指向盘兴公司与盘石公司。其三，披露的涉案软件源代码修改了原来的第三方平台的配置参数及目标数据库的访问地址data.db.url参数。对前述参数的修改及修改后的信息属于企业的机密，不为外人所知。其四，用户"luxin212121"还在Github网站的其他三个存储库发布源代码，其中亦含有大量指向盘石公司的信息，包括盘石公司的版权信息、域名、介绍链接、帮助支持链接、联系我们链接、地址、官网链接等。前述部分信息虽可通过互联网获知，但部分是外人难以知晓或不会关注的信息。用户"luxin212121"在Github网站的不同存储库、不同源代码中汇集了盘兴公司、盘石公司如此丰富、完整的企业信息，除了盘兴公司或其知情的员工，他人均难以做到。因此盘兴公司应对上述侵权行为承担法律责任。

（3）关于损害赔偿责任的认定

该案最终支持了花儿绽放公司提出的停止侵权、赔偿损失的诉讼请求，二审法院认定涉案技术秘密的商业价值应高于2017年《反不正当竞争法》规定的法定赔偿额最高限300万元，故不宜适用法定赔偿方式确定赔偿数额，而应综合案件具体情况予以裁量。在纠正一审法院适用法定赔偿方式酌定赔偿损失及合理支出数额为500万元的基础上，酌定盘兴公司应承担的赔偿责任为赔偿经济损失450万元及合理开支50万元，判决驳回上诉，维持原判。

该案涉及的在开源网站披露权利人的软件源代码的行为，披露软件源代码的范围广，涉案软件源代码被用户"luxin212121"发布到Github公共存储库后，被平台多个用户复制到其公共存储库。而根据该开源网站用户协议，用户授予网站存储、解析和展示软件的权利，用户将页面和仓库设置为可公开查看，意味着授予平台每个用户使用、展示和执行该开源软件。涉案软件源代码公开发布到该开源网站上，意味着软件源代码处于对外披露的泄密状态，该网站用户可以进行自由复制、使用、修改或传播涉案软件源代码，导致花儿绽放公司的涉案技术秘密被非法披露，涉案软件源代码通过开源成为可以自由传播的公共资源，构成侵害涉案软件技术秘密的侵权行为。[1]

（三）软件商业秘密保护中的相关法律问题

对于计算机软件作为商业秘密保护的秘密性问题，有的学者提出，计算机软件向有关主管部门登记存档后，是否就丧失了作为商业秘密保护的权利。理由是软件登记存档时涉及对软件程序的留存，是否意味着披露了秘密信息。对此，我们可以从TRIPS协议中的有关规定中找出答案。TRIPS协议第39条第3项专门规定了对于企业向政府或政府的代理机构提交的医用或农用化工产品相关数据的保护，对一些采用新化学成分的医用或农用化工产品，如要在一国政府主管部门取得进入市场的许可证，就必须把相关未披露的实验数据或其他数据提供给该政府

---

1 祝建军：《在开源网站上发布他人源代码构成商业秘密侵权》，载《人民司法》2023年第23期，第99页。

主管部门，而该国政府主管部门应保护该数据，以防不正当的商业使用。因为如果政府主管部门不承担保密义务，则这些智力成果就有可能从专有领域进入公有领域，损害权利人的利益[1]。该条规定虽然并非对计算机软件登记情况的直接规定，但与之体现的显然属同一准则。我国1991年发布的《计算机软件保护条例》第二十九条规定，"从事软件登记的工作人员，以及曾在此职位上工作过的人员，在软件著作权的保护期内，除为了执行这项登记管理职务的目的之外，不得利用或者向他人透露申请者登记时提交的存档材料及有关情况"，[2] 从而设定了软件登记人员的保密义务。2001年12月发布的《计算机软件保护条例》虽然删除了有关计算机软件登记管理的有关规定，但2002年2月国家版权局发布的《计算机软件著作权登记办法》第十二条规定了对计算机软件的程序和文档材料的例外交存，即"申请软件著作权登记的，可以选择以下方式之一对鉴别材料作例外交存：（一）源程序的前、后各连续的30页，其中的机密部分用黑色宽斜线覆盖，但覆盖部分不得超过交存源程序的50%；（二）源程序连续的前10页，加上源程序的任何部分的连续的50页；（三）目标程序的前、后各连续的30页，加上源程序的任何部分的连续的20页。文档作例外交存的，参照前款规定处理"。同时该登记办法第十三条还规定了对上述材料的封存，即"软件著作权登记时，申请人可以申请将源程序、文档或者样品进行封存。除申请人或者司法机关外，任何人不得启封"。上述两条规定表明，计算机软件权利

1　TRIPS协议同时还规定了对此种权利的限制，即出于保护公众的需要而进行一些必要的限制。这一规定是与TRIPS协议第7条规定的知识产权的保护与权利行使的目的相一致的，即促进技术的革新、技术的转让与技术的传播，以有利于社会及经济福利的方式去促进生产者与技术知识使用者互利，并促进权利与义务的平衡。

2　原国家工商行政管理总局于1998年发布的《关于禁止侵犯商业秘密行为的若干规定》也在第十条规定，国家机关及其公务人员在履行公务时，不得披露或者允许他人使用权利人的商业秘密。

人在申请软件登记时，可以对其中可能涉及的秘密信息通过自行覆盖或申请登记机关封存的方式加以保护，防止泄露其商业秘密。因此，即使计算机软件的权利人就其软件程序和文档向软件登记机关进行了登记，也并不影响其作为商业秘密保护的秘密性条件。如前述有客多软件侵害技术秘密纠纷案中，权利人就曾向国家版权局分别登记了花儿绽放有客多软件V1.0和V2.0版本的著作权，但在该案中涉案软件著作权登记行为并不影响对其软件源代码技术秘密的认定。

此外，计算机软件许可合同与软件商业秘密保护之间是否存在冲突的问题也值得研究。尽管计算机软件许可合同中往往规定有禁止反向工程，禁止非法解密等条款，但对于通用软件来说，很难使商业秘密得到保护；然而如果是针对特定用户的软件，就可以考虑通过签订计算机软件商业秘密许可合同的形式，采取商业秘密的保护方式。[1] 另外，对于商业秘密善意第三人的法律责任这一存有争议的问题，最高人民法院早在2005年1月1日起施行的《关于审理技术合同纠纷案件适用法律若干问题的解释》第十二条对此进行了明确规定，其中第一款规定"根据合同法第三百二十九条的规定，侵害他人技术秘密的技术合同被确认无效后，除法律、行政法规另有规定的以外，善意取得该技术秘密的一方当事人可以在其取得时的范围内继续使用该技术秘密，但应当向权利人支付合理的使用费并承担保密义务"。该司法解释第十二条第二款同时规定，"当事人双方恶意串通或者一方知道或者应当知道另一方侵权仍与其订立或者履行合同的，属于共同侵权，人民法院应当判令侵权人承担连带赔偿责任和保密义务，因此取得技术秘密的当事人不得继续使用该技术秘密"。该规定充分体现了利益平衡原则，使技术秘密的权利人和善意第三人的利益都得到了最大程度的维护，同时对于双方当事人恶意串通或者明知应知一方侵权仍与其订立或履行合同的共同侵权行为

---

[1]　张玉瑞：《商业秘密法学》，中国法制出版社1999年版，第478页。

坚决予以打击。在我国《民法典》施行后，该司法解释进行了相应调整，第十二条相关内容修改为"根据民法典第八百五十条的规定"。

二、与计算机软件保护相关的其他不正当竞争行为问题研究

除计算机软件的商业秘密保护外，对于同业竞争者针对权利人的软件所进行的其他不正当竞争行为，或是利用所开发的软件不当损害其他竞争者合法权益的行为，也可通过反不正当竞争法予以规制。如前述SCO公司诉IBM公司侵权案中，原告提起诉讼的案由除侵犯著作权外，还涉及不正当竞争、合同违约等多个方面。随着计算机网络技术的迅猛发展和新产业、新业态、新商业模式的不断涌现，如何厘清技术创新与不正当竞争的关系，如何界定商业模式创新与非法搭便车的界限，如何平衡网络市场竞争者的利益，如何维护公平竞争的市场秩序，如何保护消费者的合法权益，都是在通过反不正当竞争法寻求计算机软件法律保护中常常遇到的争议较大的问题。如在我国多起关于浏览器屏蔽广告的不正当竞争纠纷案件中，全国法院生效案件大多认定，通过浏览器软件屏蔽网络广告的行为不当干扰以"免费内容+广告"盈利的网络经营模式，损害了相关经营者的合法权益，构成不正当竞争；但在相关一审案件中也曾出现相反的观点，认为具有屏蔽广告功能的浏览器软件有助于保护用户权益并实现用户的自主选择权，并未违反诚实信用原则和商业道德，不构成不正当竞争，涉案"免费内容+广告"盈利模式并非互联网视频网站唯一或主要的生存模式，该商业模式本身不受竞争法保护。[1]

1　如在快乐阳光公司诉唯思公司案、腾讯公司诉世界星辉公司案两案中，一审法院判决驳回原告的诉讼请求，两案在二审审理中均予以改判，认定涉案浏览器屏蔽广告行为构成不正当竞争。参见广东省广州市黄埔区人民法院（2017）粤0112民初737号民事判决书，广州知识产权法院（2018）粤73民终1022号民事判决书；北京市朝阳区人民法院（2017）京0105民初70786号民事判决书，北京知识产权法院（2018）京73民终558号民事判决书。

（一）技术创新与不正当竞争的界限

反不正当竞争法作为规制市场竞争行为的法律，注重鼓励商业创新与维护市场的公平、自由竞争，给予创新的商业模式或经营方式发展的空间。但与此同时，法律亦应为创新的商业模式或经营方式的发展提供规范和指引。司法实践中，有的在互联网环境下产生的涉及新模式新业态的被诉行为并不属于我国反不正当竞争法所具体列举的不正当竞争行为，如有的市场主体通过开发的软件等形式不当利用他人的竞争资源和竞争优势，不当获取商业利益，应受到我国《反不正当竞争法》第二条原则条款或第十二条第二款第（四）项兜底条款的规制。在第五次全国法院知识产权审判工作会议上，提出"要用足用好法律规则，把握法的精神，创造性运用知识产权法律兜底性规定、原则条款、法律目的条款，妥善应对知识产权领域的新情况新问题，促进经济社会在规范下创新、在创新中发展"[1]的工作要求。

1.陪伴式直播不正当竞争案

在北京知识产权法院审理的央视国际公司与盛力世家公司等不正当竞争案[2]中，涉及体育赛事直播领域的不正当竞争问题。体育赛事直播平台是随着互联网快速发展起来的从事体育赛事视频直播的新兴商业经营模式，体育赛事节目的制作、播出通常需要投入大量的人力、物力和财力，通过网络对体育赛事节目进行直播，需获得节目制作方的授权许可，并支付相应对价，符合谁投入谁收益的一般商业规则，亦是对节目制作方正当权益的保护规则，符合市场竞争中遵循的诚实信用原则。该案原告央视国际公司经已获得授权的中央电视台的许可，有权在其网站独家直播里约奥运会赛事节目。两被告通过涉案网站"www.

---

1 《张军在第五次全国法院知识产权审判工作会议上强调 全面加强知识产权审判工作 服务保障知识产权强国建设》，载中国法院网，上载时间：2023年12月15日，访问时间：2023年12月15日，https://www.chinacourt.org/article/detail/2023/12/id/7706492.shtml。

2 参见北京知识产权法院（2019）京73民终2989号民事判决书，北京市东城区人民法院（2016）京0101民初22016号民事判决书。该案入选中国法院2022年度十大知识产权案件。

zhibo.tv"及涉案直播浏览器向公众提供包含里约奥运会在内的体育赛事主播直播服务，通过在网站发布"正在视频直播里约奥运会"等宣传用语进行网络推广，将想要观看奥运赛事视频直播的网络用户吸引至涉案网站及涉案直播浏览器，使用户在涉案直播浏览器中观看央视网奥运赛事节目的基础上被默认增加不受央视国际公司控制的主播、用户互动浮框。一审法院认定两被告的行为构成不正当竞争，判令两被告赔偿原告经济损失及合理支出500万元。两被告不服提起上诉，二审法院判决驳回上诉，维持原判。

（1）关于原则条款的适用条件

根据1993年《反不正当竞争法》[1]第二条的规定，经营者在市场交易中，应当遵循自愿、平等、公平、诚实信用的原则，遵守公认的商业道德。违反该法规定，损害其他经营者的合法权益，扰乱社会经济秩序的行为属于不正当竞争。关于该原则条款的适用条件问题，最高人民法院的生效判决中已对此作出过认定。在最高人民法院（2009）民申字第1065号民事判决（即山孚公司等与马某庆等不正当竞争案）中，最高人民法院认定："虽然人民法院可以适用反不正当竞争法的一般条款来维护市场公平竞争，但同时应当注意严格把握适用条件，以避免不适当干预而阻碍市场自由竞争。凡是法律已经通过特别规定作出穷尽性保护的行为方式，不宜再适用反不正当竞争法的一般规定予以管制。总体而言，适用反不正当竞争法第二条第一款和第二款认定构成不正当竞争应当同时具备以下条件：一是法律对该种竞争行为未作出特别规定；二是其他经营者的合法权益确因该竞争行为而受到了实际损害；三是该种竞争行为因确属违反诚实信用原则和公认的商业道德而具有不正当性或者

---

[1]　《反不正当竞争法》自1993年12月1日施行后，于2017年11月4日修订，并自2018年1月1日起施行，后又于2019年4月23日修正。该案中被上诉人央视国际公司主张上诉人新传在线公司、盛力世家公司构成不正当竞争的涉案被诉行为发生在2018年前，且未持续到2018年后，故该案应适用1993年《反不正当竞争法》。

说可责性，这也是问题的关键和判断的重点。"因此，二审法院根据该案提及的三个条件展开了充分论述，即反不正当竞争法对被诉不正当竞争行为未作具体规定、被诉行为损害了其他经营者的合法权益、被诉行为因违反诚实信用原则和商业道德而具有不正当性。

（2）关于被诉不正当竞争行为损害其他经营者合法权益的认定

因反不正当竞争法对涉案被诉行为并无具体规定，因此法院在适用原则条款时有必要对被诉行为给其他经营者合法权益造成的损害进行着重分析。该案中，二审法院认为，涉案被诉行为实际损害了央视国际公司的合法权益。一是不当干扰了央视国际公司奥运赛事节目的正常播放。涉案直播浏览器经营者自行招募的主播所解说内容并不受央视国际公司的控制，实质上是在央视国际公司奥运赛事节目页面中插入了不受控制的主播直播模块，不当干扰了节目的正常播放，损害了央视国际公司的合法权益；二是涉案被诉行为损害了央视国际公司授权许可他人播放节目的交易机会和可得利益。涉案直播浏览器系通过央视网原网址播放奥运赛事节目，虽然从短期看并未直接减损央视国际公司的流量利益，但若允许此种以"直播浏览器"的形式免费利用奥运赛事节目资源并招募主播进行解说的经营模式存在，则其他网络视频平台均可以通过该种形式免费利用他人的独家直播资源，为自己的网站吸引用户增加流量。长此以往，将导致没有视频平台愿意付费播放央视国际公司的奥运赛事节目或其他赛事节目，这无疑会损害央视国际公司通过授权其他网络视频平台播放奥运赛事节目而获得的经济利益；三是涉案被诉行为可能破坏体育赛事转播行业生态，贬损消费者的长远利益。涉案被诉行为如不予以规制，会导致体育赛事节目制作方的可得收益大幅减少，进而导致体育赛事节目制作方没有动力花费高额的资金从体育比赛举办者处获取体育赛事转播权。这无疑破坏了整个体育赛事转播的商业交易秩序和行业生态，不仅损害了体育赛事节目制作方的经济利益，从长远看也会贬损体育赛事节目观众的利益，不利于体育赛事转播行业的可持续发展。

（3）关于被诉不正当竞争行为不正当性的认定

互联网环境下的创新的竞争行为应以公平为原则，不得违反诚实信用原则和商业道德，不得不合理地借用他人的竞争优势为自己增加交易机会，对他人的正当经营模式产生不当干扰。二审法院认为，鉴于浏览器的基本功能在于真实全面地将相关网站内容展现给用户，涉案直播浏览器在观看奥运赛事直播的页面中默认插入了不受央视国际公司网站的控制的主播、用户互动浮框，不符合浏览器的运营规则。而且，新传在线公司、盛力世家公司作为专业的体育赛事直播平台，应当知晓体育赛事节目进行直播或转播需获得节目制作方的授权许可并支付相应对价的行业通行做法，仍实施涉案被诉不正当竞争行为，借此扩大涉案网站及涉案直播浏览器的影响力，该行为具有明显的"搭便车"的目的，具有不正当性。因此，涉案被诉不正当竞争行为看似是以直播浏览器的形式通过央视网播放奥运赛事节目，但其本质为未经授权、未支付对价，不当利用央视国际公司独家奥运赛事节目资源，为其运营的涉案网站和涉案直播浏览器吸引用户，以此获得商业利益，具有不正当性。

（4）关于技术创新与合法竞争的关系

法律并不阻碍技术或商业模式的创新与发展，但任何具有创新性的竞争行为均应充分尊重竞争对手在技术研发或信息获取、使用过程中的付出，不得不合理地借用他人的竞争优势为自己谋取交易机会，对他人的正当经营模式产生不当干扰。作为用户登录网站、浏览网页的工具软件，浏览器的基本功能在于真实全面地将相关网站内容展现给用户，除非有特殊的合法理由，否则不应增加、删减或改变被访问网站向用户提供的服务内容。

该案中，新传在线公司、盛力世家公司提出涉案直播浏览器是一款带有主播直播插件的网络浏览器，通过普通链接进行跳转、完整呈现被链网站的全部内容和功能，被链网站经营者基于其网页内容和网页功能而获得的商业收益不会受到影响或遭受实际损害，涉案直播浏览器系其技术创新成果，不违反诚实信用原则及互联网领域的商业道德等相关抗辩主张。二审法院认为，新传在线公司、盛力世家公司在涉案网站设置"奥运（Rio2016）"专题栏目，对奥运赛事节目的链接进行排列、整理，涉案直播浏览器全程、实时利用央视国际公司网站的奥运赛事节目增加主播直播内容、与观众互动，并借机牟利的行为违反诚实信用原则和商业道德，实际损害了央视国际公司的利益，扰乱了公平竞争的市场秩序，具有不正当性。两公司关于涉案直播浏览器系其技术创新成果，不违反诚实信用原则及互联网领域的商业道德等相关主张，缺乏依据。

2.视频盗链不正当竞争案

随着手机、PAD等移动终端的广泛应用，互联网从PC时代向移动互联网竞争时代迅速转变，移动互联网所占市场份额逐年增长。根据中国互联网信息中心发布的第52次《中国互联网络发展状况统计报告》，[1] 截至2023年6月，我国手机网民规模达10.76亿人，网络视频用户规模为10.44亿人，其中短视频用户规模为10.26亿人。随着网络视频的不断发展，出现了能够收集和整合多个视频网站内容的视频聚合应用软件，用户可以通过这类软件观看来自不同视频平台的相关视频内容。

面对视频聚合应用软件带来的相关问题，爱奇艺等视频网站依据反不正当竞争法提起了相关不正当竞争纠纷诉讼。其中上海知识产权法院审理的爱奇艺公司与聚网视公司不正当竞争案[2] 受到广泛关注。该案作为全国首例认定视频盗链构成不正当竞争的案件，曾被称为国内视频行业发展的里程碑事件。在该案中，爱奇艺公司主张聚网视公司开发运营的"VST全聚合"软件聚合了包括爱奇艺公司在内的多家大型知名视

---

1 第52次《中国互联网络发展状况统计报告》，载中国互联网络信息中心网站，上载时间：2023年8月28日，访问时间：2023年10月18日，https://cnnic.cn/n4/2023/0828/c199-10830.html。

2 参见上海知识产权法院（2015）沪知民终字第728号民事判决书，上海市杨浦区人民法院（2015）杨民三（知）初字第1号民事判决书。

频网站的内容，其提供来源于爱奇艺公司的视频内容，以及在提供来源于爱奇艺公司的视频内容时屏蔽片前广告的行为构成不正当竞争，违反了《反不正当竞争法》第二条的相关规定。该案中，爱奇艺公司未主张被诉行为侵犯相关视频内容的信息网络传播权，除主张屏蔽片前广告的涉案行为构成不正当竞争外，还进一步主张视频聚合软件的视频盗链行为构成不正当竞争。

（1）涉案不正当竞争行为的认定

一审法院经审理认为，聚网视公司通过"VST全聚合"软件采用技术手段绕开片前广告直接播放来源于爱奇艺视频的行为，挤占了爱奇艺公司的市场份额，不正当地取得竞争优势，造成爱奇艺公司广告费以及会员费收入的减少，攫取了爱奇艺公司合法的商业利益，构成不正当竞争。如果该聚合软件系通过破解密钥的方式，完整链接爱奇艺公司广告和视频，则无法使爱奇艺公司的广告统计系统统计到广告播放的数量，会导致其按CPM计费的广告投放周期延长或合同约定的周期内收益下降，按CPD计费的广告每天播放的次数减少从而收益下降。二审法院认定，涉案软件绕开爱奇艺公司广告直接播放视频，不仅会减少其广告点击量影响其广告收入，也会导致其包括会员用户在内的用户的流失，给其合法经营活动造成损害。即便聚网视公司暂无盈利，但互联网经济环境下，对企业估值评价并不仅仅依据盈利标准，用户数量、市场占有率等是企业谋求商业利益的基石，故聚网视公司应承担赔偿损失的责任。二审法院最终判决驳回上诉，维持原判。

（2）关于技术创新与不正当竞争的界限

该案中，聚网视公司提出其免费向用户提供涉案软件，涉案软件为用户的观看带来便利，吸引更多用户观看爱奇艺公司的视频，给爱奇艺公司带来了收益，其使用的技术本身是创新、中立的，不应限制这种技术的发展，也不应剥夺用户享受新技术的权利的抗辩主张。一审法院认为，技术中立原则是指技术本身的中立，即使使用中立的技术仍应尊重他人的合法利益,在法律允许的边界内应用新技术,而不能以技术中立为名,违反商业道德,攫取他人的合法利益。聚网视公司并未主动向一审法院展示其所使用的技术手段,因此无从判断其所使用的技术本身中立与否,而即使其使用的是中立的技术,技术本身不违法并不代表其使用行为不违法。聚网视公司破解爱奇艺公司的验证算法,并取得有效的密钥后绕开广告直接播放正片,显然超出了法律允许的边界,对其有关技术中立的主张不予采信。

可见,涉案被诉软件通过破解爱奇艺公司密钥的技术手段,破坏相关技术保护措施以得到爱奇艺视频正片播放链接地址,通过涉案被诉软件免费、免广告收看爱奇艺视频方式吸引用户下载安装其应用软件,导致爱奇艺视频网站的片前广告、会员费、流量等利益受到损害,该视频盗链行为构成不正当竞争。

(3)关于合法竞争与不正当竞争的界限

该案中,爱奇艺公司除主张被诉软件屏蔽爱奇艺公司片前广告的行为构成不正当竞争外,还主张被诉软件链接播放来源于爱奇艺网站视频的行为导致爱奇艺公司网站访问量以及播放器客户端下载安装量、网站网页广告和播放器客户端的广告曝光率、网站在网民视线中的受关注度均下降,构成不正当竞争。一审法院分析认为,互联网的本质在于信息的互联互通,在互联网上采取合法链接行为不构成不正当竞争,如果被诉软件采取合法正当的手段完整链接播放来源于爱奇艺公司的视频内容,并明确标注片源来自"爱奇艺",使爱奇艺公司的广告统计系统能够统计到通过被诉软件播放的其广告数量,则不会损害爱奇艺公司的合法利益,对该行为加以规制将有违互联互通的基本要求。如果被诉软件系通过破解密钥方式完整链接爱奇艺公司广告和视频,无法统计其广告播放量,则损害了爱奇艺公司的合法利益,构成不正当竞争。

可见,合法正当的市场行为不应不当规制,但如果被诉软件超出合法正当的界限,通过破解视频网站密钥等不正当方式,使视频网站的广告统计系统无法统计到广告播放的数量，导致广告投放周期延长或日播放次数减少，从而使广告收益下降，直接损害视频网站的合法利益，则构成不正当竞争。

3.搬运原创视频案

近年来，随着我国相关长视频和短视频平台的用户规模与使用时长逐渐稳定，两者之间的竞争态势逐步转向合作共赢。相关网络视频平台加强优质内容创作，多个上亿用户量级平台具有很强的影响力。同时，随之而来的搬运原创短视频的纠纷也屡屡出现。如在福建省厦门市中级人民法院审理的腾讯公司等与固乔公司等不正当竞争案[1]中，腾讯公司等主张固乔公司在开发并运营的固乔视频助手软件中提供可批量下载腾讯微视、QQ看点、看点快报、火锅视频等短视频平台上的视频文件，去除视频平台水印并修改视频文件MD5值的服务构成不正当竞争，将固乔公司等起诉至法院。该案涉及通过软件实现下载无水印短视频文件，并修改视频文件MD5值[2]帮助用户将视频搬运至相关具有竞争关系的平台的行为，其中涉及批量下载、搬运原创视频的正当性问题。一审法院认定被诉行为构成不正当竞争，判令固乔公司停止被诉行为、消除影响并赔偿损失及合理支出15万余元。固乔公司不服提起上诉，二审法院判决驳回上诉，维持原判。

一审法院认为，被诉软件提供捆绑批量下载功能的同时，还可修改所下载视频文件的MD5值，并利用技术手段定位到不带有水印的

1 参见《厦门中院宣判"固乔视频助手"软件不正当竞争案》，"厦门中院"微信公众号，2021年9月16日。参见福建省高级人民法院（2022）闽民终190号民事判决书，福建省厦门市中级人民法院（2021）闽02民初9号民事判决书。

2 MD5（Message Digest Algorithm MD5，信息摘要算法第五版）是被计算机安全领域广泛使用的一种散列函数，用以提供信息的完整性保护。该算法的典型应用是对一段信息（message）产生信息摘要（message-digest），以防止被篡改。利用MD5的算法原理，可使用各种计算机语言形成MD5加密校验工具。参见孙维国、李浩然：《MD5算法在数据安全中的应用及安全性分析》，载《微计算机应用》2010年第31期，第67-68页。

原始视频播放源地址，从而能够根据源地址下载无水印的原始视频文件，实现所宣传的去除视频平台水印的技术效果。被诉侵权行为使得腾讯公司凭借其平台视频内容以满足用户需求，培养用户黏性和留存目的落空，平台经营方式和盈利模式受到冲击和破坏。涉案行为违反了我国《反不正当竞争法》第十二条第二款第（四）项的规定，构成不正当竞争。二审法院进一步认为，被诉软件提供修改视频文件MD5值功能，目的就是帮助用户在视频平台之间搬运同一视频，进而大量销售该软件产品获利。且固乔公司将该搬运视频功能作为其宣传推广被诉软件产品最重要的功能特点，在官网及微信公众号发布搬运教程等文章，引导用户如何使用该软件实现视频文件的下载、MD5值修改并最终将视频搬运到各平台等操作，印证了被诉软件的定位就是以批量搬运短视频平台资源为卖点吸引用户，明显具有主观故意，构成不正当竞争。

鉴于该案中的被诉行为是利用技术手段，通过修改视频MD5值的方式，实施妨碍、破坏其他经营者合法提供的网络产品或者服务正常运行的行为，因此通过我国《反不正当竞争法》第十二条第二款第（四）项的兜底条款予以规制，认定涉案被诉行为构成不正当竞争。虽然固乔公司主张被诉软件的开发目的系为用户提供更便捷的下载工具，未影响腾讯公司平台的正常运行，但其并无合理理由提供以技术手段修改MD5值的服务，明显具有帮助规避MD5值检测机制的故意，导致未经许可复制、搬运视频的侵权行为成为可能，损害原创视频作者和视频平台的利益，因此被诉行为具有不正当性。

关于技术创新、自由竞争和不正当竞争的界限问题，最高人民法院在审理的奇虎公司等与腾讯公司等不正当竞争案[1]中曾作如下论述：是否属于互联网精神鼓励的自由竞争和创新，仍然需要以是否有利于建立平等公平的竞争秩序，是否符合消费者的一般利益和社会公共利益为

---

1 参见最高人民法院（2013）民三终字第5号民事判决书。

标准来进行判断，而不是仅有某些技术上的进步即应认为属于自由竞争和创新。否则，任何人均可以技术进步为借口，对他人的技术产品或者服务进行任意干涉，就将导致借技术进步、创新之名，而行"丛林法则"之实。技术创新可以刺激竞争，竞争又可以促进技术创新。技术本身虽然是中立的，但技术也可以成为进行不正当竞争的工具。技术革新应当成为公平自由竞争的工具，而非干涉他人正当商业模式的借口。该案中，奇虎公司等以技术创新为名，专门开发扣扣保镖对腾讯公司QQ软件进行深度干预，难以认定其行为符合互联网自由和创新之精神，故对此上诉理由不予支持。

（二）涉及软件用户界面的不正当竞争纠纷

1.域外的早期实践

挪威法院曾于1989年对两软件公司之间因涉及计算机程序的用户界面保护纠纷案作出判决，[1] 认定由于被告的计算机程序与原告主张权利的程序的相似性，被告已经获取了原告的市场利益，其产品属于可能造成混淆的竞争产品，被告的行为违反了挪威反不正当竞争法总则有关"禁止在业务中采取任何违背良好商业惯例的行为"的规定。由于该案是欧洲在计算机程序的"外观和感受"（look and feel）方面作出的第一个判例，曾引起社会关注。

该案原告英国中介图形系统公司开发了一个用于数据转换和格式化的Intercopy程序，被告挪威阿拉丁软件公司也开发了同样功能的阿拉丁PC Convert程序。原告指控被告使用与其软件用户界面相似的显示，构成了不正当竞争。法院认为被告的程序是在原告程序的基础上开发而成的，这并不违反竞争法的原则，但被告有义务避免复制其中非功能性

1　邹忭：《挪威在保护计算机软件"外观和感受"方面的第一个判案——中介公司诉阿拉丁公司案》，见中国软件登记中心、中国计算机报社编：《计算机软件著作权保护工作手册》，电子工业出版社1993年版，第198页。

的部分；但两程序所使用的屏幕影像在视觉上是整体相似的，被告没有尽到避免二者产生混淆的义务，造成了削弱原告市场销售的后果，构成不正当竞争，判决被告赔偿损失20万挪威克朗。

该案涉及计算机程序用户界面保护问题，虽然原告并未以界面著作权主张权利，但实质上体现了对用户界面应否保护、如何保护的问题。上述案件认定界面的整体近似可能造成二者的混淆，从而构成不正当竞争。本书认为，对此应审慎考虑，虽然从用户的角度看，存在这种混淆的可能性，但毕竟用户对软件产品的选择并非依据相关软件的界面进行。

2.我国的相关司法实践

关于软件用户界面的纠纷，我国也曾出现以著作权法或是反不正当竞争法为依据诉至法院的相关案件。在主张著作权法保护的相关案件中，法院结合用户界面是否符合作品的构成要件，有的认定相关游戏界面构成美术作品，有的认定相关网页构成汇编作品；在主张通过反不正当竞争法予以规制的案件中，法院重点关注的是所主张的软件用户界面是否具有竞争法上制止他人模仿的合法权益，是否会引起混淆等问题。

（1）网页著作权保护的相关实践

网页是伴随网络的发展而出现的事物，是万维网上用超文本标记语言书写的基本文档，该书写文档通常被称为网页的源文件。网页源文件通过有关网络浏览器以文字、图像、声音及其组合等多媒体效果展现在计算机的输出设备中，向计算机用户提供信息。网页以数字化形式存储于计算机的存储设备中，能够以多种形式被复制。网页相关的计算机程序符合法定条件的应受到著作权法的保护，而网页是计算机程序运行的结果，是程序运行的外在表现。计算机程序及其外在表现之间存在一一对应的因果联系，外在表现直观地反映内在程序的运行结果。

关于网页著作权的保护问题，曾有多起案件诉至法院。如在北京市第二中级人民法院2001年审理的信达公司诉汤姆公司侵犯著作权案[1]中，信达公司网站上刊载有涉案十三篇文章，除自行创作的七篇作品外，还包括六篇其根据与作者或著作权人的协议编辑而成的作品，其明确不主张上述作品的著作权，只主张刊载上述文章的网页著作权。法院认定，网页通常是基于文字、美术、摄影等作品性和非作品性的信息材料，根据设计者的创作意图和创作构思进行选择或者编排而形成的。表现在网页上的具有著作权法意义上的独创性的作品可以作为编辑作品受到我国著作权法的保护。原告网站刊载涉案十三篇文章的网页虽为次级页面，但表现在网页上的文字、图片是原告独立创作或经过对有关文字作品、摄影作品以及美术作品的选择和编排而成的，原告对相关文字、图片的选择和编排行为体现出了智力创作，具有独创性。故原告登载涉案十三篇文章的每一网页作为编辑作品应当受到我国著作权法的保护。汤姆公司网站未经原告许可，在该网站相关网页上刊载与原告主张权利的网页所表现出的内容选择和编排基本相同的文章，侵犯了原告依法享有的编辑作品的著作权。

该案提出了网页著作权保护的问题，与其他相关案件主张首页或主页著作权不同，该案原告主张的是次级页面的网页著作权。在北京市海淀区人民法院审理的第一起网页著作权纠纷案件中，即瑞得公司诉东方公司侵害著作权案，原告指控被告的主页在整体版式、色彩、图案、栏目设置、栏目标题、文案、下拉菜单的运用等方面都几乎照搬原告主页，极易误导客户。法院认为瑞得公司的主页虽然所使用的颜色、文字及部分图标等已处于公有领域，但将该主页上的颜色、文字、图标以数字化的方式加以特定的组合，仍然给人以美感，应是一种独特构思的体现，具有独创性。该主页符合作品的构成要件，应视为受

---

1 参见北京市第二中级人民法院（2001）二中知初字第135号民事判决书，该案判决一审生效。

著作权法保护的作品。此后北京市第二中级人民法院审理的百网公司诉新浪公司侵犯著作权案中，百网公司亦主张被告侵犯了其网页著作权，法院也认为，原告主张权利的网页具有独创性，符合作品的构成要件，应当受到著作权法的保护。随后，天津市第二中级人民法院审理的星云公司等诉海瑛公司侵害著作权案中，法院认定涉案"兰花花——中国蓝印花布"网站的网页系基于文字、美术、图案等部分作品性和非作品性的信息材料，根据自己的创作意图和创作构思进行选材和重新编排，形成新的体系与布局，并注入智力创作在文字、图案、色彩等方面形成独特风格和创意，且在互联网上以数字化形式固定。该网页系数字化作品，属于著作权法中的作品，其著作权应依法予以保护。[1]

但在2002年山东省青岛市中级人民法院审理的网星公司与英网公司侵犯著作权案中，法院提出了网页作为汇编作品予以保护的观点，并进一步说明网页版式设计不应受到著作权法保护的理由。在该案中，被告与原告网页中的文字、图像以及文字与图像的组合均不相同，所近似的是网页版式设计存在部分相似之处，即标题栏、右侧上方图像、右侧超级链接栏目和页面底部的分布存在相同之处。二审法院认为，网页由文本、图形、网页横幅、表格、表单、超链接、横幅广告、字幕、悬停按钮、日戳、计数器等要素构成。没有约定网页著作权归属或者约定著作权属于设计人时，网页设计人作为汇编作品的作者对网页整体享有著作权。构成网页的要素可以按照是否具有独创性以及能否以某种方式被有形复制分为作品性要素和非作品性要素。其中每个可以脱离网页而独立存在的要素可以作为文字作品、美术摄影作品、计算机程序分别受到我国著作权法的保护。但我国著作权法并未对网页的版式设计单独进行保护，究其原因，网页的版式设计通过文字图形等要素的空间组合以取

1　张晓津：《网页著作权的法律保护——从信达公司诉汤姆公司侵犯网页著作权纠纷案谈起》，载《中国版权》2003年第4期，第17–19页。

得良好的视觉表现效果，但是网页的版式设计不能脱离了特定文字、图形而独立存在，单独的版式设计不构成我国著作权法意义上的作品。因此，网页版式设计因缺乏构成作品的基本条件即具体的表现形式而不能单独享有著作权。虽然法律规定出版者对其出版的图书、报纸、杂志的版式设计享有专有使用权，但是该项著作权邻接权的主体不能作任意扩大解释，在法律没有明确规定的情况下，网页著作权人对网页版式设计不享有该著作权的邻接权利。

本书认为，以上两种表述和认定方法似乎都为网页作品提供了有效的保护途径。但从网页本身的属性来看，尤其是在上述个案中主张权利的主页，作为一个文字、美术、摄影作品、音乐作品等作品性材料和非作品性材料的集合体，其中如果体现了作者对材料的选择和编排方面的智力创作，则应当纳入汇编作品的范围予以保护。同时应当注意的是，如果原告在提起著作权侵权诉讼时，还要求制止被告的不正当竞争行为，则从案件处理思路上也可考虑通过反不正当竞争法予以规制。

（2）软件用户界面不正当竞争的相关案例

在法院审理的涉及软件用户界面的纠纷中，有的案件未支持原告的诉讼请求，认定涉案的软件用户界面设计未能体现稳定的指向性，不具有竞争法上可制止他人模仿的合法权益；有的案件则认定软件游戏界面地图符合作品构成要件的，可作为美术作品保护，但被诉行为不构成侵犯著作权，也不构成不正当竞争。

在北京市海淀区人民法院审理的一笑公司与乐鱼公司不正当竞争案[1] 中，原告开发经营的快手软件是国内具有代表性的短视频制作软件，被告的小看软件也是短视频制作软件。原告主张小看软件大量抄袭了快手软件的操作流程及页面布局、编辑元素，还在热门栏目下提供使用快手软件制作的视频，使用快手软件制作视频特有的装饰图片，其行

1　参见北京市海淀区人民法院（2016）京0108民初35369号民事判决书。

为构成不正当竞争。原告的软件包含有首页、预加载、拍摄页等从进入软件界面到拍摄视频后编辑并最终发布的18个完整视频编辑操作步骤及对应界面。被告认为快手软件的用户界面布局、操作流程、视频编辑元素和编辑方式系业内公知设计，不具有独创性；软件操作流程和编辑方式属于功能性设计，表达方式有限；小看软件热门栏目下的视频都是用户自行上传的，被告未进行任何编辑、修改等操作，其行为不构成不正当竞争。法院经审理认为，涉案被诉行为不构成不正当竞争，判决驳回原告的诉讼请求。

该案中，原告并不对相关操作界面整体或部分主张著作权，而是就18个操作步骤所对应的整体界面主张享有竞争法意义上的合法权益。对此法院认为，涉案18个操作界面中，原告自认有多个界面系视频编辑软件为实现功能所必备的界面，首页、作品拍摄页、编辑页和分享页面等界面与小影、秒拍、微录客等多款图片或视频编辑软件的对应功能界面设计相同或近似，主要体现便利实用的功能性特点。同时，由于手机屏幕作为显示终端的局限性，各款同类软件既需要有诸如视频拍摄、播放页面这样的与一般手机自带的相关功能界面近似的界面，也需要从用户操作使用习惯出发选择诸如侧边栏、添加好友等界面设计。另外，18个操作步骤界面整体主要体现了用户从打开软件、拍摄视频、编辑视频到公开发布视频的过程。虽然相较于美拍、秒拍等同类软件，快手软件所具备的编辑界面步骤较多、较复杂，原告也难以证明其18个操作步骤对应界面设计整体属于独特的设计组合，形成与原告之间相对稳定的指向性联系，达到可区分商品或服务来源的作用。因此，原告对快手软件涉案操作步骤界面不享有可制止他人模仿的合法权益。被告在小看软件中使用相应的界面设计，不构成不正当竞争。法院还提出，如果经营者不仅借鉴了他人产品功能层面的设计，对他人产品或服务的模仿，还造成了相关公众对商品来源的混淆，就有可能构成不正当竞争。

后在广东省深圳市中级人民法院审理的云钻公司与博塔公司不正

当竞争案[1]中，也作出了类似的判决。该案中，云钻公司主张博塔公司的BT钻石软件计算器界面恶意模仿其查宝网软件计算器运行界面，构成不正当竞争。一审法院认为，云钻公司在其苹果APP应用软件"查宝网"中设置的钻石计算器，将影响钻石报价的形状、重量、颜色、净度、折扣、总价、汇率等元素进行独创性排列组合，创作了钻石价格计算器图形界面，并进行了著作权登记。云钻公司的查宝网及钻石价格计算器自2014年起推广使用，具有一定的影响。博塔公司在其苹果APP应用软件BT钻石中设置的钻石计算器，其图形界面与云钻公司查宝网中的钻石计算器图形界面，在相关元素的排列组合上高度近似。一审法院认定博塔公司的行为足以使消费者引起混淆，构成不正当竞争。博塔公司不服提起上诉，二审法院判决撤销一审判决，驳回云钻公司的诉讼请求。

二审法院认为，相关公众需要使用手机点击打开Apple Store，主动搜索并下载BT钻石、查宝网应用软件后，才能查看软件相关信息，进而才能看到BT钻石和查宝网手机应用中各自的计算器界面，相关公众从一开始就明确知道上述计算器界面分属不同手机应用软件背后的不同经营者，故即便两个计算器界面存在相同或近似之处，也不足以引起相关公众混淆，从而误认为博塔公司与云钻公司之间存在特定联系，故云钻公司以此主张博塔公司构成不正当竞争的依据不足。二审法院还提示，对于上述两个计算器界面是否构成近似或相同，是否侵犯了权利人的其他权利，云钻公司可另循法律途径解决。

（三）软件冲突不正当竞争纠纷

通常，各个软件之间存在相互配合、相互支持的情况，也存在相互冲突的可能，作为软件生产者应对其产品与其他产品之间的冲突采取积

极的态度，在发生冲突时，及时采取措施。对于通过采取技术手段造成软件之间的冲突的行为，应当通过反不正当竞争法予以规制。

1.网络寻址软件冲突不正当竞争案

北京法院于2003年受理的多起涉及网络寻址软件之间冲突的案件中，有的起诉不正当竞争行为，有的主张侵犯著作权，其中都存在如何判定软件间存在的冲突的合理界限问题。上述案件均涉及网络寻址软件之间的冲突，网络寻址软件是指将中文关键字与网络域名之间建立"一对一"的映射，允许普通公众使用其可理解的字符串输入地址栏，进行网络资源定位的网络寻址技术。诉讼发生时我国市场上可提供该服务的软件主要有"3721网络实名"软件、"百度IE搜索伴侣"软件、"新浪IE通"软件以及"通用网址"软件，其市场覆盖率分别为80%、12%、6%、2%。[1]

在北京市第二中级人民法院审理的百度公司诉三七二一公司侵害著作权及不正当竞争案[2]中，法院确认被告的行为超出了软件冲突的合理限度，属于不正当竞争行为，判决三七二一公司停止以"3721网络实名"软件妨碍百度公司"百度IE搜索伴侣"和"百度搜霸"软件正常下载、安装和运行的涉案不正当竞争行为。

（1）案件相关事实及争议焦点

该案双方当事人均为提供地址栏搜索软件的经营者，被告的"3721网络实名"软件推出在先，原告的"百度IE搜索伴侣"和"百

1　《我半数网民爱用中文上网》，载赛迪网，上载时间：2004年2月11日，访问时间：2004年9月10日，https://news.sina.com.cn/c/2004-02-11/17341775383s.shtml，该文对中国软件评测中心与赛迪评测联合发布的《中文关键词服务产品市场应用调研报告》进行了介绍。

2　参见北京市第二中级人民法院（2004）二中民终字第2387、2388号民事判决书，北京市朝阳区人民法院（2003）朝民初字第24224、19753号民事判决书。二审法院对判令被告停止涉案不正当竞争行为的表述作了调整。

度搜霸"软件随后推出，供用户免费下载、安装。之后即出现二者均安装在计算机中时，"3721网络实名"软件不能正常运行的情况；至2002年7月，不论先安装哪个软件，都出现在后安装者替换在先安装者的注册表信息的情况；至2003年10月，出现安装"3721网络实名"软件后，再登录百度网站，则无法通过点击鼠标左键正常下载"百度IE搜索伴侣"软件，仅可通过点击鼠标右键另存为方式下载"百度IE搜索伴侣"软件，但无法安装的情况；删除"3721网络实名"软件中的cnsminkp文件后，仍仅可通过点击鼠标右键另存为方式下载"百度IE搜索伴侣"软件，但能够安装，且运行正常；至2003年11月17日，在安装"3721网络实名"软件的前提下，下载安装"百度IE搜索伴侣"软件，则弹出提示用户卸载"3721网络实名"或者"上网助手"的对话框。卸载"3721网络实名"软件后，再登录百度网站，可以通过点击鼠标左键方式下载"百度IE搜索伴侣"软件，且能正常安装运行；至2004年2月17日，在先安装"3721网络实名"软件，再下载安装"百度IE搜索伴侣"软件时，安装失败并弹出"软件冲突警告"对话框，选择其中每一选项后，安装均失败。而卸载"3721网络实名"软件后，即可成功下载安装"百度IE搜索伴侣"软件。法院还查明"3721网络实名"软件中还包含cnsmincg.ini文件，该文件内容含有"百度""baidu.com"等字符串。百度公司主张该文件是cnsminkp文件运行时需调用的文件，该文件与cnsminkp文件共同对百度公司的涉案软件起到屏蔽作用，阻碍了百度公司涉案软件的正常下载、安装和运行，但三七二一公司主张上述两文件为两个独立的文件，cnsmincg.ini文件仅起到对同类地址栏搜索软件的进行识别，以进行冲突提示的作用。

百度公司认为三七二一公司的行为违反诚实信用原则及公认的商业道德，构成不正当竞争，请求法院判令三七二一公司停止侵权行为，公开赔礼道歉并赔偿经济损失。三七二一公司辩称："百度IE搜索伴侣"软件也影响三七二一公司的"3721网络实名"软件的正常下载和安装，出现相同的冲突现象，故百度公司提出的涉案现象属于正常的软件冲突问题。[1] 三七二一公司从未接触过"百度IE搜索伴侣"软件的代码或其他文档，没有实施不正当竞争的行为。

法院经审理认为：涉案软件均为具有地址栏搜索功能的商业软件，供互联网用户免费下载，百度公司与三七二一公司属于具有竞争关系的同业竞争者。百度公司和三七二一公司在对各自的商业软件进行经营的过程中不得采取不正当的技术措施，影响对方涉案软件的正常下载、安装和运行。三七二一公司涉案修改软件注册表信息、阻碍点击鼠标左键正常下载安装运行、弹出软件冲突警告对话框中任一选项均导致安装失败的行为阻碍了"百度IE搜索伴侣"软件的正常下载、安装和运行，构成了不正当竞争，三七二一公司应承担停止侵权的法律责任。

（2）软件冲突与行业自律的相关思考

上述案件涉及的主要问题是软件之间冲突的合理界限的认定，被告的行为是否超出了正常冲突的合理范畴，是否构成不正当竞争。从案件事实看，涉案两软件之间所存在的冲突是不断发展变化的，两公司都曾对各自软件进行升级。涉案软件冲突使用户的计算机操作系统无法再识别在先安装的软件，继而用户无法再使用在先安装的软件，而只能使用在后安装的软件，此冲突现象不仅使用户不能正常行使选择权，而且使在先安装的软件不能接受用户的平等选择，从而使软件权利人丧失了相应的交易机会。因此，依据合法、公平、有序的互联网行业竞争规范，涉案两软件之间的上述冲突现象已经超出了软件正常冲突的范围。

从微软公司相关操作系统的设计看，其为运行插件提供了若干个接口，即允许在同一台计算机上安装多个插件，因此在技术上应可以实

---

1 三七二一公司为此曾于2005年提起对百度公司的诉讼，参见北京市海淀区人民法院（2005）海民初字第19741号民事判决书。一审支持其部分诉讼请求，三七二一公司不服提起上诉，二审审理期间双方达成和解撤回上诉。

现先后安装两个网络寻址软件。网络寻址软件服务的自律模式在域外已有成功的范例，如美国的Real names公司、韩国的Netpia公司在1997年就已提供网络关键词服务，其中美国的Real names公司曾拥有全球最大的用户数量。美国曾有十余家公司提供寻址服务，服务商通过行业的自律规范形成可兼容的公平竞争的局面，司法机构等严惩违反行业自律规范的竞争者，以保证自律规范的实施[1]。为促进和规范快速发展的互联网行业，我国除制定相关法律法规外，中国互联网协会也曾组织制定互联网行业的自律规范《中国互联网行业自律公约》，鼓励从业者为促进行业共同发展加以自律，反对采用不正当手段进行行业内竞争，反对制作和传播对计算机网络及他人计算机信息系统具有恶意攻击能力的计算机程序等，以创造良好的行业发展环境。

2.干扰"应用宝"软件下载案

随着移动互联网络的不断发展，手机用户在软件安装过程中，也出现了反复弹窗提示，有的软件无法下载、安装，有的安装一款软件却同时出现多个软件，有的可能涉及应用软件分发领域的不正当竞争行为。在江苏省南京市中级人民法院审理的腾讯公司等与步步高公司、维沃公司等不正当竞争诉前行为保全案[2]中，被申请人步步高公司、维沃公司在用户下载应用宝软件和通过该软件下载应用程序的过程中，在vivo手机上实施了反复弹窗提示、设置倒数计秒默认取消安装以及设置跳转到vivo应用商店链接按钮或设置直接跳转至vivo应用商店下载安装应用程序的链接按钮等行为。申请人提出诉前行为保全申请，请求法院责令被申请人立即停止上述行为。

法院经审理认为，申请人提供的证据可初步证明，被申请人步步

1　余子新、王晶喆：《探析网络关键字寻址服务的规范》，载《电子知识产权》2004年第8期，第45页。

2　参见江苏省南京市中级人民法院（2017）苏01行保1号民事裁定书。

高公司系vivo手机系统及vivo应用商店开发者及运营人，被申请人维沃公司系vivo手机生产商，手机出厂时已预装vivo应用商店等软件。vivo应用商店与应用宝互为竞争产品和服务，故双方存在直接的竞争关系。被申请人实施了干扰用户选择的被诉行为，并配合明显区别对待申请人和被申请人产品和服务的软件界面设计，影响了用户的判断，干扰了用户的正常选择，在已有提示用户未知来源风险并告知用户设置允许安装未知来源路径的情况下，其行为涉嫌故意干扰申请人应用宝软件的正常使用，以及利用应用宝软件的知名度、市场影响力和用户基础推广自身产品。因此，两被申请人的行为有可能构成不正当竞争。最终法院作出责令被申请人停止被诉行为，并不得以类似方式实施被诉行为的裁定。

（四）捆绑软件搭便车不正当竞争纠纷

1.搜狗诉百度案

通过捆绑软件的方式对自己的软件进行推广应用，在他人主程序软件安装过程中通过可选框的形式进行推介，甚至通过欺骗、误导用户下载安装的手段进行推广，表面上看似乎是获得用户提高软件收益的捷径，但捆绑其他软件时未以显著的方式提示用户，由用户主动选择是否安装或者使用并提供独立的卸载或者关闭方式，在未告知用户的情况下自动安装或静默安装的行为，可能构成损害其他软件经营者合法权益的不正当竞争行为。在北京市高级人民法院审理的搜狗公司等诉百度公司等不正当竞争案[1] 中，搜狗公司等主张百度公司等运营的百度软件中心助手和百度手机助手两软件的误导用户行为阻碍了用户对搜狗输入法等软件的下载、安装，违反《反不正当竞争法》第二条的规定，构成不正当竞争，故诉至法院。一审法院认定被诉行为构成不正当竞争，并判令

---

1 参见北京市高级人民法院（2017）京民终5号民事判决书，北京知识产权法院（2015）京知民初字第13号民事判决书。

两被告停止涉案不正当竞争行为、赔偿损失、消除影响。百度公司等不服提起上诉，二审法院判决驳回上诉，维持原判。

该案中，搜狗公司等主张百度公司等未明确提示用户并经用户同意，在用户下载、安装搜狗软件时，通过其百度软件中心助手软件欺骗、误导用户下载、安装百度杀毒、百度浏览器软件，或是欺骗、误导、强迫用户下载、安装百度手机助手等软件，干扰用户对搜狗软件产品的下载、安装，并使得相关百度软件以搭便车方式被下载。百度公司等主要的抗辩理由是上述做法系行业内的通行做法而具有正当性，且未对搜狗公司等造成任何损失，不构成不正当竞争。

法院首先结合工业和信息化部作为行业主管机关为规范互联网信息服务领域的竞争行为和市场秩序制定的相关部门规章，确认其根据我国《电信条例》《互联网信息服务管理办法》等法律、行政法规制定的《规范互联网信息服务市场秩序若干规定》的相关内容可以作为认定互联网信息服务行业普遍遵循的行为标准和公认商业道德的重要参照和依据。其次，结合该规定第八条不得"欺骗、误导或者强迫用户下载、安装、运行、升级、卸载软件"和第九条涉及捆绑软件应当以显著的方式提示用户等相关规定，认定涉案被诉行为本质上均属软件捆绑行为。虽然在相关软件下载界面下方显示"安装该软件的用户也使用：'百度杀毒''百度浏览器'"，但该信息偏重描述性，且该界面上对"百度杀毒""百度浏览器"默认勾选，而整个下载过程仅有20秒，并不属于以显著方式提示用户，以使用户作出充分判断后自主选择是否安装或使用。法院认定，被诉行为导致网络用户在下载搜狗软件时，在毫无预期、不知情或无法充分研判的情况下，额外下载其原本并不希望或不需要下载的百度杀毒、百度浏览器、百度手机助手等软件，违反互联网行业公认的商业道德，具有不正当性。

2.替换捆绑软件不正当竞争案

按照前述《规范互联网信息服务市场秩序若干规定》第九条的规

定，互联网信息服务终端软件捆绑其他软件的，应当以显著的方式提示用户，由用户主动选择是否安装或者使用，并提供独立的卸载或者关闭方式，不得附加不合理条件。可见，在为用户提供主动选择是否安装使用的前提下，捆绑软件可以作为推广软件的一种经营模式。但在有的案件中，出现将他人已经捆绑的软件移除，替换为自己软件的行为，法院认定替换其他经营者的捆绑软件的行为亦属于不正当竞争行为。

在最高人民法院审理的二三四五公司与金山公司等侵害计算机软件著作权及不正当竞争案[1] 中，金山公司是涉案驱动精灵软件的开发者和运营者，涉案软件通过猎豹公司经营的驱动精灵网站向用户提供下载等服务。二三四五公司是"2345加速浏览器""2345安全卫士""软件管家"等软件的开发者和经营者，其运营的多款产品与金山公司、猎豹公司的产品构成直接市场竞争。金山公司、猎豹公司诉至法院，主张二三四五公司未经许可提供涉案软件的网络下载，侵害了其对涉案软件的信息网络传播权；二三四五公司在提供涉案软件下载的同时，还故意实施了移除驱动精灵官网网址、替换捆绑安装其所运营的"2345加速浏览器""2345安全卫士""软件管家"等竞争型软件的行为，违反了诚实信用原则，构成不正当竞争。一审、二审法院均认定二三四五公司在提供涉案软件下载服务时移除驱动精灵官网网址，以及移除金山公司、猎豹公司原来捆绑的软件安装及网络服务选项，替换为捆绑二三四五公司自营的软件安装与网络服务选项，损害了金山公司、猎豹公司的经济利益，构成不正当竞争。

二审法院针对二三四五公司在提供驱动精灵软件下载时移除金山公司、猎豹公司原来捆绑的相关软件安装及网络服务选项，替换为捆绑其自营的软件安装与网络服务选项行为，是否构成不正当竞争进行了深

1　最高人民法院（2020）最高法知民终1567号民事判决书，北京知识产权法院（2016）京73民初896号民事判决书。

入分析。二审法院认为，基于《规范互联网信息服务市场秩序若干规定》第八条及第九条的相关规定，互联网信息服务提供者可以实施软件捆绑行为，但不得损害消费者利益和其他市场主体利益；专业的软件下载平台在传播免费软件的能力与效率上具有无可比拟的优势，平台为了给网络用户提供优质、方便、快捷、安全的软件下载服务，需要在甄别、收集、整合软件资源以及提供、维护专业服务器等方面付出大量成本。为了形成免费软件开发者、免费软件下载平台、消费者各方共赢的良好市场生态，应允许软件下载平台开拓各种适当的途径，包括在提供下载服务的同时捆绑其自营软件，以获取网络用户的注意力和流量等经济利益。二三四五公司在提供下载服务并捆绑其自营软件和服务选项的同时，移除了金山公司、猎豹公司的相关捆绑，剥夺了金山公司、猎豹公司在涉案软件下载安装过程中获取更多网络用户注意力和流量的机会，损害了金山公司、猎豹公司的利益，构成不正当竞争。

（五）涉数据抓取不正当竞争纠纷

随着数字中国建设的不断推进，我国数字经济迈向了全面扩展期，数据成为新的关键生产要素，人工智能的发展也进一步催生海量数据。根据《数字中国发展报告（2022年）》相关统计，2022年我国数据产量达8.1泽字节，同比增长22.7%，全球占比达10.5%。[1] 其中公共数据、平台数据等数据资源体量大、价值高、覆盖广，作为新质生产力的核心要素之一受到广泛关注，司法实践中也出现相关涉平台数据纠纷的案件。

1.脉脉数据案

大型网络平台经过多年经营通常累积了数以亿计的用户，并掌握

---

[1] 国家互联网信息办公室发布《数字中国发展报告（2022年）》，载中央网络安全和信息化委员会办公室网站，上载时间：2023年5月23日，访问时间：2023年12月6日，http://www.cac.gov.cn/2023-05/22/c_1686402318492248.htm?eqid=fdc19e9500016ad30000000264701486。

着其用户的相关基本信息、职业状况、教育背景、兴趣偏好等相关数据信息。如何推进网络平台规范有序、合法安全地使用上述数据，是司法实践中值得深入研究的问题。

在北京知识产权法院审理的微梦公司与淘友天下公司等不正当竞争案[1]中，微梦公司作为新浪微博的运营者，主张两淘友天下公司通过其共同运营的脉脉软件实施了非法抓取和使用新浪微博平台用户信息，通过脉脉用户手机通讯录联系人，非法获得并非法使用该联系人与新浪微博用户的对应关系等不正当竞争行为，导致微博用户误认为微梦公司措施不当导致信息泄露，致使用户流失、活跃度下降，故诉至法院。一审法院认定两淘友天下公司在其与微梦公司合作期间实施了非法抓取、使用涉案新浪微博用户职业信息、教育信息的行为；在双方合作结束之后，两淘友天下公司非法使用涉案新浪微博的用户信息。而且，两淘友天下公司针对脉脉软件中体现用户手机通讯录联系人与新浪微博用户对应关系的获取及使用行为没有合同依据，也缺乏正当理由。两淘友天下公司的相关行为违反了诚实信用原则，违背了公认的商业道德，危害到新浪微博平台用户信息安全，损害了微梦公司的合法竞争利益，构成不正当竞争。一审法院判决两淘友天下公司停止涉案不正当竞争行为、消除影响并赔偿微梦公司经济损失及合理费用220余万元。两淘友天下公司不服提起上诉，二审法院判决驳回上诉，维持原判。

二审法院进一步查明，两淘友天下公司与微梦公司基于OpenAPI[2]

---

1 参见北京知识产权法院（2016）京73民终588号民事判决书，北京市海淀区人民法院（2015）海民(知)初字第12602号民事判决书。

2 OpenAPI，开放API，通常是指将网站的服务封装成计算机可识别的数据接口开放出去，供第三方开发者使用，API是Application Programming Interface的缩写，意为应用编程接口。参见百度百科OpenAPI词条，访问时间：2023年12月12日，https://baike.baidu.com/item/OpenAPI/801962?fr=ge_ala。

开发合作模式进行合作，微梦公司的专家辅助人认为，OpenAPI是网站把服务接口开发出去用于第三方，OpenAPI是第三方合法获取数据的唯一途径。从技术上讲，数据还可以通过爬虫方式抓取等方式获取，但新浪微博基于Robot协议禁止网络爬虫抓取信息。OpenAPI的授权有效期、调用频次、接口调用高级权限均需要单独申请，没有相关的申请通过记录。二审法院认为，新浪微博通过OpenAPI开发合作模式约定双方的权利义务，同时通过该协议实现对用户数据信息的保护。该模式中数据提供方向第三方开放数据的前提是数据提供方取得用户同意，同时第三方平台在使用用户信息时还应当明确告知用户其使用的目的、方式和范围，再次取得用户的同意。因此，在OpenAPI开发合作模式中，第三方通过OpenAPI获取用户信息时应坚持"用户授权"＋"平台授权"＋"用户授权"的三重授权原则。两淘友天下公司未经用户同意且未经微梦公司授权，获取新浪微博用户的相关信息并展示在脉脉应用的人脉详情中，获取、使用脉脉用户手机通讯录中非脉脉用户联系人与新浪微博用户对应关系等行为，破坏了OpenAPI的运行规则，构成不正当竞争。

二审法院还在判决中针对数据持有者、第三方应用开发者提出了相关建议。对于该案中微梦公司作为新浪微博的网络运营者和上亿用户个人信息数据持有者，法院提出微梦公司在OpenAPI的接口权限设置中存在重大漏洞，被侵权后无法提供相应的网络日志进行举证，对于涉及用户隐私信息数据的保护措施不到位，暴露出其作为网络运营者在管理、监测、记录网络运行状态，应用、管理、保护用户数据，应对网络安全事件方面的技术薄弱问题。网络运营者应注重防止用户数据泄露或被窃取、篡改，保障网络免受干扰、破坏或者未经授权的访问，并从5个方面提出网络运营者在采集运用用户数据时应履行的管理义务；同时，对于OpenAPI开发合作模式，二审法院认为第三方应用开发者通过该模式获取并使用用户数据应当充分尊重用户的隐私权、知情权和选择权，应当遵守《开发者协议》约定的内容。第三方应用开发者在收集、使用个人数据信息时，应当取得用户同意并经网络运营者授权后合法获取、使用数据信息。只有在充分尊重用户意愿，保护用户隐私权、知情权和选择权的前提下，才能更好地利用数据信息，促进网络经济的发展。

2.刷宝涉数据集合保护案

司法实践中涉及数据抓取的不正当竞争案，除上述涉及用户个人信息等相关数据的抓取案件，还包括大量抓取搬运非独创性数据集合的情况，涉及对数据集合的保护问题。在北京知识产权法院审理的微播公司与创锐公司不正当竞争案[1]中，微播公司主张创锐公司未经许可采用技术手段或人工方式抓取来源于抖音APP平台数据集合中的5万余条短视频文件，1万多个用户信息，127条用户评论内容，并在刷宝短视频APP向公众提供，违反了《反不正当竞争法》第二条的规定，构成不正当竞争。一审法院经审理认为，抖音APP平台所展示的短视频内容、用户评论等资源均是微播公司通过正当合法的商业经营所获得，涉案非独创性数据集合形成微播公司的核心竞争力，微播公司基于数据集合形成的竞争性利益受法律保护。创锐公司采用技术手段或人工方式获取来源于抖音APP中的视频文件、评论内容并通过刷宝APP向公众提供构成不正当竞争，判决创锐公司消除影响并赔偿损失500万元。创锐公司不服提起上诉，二审法院判决驳回上诉，维持原判。

二审法院认为，涉案短视频的整体集合，对于微播公司具有独立的商业价值。对涉案短视频的集合给予整体保护，不影响单一短视频创

---

1 参见北京知识产权法院（2021）京73民终1011号民事判决书，北京市海淀区人民法院（2019）京0108民初35902号民事判决书。该案入选最高人民法院"2023年人民法院反垄断和反不正当竞争典型案例"。

作者著作权法上的权利。微播公司基于涉案非独创性数据集合形成的竞争性利益，并未在著作权法或者其他知识产权专门法中予以规定，应当属于反不正当竞争法保护的合法权益。创锐公司作为刷宝APP的运营主体，采取不正当手段整体抓取搬运抖音APP中的用户信息、短视频、评论内容等非独创性数据集合的实质性内容，攫取了微播公司的竞争资源，削弱了微播公司的竞争优势，破坏了短视频行业的市场竞争秩序，构成不正当竞争。

　　该案明确了非独创性数据集合的法律性质和独立的经济价值，区分了著作权法保护的权利与反不正当竞争法的法益范畴，对短视频平台经营者收集、存储、加工、传输数据形成的合法权益给予法律保护，并对互联网平台数据集合不正当竞争案件的法律适用，提供了相关指引。同时，该案还对商业模式创新与市场竞争的关系进行了分析，认为合法正当的市场竞争行为会促使行业竞争者不断加快技术研发，创新商业模式，最终形成良性的市场竞争秩序。如果允许刷宝APP等短视频行业竞争者未经许可抓取搬运其他短视频平台的整体数据，会造成短视频行业同质化严重，无序无效竞争，对相关平台的竞争性利益造成实质性损害。

　　从上述相关涉及平台数据保护的案例可以看出，在现行法律框架下，如何界定数据这一权利客体的属性以及权益归属，都是备受关注和存有争议的问题。本书同意对平台数据进行分类保护和分层规制的思路，即虽然《民法典》第一百二十七条对数据保护作出原则性规定，但平台数据涉及平台经营者、平台用户、社会公众的权益，甚至关系到国家数据发展需求和数据安全等多方位、多层次的利益，因此现阶段不宜对数据另行赋权。目前应予以分类施策，根据现有法律规定可赋权的数据通过著作权法、商业秘密等途径予以保护，不宜赋权的数据通过反不正当竞争法予以规制；同时，应通过反不正当竞争法和反垄断法的协同共治分层规制数据竞争行为，推动数据持有方在合理限度内开放数据，实现数据权益保护与促进数据流通之间的平衡。[1]

（六）涉网络"黑灰产"不正当竞争纠纷

互联网技术的快速发展和广泛应用，在给人们带来巨大便利的同时，也出现了涉及面广、社会危害大的网络"黑灰产"行为。网络"黑灰产"通常是指依托于互联网，以计算机技术为手段，通过从事违法犯罪活动以获取暴利的行为，既包括网络技术方面的木马病毒、钓鱼网站等行为，也包括网络信息内容方面的恶意营销、刷粉刷量等行为。网络"黑灰产"严重破坏互联网诚信经营秩序，对损害经营者合法权益的不当行为可通过反不正当竞争法予以规制，加强网络空间治理。

1.虚假社交软件截图不正当竞争案

在北京知识产权法院审理的腾讯公司与七啸公司等不正当竞争案[2]中，腾讯公司开发运营了微信、QQ等即时通信软件，七啸公司等共同开发运营"微商截图王"（后更名为"微商星球"）和"火星美化"两款软件，该两款软件提供与微信、QQ软件的界面、图标、表情等完全一致的素材和模板，使用户能够自行编辑并生成与微信、QQ软件各种使用场景界面相同的对话、红包、转账、钱包等虚假截图。神奇工场公司运营的"乐商店"应用平台为被诉软件提供下载服务。腾讯公司认为七啸公司等构成不正当竞争，诉至法院请求判令停止不正当竞争行为并赔偿损失及合理支出2000万元等。

一审法院认为，被诉软件介绍其"可以轻松生成微信对话、微信红包、微信零钱的界面，看起来就和真的一模一样""平台会根据真实

---

[1] 北京市高级人民法院课题组：《平台数据分类保护与分层规制法律探究》，载《数字法治》2023年第5期，第126–138页。

[2] 参见北京知识产权法院（2021）京73民终2963号民事判决书，北京市海淀区人民法院（2020）京0108民初8661号民事判决书。该案作为"生成社交软件虚假截图不正当竞争纠纷案"入选2022年中国法院十大知识产权案件，是人民法院打击网络"黑灰产"不正当竞争行为的典型案例。

产品的更新对截图效果进行同步更新"等，被诉软件的评论包括"对于微商来说，想要什么内容可以自己编辑""制作交易截图大大提高了我的订单率"等，上述内容表明七啸公司等已经充分预见到或应当知道被诉软件将被用于制造虚假截图这一后果，为保证以假乱真的效果还会紧跟微信、QQ进行同步更新，并以此作为产品"优势"进行宣传，吸引微商用户使用其截图功能，其主观恶意十分明显。七啸公司等借助微信、官网软件所具有的广泛用户基础以及构建起的真实、诚信社交生态，利用部分用户意图通过造假、作弊来获取不当利益的心理，使被诉软件获得大量用户并据此牟取高额收益。被诉行为直接冲击了微信等以真实社交为依托的运营基础，易使消费者因虚假截图受到人身和财产方面的损害，扰乱市场竞争秩序，构成不正当竞争。一审法院结合被诉软件用户数量、交易流水金额等因素，判令两被告赔偿腾讯公司经济损失及合理费用共计528.452万元。七啸公司等不服提起上诉，二审法院判决驳回上诉，维持原判。二审法院提出七啸公司等为弄虚作假、行骗欺瞒提供了方便和条件，使得相关不法行为的实施门槛大为降低，长此以往不仅会造成相关公众对微信、QQ的信任度降低，亦会严重损害相关消费者的利益，破坏公平有序的健康竞争秩序。

该案作为打击网络"黑灰产"的典型案例，对于从源头上制止网络社交平台交易中的作假行为，维护市场竞争秩序具有促进作用。该案在法律适用上并未适用《反不正当竞争法》第十二条"互联网专条"的相关规定，而是适用了《反不正当竞争法》第二条原则条款。法院认为涉案行为不应适用《反不正当竞争法》第十二条第二款第（四）项的规定予以规制，因为没有证据证明七啸公司等采用了相关技术手段使得微信、QQ产品和服务无法正常运行，且被诉行为与《反不正当竞争法》第十二条第二款前三项列举的具体网络不正当竞争行为亦不具有可类比性。故被诉行为应适用《反不正当竞争法》第二条原则条款，并对被诉行为的不正当性和损害其他经营者合法权益进行了分析。

2.涉群控软件不正当竞争案

所谓群控软件，是指通过使用多部真实手机或模拟多部手机，在手机中安装脚本软件来控制手机上的APP，修改手机软硬件信息，达到模拟人工使用APP的效果，其目的是通过批量操作的自动化手段，最大化模拟真实用户的操作请求，以达到吸粉、引流、广告等作弊目标。针对开发运营、宣传推广群控软件的行为，多个平台曾提起不正当竞争诉讼。

（1）涉抖音群控软件行为保全案

在微播公司与永峻公司不正当竞争纠纷案中，浙江省杭州市西湖区人民法院于2020年9月30日作出裁定书[1]，法院责令永峻公司立即停止宣传、推广、销售、运营针对抖音APP的群控营销系统软件。这是我国法院首次针对抖音平台类型的软件开发者的群控软件作出禁令，遏制群控软件的不正当竞争行为。法院认为，永峻公司运营的涉案群控系统系专门针对抖音进行功能设置的营销系统，通过模拟真人行为，利用技术手段进行自动随机点赞、自动随机评论、自动随机转发等功能，妨碍了抖音产品和服务的正常运行，干扰了抖音平台的精准分发机制，破坏了抖音平台的评价体系和产品的生态环境。该案不采取行为保全措施会使抖音平台的用户体验和产品黏性下降，进而影响微播公司的整体商誉，微播公司的合法权益将受到难以弥补的损害。微播公司投入了大量的人力、财力、物力开发运营抖音平台。采取行为保全措施可能会影响永峻公司通过涉案群控系统获取收益，对永峻公司造成的损失有限。而不采取行为保全措施，微播公司可能需要支出更多的运营成本应对因群控软件带来的日益增多的用户投诉，同时需要花费高昂的研发成本监控和减少涉案及类似群控系统对平台正常运营的冲击。两者相比较，显然不采取行为保全措施对申请人造成的损害超过采取行为保全措施对被申请人造成的损害，故作出相关行为保全裁定。

---

1 参见浙江省杭州市西湖区人民法院（2020）浙0106民初4335号民事裁定书。

（2）涉抖音群控软件不正当竞争案

在广东省深圳市龙岗区人民法院审理的微播公司与豪斌公司等不正当竞争案[1]中，豪斌公司运营的"创联智控"营销系统为手机群控系统，可实现针对抖音APP的养号管理、视频管理、点赞私信管理、截流管理等功能，原告认为该群控系统利用技术手段进行规模化、自动化批量操作，妨碍、破坏抖音产品和服务的正常运行，构成不正当竞争。法院判决被告停止涉案不正当竞争行为并赔偿原告经济损失60万元。法院经审理认为，抖音通过基于完播率、评论数、点赞数、分享数等若干重要指标形成的算法程序向用户智能精准推荐优质视频内容，微播公司作为抖音的经营者享有的合法竞争性权益受到反不正当竞争法的保护。豪斌公司无视抖音APP用户服务协议中关于不得使用相关软件干扰、破坏抖音及其服务正常运行的明确约定，利用涉案群控系统，通过模拟真人行为，利用技术手段自动化、批量化操作，实现系统养号、粉丝互相关注、转发视频、点赞私信、截流、群发等功能，妨碍了抖音产品和服务的正常运行，干扰了抖音的精准分发机制，破坏抖音的评价体系和产品的生态环境；涉案群控系统产生的虚假流量、信息直接影响抖音用户信息资源分发的精准度，还可能危害到用户的隐私和信息安全，给诈骗等网络"黑灰产"提供便利工具，威胁网络空间的安全；涉案群控系统通过虚构流量、数据的作弊行为，有违诚信原则和商业道德，使其他诚信的短视频提供者的流量被使用抖音群控软件者所抢夺，如果任其发展，可能导致"劣币驱逐良币"的恶果，破坏公平竞争市场秩序。[2]

3.群控软件与数据权益保护案

实践中，有的案件争议焦点还涉及群控软件与数据权益保护的问

1　参见广东省深圳市龙岗区人民法院（2020）粤0307民初39526号民事判决书。

2　除上述涉及抖音平台的两案外，司法实践中还曾审理涉及快手平台起诉的案件，如快手公司诉奥特莱公司不正当竞争纠纷案等。参见北京市海淀区人民法院（2022）京0108民初14654号民事判决书。

题。如浙江省杭州铁路运输法院审理的腾讯公司等与搜道公司等不正当竞争案[1]，系全国首例涉及微信数据权益认定的案件，涉及数据权益归属判断及数据抓取行为的正当性认定，案件处理兼顾平衡了各相关方的利益，合理划分了各类数据权益的权属及边界，对数据权益司法保护进行有益探索。

该案中，两原告开发运营个人微信产品，为消费者提供即时社交通信服务。个人微信产品中的数据内容主要为个人微信用户的账号数据、好友关系链数据、用户操作数据等个人身份数据和行为数据。两被告开发运营的"聚客通群控软件"，利用Xposed 外挂技术将该软件中的"个人号"功能模块嵌套于个人微信产品中运行，为购买该软件服务的微信用户在个人微信平台中开展商业营销、商业管理活动提供帮助。两原告主张两被告利用群控技术突破微信的产品功能，妨碍和破坏微信产品和服务的正常运行，主要体现在以下行为：①采用Xposed外挂技术，在聚客精灵和聚客通群控软件上操作微信，包括微信聊天、同步好友信息和朋友圈信息、创建朋友圈、添加评论、收发红包及转账、添加好友标签、将好友加入黑名单；②采用Xposed外挂技术，自动化、批量化操作微信的行为，包括朋友圈内容自动点赞、群发微信消息、微信被添加自动通过并回复、清理僵尸粉、智能养号；③监控并存储微信数据，破坏微信的个人信息保护机制，危害微信产品数据安全。两被告辩称，涉案被诉软件虽部分突破了微信产品未实现的功能，但提升了用户使用微信进行经营的效率，且该突破没有达到妨碍或破坏微信产品正常运行的程度。两原告主张其享有微信平台的数据权益，两被告擅自获取、使用涉案数据，构成不正当竞争。一审法院认定

---

1 参见浙江省杭州铁路运输法院（2019）浙8601民初1987号民事判决书，浙江省杭州市中级人民法院（2020）浙01民终5889号民事判决书。该案一审判决作出后，两被告不服提起上诉，后撤回上诉。该案入选2021年人民法院反垄断和反不正当竞争典型案例。

被诉行为构成不正当竞争，分别适用《反不正当竞争法》第二条规制涉及数据权益的不正当竞争行为，适用《反不正当竞争法》第十二条互联网专条认定涉及群控软件不当干扰两原告产品正常运行等不正当竞争行为，判决两被告停止涉案不正当竞争行为，共同赔偿经济损失及合理费用共计260万元。

（1）关于群控软件不正当竞争行为认定

关于两被告利用Xposed外挂技术，将被控侵权软件中的"个人号"功能模块以嵌套于两原告个人微信平台方式运行的行为，一审法院认为，被控侵权软件异化了个人微信产品作为社交平台的服务功能，给用户使用微信产品造成了干扰，破坏了两原告个人微信平台的正常运行秩序；同时，微信用户向微信平台提供信息是基于其对微信平台信息安全保护能力的信赖，被控侵权软件擅自将不知情的微信用户信息移作由自己存储或使用，超出了相关微信用户对自身信息安全保护的原有预期，违反了《网络安全法》的相关规定，已威胁到微信平台的安全运行；而且，被控侵权软件自动化、批量化操作与发布信息的运作方式会增加微信运行的数据量和数据流，导致增加微信产品的运行负担，减损微信产品运行的稳定性和运行效率，进而妨碍到微信平台的正常运行。因此，被诉行为属于《反不正当竞争法》第十二条第二款第（四）项所规定的妨碍、破坏其他经营者合法提供的网络产品或者服务正常运行的行为，构成不正当竞争。

（2）关于数据权益保护问题

该案中，两原告还主张两被告监测、抓取微信用户账号信息、好友关系链信息以及用户操作信息（含朋友圈点赞评论、支付等）存储于自己的服务器，攫取两原告数据资源，损害了两原告对于微信数据享有的合法权益，应受《反不正当竞争法》第二条规定的规制。两被告则辩称，涉案软件用户与其买家好友的社交数据权益应当归用户所有，微信不享有任何数据权益，用户享有个人数据携带权，其将个人数据选择以何种方式备份、存储与原数据控制者无关；被控侵权软件虽部分突破了微信产品未实现的功能，但该部分新增功能契合了微信电商用户提升自身管理与运营效率的需求，属于技术创新，具有正当性。

对此一审法院认为，网络平台方对于数据资源整体与单一原始数据个体享有不同的数据权益。微信平台数据就数据资源整体概念而言，两原告依法享有竞争性权益，如果两被告破坏性使用该数据资源，则构成不正当竞争，两原告有权要求获得赔偿；但就微信平台单一数据个体概念而言，两原告仅享有有限使用权。两原告对于某个特定的单一微信用户数据并不享有专有权，同时两原告在该案中并未提供证据证明其与微信用户约定享有微信平台中用户数据的专有使用权，故两被告擅自收集、存储或使用单一微信用户数据的仅涉嫌侵犯该微信用户个人信息权益，两原告不能因此而主张损失赔偿。但被诉侵权软件的运行如果危及了微信产品用户的个人数据安全，两原告作为微信产品用户数据的收集、存储、使用方，对于微信用户数据负有提供安全保障的法定义务，其对于两被告侵害微信产品用户个人数据安全的行为应当有权请求予以禁止。

一审法院进一步认为，两被告利用Xposed外挂技术，将被控侵权软件中的"个人号"功能模块嵌套于两原告个人微信平台运行，明显属于利用两原告既有数据资源"搭便车"式地开展经营活动的行为。两被告通过被控侵权软件擅自收集微信用户数据，存储于自己所控制的服务器内的行为不仅危及微信用户的数据安全，且导致微信用户对微信产品丧失应有的安全感及基本信任，减损微信产品对于用户关注度及用户数据流量的吸引力，进而会恶化两原告既有数据资源的经营生态，损害两原告的商业利益与市场竞争优势，对两原告基于微信产品的数据资源竞争权益构成了实质性损害，两被告此种利用他人经营资源损人自肥的经营活动不仅有违商业道德，还违反了《网络安全法》的相关规定，属于违反《反不正当竞争法》第二条规定的不正当竞争行为。

4.游戏代练不正当竞争案

上海市浦东新区人民法院审理的腾讯公司等与北笙公司不正当竞争案,[1]认定绕开未成年人防沉迷机制及破坏游戏运营机制的商业代练行为构成不正当竞争。该案对此行为予以规制,有利于维护互联网产业的公平竞争秩序、游戏产业的健康发展和社会公共利益。

该案原告腾讯公司是《王者荣耀》游戏著作权人,并授权深圳腾讯公司独家运营该游戏。该游戏用户协议要求实名制登记,并不得将账号提供给他人做代练代打等商业性使用。游戏配有"防沉迷"措施,未成年人仅能在国家新闻出版署规定的时间段内登录游戏。被告北笙公司运营的"代练帮APP"以"发单返现金"、设立专区的形式引诱包括未成年人在内的用户通过其平台进行商业化的游戏代练交易并从中获得收益,未成年人亦可接单获得他人的游戏账号并绕开"防沉迷"机制进入游戏、赚取费用。两原告以被告前述行为构成不正当竞争为由提起诉讼。法院认为,涉案游戏内设"ELO等级分系统"的公平匹配机制,根据游戏行为数据分析评价的竞技水平,吸引并积累用户,最终获得游戏收益,这一竞争优势应受法律保护。涉案游戏落实国家关于未成年人游戏防沉迷的要求,基于此获得的良好商誉亦应受法律保护。被告通过"代练帮APP"组织商业化的代练服务,致使涉案游戏的实名制及未成年人防沉迷机制落空,妨碍网络游戏运营秩序,不利于网络生态治理和未成年人权益保护,损害社会公共利益,违反了《反不正当竞争法》第二条,被诉行为构成不正当竞争。一审法院判令被告赔偿经济损失及合理开支共98.5万元,判决一审生效,双方均未上诉。

(七)隐性关键词搜索不正当竞争纠纷

搜索引擎伴随互联网的发展而产生和发展,其运用特定的计算机

1　参见上海市浦东新区人民法院(2022)沪0115民初13290号民事判决书,该案入选最高人民法院2023年反垄断和反不正当竞争典型案例。

程序从互联网上采集信息，在对信息进行组织和处理后，为用户提供检索服务，以提高获取信息的质量和效率。在运用关键词进行搜索过程中，搜索引擎自然搜索结果排名的推广效果是有限的，因而出现了竞价排名等搜索引擎营销推广方式。竞价排名，通常是由推销产品或服务的网站通过购买搜索引擎的推广服务，自主选取一定数量的关键词在搜索引擎后台进行设置，用以推广自身网站的排名、竞价、优化等在线推广行为，以提高网站流量和品牌知名度。如果广告主选取的关键词仅仅在搜索引擎后台出现，未在前端的搜索结果页面出现，则称为隐性关键词搜索；反之，同时在搜索结果页面出现的，则称为显性关键词搜索。显性关键词搜索，由于未经许可使用了相关商标或企业字号，可能会认定构成商标侵权或不正当竞争，司法实践中对此没有太大争议；但对于隐性关键词搜索问题，则还存有一定争论。[1] 有观点认为，在搜索引擎后台将他人商业标识设置为关键词的行为未破坏该商业标识的识别性，不会导致相关公众的混淆，故不属于反不正当竞争法规定的不正当竞争行为。该种使用方式未对经营者利益、消费者利益和公共利益造成实质性损害，未违反诚实信用原则和商业道德，亦不应适用反不正当竞争法原

1　如在上海法院审理的鸿云公司、同创蓝天公司、百度公司不正当竞争纠纷案中，法院经审理认为，虽然同创蓝天公司将鸿云公司的URL地址设置为搜索关键词，但鸿云公司官网依旧出现在搜索结果的首位，已经保证了商业标识专用权人的网址对消费者的可见性。若允许选用他人商标、企业名称、域名等商业标识作为关键词，则能够帮助消费者获得更多的信息和选择的机会，降低搜索成本，也未损害消费者合法权益。同创蓝天公司的行为未破坏市场主体的辨识度，未扰乱正常的市场秩序。在付费搜索广告服务中，关键词选用行为本身是一种市场竞争的手段。隐性关键词使用方式符合现代销售和合法竞争的精神，并不违反诚实信用原则和公认的商业道德，判决驳回了鸿云公司的诉讼请求。参见上海知识产权法院（2021）沪73民终772号民事判决书，上海市浦东新区人民法院（2020）沪0115民初3814号民事判决书。

则性条款予以规制。[1]

在最高人民法院2022年11月再审审理的荣怀公司等与海亮公司等侵害商标权及不正当竞争案[2]中,最高人民法院厘清了隐性关键词搜索行为的性质。该案中,海亮公司是海亮、海亮教育等涉案商标权人,荣怀公司等未经许可,将海亮、海亮教育等设置为关键词,在搜索结果的标题、描述语、图片中使用了上述字样,海亮公司认为被诉行为侵害了涉案商标权并构成不正当竞争。一审法院经审理认为,被诉行为属于在相同服务上使用相同或近似商标的行为,构成商标侵权;荣怀公司等通过与奇虎公司代理商签订推广合同的方式,在360搜索引擎中使用了涉及海亮字号和企业名称的46个关键词进行教育服务推广,构成不正当竞争,判令荣怀公司等停止侵权和不正当竞争行为并赔偿经济损失和合理支出。

荣怀公司等不服提起上诉,二审法院认为,对于单纯的后台关键词设置行为而言,被诉标识作为被推广的关键词仅出现于搜索平台后台,如果用户输入的搜索词与被推广的关键词相同或以其他方式相匹配,被推广网站就会出现在搜索结果页面的优先位置。这种后台设置行为如果只是使被推广网站排名靠前,而未使被诉标识展示于前台的搜索结果页面中,那么对于相关公众而言,被诉标识并未发挥识别商品或服务来源的功能,此种"隐性使用"行为不属于法律规定的商标使用行为,不构成商标侵权。对于前台的展示行为而言,被诉标识出现在搜索结果页面中,对相关公众而言能够起到识别商品或服务来源的作用,此种"显性使用"属于商标使用行为,应当受到商标法的规制。涉案搜索

1　姜广瑞、庄雨晴:《搜索关键词隐性使用是否构成不正当竞争——上海浦东新区法院判决鸿云公司诉同创蓝天公司、百度公司不正当竞争纠纷案》,载《人民法院报》2023年2月9日第7版。

2　参见最高人民法院(2022)最高法民再131号民事判决书,浙江省高级人民法院(2020)浙民终463号民事判决书。

结果页面使用海亮字样，构成商标侵权；当用户输入含海亮关键词后即使出现了荣怀公司等的网站，在推广内容未涉及海亮的情况下，相关公众并不会因此就混淆服务来源或认为两者存在关联，而是会根据两者分别提供的信息和服务，进行理性的比较和选择。荣怀公司等虽然通过竞价排名使自身网站置于易为用户关注到的靠前位置，但并未妨碍海亮公司等信息的展示，也未导致相关公众混淆误认等损害后果，故涉案关键词搜索行为不构成不正当竞争。二审法院予以改判，判令荣怀公司等停止在360搜索结果页面的相关网站推广内容中使用含"海亮"字样的商标侵权及不正当竞争行为并赔偿经济损失及合理费用50万元。

双方当事人向最高人民法院申请再审，最高人民法院认为，涉案相关公证书载明的事实表明，荣怀公司等在互联网竞价排名过程中，存在将含有其竞争对手海亮公司等的海亮商标或企业字号的文字设置为关键词，进行"隐性使用"的行为。涉案海亮商标及海亮字号显著性较强，在教育、培训等服务上具有很高的知名度和影响力，荣怀公司等作为处于同一地域范围的同业竞争者，对海亮品牌的知名度和影响力显然应当知晓，但其在竞价排名过程中，不但没有对海亮予以避让，反而将海亮公司等多个学校的名称在搜索引擎后台设置为关键词；其主观上具有攀附海亮商誉的故意，且利用海亮知名度将消费者的注意力吸引到自身教育品牌上来的意图十分明显。虽然荣怀公司等被推广链接的标题及该链接目标网站所展示的内容均不含有与海亮相关的标识或宣传内容，似不会导致消费者的混淆、误认，但从被诉侵权行为导致的后果来看，由于荣怀公司等在搜索引擎设置了多个包含有海亮的关键词，当网络用户搜索海亮时，就会触发荣怀公司等的付费推广链接，使得该推广链接出现在搜索结果较为靠前的位置。亦即，不论海亮关键词是否直接体现在搜索结果的词条中，均不影响荣怀公司等利用海亮的知名度达到推广、宣传自身目标网站的目的。

最高人民法院认定，荣怀公司等将他人商业标识设置为关键词

"隐性使用"的竞价排名行为，违反了诚实信用原则和商业道德准则，不仅侵害了海亮公司等的合法权益，扰乱了正常的互联网竞争秩序，亦对消费者权益及社会公共利益造成了损害，属于《反不正当竞争法》第二条第二款规定的不正当竞争行为，应当予以规制。最高人民法院再审判决撤销一审、二审判决，改判荣怀公司等停止涉案商标侵权及不正当竞争行为，即停止在360搜索引擎中设置带有"海亮""海亮教育"字样关键词的行为，以及在360搜索结果页面的相关网站推广内容中使用含"海亮"字样的行为；并赔偿经济损失及合理费用260万元。

（八）杀毒软件误报产生的不正当竞争纠纷

北京市第一中级人民法院审理的翰林汇公司诉江民公司侵犯商誉案[1]涉及因杀毒软件误报而产生的不正当竞争纠纷。该案原告于1998年将其写作之星计算机辅助写作系统软件增强版投放市场，1999年被告开发的KV300 3.00Y杀毒软件上市后，使用该杀毒软件检查原告的软件，出现发现PICTURE.NOTE（黑客程序）请删除的提示。选择删除后，原告的软件不能正常运行，但原告的软件中并不包括前述黑客程序，原告为此要求被告对误报行为承担相应责任。后被告推出修改版，该版本不存在误报问题。原告认为的误报行为影响其软件销售并对其商誉造成重大影响，故诉至法院。

法院经审理认为被告的杀毒软件误报会使用户对原告软件产品的信誉产生怀疑，对原告的商誉造成损害。造成误报的原因是由于被告的杀毒软件选择的黑客程序的特征代码与原告的软件产品的部分特征代码偶合，被告的杀毒软件误报比率较低，且误报并非可以完全避免的，因此该软件属于有缺陷的产品。因产品存在缺陷而造成的损害，应由生

1　被告不服一审判决提起上诉，北京市高级人民法院判决驳回上诉，维持原判。参见仪军：《杀毒软件制造商对误报应承担的责任》，见罗东川、马来客主编：《知识产权名案评析》，经济日报出版社2001年版，第299–309页。

产者承担赔偿责任，但对于原告通知被告误报之前，无法避免误报现象，其也不能发现该缺陷存在，被告不应承担赔偿责任；对于原告通知被告误报的事实之后，被告未及时采取补救措施消除影响，使误报对原告商誉的损害进一步扩大，被告对此应承担消除影响、公开赔礼道歉并赔偿损失的法律责任。

该案涉及的杀毒软件误报问题，是指杀毒软件错误地将正常程序或文件识别为恶意软件。这导致用户对杀毒软件的信任度下降，甚至删除重要的系统文件或应用程序。出现误报的原因是杀毒软件的检测算法不够精确，或者是因为恶意软件采用了逃避检测的技术。杀毒软件可否从技术上避免误报，与其所设定的病毒特征代码的数量、产品推出前对已存在的常用软件进行检测实验的程度、是否为采用恶意逃避检测技术的软件等有关，特征代码选取越多、对常用软件检测的数量越大、未采用逃避检测技术，误报的可能性就越小。从现有技术上看，虽然无法保证杀毒软件在投入市场前能避免所有的误报，但在得知误报情形后应当及时采取补救措施，避免损失扩大，否则可能构成不正当竞争并应就此承担相应的法律责任。

（九）诋毁同行业竞争者的不正当竞争纠纷

与计算机软件相关的不正当竞争纠纷，还包括因诋毁同行业竞争者而给其造成损失的案件。如北京市海淀区人民法院较早审理的东南公司诉王码公司侵犯名誉权纠纷案[1]中，原告东南公司与"简繁字根汉字输入技术及其键盘"专利权人张某政合作生产东南汉卡系列产品。后东南公司在东南五笔汉卡最新版本9218Ⅱ型产品广告中，载明"五笔字型发明人之一张某政先生主持"内容。此后，被告刊登公开打假声

---

1 该案一审判决后，被告提起上诉，北京市第一中级人民法院判决驳回上诉，维持原判。参见佟姝：《声明不当引发不正当竞争》，见罗东川、马来客主编：《知识产权名案评析》，经济日报出版社2001年版，第329-338页。

明，称东南汉卡非法安装五笔字型专利技术并使技术倒退，并将声明邮寄给原告的代理商，致使大部分销售合同未能履行。为此，原告以被告侵犯其名誉权为由，诉至法院。被告辩称，王某民是五笔字型编码方法的唯一发明人，且经检测东南公司的产品质量低劣故发表声明。法院经审理认为被告根据自己的检测结果发表声明，缺乏事实依据，属于散布虚假事实，诋毁同行业竞争者的行为，损害了东南公司的商业信誉和商品声誉，应承担相应法律责任。判决被告公开赔礼道歉、消除影响、恢复名誉并赔偿经济损失189万余元及商誉损失30万元。虽然涉案行为属于不正当竞争行为，但鉴于涉案行为发生时，《反不正当竞争法》尚未出台，因此法院适用《民法通则》（已废止）的有关规定作出处理。

此后，最高人民法院在审理的奇虎公司等与腾讯公司不正当竞争案[1] 中，针对腾讯公司等指控的奇虎公司等开发的扣扣保镖软件，安装后自动对QQ软件进行体检，以红色字体警示用户QQ存在严重的健康问题，以绿色字体提供一键修复帮助，同时将"没有安装360安全卫士，电脑处于危险之中；升级QQ安全中心；阻止QQ扫描我的文件"列为危险项目；查杀QQ木马时，显示"如果您不安装360安全卫士，将无法使用木马查杀功能"，并以绿色功能键提供360安全卫士的安装及下载服务；经过一键修复，将QQ软件的安全沟通界面替换成扣扣保镖软件界面等行为，最高人民法院认定前述行为构成商业诋毁，并明确了互联网市场领域中商业诋毁行为的认定规则，其根本要件是相关经营者的行为是否以误导方式对竞争对手的商业信誉或者商品声誉造成了损害。最高人民法院指出，经营者为竞争目的对他人进行商业评论或者批评，尤其要善尽谨慎注意义务。

1　参见最高人民法院（2013）民三终字第5号民事判决书，广东省高级人民法院（2011）粤高法民三初字第1号民事判决书。除该不正当竞争纠纷案外，此前"3Q大战"还涉及北京市朝阳区人民法院（2010）朝民初字第37626号、北京市第二中级人民法院（2011）二中民终字第12237号案等因"360隐私保护器"软件及相关网络言论引发的多起案件。

三、互联网领域的反垄断法律规制

随着互联网的快速发展，该领域的垄断问题也逐渐进入行政和司法途径寻求规制。从360扣扣保镖软件与QQ软件的"3Q大战"系列不正当竞争纠纷和反垄断诉讼，到京东集团与阿里公司电商平台"二选一"反垄断调查和反垄断诉讼，如何确定互联网双边或多边平台的相关市场、如何确定在相关市场是否具有支配地位，都成为引起广泛关注的问题。

（一）"3Q大战"垄断案

1.事件的缘起

腾讯公司等自2010年9月将其QQ即时通信软件与QQ软件管理打包安装，并于9月21日发出公告称，正在使用的QQ软件管理和QQ医生将自动升级为QQ电脑管家。奇虎公司等于10月29日发布扣扣保镖软件，在相关网站上宣传扣扣保镖软件全面保护QQ软件用户安全，并提供下载。在安装了扣扣保镖软件后，该软件会自动对QQ软件进行体检，以红色字体警示用户QQ存在严重的健康问题，以绿色字体提供一键修复帮助，同时将"没有安装360安全卫士，电脑处于危险之中；升级QQ安全中心；阻止QQ扫描我的文件"列为危险项目；查杀QQ木马时，显示"如果您不安装360安全卫士，将无法使用木马查杀功能"，并以绿色功能键提供360安全卫士的安装及下载服务；经过一键修复，扣扣保镖将QQ软件的安全沟通界面替换成扣扣保镖界面，对腾讯的QQ软件及其服务的正常运行造成影响。11月3日，腾讯公司发布《致广大QQ用户的一封信》，表明在装有360软件的电脑上将停止运行QQ软件。11月4日，奇虎公司宣布召回扣扣保镖软件，360安全中心亦宣布QQ软件和360安全卫士软件恢复兼容。

2.相关不正当竞争纠纷案件

在最高人民法院审理的奇虎公司等与腾讯公司等不正当竞争案[1]中，腾讯公司等认为奇虎公司等的前述行为构成不正当竞争，提起诉讼。一审法院认为，奇虎公司等前述行为构成不正当竞争，其针对腾讯公司等的经营故意捏造、散布虚伪事实，损害了该公司的商业信誉和商品声誉，构成商业诋毁，判决奇虎公司等公开赔礼道歉、消除影响并连带赔偿500万元。奇虎公司等不服，提起上诉，二审法院判决驳回上诉，维持原判。

二审法院认为，腾讯公司等使用的免费平台与广告或增值服务相结合的商业模式是该案争议发生时互联网行业惯常的经营方式，也符合我国互联网市场发展的阶段性特征，他人不得以不正当干扰方式损害其正当权益。奇虎公司等前述行为破坏QQ软件及其服务的安全性、完整性，干扰了其正当经营活动，损害了其合法权益。奇虎公司等前述行为根本目的在于依附QQ软件强大用户群，通过对QQ软件及其服务进行贬损的手段来推销、推广360安全卫士，从而增加奇虎公司等的市场交易机会并获取市场竞争优势，违反了诚实信用和公平竞争原则，构成不正当竞争。

3.相关垄断纠纷案件

同时，奇虎公司等对腾讯公司等提起了滥用市场支配地位的反垄断诉讼。在最高人民法院审理的奇虎公司等与腾讯公司等不正当竞争

1　参见最高人民法院（2013）民三终字第5号民事判决书，广东省高级人民法院（2011）粤高法民三初字第1号民事判决书。除该不正当竞争纠纷案外，此前"3Q大战"还涉及北京市朝阳区人民法院（2010）朝民初字第37626号、北京市第二中级人民法院（2011）二中民终字第12237号案等因"360隐私保护器"软件及相关网络言论引发的多起案件。

案[1] 中，奇虎公司等指控腾讯公司等滥用其在即时通信软件及服务市场的支配地位，请求法院判令腾讯公司等停止垄断行为并赔偿其损失1.5亿元。奇虎公司主张，腾讯公司等在即时通信软件及服务相关市场具有市场支配地位，两公司明示禁止其用户使用奇虎公司的360软件，否则停止QQ软件服务；拒绝向安装有360软件的用户提供相关的软件服务，强制用户删除360软件；采取技术手段，阻止安装了360浏览器的用户访问QQ空间，上述行为构成限制交易；腾讯公司等将QQ软件管家与即时通信软件相捆绑，以升级QQ软件管家的名义安装QQ医生，构成捆绑销售。一审法院认为，腾讯公司等强迫用户进行"二选一"的做法属于限制交易行为，但腾讯公司等不具有市场支配地位，其行为不构成滥用市场支配地位，一审法院判决驳回奇虎公司等的诉讼请求。奇虎公司等不服提起上诉，最高人民法院判决驳回上诉，维持原判。

二审法院认为，该案的相关市场应界定为中国大陆地区即时通信服务市场，既包括个人电脑端即时通信服务，又包括移动端即时通信服务；既包括综合性即时通信服务，又包括文字、音频以及视频等非综合性即时通信服务。从市场份额、相关市场的竞争状况、被诉经营者控制商品价格、数量或者其他交易条件的能力、该经营者的财力和技术条件、其他经营者对该经营者在交易上的依赖程度、其他经营者进入相关市场的难易程度等方面，二审法院对腾讯公司等是否具有市场支配地位进行考量和分析，结论为该案现有证据并不足以支持其具有市场支配地位的结论。一审法院认定其不具有市场支配地位，并无不当。二审法院还在此基础上对腾讯公司等实施的"产品不兼容"行为（用户二选一）是否构成反垄断法禁止的限制交易行为、将QQ软件管家与即时通信软件捆绑等行为是否构成反垄断法所禁止的搭售行为等进行深入分

---

1 参见最高人民法院（2013）民三终字第4号民事判决书，该案为最高人民法院第78号指导性案例。

析，认定奇虎公司等关于腾讯公司等实施了滥用市场支配地位行为的上诉理由不能成立。最高人民法院同时指出，原则上，如果被诉经营者不具有市场支配地位，则无须对其是否滥用市场支配地位进行分析，可以直接认定其不构成反垄断法所禁止的滥用市场支配地位行为。不过，在相关市场边界较为模糊、被诉经营者是否具有市场支配地位不甚明确时，可以进一步分析被诉垄断行为对竞争的影响效果，以检验关于其是否具有市场支配地位的结论正确与否。此外，即使被诉经营者具有市场支配地位，判断其是否构成滥用市场支配地位，也需要综合评估该行为对消费者和竞争造成的消极效果和可能具有的积极效果，进而对该行为的合法性与否作出判断。为此，有必要对被诉垄断行为对竞争的影响及其合法性与否进行分析认定。

该案系在互联网即时通信领域对垄断行为作出认定的首个判决，作为最高人民法院的指导性案例，该案涉及的相关焦点问题对司法实践具有重要的指导性意义。

（1）关于相关市场界定的必要性

在反垄断案件的审理中，界定相关市场通常是重要的分析步骤。但是，能否明确界定相关市场取决于案件具体情况，尤其是案件证据、相关数据的可获得性、相关领域竞争的复杂性等。在滥用市场支配地位的案件中，界定相关市场是评估经营者的市场力量及被诉垄断行为对竞争影响的工具，其本身并非目的。如果通过排除或者妨碍竞争的直接证据，能够对经营者的市场地位及被诉垄断行为的市场影响进行评估，则不需要在每一个滥用市场支配地位的案件中，都明确而清楚地界定相关市场。

（2）关于界定相关市场的方法

假定垄断者测试（HMT）是普遍适用的界定相关市场的分析思路，其基本思路是在假设其他条件不变的前提下，通过目标商品或者服务某个变量的变化来测试目标商品与其他商品之间的可替代程度，既可以通过定性分析的方法进行，又可以在条件允许的情况下通过定量分析的方法进行。在实际运用时，假定垄断者测试可以通过数量不大但有意义且并非短暂的价格上涨（SSNIP）或质量下降（SSNDQ）等方法进行。互联网即时通信服务的免费特征使用户具有较高的价格敏感度，采用价格上涨的测试方法将导致相关市场界定过宽，应当采用质量下降的假定垄断者测试进行定性分析。

（3）关于界定相关地域市场的因素

在假定垄断者测试的框架下，通常相关地域市场界定需要考虑的主要因素是，在价格、质量等竞争因素发生变化的情况下，其他地区经营者对目标区域的假定垄断者是否会构成有效的竞争约束。从需求替代的角度，主要考虑需求者因商品价格或者其他竞争因素的变化而转向或考虑转向其他地域购买商品的证据、商品的运输成本和运输特征、多数需求者选择商品的实际区域和主要经营者商品的销售分布、地域间的贸易壁垒、特定区域需求者偏好等因素。从供给替代的角度，则主要考虑其他地域的经营者对商品价格等竞争因素的变化作出反应的证据、其他地域的经营者供应或销售相关商品的即时性和可行性等因素。基于互联网即时通信服务低成本、高覆盖的特点，在界定其相关地域市场时，应当根据多数需求者选择商品的实际区域、法律法规的规定、境外竞争者的现状及进入相关地域市场的及时性等因素，进行综合评估。

（4）关于市场支配地位的界定

在互联网领域中，市场份额只是判断市场支配地位的一项比较粗糙且可能具有误导性的指标，其在认定市场支配力方面的地位和作用必须根据案件具体情况确定。在市场进入比较容易，或者高市场份额源于经营者更高的市场效率或者提供了更优异的产品，或者市场外产品对经营者形成较强的竞争约束等情况下，高的市场份额并不能直接推断出市场支配地位的存在。特别是，互联网环境下的竞争存在高度动态的特征，相关市场的边界远不如传统领域那样清晰，在此情况下，更不能高估市场份额的指示作用，而应更多地关注市场进入、经营者的市场行为、对竞争的影响等有助于判断市场支配地位的具体事实和证据。

（二）"二选一"行政处罚案

国家市场监督管理总局自2020年12月起根据举报，依据我国反垄断法对阿里公司涉嫌实施滥用市场支配地位行为开展了调查，并于2021年4月作出处罚决定。[1] 该处罚决定认定，自2015年以来阿里公司滥用其在中国境内网络零售平台服务市场的支配地位，禁止平台内经营者在其他竞争性平台开店或者参加促销活动，排除、限制了相关市场竞争，侵害了平台内经营者的合法权益，损害了消费者利益，阻碍了平台经济创新发展，且不具有正当理由，构成《反垄断法》第十七条第一款第（四）项禁止"没有正当理由，限定交易相对人只能与其进行交易"的滥用市场支配地位行为。根据《反垄断法》第四十七条、第四十九条规定，综合考虑当事人违法行为的性质、程度和持续的时间，同时考虑当事人能够按照要求深入自查，停止违法行为并积极整改等因素，对阿里公司作出处理决定：责令阿里公司停止违法行为，并对其处以其2019年度中国境内销售额4557.12亿元4%的罚款，计182.28亿元。

关于该案相关市场的界定，该处罚决定认为，根据《反垄断法》和《国务院反垄断委员会关于相关市场界定的指南》规定，同时考虑平台经济特点，结合该案具体情况，该案相关市场界定为中国境内网络零售平台服务市场。该案相关商品市场应界定为网络零售平台服务市场。网络零售平台服务是指网络零售平台经营者为平台内经营者和消费者进行商品交易提供的网络经营场所、交易撮合、信息发布等服务，具体包括商品信息展示、营销推广、搜索、订单处理、物流服务、支付结算、商品评价、售后支持等。网络零售平台服务市场属于双边市场，服务平台内经营者和消费者两个群体，其显著特征是具有跨边网络效

1　参见国家市场监督管理总局国市监处〔2021〕28号行政处罚决定书。

应，使双边用户对网络零售平台服务的需求具有紧密关联。因此，界定该案相关市场，需要考虑平台双边用户之间的关联影响。从经营者和消费者两个角度分别进行需求替代分析和供给替代分析，界定该案相关商品市场为网络零售平台服务市场。

关于阿里公司具有市场支配地位的认定，该处罚决定认为，分析认定当事人是否具有市场支配地位需对有关因素进行综合考虑。阿里公司长期占有较高市场份额，且具有很高的市场认可度和消费者黏性，平台内经营者迁移成本较高，其提出不具有市场支配地位的理由不成立。根据《反垄断法》第十八条、第十九条的规定，认定阿里公司在中国境内网络零售平台服务市场具有支配地位。关于具有市场支配地位的理由，除市场份额超过50%、相关市场高度集中、相关市场进入难度大等方面外，该处罚决定还论述了以下其具有很强的市场控制能力等两个重要方面，一是阿里公司具有控制平台内经营者获得流量的能力。阿里公司通过制定平台规则、设定算法等方式，决定平台内经营者和商品的搜索排名及其平台展示位置，从而控制平台内经营者可获得的流量，对其经营具有决定性影响。二是阿里公司具有先进的技术条件。当事人凭借进入网络零售平台服务市场的先发优势，积累了大量的平台内经营者和消费者，拥有海量的交易、物流、支付等数据，对比其他竞争性平台优势明显。阿里公司具有先进的算法，能够通过数据处理技术实现个性化搜索排序策略，针对性满足消费者需求，并精准监测平台内经营者在其他竞争性平台上的经营情况。同时，阿里公司是中国境内最大的公有云服务提供商，具有强大的算力，为其网络零售平台服务提供大规模计算、大数据分析等一整套云服务。阿里公司还具有先进的人工智能技术，并建立了可靠的安全系统。

该处罚决定认定，2015年以来，阿里公司人为限制其他竞争性平台发展，维持、巩固自身市场地位，滥用其在中国境内网络零售平台服务市场的支配地位，实施"二选一"行为，通过禁止平台内经营者在其他竞争性平台开店和参加其他竞争性平台促销活动等方式，限定平台内经营者只能与其进行交易，并以多种奖惩措施保障行为实施，违反《反垄断法》第十七条第一款第（四）项关于"没有正当理由，限定交易相对人只能与其进行交易"的规定，构成滥用市场支配地位行为。阿里公司限制平台内经营者在其他竞争性平台开店或者参加其他竞争性平台促销活动，形成锁定效应，以减少自身竞争压力，不当维持、巩固自身市场地位，背离平台经济开放、包容、共享的发展理念，排除、限制了相关市场竞争，损害了平台内经营者和消费者的利益，削弱了平台经营者的创新动力和发展活力，阻碍了平台经济规范有序创新健康发展。故作出上述处罚决定，阿里公司未就该处罚决定提起行政诉讼。

针对阿里公司的上述"二选一"行为，京东曾在上述处罚决定作出前向北京市高级人民法院提起诉讼，一审法院于2023年12月对京东诉天猫公司、阿里公司等涉电商平台"二选一"案作出一审判决，认定其滥用市场支配地位实施"二选一"的垄断行为成立，对京东造成严重损害，并判决其向京东赔偿10亿元。[1]

（三）互联网领域反垄断规制的相关法律等规定

1.反垄断法的相关规定

我国反垄断法自2008年8月1日施行后，2022年6月经全国人民代表大会常务委员会通过《关于修改〈中华人民共和国反垄断法〉的决定》进行修改，自2022年8月1日起施行。此次修改坚持规范与发展并重，针对反垄断法实施中存在的突出问题，进一步完善反垄断相关制度，加大对垄断行为的处罚力度，为强化反垄断和防止资本无序扩张提供更加明确的法律依据和更加有力的制度保障。在互联网领域反垄断规

1　《京东：诉阿里"二选一"案一审胜诉　京东获赔10亿元》，载新浪网科技频道，上载时间：2023年12月29日，访问时间：2023年12月29日，https://finance.sina.com.cn/tech/roll/2023-12-29/doc-imzzsqhy3535835.shtml。

制方面，主要修改在于进一步明确反垄断相关制度在平台经济领域的具体适用规则。在修改过程中，增加了与互联网平台治理相关的条款。其中第九条规定，经营者不得利用数据和算法、技术、资本优势以及平台规则等从事本法禁止的垄断行为；第二十二条第二款规定，具有市场支配地位的经营者不得利用数据和算法、技术以及平台规则等从事前款规定的滥用市场支配地位的行为。

2.《国务院反垄断委员会关于平台经济领域的反垄断指南》

2021年2月发布的《国务院反垄断委员会关于平台经济领域的反垄断指南》，以反垄断法为依据，包括总则、垄断协议、滥用市场支配地位、经营者集中、滥用行政权力排除限制竞争和附则等内容。该指南界定了平台、平台经营者、平台内经营者及平台经济领域经营者等基础概念，提出对平台经济开展反垄断监管应当坚持保护市场公平竞争、依法科学高效监管、激发创新创造活力、维护各方合法利益的原则。考虑到平台经济的复杂性，该指南明确界定平台经济领域相关市场要遵循反垄断法确定的一般原则，同时考虑平台经济特点进行个案分析，以促进我国平台经济规范、有序、创新、健康发展。

结合平台经济特点，该指南明确了垄断协议的形式，对其他协同行为作出具体规定，对平台经济领域经营者达成横向和纵向垄断协议、轴辐协议以及认定平台经济领域协同行为的具体方式、执法考量因素等作出说明。关于互联网领域滥用市场支配地位的垄断行为，该指南明确认定平台经济领域滥用市场支配地位行为，通常需要先界定相关市场，分析经营者在相关市场是否具有支配地位，再根据个案情况分析是否构成滥用市场支配地位行为，并进一步细化了认定或者推定经营者具有市场支配地位的考量因素。其中第十一条规定："反垄断执法机构依据反垄断法第十八条、第十九条规定，认定或者推定经营者具有市场支配地位。结合平台经济的特点，可以具体考虑以下因素：（一）经营者的市场份额以及相关市场竞争状况。确定平台经济领域经营者市场份额，可以考虑交易金额、交易数量、销售额、活跃用户数、点击量、使用时长或者其他指标在相关市场所占比重，同时考虑该市场份额持续的时间。分析相关市场竞争状况，可以考虑相关平台市场的发展状况、现有竞争者数量和市场份额、平台竞争特点、平台差异程度、规模经济、潜在竞争者情况、创新和技术变化等。（二）经营者控制市场的能力。可以考虑该经营者控制上下游市场或者其他关联市场的能力，阻碍、影响其他经营者进入相关市场的能力，相关平台经营模式、网络效应，以及影响或者决定价格、流量或者其他交易条件的能力等。（三）经营者的财力和技术条件。可以考虑该经营者的投资者情况、资产规模、资本来源、盈利能力、融资能力、技术创新和应用能力、拥有的知识产权、掌握和处理相关数据的能力，以及该财力和技术条件能够以何种程度促进该经营者业务扩张或者巩固、维持市场地位等。（四）其他经营者对该经营者在交易上的依赖程度。可以考虑其他经营者与该经营者的交易关系、交易量、交易持续时间，锁定效应、用户黏性，以及其他经营者转向其他平台的可能性及转换成本等。（五）其他经营者进入相关市场的难易程度。可以考虑市场准入、平台规模效应、资金投入规模、技术壁垒、用户多栖性、用户转换成本、数据获取的难易程度、用户习惯等。（六）其他因素。可以考虑基于平台经济特点认定经营者具有市场支配地位的其他因素。"

3.《禁止滥用市场支配地位行为规定》

国家市场监管总局自2023年4月15日起施行的《禁止滥用市场支配地位行为规定》第五条细化了对相关市场的界定方法，相关市场是指经营者在一定时期内就特定商品或者服务（以下统称商品）进行竞争的商品范围和地域范围，包括相关商品市场和相关地域市场。界定相关市场应当从需求者角度进行需求替代分析。当供给替代对经营者行为产生的竞争约束类似于需求替代时，也应当考虑供给替代。界定相关商品市场，从需求替代角度，可以考虑需求者对商品价格等因素变化的反应、商品的特征与用途、销售渠道等因素。从供给替代角度，可以考虑其他经营者转产的难易程度、转产后所提供商品的市场竞争力等因素。该规定第五条第四款着重规定了涉平台相关市场的界定方法，界定平台经济领域相关商品市场，可以根据平台一边的商品界定相关商品市场，也可以根据平台所涉及的多边商品，将平台整体界定为一个相关商品市场，或者分别界定多个相关商品市场，并考虑各相关商品市场之间的相互关系和影响。第十二条规定："根据反垄断法第二十三条和本规定第七条至第十一条规定认定平台经济领域经营者具有市场支配地位，还可以考虑相关行业竞争特点、经营模式、交易金额、交易数量、用户数量、网络效应、锁定效应、技术特性、市场创新、控制流量的能力、掌握和处理相关数据的能力及经营者在关联市场的市场力量等因素。"第二十一条规定："具有市场支配地位的经营者不得利用数据和算法、技术以及平台规则等从事第十四条至第二十条规定的滥用市场支配地位行为。"

4.最高人民法院相关司法解释的制定

为适应2022年反垄断法的修改，最高人民法院加快了新反垄断民事诉讼司法解释的制定工作。2024年6月公布的《最高人民法院关于审理垄断民事纠纷案件适用法律若干问题的解释》，对反垄断法与民法典、民事诉讼法等相关法律在反垄断民事诉讼领域的综合协调适用提供具体的规则指引。该司法解释共51条，在整合吸收2012年《最高人民法院关于审理因垄断行为引发的民事纠纷案件应用法律若干问题的规定》基础上制定，对垄断民事案件中的程序与实体问题作出较为全面系统的规定。新司法解释根据修改后反垄断法的规定和数字经济等新业态发展状况，重点新增有关反垄断实体审查判断标准和互联网平台行为规制内容。新司法解释对原有司法解释的体例框架进行了梳理，进一步充实了规范内容，从程序规定、相关市场界定、垄断协议、滥用市场支配地位、民事责任等方面对反垄断民事诉讼从程序到实体作了较为全面的细化规定。

| 第三节 |

计算机软件的合同法律保护

计算机软件除了可以通过知识产权法律保护或通过竞争法规制，还可通过合同法律制度对其进行保护。通过合同法律制度进行保护，对于开源软件尤其重要。最高人民法院2005年1月施行的《关于审理技术合同纠纷案件适用法律若干问题的解释》第一条第一款规定："技术成果，是指利用科学技术知识、信息和经验作出的涉及产品、工艺、材料及其改进等的技术方案，包括专利、专利申请、技术秘密、计算机软件、集成电路布图设计、植物新品种等。"[1] 该条规定明确将计算机软件界定为技术成果，受到我国《民法典》合同编通则部分相关规定以及第二十章有关技术合同相关规定的调整。

一、计算机软件销售合同的性质

计算机软件销售合同，由于该类合同所涉及的计算机软件所具有的区别于通常商品的无形性和功能性特征，使得该类合同的性质值得深入研究。首先要考虑的是该类合同所涉及的是计算机软件物权的转移，还是计算机软件的许可使用问题。虽然从其名称上看，似乎更贴近于销售合同，涉及计算机软件物权的转移，而实质上取得承载计算机软件的光盘等载体并非软件销售合同的目的，而是要实现计算机软件的功能性特征，实现其工具性特征。取得计算机软件载体的购买者，并不能将其取得的软件再行转让或复制转移给他人使用，这显然与一般的销售取得的物品可再度转让的特征不相符合。因此，实质上，计算机软件的购买者所取得的并非对计算机软件载体的物权，而是取得计算机软件权利人许可其在约定的许可范围内使用该软件的权利，该类合同的实质是计算

---

1 该司法解释在2020年12月进行了部分修改，但不涉及该条款的相关内容。

机软件的许可使用，而非软件销售。正如我国《合同法》（已废止）第一百三十七条所规定的，出卖具有知识产权的计算机软件等的标的物，除法律另有规定或当事人另有约定的以外，该标的的知识产权不属于买受人。[1] 该规定进一步明确了计算机软件销售合同的使用许可性质。

关于计算机软件销售合同的性质，也有观点认为，软件贸易中计算机软件销售合同的性质并不都是软件许可，因为交易往往在销售商和用户之间进行，与购买音像制品并无本质区别，应属销售性质；计算机软件许可合同所产生的只是许可用户使用软件的权利，并不产生软件相关著作权的转移，而且用户在行使使用权时还会受到诸多限制，软件用户除了可制作自己必需的备份，并无权复制该软件，其取得的权利并非通常意义上复制权许可的含义，并非真正的版权许可。[2] 例如，《WPS Office 软件最终用户许可协议》[3] 第二条的"您的权利"授权条款主要载明："在通过合法途径获得本软件，并接受本协议各项条款约束，且遵守协议全部条款和条件的前提下，金山办公将本'软件'在中国大陆地区的非专有的使用权授予用户。用户可以在本台设备上安装、使用、显示、运行本软件，为了防止介质损坏而制作备份复制品，但备份复制品不得通过任何方式提供给他人使用，并在用户丧失本软件使用许可授权时，负责将备份复制品销毁。就获得合法使用权的本软件，金山办公将提供相关支持服务。"在第三条"您的义务"条款主要载明："非经金山办公书面同意，用户不得：1.在本协议规定的条款之外，使

---

1 现规定于我国《民法典》第六百条。

2 唐广良：《计算机法》，中国社会科学出版社1993年版，第364页。参见吴汉东：《〈民法典〉知识产权制度的学理阐释和规范适用》，载《法律科学》2022年第1期，第18页。

3 《WPS Office 软件最终用户许可协议》，载WPS官网，上载时间：2022年12月16日，访问时间：2023年12月19日，https://privacy.wps.cn/policies/eula/mobile-wps-office。

用、复制、修改本软件或其中的任一部分。2.将本软件安装在多台设备上或用于多用户环境、网络系统上（包括在云终端、瘦客户机等终端设备上通过网络访问、使用本软件）。3.对本软件进行反向工程、反向编译或反汇编；以及试图进行任何获得本软件源代码的访问或行为。4.发行、出租、信息网络传播、翻译本软件。5.删除本软件上包含的版权标识。"可见，这些流通中的商业软件并不向用户提供软件的源代码。即使针对目标代码，许可协议也设置有许多限制，例如不允许超过许可范围的复制使用、不允许分发、不允许修改程序和文档、不允许通过反向工程、反编译或者反汇编获取源代码等。

二、计算机软件许可合同中的法律问题研究

（一）计算机软件许可合同的特点

对于计算机软件的销售，尤其是大型软件的销售，软件权利人和用户之间往往通过签订书面合同的形式明确各自的权利义务关系，并对用户对所购买软件的使用许可范围作出约定。知识产权的许可，通常包括独占许可和非独占许可。独占许可，往往授权被许可人对相关权利在一定的时间和地域范围内享有专有使用权，许可人也不得行使相关使用权；非独占许可，授权被许可人在一定的时间和地域范围内有使用权。根据是否排除被许可人以外的第三人行使相关使用权，非独占许可还可分为普通许可和排他许可。计算机软件所具有的功能性和工具性特点，使得在软件著作权许可贸易中更多地适用其中的普通许可形式，以保障计算机软件的广泛传播，而不仅仅将权利限于某个使用者。

（二）计算机软件许可合同的成立方式及合同效力问题

虽然软件权利人和用户之间应当通过签订书面合同的形式明确各自的权利义务关系，但对于大多数软件的销售，尤其是通用的计算机操作系统软件、成熟的应用软件等，其销售往往难以实现权利人与用户之间一一签订销售合同，而大多采取拆封合同、点击合同等格式合同的形

式，因为格式合同具有简便省时、降低交易成本等特点。如许多软件权利人在销售软件时在软件产品外包装上印上已经拟定好的合同条款，用户购买后启封软件就意味着接受该合同条款，即拆封合同的形式；还有的软件权利人通过网络销售软件，以用户在安装过程中对其中载明的合同条款点击"接受"表明合同成立，即点击合同的形式；还有的软件权利人通过与用户实际签订软件使用许可合同来明确双方的权利义务关系，这种书面合同所采用的往往并非格式合同文本，而是针对不同的用户和软件而一并签订与许可使用软件相关的硬件设施和服务的提供方面的合同。[1] 以下对于上述许可合同中拆封合同和点击合同的法律效力问题进行分析。

1.拆封合同中的法律效力问题分析

拆封合同（shrink-wrap contract），无疑最大限度地保护了软件权利人的利益，但对于大多数用户来说可能并不完全公平。因为许多用户在购买计算机软件时，可能并未认真审读软件外包装上所载明的协议具体内容，而导致最终违反了合同条款。因此，对拆封合同的法律效力问题，往往采取较为谨慎的态度。

（1）美国的相关案例

在美国联邦第三巡回上诉法院审理的Step-Saver诉Wyse案[2] 中，法院以双方之间签订有软件销售书面合同，双方有足够的时间和条件进行直接的谈判，外包装上的附加条款并未表明对于不遵守该条款的行为提起诉讼等为由，将拆封合同所载明的条款排除在双方所签合同内

1　如北京市第二中级人民法院一审审结生效的悦天龙公司诉辰森世纪公司技术服务合同纠纷中，在技术服务合同中同时对软件使用许可、硬件设备提供和系统集成及技术服务作了约定。参见北京市第二中级人民法院（2003）二中民初字第08150号民事判决书。

2　Step-Saver Data Systems, Inc. v. Wyse Technology, 939 F. 2d 91 (3d Cir. 1991). 此前美国第五巡回上诉法院曾在Vault v. Quaid案中以格式合同理论否定了拆封协议的法律效力。Vault Corp. v. Quaid Software Ltd., 847 F. 2d 255 (5th Cir. 1988).

容之外，对其法律效力不予确认；而在ProCD诉Zerdenberg案[1]（以下简称ProCD公司案）中，原告针对软件的商业用户和个人用户制定了不同的销售价格并在个人用途的软件外包装上标注了不得用于商业目的字样，而被告违反该条款将其用于商业用途。地方法院认为拆封合同条款是单方制定的，其成立与否缺乏对方明确的意思表示，且该条款超出了联邦版权法的规定，因此驳回了原告要求被告赔偿损失的请求。原告提起上诉后，美国联邦第七巡回上诉法院认为合同条款未超出联邦版权法的范畴，只要拆封合同条款不违反合同法的基本原则，就应确认其合同效力。而且，在软件零售规模不断扩大的情况下，权利人通过拆封条款销售软件具有可行性和必要性，因此支持了ProCD公司的请求。

虽然表面上看，上述两案的结果不同，但实质上对于拆封合同的效力认定的原则并不冲突。前案未确认其效力的原因在于，双方当事人之间签有书面软件许可合同，软件包装上的格式条款不仅未起到节约交易成本、方便快捷的作用，而且不能很好地体现对被许可人利益的保护。因为被许可人可能更多地关注书面许可合同的合同义务，而更容易忽略拆封合同的内容。而此后的ProCD公司案则是以是否违反合同法的基本原则作为判定拆封合同效力的标准。

（2）我国的司法实践

在北京市高级人民法院2013年6月审理的全国首例计算机软件用户起诉的涉及拆封合同的纠纷二审案件[2]中，我国司法界做了初步探索。在郭某与微软公司等计算机软件著作权许可使用合同案中，原告郭某于

1　ProCD, Inc. v. Zerdenberg, 86 F. 3d 1447, 1449 (7th Cir. 1996). 有学者对上述两案进行了较为详尽的介绍和分析，参见张平：《网络知识产权及相关法律问题透析》，广州出版社2000年版，第155—156页。

2　参见北京市高级人民法院（2012）高民终字第868号民事判决书，北京市第一中级人民法院（2006）一中民初字第14468号民事判决书。

2006年7月购买了Windows XP软件，安装时发现使用该软件必须同意《Microsoft软件最终用户许可协议》和《Microsoft软件最终用户许可协议补充协议》等限制性使用条件，但微软公司并未在软件外包装上告知消费者相关限制性使用信息。其中包括"一旦安装、复制或使用'软件'，即表示您同意本协议之条款"，"微软公司对涉案软件、OS组件及支持服务可能给用户造成的任何损害均不承担赔偿责任"，"无论您由于任何原因而可能招致任何损失……为此所获得的唯一补偿，不超过您为软件实际支付的金额或5美元两者中较高之款额"等内容。原告认为该软件设置打开包装后在安装过程中才能看到的不平等格式条款，且上述协议中的28个条款显失公平，起诉请求法院确认28个条款无效并判令微软公司公开赔礼道歉。一审法院于2011年7月判决确认涉案许可协议中的4个条款无效并驳回郭某的其他诉讼请求，微软公司不服提起上诉，二审法院判决驳回上诉，维持原判。

一审法院认为，微软公司在涉案软件外包装上提示存在完整的许可协议及补充协议，在安装软件时显示许可使用合同的详细内容，同时允许不同意许可合同的用户退货，该做法并无不妥。但协议涉及"微软公司对涉案软件、OS组件及支持服务可能给用户造成的任何损害均不承担赔偿责任（即使微软公司事先已知发生此类损害的可能性）"，"无论用户由于任何原因而可能招致任何损失为此所获得的唯一补偿不超过为软件实际支付的金额或5美元两者中较高之款额"等内容的第二十条、第二十六至二十八条4个条款，减轻或免除了微软公司应承担民事责任和法定义务，已构成《消费者权益保护法》《合同法》（已废止）规定的格式条款无效情形，应确认为无效。此外，合同无效不适用赔礼道歉的民事责任方式，且赔礼道歉系侵犯人身权而应承担的民事责任，故对原告提出的赔礼道歉请求不予支持。

二审法院指出，《合同法》（已废止）第三十九条第一款规定，采用格式条款订立合同的，提供格式条款的一方应当遵循公平原则确定当事人之间的权利和义务，并采取合理的方式提请对方注意免除或者限制其责任的条款，按照对方的要求，对该条款予以说明。该案中，微软公司未举证证明其采取了合理的方式提请相对方注意涉案条款中第二十条有关免除、限制其责任的内容，虽然一审法院没有评述该条款法律规定，但最终适用《合同法》（已废止）第四十条认定涉案条款中第二十条的效力不存在适用法律错误。同时，对于微软公司提出的一审认定无效的4个条款均规定其适用前提是法律规定可以免责的情形，即约定了"在适用法律所允许的最大范围内"的适用条件，法律规定不可免除的，许可人要依法承担责任，一审法院没有考虑该适用条件属于认定事实不清的上诉主张，二审法院认为，虽然涉案4个条款中有"在适用法律允许的最大范围内"的约定，但不足以推翻微软公司在其制定并提供的上述条款中约定了免除其及其关联公司因重大过失而应承担的损害赔偿责任、限制或减轻因涉案软件或OS组件可能承担的责任，以及免除对"OS组件"和"支持服务"的瑕疵担保责任的事实。

该案作为首例拆封合同案件，判决结果对软件行业发挥了司法裁判的指引作用。基于计算机软件拆封合同内容基本相同的特点，相关软件厂商在该案判决生效后，对各自的拆封合同格式条款进行了相关修改，避免不当损害软件用户的合法权益。

2.点击合同的法律效力问题

所谓点击合同（click-wrap contract），是指用户一旦点击"接受"协议条款，或是点击安装软件，即表示接受协议的所有内容，软件许可合同即成立。在这类协议中，一般都包括如下内容：如您一旦安装、复制或以其他方式使用本"产品"，即表示您同意接受本《协议》各项条款的约束。如果您不同意本《协议》中的条款，请不要安装或使用本"产品"。随着网络技术的发展，点击合同开始更多地为软件权利人所使用。如美国联邦第六巡回上诉法院审理的CompuServe

诉Patterson案[1]中，软件开发者Richard S.Patterson许可网络服务提供商CompuServe公司通过网络将其开发的软件予以分发，软件发行量由分销商根据用户的多少自行决定。而对于其与最终用户的软件许可合同，就是通过网络上发布的许可协议条款的点击确认而完成的。点击合同与拆封合同一样，也属于格式合同。对其效力的认定，也应遵循是否符合合同法基本原则的判定方法。

3.对格式条款规制的思考

我国自1999年10月起施行的《合同法》（已废止）借鉴了域外合同法律制度有益的经验，对我国已有的诸多合同法律制度加以补充和完善，其中之一就是增设了对格式合同的规制。《合同法》（已废止）第三十九条、第四十条、第四十一条分别对格式合同的订立、格式条款的效力以及格式条款的解释等作了具体规定。上述相关内容，体现在我国2021年1月施行的《民法典》合同编通则部分第四百九十六条至第四百九十八条中。其中第四百九十六条规定，格式条款，是当事人为了重复使用而预先拟定，并在订立合同时未与对方协商的条款。采用格式条款订立合同的，提供格式条款的一方应当遵循公平原则确定当事人之间的权利和义务，并采取合理的方式提示对方注意免除或者减轻其责任等与对方有重大利害关系的条款，按照对方的要求，对该条款予以说明。提供格式条款的一方未履行提示或者说明义务，致使对方没有注意或者理解与其有重大利害关系的条款的，对方可以主张该条款不成为合同的内容。

格式合同从性质上讲仍属于合同的范畴，如果格式条款内容属于法律所规定的合同无效的情形时，则该格式条款应属无效；如果格式合同的内容并不违反合同法所体现的公平、自愿等基本原则，就应认定其为有

---

1 Compu Serve, Inc. v. Patterson, 89 F. 3d. 1257 (6th Cir.1996).

效合同。[1] 关于上述条款中"提供格式条款的一方应当采取合理的方式提示对方注意免除或者减轻其责任等与对方有重大利害关系的条款，按照对方的要求，对该条款予以说明"的规定，对于传统意义上的许可贸易方式，显然上述规定要求较易得到实现。但在网络环境下，格式条款在软件拆封合同、互联网游戏、电商平台等领域得到广泛运用，如何理解法律规定采取合理的方式，如何引导当事人遵循公平原则确定双方的权利和义务，实现法律规定的上述要求仍值得进一步思考和研究。本书认为，对于法律规定的合理方式，应根据不同的交易方式具体进行分析。如在《ADOBE® READER® 软件许可协议》格式合同文本中，就在合同的正文前单独明确规定了"用户须知"。其中包括"使用ADOBE READER（软件）的所有或任何部分前，应接受本协议中规定的所有条款和条件，特别是其中对下列内容的限制：使用（第2部分）、可转让性（第4部分）、担保（第6部分）和责任（第7部分）。您同意本协议与由您签署的任何通过谈判订立的书面协议一样有效"等内容。对于上述提示，应当认定软件权利人尽到了采取合理的方式提请对方注意相关条款内容的义务。

因此，针对计算机软件许可使用合同的格式条款，首先应注重强化软件企业、互联网企业的自律意识，严格遵守我国民法典合同编通则部分的相关规定，依法遵循公平原则确定双方的权利和义务，避免不当损害软件用户和网络用户的合法权益。其次还应强化相关领域的行业监管，制定推行相关行业领域的合同示范文本，使格式条款充分发挥节约交易成本、提升交易效率的功能。

1　对于格式合同的效力，美国1999年《统一计算机信息交易法》（UCITA）也有明确的规定，即许可证只有在能保证合同相对方有足够机会查看、有权返还以及能获得其他救济时，才具有约束力；而在我国香港，即使拆封许可证有约束力，也要受到《免责条款控制条例》（Control of Exemption Clauses Ordiance）以及《不合理合同条例》（UCO）的限制。参见于童：《浅议英美法系下软件质量的合同责任》，见张平主编：《网络法律评论（第5卷）》，法律出版社2004年版，第204页。

（三）关于计算机软件许可合同中对反向工程的禁止性条款的效力问题

在计算机软件许可合同中，通常都规定禁止软件被许可人对许可使用的软件进行反向工程。如何认定该条款的效力，违反该条款而对软件进行反向工程是否构成违约或侵权，是引起关注的问题。在美国联邦第五巡回上诉法院1988年审理的Vault公司诉Quaid软件公司案[1] 中，原告指控被告违反拆封软件许可合同对原告软件进行反向工程。法院认为许可合同中的禁止反向工程条款属于格式条款，未经双方正式签字确认而且禁止反向工程条款在联邦版权法中并没有依据，驳回了原告的请求。该案的处理结果对美国的法律界和软件产业界产生重要影响，从表面看，该判决否定了软件许可合同中禁止反向工程条款的效力，但其理由是基于对格式条款的不认可。事实上，如上文所述及的美国法院此后对ProCD公司案的判决确认了格式合同的效力。因此，对于格式合同效力的判断是确认其中的禁止反向工程条款效力的前提和基础。本书认为，对于格式合同效力的判断应遵从公平原则，禁止进行反向工程的条款虽然确实剥夺了被许可人对相关软件进行研究等合理使用的权利，但毕竟该条款是许可合同的一部分，接受了该合同，也应包括对该条款的接受。而且，禁止反向工程也并非违反公平原则，因此该条款应对被许可人产生约束力。在司法实践中，各国法院对于该条款效力的态度既不是一概承认，也不是一概否定，而是考察这种格式条款的起草是否遵循有关法律以及是否遵循公平原则，逐案分析、区别对待，有的支持，有的不支持。[2]

1　Vault Corp. v. Quaid Software Ltd., 847 F. 2d 255（5th Cir.1988），参见邹忭：《一场由加密与解密引起的软件版权争论》，见中国软件登记中心、中国计算机报社编：《计算机软件著作权保护工作手册》，电子工业出版社1993年版，第204-208页。

2　应明：《对计算机软件进行反向工程的版权问题》，见沈仁干主编：《数字技术与著作权：观念、规范与实例》，法律出版社2004年版，第33页。

对此，有观点认为，如果确认该条款的效力，有可能导致计算机软件权利人对相关技术的垄断，阻碍技术的进步。从我国的相关法律规定看，我国《合同法》（已废止）分则技术合同部分规定了非法垄断技术、妨碍技术进步或者侵害他人技术成果的技术合同无效。最高人民法院2004年发布的《关于审理技术合同纠纷案件适用法律若干问题的解释》再次强调了非法垄断技术、妨碍技术进步等导致合同无效的情形，我国2021年1月施行的《民法典》第八百五十条规定，非法垄断技术或者侵害他人技术成果的技术合同无效。我国2008年施行的《反垄断法》经2022年6月修改后，增加了经营者不得利用数据和算法、技术等从事反垄断法禁止的垄断行为，具有市场支配地位的经营者不得利用数据和算法、技术等从事滥用市场支配地位的行为。虽然禁止反向工程条款限制了被许可人的权利，但也远没有达到造成技术垄断，阻碍技术进步的程度。科技的进步固然需要在现有技术基础上的更新，但不能因此忽视相关软件许可使用合同中所约定的被许可人的合同义务。尽管软件许可使用合同往往是以格式合同的形式出现的，但只要制作格式合同文本的许可人已经尽到了合理的提请对方注意禁止反向工程条款的义务，合同的被许可人就应受到该合同条款的约束。

三、计算机软件开发合同中的相关法律问题

我国《民法典》第八百五十一条第一款规定，技术开发合同是当事人之间就新技术、新产品、新工艺、新品种或者新材料及其系统的研究开发所订立的合同。计算机软件开发合同属于该条规定的技术开发合同的范畴，合同约定通常涉及委托开发计算机软件的双方当事人的权利义务，合同目的是软件开发方根据委托方提出的特定功能需求开发计算机程序，并向委托方交付开发成果。随着新产业、新业态、新模式的不断发展，计算机软件开发合同纠纷案件在司法实践中呈现数量不断增长的态势，尤其是涉及相关APP开发合同的案件增长更为明显。如在北京

知识产权法院审理的漠某湖与龙翔公司计算机软件开发合同案[1] 中，就涉及漠某湖作为甲方委托乙方龙翔公司开发"宠物类"软件而签订的《APP应用开发合同》。双方约定，甲方委托乙方开发涉案软件，该软件可在Apple iOS（OS4.1+）、Android（OS2.2+）环境下运行，软件需求由双方协商确定，该移动商务软件的开发总金额为45000元。

在计算机软件开发合同纠纷案件中，虽然许多案件表面上表现为涉案软件已交付但尚欠开发费用，原告仅仅追索未支付的合同价款，似乎不涉及计算机软件开发的相关技术问题，但实质上委托开发的一方当事人往往会抗辩提出未付款的原因在于涉案软件存在相关技术缺陷，如存在不符合合同约定的开发要求、不能实现特定功能、运行不稳定等相关问题。如何确定开发方是否已依约履行软件开发义务，涉案软件是否实现委托开发的特定功能，如何根据涉案软件的开发情况确定相关开发费用等，都是司法实践中当事人争议较大的问题。

（一）软件开发义务履行与相关开发费用的认定

在计算机软件开发合同纠纷案件中，当事人争议最大的问题就在于软件开发义务的履行是否符合双方合同的约定，是否按照合同约定按时交付、及时验收确认，是否应支付或返还相关开发费用。司法实践中，通常会结合软件开发工作的完成情况、合同履行过程是否存在违约、相关开发工作已完成部分的合同对价等因素，确定合理的应予以支付或返还的开发费用。

1.中新蓝软件开发合同案

在最高人民法院审理的中新蓝公司等与精科绿源公司计算机软件开发合同案[2] 中，最高人民法院明确指出，《合同法》（已废止）第九十七条规定，合同解除后，尚未履行的，终止履行；已经履行的，根

1　参见北京知识产权法院（2016）京73民初165号民事判决书。

2　参见最高人民法院（2020）最高法知民终1545号民事判决书。

据履行情况和合同性质，当事人可以要求恢复原状、采取其他补救措施、并有权要求赔偿损失。根据该规定，合同解除后已经履行的部分并非当然恢复原状，而是应根据履行情况和合同性质加以权衡。涉及计算机软件开发合同解除后是否应当恢复原状，特别是开发方先期收取的开发款应否全部或部分返还的问题，应当结合计算机软件开发合同自身特点、开发方实际履行情况、开发方有无过错及过错大小，秉持诚信原则和公平原则加以判断。

（1）关于开发费用分期付款性质的认定

该案中，根据涉案合同关于付款方式的约定，合同开发款分六期支付，首期款应于合同签订后3日内按合同总金额20%支付。一审法院认定"中新蓝公司无证据证明其在项目开发周期内还完成了符合合同约定标准的其他阶段性开发成果，故其已收取的首期款55000元无相应的有效开发成果相对应"，判令中新蓝公司返还首期开发款。二审法院认为，计算机软件开发合同履行过程中委托方分期给付的每一期开发款，除有明确约定外，并不要求均必须有相应的开发成果为对价。涉案合同首期款既可以理解为项目启动资金，也可以理解为委托方为开发方提供的物质条件。在此阶段即要求中新蓝公司提交相应的开发成果作为取得首期开发款的对价，既缺乏合同依据，亦不符合计算机软件开发行业的特点和习惯。

二审法院还指出，计算机软件开发合同履行周期一般跨度较长，合同各方通常约定按照所设定工作事项的完成进度分期付款，且履行过程中，委托方在实际开发过程中会根据具体情况对软件的功能需求进行相应调整。针对计算机软件开发合同的上述性质和特点，委托方基于合理管控交易风险的考量，采取分阶段、按比例向开发方支付款项的做法符合商业习惯。但计算机软件开发过程中各阶段开发事项彼此是相互依存、紧密衔接的，将委托方在每一阶段支付的款项孤立地认为仅是对应该阶段工作成果之对价的观点，既不符合计算机软件开发合同的特点，也不符合计算机软件开发行业的特点和习惯，而应将每一阶段支付的款项理解为软件开发整体工作对价的组成部分。

（2）关于涉案计算机软件开发合同解除后的处理

二审法院认为，涉及计算机软件开发合同解除后应否恢复原状，特别是开发方先期收取的开发款应否全部或部分返还的问题，需综合考量计算机软件开发合同自身特点、开发方实际履行情况、开发方有无过错及过错大小、开发方实际投入的工作量及已完成的开发成果等多种因素，秉持诚信原则和公平原则加以判断。计算机软件开发合同解除的原因，如果不应当主要归责于开发方，则开发方在开发过程相应阶段所收取的款项并不当然失去继续保有的正当性。无视计算机软件开发合同的履行特点、开发方有无明显过错或过错大小、开发方实际投入的工作量及业已凝结的开发成果等因素，刻意将软件开发整体工作割裂为互不关联的片段，单纯将每一阶段收取的款项局限理解为仅针对该阶段工作成果的对价，进而认为合同一经解除便应当恢复原状，开发方须返还已收取的全部或部分开发款，既不符合计算机软件开发合同的履行特征，也有违诚信原则和公平原则。故对一审法院关于中新蓝公司应当返还涉案合同首期开发款的处理予以纠正。

2.宠物APP软件开发案

在前述漠某湖与龙翔公司计算机软件开发合同案中，龙翔公司接受漠某湖的委托开发涉案软件，根据涉案合同约定向漠某湖交付了开发完成的涉案宠物酒店APP第一版和第二版，但因两个版本均不同程度存在APP无法打开、不能登录个人中心、平台不具备支付功能等问题，影响了委托方对涉案软件的使用而发生涉案纠纷。法院经审理认为，根据该案查明的事实，龙翔公司已完成宠物酒店APP第一版和第二版的开发工作，但上述两个版本均存在相关问题，因此漠某湖应就龙翔公司已经完成的部分开发工作，向龙翔公司支付相应的开发费用。鉴于涉案合同约定的合同义务涉及Apple IOS和Android系统两个运行环境的软件开发工作，且涉及开发完成后的系统维护、提供技术咨询和技术服务等内容，故结合涉案APP应用开发合同的履行程度、计算机软件开发成本等因素，法院确定涉案合同解除后龙翔公司应退还漠某湖的开发费用数额为一万元，对漠某湖要求全额退还已支付合同款项的主张未予支持。

3.物流中心软件案

在北京知识产权法院审理的岸河公司与蜀海公司计算机软件开发合同案[1]中，双方签订《HighJump WMS实施服务协议》，约定岸河公司为蜀海公司设计开发海底捞北京物流中心和上海物流中心的HighJump WMS软件。协议签订后，岸河公司即开始对海底捞北京物流中心和上海物流中心的物流系统进行开发设计工作。协议履行前期，蜀海公司依照约定支付了相关服务费用，但在项目设计操作过程中未及时付款。为此岸河公司提起诉讼，提出要求蜀海公司支付尚欠的实施服务费30余万元等诉讼请求。法院经审理认为，在案证据表明，上海仓库WMS系统自2015年4月1日上线以来曾多次出现故障，未能达到涉案合同约定的验收要求，且双方往来邮件载明"8月19日的验收总体结果是未通过"，故认定岸河公司为蜀海公司开发的涉案系统存在瑕疵。法院结合涉案合同的履行程度、系统开发成本等因素，合理确定上海仓库WMS系统及DPS系统验收阶段的实施服务费用数额为10万元，部分支持岸河公司要求全额支付30余万元的诉讼请求。

（二）关于违约行为的认定和违约责任的承担

在计算机软件开发合同纠纷案件中，委托方通常会主张开发方未能按照合同约定的时间或具体功能要求完成软件开发任务，开发方则可能提出委托方迟延付款等主张，并根据相关违约行为提出请求解除合同、要求对方承担违约责任等主张。要查明是否存在违约行为，首先，要确定按照合同约定完成的开发成果，但有的案件中开发方已将开

1　参见北京知识产权法院（2016）京73民初1208号民事判决书。

发的软件部署在委托方的云服务器或是物理服务器或是委托方要求的硬件设备上，在提起诉讼时开发方认为软件已被修改而并非当时部署的软件；或是委托方因服务器设备未续费或服务器损坏等原因导致不能提供当时部署的软件，对开发方提供的备份软件认为与当时部署不一致；或是因软件版本出现更迭变化，导致无法确定开发方当时交付的软件版本，上述情况都成为查明相关开发成果的难点问题。其次，确定开发成果后，再查明是否存在违反合同约定的行为。一方面需要当事人充分举证证明，合同履行过程中双方的往来邮件、微信聊天记录等相关证据，厘清开发需求变更、功能调整等沟通过程以及软件交付、验收结论、后续修改等履行情况；另一方面可能需要技术调查官提供技术帮助，查明软件开发方面的相关技术事实，甚至需建立相应的软件运行环境来运行软件才能进行判断。[1]

1.改变约定开发语言APP软件案

在最高人民法院审理的帮帮公司与梦恒公司计算机软件开发合同案[2]中，帮帮公司与梦恒公司签订涉案家政服务APP软件开发合同，梦恒公司保证开发的APP为原生语言开发。合同履行过程中，帮帮公司已支付开发费用14万元，后因测试时遇到涉案软件无法打开的情况而询问开发语言问题，梦恒公司在通话中承认其在开发过程中使用了涉案合同约定语言之外的其他开发语言。梦恒公司在原审中解释称：涉案APP软件中关于定位、导航、支付等功能模块并非由其亲自开发，而是引用了已开发完成的成熟模块。被引用的成熟模块存在使用非原生语言的情况，致使涉案APP软件的开发语言中有非原生语言出现。上述引用成熟模块的部分不属于梦恒公司的开发范围，仅就梦恒公司亲自完成的开发

---

[1] 上海知识产权法院曾对此该类合同进行实证研究，参见黎淑兰、陈惠珍、范静波：《计算机软件开发合同纠纷疑难问题研究》，载《法律适用》2018年第21期，第118–124页。

[2] 参见最高人民法院（2021）最高法知民终1593号民事判决书，吉林省长春市中级人民法院（2020）吉01民初1433号民事判决书。

工作而言，所使用的语言均为原生语言。

一审法院认为，涉案合同虽然约定使用原生语言开发，但就约定的涉案APP软件所需实现功能来看，并不存在使用完全的原生语言开发的必要性。理由为：计算机领域中的APP软件开发通常分为原生开发、WebAPP开发和混合开发三种方式，三种方式各有优缺点。其中混合开发的优势在于既能够拥有部分原生语言开发的权限和安全性，又具备WebAPP开发的灵活性和便捷性。因此，混合开发方式完全能够满足帮帮公司对功能的要求。原审法院认定梦恒公司虽然违反合同约定使用非原生语言开发涉案APP软件，但该违约行为不足以导致合同目的不能实现，帮帮公司要求解除涉案合同，不应予以支持。

二审审理过程中，梦恒公司又另行解释为：所开发的涉案APP软件包括前端程序部分和后端程序部分，虽然前端程序的开发语言并非原生语言，但后端部分系使用PHP语言开发，且PHP语言也属于原生语言的一种。经二审法院勘验，涉案软件前端程序使用的开发语言为Html、JS（JavaScript）和CSS三种，无Java语言。二审法院认为，梦恒公司就其开发涉案APP软件所使用的语言存在前后矛盾之陈述；但其陈述能够与前述通话录音和二审勘验结果相印证，证明涉案APP软件开发过程中实际使用的语言均非合同约定的原生语言，即就安卓系统而言限定为Java，就IOS系统而言限定为Object-C。梦恒公司作为开发方，掌握软件开发技术，其对涉案合同中关于开发语言的特别约定具有充分的认识理解能力，并负有更高的注意义务。改变开发语言能为梦恒公司带来缩短开发时长、减少开发工作量、降低开发成本的好处，却违反了帮帮公司在涉案合同中对开发语言提出的明确要求，且使帮帮公司想要达到的该家政服务类APP运行速度快、安全性能高、用户体验好、抢单成功率高、客户端硬件设备调用充分的合同目的无法实现，因而构成根本违约。原审法院仅以基本功能均能实现为由认定涉案合同目的已经实现，缺乏事实依据和法律依据。

2.软件二次开发案

在最高人民法院审理的华商公司与易互动公司等计算机软件开发合同案[1]中，华商公司与易互动公司签订涉案合同，约定华商公司委托易互动公司为涉案平台的唯一研发服务商，系统开发完成并经华商公司验收确认、同意正式运营后，易互动公司开始提供系统功能稳定性维护服务。后华商公司以易互动公司始终未能如约交付其自主开发的源代码，也未配合华商公司完成软件著作权登记手续，更未交付合格的、原生的平台软件并通过验收为由诉至一审法院，请求解除涉案合同并向其返还合同款，支付违约金、赔偿经济损失等。易互动公司原审辩称：已依约完成了涉案平台的开发和交付，故涉案合同的目的已实现。涉案合同并未约定易互动公司必须以完全自主的方式进行开发，且易互动公司在开发过程中已明确告知华商公司"如要快速完成开发项目，只能引用第三方模块进行二次开发"，华商公司对此知情且无异议。对开源软件进行二次开发可以获得著作权，华商公司可以就易互动公司开发的涉案平台软件进行著作权登记；若华商公司提出著作权登记申请，易互动公司可协助其完成。

一审法院认为，利用第三方软件进行二次开发是软件开发行业的惯常做法，仅从涉案合同第一条关于易互动公司系涉案软件"唯一研发服务商"的约定，并不能得出易互动公司开发软件必须采用原生开发方式的结论，即双方并未明确禁止易互动公司利用第三方软件完成涉案软件的开发。易互动公司在开发初期即已经明确告知华商公司涉案平台的软件开发系在第三方软件基础进行，华商公司未对此提出异议。将"PHP云人才系统"与易互动公司二次开发后的软件进行比对可知，易互动公司对"PHP云人才系统"删除文件数为357个、修改文件数为864个、新

---

[1] 参见最高人民法院（2021）最高法知民终1721号民事判决书，广州知识产权法院（2020）粤73知民初428号民事判决书。

增独有文件数为2346个，表明涉案平台的软件在"PHP云人才系统"基础上进行二次开发的占比约为47.9%。涉案平台的软件系在鑫潮公司软件基础上进行二次开发所得，根据易互动公司与鑫潮公司所签订前述协议第三条第一款的约定，二次开发后的软件著作权归易互动公司，且鑫潮公司还允许华商公司在指定网站上永久使用鑫潮公司软件，故二次开发形成的涉案平台软件不存在侵害第三方著作权的情形。软件的二次开发过程同样需要付出创造性的智力劳动，易互动公司开发的涉案平台具备合同约定的功能模块，同样具有商业价值。综上，华商公司以涉案平台的软件系在第三方软件基础上进行的二次开发为由，提出构成根本违约、要求解除合同的主张缺乏依据，不应予以支持。原审法院判决驳回华商公司的全部诉讼请求后，华商公司提起上诉，但未坚持软件二次开发构成根本违约的主张，二审法院对此未再予评述。

3.文档格式转换项目开发案

在最高人民法院审理的福昕公司与金山公司计算机软件开发合同案[1]中，福昕公司与金山公司就"Office文档格式转PDF文档格式"项目签订了涉案合同，目的是用福昕公司的PDF核心技术和金山公司的WPSOffice核心技术实现将Office文档格式转换PDF文档格式的功能，并约定"除用于本协议项下合作之目的外，不得以任何其他方式加以使用"。合同履行过程中，福昕公司发现金山公司的WPS办公软件使用了上述协议规定的"OFFICE文档格式转PDF文档格式"的开发成果，故诉至法院，主张金山公司已构成了严重违约，应该赔偿福昕公司的经济损失。

一审法院认为，金山公司对于测试版软件的发布曾以邀请码的方式进行软件获取用户范围的限制，但此后限制逐渐放宽，普通网络用户

---

[1]　参见最高人民法院（2020）最高法知民终1319号民事判决书，北京知识产权法院（2017）京73民初317号民事判决书。

在相关论坛回帖或从直接提供的下载链接即可获得。同时，金山公司未提交证据证明其所称测试采取了限制使用时间、防止用户再次传播等措施。可见，相关版本存在被无限制获取和使用的情形。现有证据一方面不足以证明福昕公司对金山公司发布该部分版本方式、范围等情形知情并明确认可，另一方面，福昕公司于2013年5月1日之后允许金山公司免费使用的前提是双方进行交叉许可，因此，金山公司主张福昕公司单方面默认许可金山公司超范围使用不具备合理性。原审法院认定，金山公司对外发布或提供上述21个含涉案转换技术的WPSOffice办公软件构成违约，并判决涉案合同终止，金山公司向福昕公司赔偿损失30万元。双方当事人不服，向最高人民法院提起上诉。

二审法院认为，在合同履行过程中，金山公司相关版本发布行为超出约定"测试"的必要限度，使用了涉案技术，违反了合同约定，到2013年5月1日双方以电子邮件的书面形式达成临时交叉授权合同为止。因此，从2012年9月28日至2013年5月1日，金山公司发布的含有涉案技术的所述WPS办公软件桌面端版本违反合同约定。鉴于双方都主张涉案合同不具备继续履行的基础，应当于2014年11月18日终止，法院确认涉案合同于2014年11月18日终止，金山公司应当赔偿因违约导致福昕公司的损失。关于确定福昕公司经济损失的数额的方式，二审法院认为应当考量实际损失和可预见的履行利益损失。在确定福昕公司的经济损失时，可以考虑下列因素：守约方的实际损失、在履行合同时对于诚实信用义务的履行状况、行业交易习惯、违约行为的具体情节、对违约行为导致守约方损失进行赔偿以恢复合同当事人的利益均衡。二审法院基于合同整体条款、违约民事责任的救济目的，结合违约行为涉及具体版本软件超出约定的测试和发布范围、版本的性质、版本对应的受众、发布的时间间隔、软件提供方式，以及网帖发布、互动的实际情况，估量金山公司使用涉案技术的范围及其因过错行为的获益中的涉案技术因素，并综合考虑守约方具有实际损失的事实、过错衡量、行业交易习惯等因素，酌定金山公司违约行为给福昕公司造成的经济损失为150万元。

四、开源软件的合同法律保护

开源软件尽管可以通过前述著作权、商标权甚至专利权的保护途径受到一定程度的保护，但与其法律保护密切相关的实质性保护仍是合同相关法律制度的保护。因为，开源软件是通过颁发许可证来确立软件开发者与用户之间的权利义务关系的，该许可证的相关内容决定了该软件具备开源软件的特征。虽然开源软件许可证的相关条款涉及专利权的有关问题，但从本质上说该许可证仍然属于计算机软件著作权使用许可合同，且该许可证与其他商业软件许可证相比，具有其自身的特点。

（一）开源软件许可证的特点

开源软件许可证实质是计算机软件著作权许可使用合同，约定了许可人和被许可人之间的权利义务关系。虽然目前经开放源代码行动组织促进会（OSI）认证的开源软件许可证已达116种，其中对被许可人所授予的权利存在一定的差异，但总体上说开源软件许可证通常都存在以下共同特点。

1.开源软件许可证是格式合同

开源软件许可证的成立并不需要双方就各自的权利义务进行协商，许可证的具体条款是由软件的原始发布者事先拟定的，作为被许可方只有接受与不接受的选择权，而并没有对许可证条款进行修改的权利。虽然被许可人对许可证条款没有修改权，但GPL2.0版本许可证第8条规定，"如果由于专利或者由于有版权的接口问题使程序在某些国家的发布和使用受到限制，将此程序置于许可证约束下的原始版权拥有者可以增加限制发布地区的条款，将这些国家明确排除在外，并在这些国家以外的地区发布程序。在这种情况下，许可证包含的限制条款和许可证正文一样有效。"显然，原始许可证颁发者保留了对许可证条款进

而您没有必要一定接受这一许可证……如果您修改或发布程序（或任何基于程序的作品），就表明您接受这一许可证以及它的所有有关复制、发布和修改程序或基于程序的作品的条款和条件。"

2.许可证的颁发方式不同

商业软件许可证与开放源代码许可证一样，通常都是格式合同。但商业软件的许可通常是针对各个用户而授权的，符合合同的相对性的特征，被许可使用的各个软件用户之间并不发生联系；而开源软件的许可证则往往具有连续性，自原始许可证颁发者开始，在后的修改者或再发布者逐一授权，虽然授权的软件内容是修改过的发生变化的软件，但授权许可的条件可能与原始许可证是完全相同的，因为许可证的内容不需要进行修改，也无须用户针对许可条件等内容作出意思表示。如根据GPL许可证，该软件所有后续修改、分发都必须依照GPL协议，所以GPL许可证实际上将贯穿整个开源软件传播始终。

3.许可证的授权范围不同

商业软件许可往往仅限于对软件的复制、运行等，由于许可人通常不提供程序的源代码，所以也不授予被许可人对程序的修改权。尽管美国微软公司在销售商业软件时，开始尝试与用户共享源代码的做法，但用户也只能对源代码提出修改建议，而无权自行修改；而开源软件许可证的授权范围就要广泛得多，被许可人取得的权利范围远远大于商业软件的被许可人，至少包括对该软件进行复制、修改和发行的权利。

（三）与开源软件许可证有关的合同法律纠纷

与开源软件许可证有关的违约行为，主要表现在被许可人修改开源软件后再发布时违反许可证的规定，将之纳入商业软件的范畴；在GPL许可证条件下，还存在以其他许可证方式发布修改后的程序源代码等违约行为，因为按照GPL许可证的条款，只能按照该许可证的要求发布源代码。司法实践中，引起关注的主要问题是开放源代码许可证的效力如何认定、违反许可证的行为是否影响相关权利人主张权利、违反许可证的行为是否构成侵权等。

1.关于开放源代码许可证的效力问题

开源软件许可证作为著作权许可性质的格式合同，应当受到合同法律制度的调整。但由于开源软件许可证在订立方式、颁发形式以及免责条款等方面与商业软件许可证存在很大区别，因此开源软件许可证的效力问题一直受到关注。早在2002年美国麻省波士顿地区法院审理的MySQL AB诉Progress Software Corp.等案和Nusphere Corp.案中，就曾出现被告不遵守GPL许可证发行软件，未公开基于GPL许可证下的MySQL软件而开发的Gemini软件的源代码的情况，但该案最终双方当事人达成和解，法院并未针对该许可证的效力作出裁决，但法官的意见也表明倾向认可其效力。[1]

德国慕尼黑法院于2004年4月审理的Sitecom公司案，被认为是在全球范围内认定有关GPL协议效力的第一起案件。[2]该案中，Sitecom公司参加了根据GPL许可证开发的网滤/知识产权平台项目（netfilter/iptables），但在发行其产品时却拒绝提供源代码，为此被该项目起诉至德国慕尼黑法院。法院发布诉前禁令，禁止Sitecom德国分公司销售无线路由，因为该公司未遵守开源软件最基本的GPL许可证条款。诉前禁令发布后，双方很快达成和解，Sitecom公司已保证遵守GPL许可证的要求。在该案裁决中，法院判定GPL许可证的主要授权条款在德国著作权及合同法规中为合法有效，并详细解释了GPL许可证第2、3、4条在德国法律体系下有效的理由。

在前述著作权法律保护章节部分已提及我国自2015年起审理的

1　张韬略：《MySQL AB诉Progress Software Corp., NUSPHERE Corp.案——GPL许可证与法律失之交臂》，见张平主编：《网络法律评论（第5卷）》，法律出版社2004年版，第361–369页。

2　杨慧玫：《德国法院维护开放源码许可协议》，载《电子知识产权》2004年第6期，第8页。

有关涉及GPL许可协议的案件，我国法院对开源软件许可证的效力也是予以认可的。如最高人民法院在前述罗盒开源软件案中就曾认定，[1] GPL3.0协议的内容具有合同性质，开源软件的发布可视为要约，用户使用即为承诺，在用户使用开源软件时合同成立。从上述案件看，开源软件许可证的效力在诉讼中已经得到司法机关的初步认可。开源许可协议作为授权方和用户订立的格式化著作权许可使用协议，符合当事人意思自治和合同自由的原则，应为合法有效的合同。许可证的颁发者和被许可人都应严格遵守许可证所规定的权利和义务，如果违反许可证的约定，应根据我国《民法典》合同编及《著作权法》的相关规定，就违约行为承担相应的法律责任。

2.关于违反开放源代码许可证的行为

开源软件作为整个软件产业的创新原动力，代表着全球科技创新产业最新的发展趋势。[2] 近年来，我国软件产业也更多地利用开源软件资源，在此基础上开发符合需求的软件。但在此过程中，还存在有的基于开源软件开发的软件既不免费，也不开放源代码的情形，这显然已经构成违反开源许可证的违约行为，软件开发商应承担相应的违约责任。如前述最高人民法院审理的罗盒开源软件案[3] 中，GPL3.0协议第8条约定："除非在该协议明确授权下，其他任何传播或修改受保护作品的企图都是无效的，并将自动终止您通过本协议获得的权利。"根据该条关于自动终止授权的约定，该许可协议附解除条件，通过该协议获得的授权将因未开放源代码这一解除条件的成就而自动终止。法院认定被诉侵权软件本应遵循GPL3.0协议向用户开放源代码，其对于涉案软件

---

1 参见最高人民法院（2021）最高法知民终2063号、（2022）最高法知民终1589号民事判决书。

2 根据Linux基金会的统计，全球软件产业代码中有70%以上的代码来自开源软件。

3 参见最高人民法院（2021）最高法知民终2063号、（2022）最高法知民终1589号民事判决书。

源代码的使用因后续未开源而丧失正当的权利来源基础，因此福建风灵创景公司等对涉案软件源代码的使用属于未经著作权人许可而使用其作品的行为，已经构成对罗盒公司涉案软件著作权的侵害。

除上述不公开源代码的比较明显的违约行为外，还存在不当改变发布软件的许可证所产生的冲突。前文已经述及，目前多达116种的开源软件许可证之间对于被许可人的权利义务的约定是有差别的，有时甚至在同一许可证的不同版本之间也存在差异。如GPL许可证作为最为严格的开源软件许可证，[1] 如果对GPL许可证发布的开源软件修改后，则只能根据GPL许可证进行发布。如果改用其他许可证发布，则会带来违约问题；但如果对适用条件相对较为宽松的其他许可证发布的软件进行修改后，改用较为严格的许可证来发布，则是允许的。

从本章计算机软件的商标法、反不正当竞争法、合同法保护方式来看，商标法的保护虽然与计算机程序的表达和构思、算法等思想内容无关，但其独有的对软件产品的区别和标识作用也对计算机软件的法律保护具有重要的作用，对开源软件显得更为重要；反不正当竞争法通过对计算机程序中的商业秘密的法律保护，能够在避免专利申请程序的繁复的同时保护程序中的构思等内容，但前提是对计算机程序采取了合理的保密措施。此外，还可以通过反不正当竞争法制止其他与计算机软件相关的不正当竞争行为；合同法律制度的保护对于传统商业软件的使用许可提供了保护的途径，对于开源软件的合同法保护尤其重要，因为开源软件许可证涉及的权利义务必须通过相关合同法律制度的规定得到保障。

综合前述三个章节对计算机软件保护不同方式的分析，可以看出相关保护方式各有其特点，又各有其不足，因此，有观点认为，应以著

---

1   根据对开源软件许可证的分析，只有GPL许可证要求只能按本许可证要求发布源代码，其他许可证则没有此严格限制。参见杨林村：《开放源码软件及许可证法律问题和对策研究》，知识产权出版社2004年版，第36-37页。

作权法和专利权法保护为核心，建立对计算机软件的综合保护体系。理由是著作权保护具有自动保护、手续简便及保护全面等特点，适合用于软件保护，但著作权存在不保护思想的问题，恰好可以通过专利法保护软件的构思和思想。通过著作权与专利权的结合，可以给予软件较高水平和较为全面的保护；还有观点认为，虽然计算机软件的专门立法保护因其对现存法律制度的冲击太大以及专门立法在法律操作上的困难而在国际社会基本被否定，但专门立法问题值得进一步探讨，因此坚持提出采用专门立法保护软件的思路。本书认为，基于计算机软件本身所具有的功能性特征，不仅需要对其表达进行保护，还应保护其技术思想，因此计算机软件专门立法的形式似乎能够最大程度地实现对计算机软件的全面保护。但软件专门立法本身对现有法律制度的冲击较大，虽然软件专门立法曾为世界知识产权组织所倡导，[1] 但并没有哪个国家真正实施了专门立法；而且，如前所述，计算机软件的保护程度应与一国的经济发展水平相适应，在软件产业和信息技术服务业还处于较快发展阶段的情况下，我国已通过著作权法、专利法、反不正当竞争法等多个部门法提供综合保护，因此暂不宜通过专门立法加强对计算机软件的保护。就现有的保护方法看来，虽然对于不同保护方法的组合存在见仁见智的不同观点，但总体看来，在计算机软件已明确成为《伯尔尼公约》保护客体[2] 的情况下，进一步完善著作权法对计算机软件"表达"的保护，并结合专利法和商业秘密法保护其中的技术思想，辅之以商标法、合同法和反不正当竞争法对计算机软件进行综合保护是较为理想的选择。

---

1 世界知识产权组织曾于1978年发布《保护计算机软件示范法条》，对各国软件保护提出立法建议；还曾于1983年提出《计算机软件保护条约》草案，试图建立软件国际保护制度。

2 根据TRIPS协议第10条的规定，计算机程序，无论是源代码还是目标代码，均应作为文字作品按照《伯尔尼公约》1971年文本予以保护；1996年的《世界知识产权组织版权条约》第4条也明确计算机程序是《伯尔尼公约》的保护客体。

第 五 章

计算机软件的法律
救济方式研究

›

正如前面三章的内容所涉及的，计算机软件通过著作权法、专利法、商标法、合同法等综合法律保护体系受到相关法律的保护。为防止和制止对计算机软件相关权利的侵害，补偿权利人因侵权所造成的损失，就要关注相关权利的救济途径。权利的救济，按照《布莱克法律词典》的解释，是指"行使权利，或防止、纠正侵权行为的方法"。[1] 也就是说，权利的救济既包括为防止权利受到侵害而采取的救济措施，也包括侵权发生后针对侵权行为所造成的损害所采取的救济措施。通常，权利的救济可分为权利人进行自我保护的自力救济和通过国家公权力进行保护的公力救济，而公力救济又可分为向相关行政管理机关寻求的行政救济和向司法机关寻求的司法救济，其中司法救济还包括追究相关侵权行为民事责任的民事救济和追究刑事责任的刑事救济。从我国相关法律保护体系看，计算机软件的法律救济充分显现了上述各种救济方式的有机统一。但司法实践中计算机软件保护的主要方式仍然以著作权法为依托，实践中对计算机软件的保护也往往以著作权法的相关内容为基础，为此，本章结合相关实践主要对计算机软件著作权保护方面的救济方式予以研究，这与其他相关部门法的相关救济方式也是具有共性的。

| 第一节 |

计算机软件权利人的自力救济

权利人对其权利的自我保护这种自力救济，或称诉讼外救济，[2] 历来是保护民事权利的一种重要途径，其与公力救济共同保护权利人的权利。在我国社会公众的计算机软件法律保护意识尚有待进一步加强，网

1　Bryan A. Garner, Editor in Chief, Black's Law Dictionary, Seventh Edition, West Group, 1999, at pages 1296–1297.

2　同前注。

络技术的不断发展便于侵权软件传播的情况下，权利人的自我保护就显得更为重要。作为软件企业应最大程度避免侵权发生，企业的相关知识产权或法律部门应对软件研究与开发、制作、销售和许可、技术服务等各个环节加以研究和监测，采取可能采取的合法措施加强对计算机软件的全方位保护，如办理软件著作权登记，申请相关专利、商标，提供软件许可和服务合同的法律服务等，在保护企业自我权利的同时，也避免出现侵犯他人知识产权相关权利的情形；此外，软件企业还可通过创新研发软件加密保护技术工具和软件等增加盗版侵权难度和成本，在一定程度上减少侵权行为的发生。如有的保密措施是用数据加密的方法，即在数据传送之前系统自动用加密算法和加密密钥将其变换为密文，在数据的接收端又自动解密，将其变换成明文，从而使非法的终端不得进入系统或可得到的是难以分辨的数据；[1] 还有的通过追溯技术发现和追踪侵权人，或是建立授权认证系统确保用户获得正版软件，有效减少盗版软件流通和传播。同时，对于侵害计算机软件相关权利的行为，可先尝试自行协商的纠纷解决途径，或可发挥行业协会和集体管理组织的作用，以简便快捷的方式进行统一协调和沟通处理，使之成为保护计算机软件的第一道防线，协商不成再寻求相应的公力救济途径解决。

一、对技术措施和权利管理信息的充分利用

计算机软件对加密等技术保护措施的运用非常广泛，与著作权法保护体系之下的其他作品相比，显然走在了技术措施保护的前列。计算机软件相关加密技术的发展一直是与相应的非法解密技术并存的，我国著作权法根据世界知识产权组织两个网络著作权条约的内容，在2001年修改时增加了禁止规避、破坏技术措施和禁止删除或更改权利管理信息

---

1 张冰心：《计算机网络通信安全中关于数据加密技术的运用探讨》，载《中国新通信》2012年第12期，第26页。

的规定，从而使规制非法解密行为有了直接的法律依据。而且，网络技术的发展使得作品的传播呈现前所未有的便捷，也对计算机软件采取相应的技术措施并重视标注权利管理信息等内容提出了更高的要求。计算机软件权利人通过对软件作品增加技术保护措施来限制他人的访问以及他人对作品的修改、复制等行为，为自我权利的保护增添了有效技术屏障；同时，网络环境下对权利管理电子信息的标注，对于完整而准确地反映软件的使用条件和期限等内容，保护软件的著作权也非常重要。

（一）软件技术措施的发展

计算机软件所采取的技术措施通常包括防止软件未经许可被访问、运行或复制的密码表加密、软件校验方式、注册序列号加密、许可证管理等软加密措施，加密卡、单片机加密锁、智能卡加密锁等硬加密措施，以及基于互联网服务器认证的在线保护措施及云加密保护等网络加密措施。随着云计算技术的蓬勃发展，越来越多的企业和个人将数据等外包存储到云端并通过云服务提供对数据等的安全管理，[1] 这也成为对计算机软件实施云保护的一种技术措施。在前述上海市第三中级人民法院审理的制作销售避开医疗软件技术措施的"加密狗"侵犯著作权罪案中，被告人就破坏了权利人对软件所采取的设置IST安全认证系统、密钥（加密狗、SSA等）、算码器等技术保护措施。

实践中，有的权利人通过软件激活验证程序确保软件为合法使用的正版软件，如微软公司在其Windows XP、Windows 7、Windows Vista等操作系统软件中加入Microsoft Product Activation激活程序。软件激活程序通常涉及将软件与特定的许可证密钥关联，以验证用户是否拥有使用该软件的合法程序，该方法也被Adobe、Symantec软件产品等

1　臧景春：《大数据背景下网络安全防护技术分析》，载《电子质量》2022年第12期，第17页。

使用。[1] 软件激活的工作原理是该软件对用户计算机硬件进行记忆，当激活程序结束时，用户需向开发商注册激活代码和产品序列号。而开发商将其保存在数据库中，并据此通过扫描数据库发现用户是否把软件安装在多台计算机上，以防止和减少盗版的发生。如果硬件环境发生变化，软件将停止运行，用户需通过联系软件开发商予以解决，这其中包括正版软件用户其对计算机硬件进行正常升级的情况。还有的软件权利人在用户进行相关软件升级时，通过进行正版化检查提示安装了盗版软件的用户。如美国微软公司曾推出Windows XP和Office正版增值计划，帮助用户甄别安装的是否为正版软件。如果用户不能通过验证，将会增加多处提醒标识提示用户使用了非正版软件。[2]

应当注意的是，无论采取哪种技术措施，软件权利人都应处理好软件的安全性与用户界面的友好性、用户合法权益的保护等之间的平衡，因为复杂的技术保护措施可能导致软件产生运行错误，或者权利人需为此提供更多的技术服务和支持，如前述软件激活措施运用中Symantec公司就曾出现嵌入该技术的Norton Antivirus 2防毒软件导致大量正版用户无法正常使用的情况；[3] 但不采取技术措施保护的软件又很容易被盗版，软件权利人难以收回开发成本，其合法利益亦得不到保

1　《Microsoft Product Activation》，载Microsoft官网，上载时间：2009年11月9日，访问时间：2023年11月6日，https://learn.microsoft.com/en-us/previous-versions/windows/it-pro/windows-xp/bb457048(v=technet.10)?redirectedfrom=MSDN；参见陈拥军：《Win XP出炉即惹风波 隐私与垄断问题备受关注》，载北方网，上载时间：2001年10月30日，访问时间：2023年11月13日，http://it.enorth.com.cn/system/2001/10/30/000178584.shtml。

2　《微软（中国）有限公司就Windows和Office正版增值计划解释说明》，载新浪网，上载时间：2008年10月22日，访问时间：2023年12月29日，https://tech.sina.com.cn/h/2008-10-22/1755845544.shtml。

3　段炜：《产品激活技术引发争议》，载中国青年报网站，上载时间：2003年11月11日，访问时间：2023年11月13日，http://zqb.cyol.com/content/2003-11/11/content_766017.htm。

障。因此，作为软件权利人来说，对所开发的软件采取一定的技术措施是必要的，但由于解密大军的存在，通过技术措施完全阻止盗版也是无法实现的，其虽无法根除盗版但无疑有助于减少盗版，为软件保护设置了第一道技术屏障；但也要注意把握好技术措施的合理限度，在尽可能有效防止盗版行为的同时，又不致影响用户的正常使用以及导致权利人更大的技术开发和技术服务投入。

（二）关于技术措施的合法性问题

关于技术措施合法性的讨论，最早始于北京江民新技术有限公司杀毒软件中的逻辑炸弹案，此后微软公司在Windows XP操作系统中嵌入的软件激活程序的合法性又引发了广泛的讨论。虽然二者所采取的技术措施并不相同，但都会使盗版软件使用者的计算机硬盘被锁死，因而对该技术措施的合法性问题展开了热议。

1.关于杀毒软件逻辑锁案

1997年江民公司在其杀毒软件KV300中设置逻辑锁一度成为热点新闻，江民公司称由于中国毒岛论坛网站免费提供下载其杀毒软件的专用解密软件，该公司在软件KV300L＋＋版中加入了逻辑锁程序。其运行原理是在盗版者使用解密软件复制盗版盘并运行该杀毒软件时，其逻辑锁可准确识别出盗版软件，并锁死盗版者的计算机硬盘，硬盘数据暂时无法使用。后北信源公司等五厂商发表联合声明，对江民公司设置逻辑锁的行为表示谴责，认为逻辑锁实质为逻辑炸弹，[1] 属于违法行为。但江民公司认为逻辑锁对硬盘数据不进行破坏，盗版使用者只要承认盗版并经江民公司向有关部门登记备案以追查盗版，就可获得解锁条件并恢复硬盘工作。北京市公安局计算机安全监察部门通过对逻辑锁的技术

1　逻辑炸弹（logic bombs），是指在计算机内有意安排的插入程序，并在特定的时间或
　　特定的条件下执行，有可能使整个系统瘫痪或大量信息被删除。参见中国计算机学会：
　　《英汉计算机辞典》，人民邮电出版社1995年版，第187页。

鉴定，证实KV300L＋＋版中有破坏计算机功能的子程序，可能破坏计算机信息系统的正常运行。据此，北京市公安局对江民公司进行了处罚，认为江民公司在其杀毒软件中加入保护版权程序，造成使用盗版软件的计算机死机，属于故意输入有害数据、危害计算机信息系统安全的行为，根据《计算机信息系统安全保护条例》第二十三条的规定，给予江民公司3000元罚款的处罚。[1]

江民公司的上述行为，显然属于对其软件采取技术措施的自我保护行为。江民公司对其杀毒软件除设置通常的加密措施外，还采用了引发争议的逻辑锁措施。对于其采取的逻辑锁技术措施的合法性问题，曾有学者进行了深入的分析和研讨。有观点认为，公安机关对此问题的处理是恰当的，因为软件最终用户有时无法识别软件的真伪，并没有过错，逻辑锁超出了合法技术措施的范畴；[2] 也有观点认为，这种以攻为守的反盗版措施，既保护了购买正版消费者的利益和其软件的权利，又打击了盗版者，属于正当防卫行为；[3] 还有观点认为，其违反了计算机信息系统安全保护条例及刑法等相关法律规定，属于法律禁止的行为，权利人的技术措施不能出现危害计算机信息系统安全或影响计算机系统正常运行的效果，否则就可能受到行政处罚或被追究刑事责任。[4]

前述微软公司在Windows XP操作系统等软件中嵌入的MPA软件激活程序与江民公司所采取的技术措施的性质相近，都是通过影响或限制盗版软件的使用来防止或制止盗版行为的发生，都是对正版软件采取的

1 李朝应：《KV300案所涉及的法律问题述评》，载《电子知识产权》1998年第10期，第18页。

2 同前注，第19页。

3 周明：《软件产品的正当防卫——从KV300L++事件谈起》，载《中国律师》1998年第4期，第3页。

4 寿步、方兴东、王俊秀：《我呼吁：入世后中国首次立法论战》，吉林人民出版社2002年版。

一种技术措施。微软公司的激活程序，有时还会给使用正版软件的计算机硬件的正常升级带来困扰。这里就存在软件权利人有无锁定他人计算机硬盘的权利的问题，本书认为，虽然软件权利人通过相关技术措施的设置，在一定程度上阻却了侵权盗版行为的发生，但也不能一味扩大技术措施的作用，所采取的技术措施也应在合理合法的范围内。权利人行使采取技术措施的权利，不得违反国家法律的禁止性规定，也不应损害社会公共利益，从而保持权利人的利益与社会公众利益之间的平衡。我国2001年修改后的《著作权法》和《计算机软件保护条例》中关于禁止规避或破坏技术措施的规定，其前提也应是技术措施本身是合理合法的。如果不对技术措施的合法性予以考查，不对超出合理限度的非法技术措施予以限制，就可能导致计算机信息系统安全受到侵害。因此，对于非法技术措施的实施者应当采取必要的约束措施，追究其相应的法律责任。

2.关于著作权法保护技术措施的范围

数字时代由于通过信息技术可以低成本复制、传播数字化作品，权利人难以通过传统手段有效控制对数字化作品的复制、传播，逐渐开始广泛采用技术保护措施防止未经许可的复制、传播行为。世界知识产权组织1996年的两个新条约都规定缔约方应制止破坏或规避技术保护措施的行为，我国著作权法与《信息网络传播权保护条例》对此也做了相关规定，明确了破解或规避技术保护措施的行为属于侵犯著作权的行为。实践中，权利人出于各种目的采用各种技术措施，其中有的措施并不属于著作权法意义上的技术保护措施，保护这些技术措施将不当扩大著作权法的保护范围。因此，需要从著作权法保护技术措施的立法目的出发，准确区分受著作权法保护的技术保护措施与不受著作权法保护的普通技术措施。如前述精雕公司诉奈凯公司侵害计算机软件著作权案中，法院明确了区分著作权法意义上技术保护措施与普通技术措施的本质标准，认为涉案软件著作权人为实现软件与机器的捆绑销售，将软件运行的输出数据设定为特定文件格式，以限制其他竞争者的机器读取以该特定文件格式保存的数据，从而将其在软件上的竞争优势扩展到机器，不属于著作权法所规定的著作权人为保护其软件著作权而采取的技术措施。他人研发软件读取其设定的特定文件格式的，不构成侵害计算机软件著作权。明确上述标准，有助于从本质上把握著作权法保护技术措施的立法精神，防止超出著作权保护范围保护技术措施，特别是那些限制竞争、损害竞争的技术措施。[1]

（三）对权利管理电子信息的充分利用

随着网络技术的发展，作品上标注的权利管理电子信息发挥着重要的作用，禁止删除修改他人作品上标注的权利管理电子信息的规定也已经出现在世界知识产权组织的相关条约和我国2001年修改后的《著作权法》和《计算机软件保护条例》中。但在实践中，对该项权利的行使并没有引起权利人的足够重视，相关权利人也较少通过权利管理电子信息来昭示作品的使用许可条件。网络的不断发展使计算机软件的传播范围更广更快，如果权利人能够加注相关软件作品的权利管理电子信息，在作品传播过程中公开其权利并表明许可使用条件等相关内容，就可能避免使公众将其当作进入公有领域的作品予以使用。

司法实践中，涉及主张删除或改变权利管理信息的案件数量也不多见。在北京知识产权法院审理的北京人艺与聚力公司侵犯著作权案[2]中，北京人艺主张其作为涉案话剧《窝头会馆》的表演者，享有表明表演者身份的权利及信息网络传播权，作为涉案话剧录像制品的制作

---

1 最高人民法院案例指导工作办公室:《〈北京精雕科技有限公司诉上海奈凯电子科技有限公司侵害计算机软件著作权纠纷案〉的理解与参照——计算机软件运行输出的数据文件格式不属于著作权法规定的技术保护措施》，载《人民司法》2016年第26期，第21-25页。

2 参见北京知识产权法院〔2021〕京73民终1723号民事判决书，北京互联网法院〔2019〕京0491民初32469号民事判决书。

者，享有信息网络传播权。聚力公司在PPTV视频网站的被诉侵权视频完整呈现了涉案话剧表演的全部内容，且删除了涉案话剧录像制品开头部分北京人艺、版权侵权警告以及话剧《窝头会馆》北京人艺演出等前三屏的内容，上述内容系与北京人艺相关的表演者身份信息和权利管理信息，北京人艺认为聚力公司侵害了其上述权利诉至法院。一审法院认为，被诉行为侵害了北京人艺作为表演者和录像制作者的信息网络传播权，但北京人艺作为演出单位并不享有涉案话剧表演的表明表演者身份的权利，故聚力公司删除相关权利信息内容的行为并未侵害其表明表演者身份的权利。一审法院判决聚力公司赔偿经济损失及公证费7万余元，双方当事人不服提起上诉。二审法院支持了北京人艺的上诉请求，改判消除影响、赔偿经济损失及合理费用56万余元。

二审法院认为，2020年《著作权法》第五十三条第（七）项规定的内容，在2010年《著作权法》第四十八条第（七）项涉及权利管理电子信息的作品和录音录像制品基础上，增加了"表演"，即"故意删除表演权利管理信息"的，应当承担民事责任，为演出单位权利管理信息保护提供了更为明确的法律保护依据。聚力公司删除上述权利管理信息、割裂演出单位与演出作品之间的联系的行为属于侵权行为。删除权利管理信息虽侵害的不是人身权，但权利管理信息具有标明权利人、声明权利以及公示使用条件的功能，删除权利管理信息客观上割裂了权利人与表演之间的联系。从删除权利管理信息的侵权行为所造成的后果看，亦需要通过公开方式予以纠正，从而恢复建立公众眼中权利人与演出作品之间的联系，故改判聚力公司承担公开消除影响的民事责任，并结合涉案侵权行为的具体情节调整了赔偿数额。

二、计算机软件行业组织和集体管理组织的作用

为预防和制止侵权盗版行为的发生，计算机软件的权利人除自行通过上述采取技术措施和标注权利管理电子信息的救济途径外，还应当

充分发挥计算机软件行业组织和相关集体管理组织的作用，形成维权合力，强化软件权利的自我保护。

（一）软件行业组织的作用

由于软件盗版已成为困扰全球软件开发商的共同难题，许多软件开发商联合组成了相关行业组织，共同为制止盗版行为而努力。

1.软件联盟

全球范围内的软件行业组织——商业软件联盟于1988年成立，2012年10月更名为软件联盟。其成员包括Adobe、Autodesk、IBM、Microsoft、Oracle、Zoom等主要软件公司，总部位于美国华盛顿特区，其运行机构遍布30多个国家。软件联盟通过保护知识产权、开放全球市场以及培育包括云计算在内的创新技术的成长等项目来促进数字经济的增长。其通过合规解决方案处理全球性的软件盗版等问题，自2010年以来为其成员公司带来超过4亿美元的销售额。[1] 软件联盟进入我国20余年来，通过与我国相关主管部门、行业、联盟成员及本土企业积极合作，共同营造良好的知识产权保护环境。[2]

2.中国软件行业协会

中国软件行业协会（China Software Industry Association，CSIA）成立于1984年，会员由从事软件研究开发、销售、培训、应用、信息系统集成、信息服务以及为软件产业提供咨询、市场调研、投融资服务和其他中介服务等的企事业单位与个人自愿结合而组成，是唯一代表中国软件产业界并具有全国性一级社团法人资格的行业组织。该协会及分支机构会员共3000余家，会员单位以软件企业为主，还包括研究机构、大专院校等，涉及与软件相关的各个领域。协会下设若干分支机

---

1 参见软件联盟网站，https://www.bsa.org/cn。

2 《BSA | 软件联盟进入中国20周年庆典隆重举行》，载《个人电脑》2017年5月15日，第48-49页。

构，包括云服务分会、知识产权保护分会、法律专业委员会等。[1] 协会服务于软件企业和用户，深入研究软件产业的新形势、新趋势、新常态、新要求，通过市场调查、信息交流、咨询评估、行业自律、知识产权保护等方面的工作，加强全国软件行业的合作和交流；开拓国内外软件市场，加速国民经济和社会信息化，软件开发工程化，软件产品商品化、集成化、服务化，软件经营企业化和软件企业集团化；在政府和企业之间发挥桥梁纽带作用，促进软件产业健康发展。

3.中国互联网协会

中国互联网协会（Internet Society of China，ISC）成立于2001年，由国内从事互联网行业的网络运营商、服务提供商、设备制造商、系统集成商以及科研、教育机构等70余家互联网从业者共同发起成立，是由中国互联网行业及与互联网相关的企事业单位自愿结成的互联网行业首家全国性、非营利性的社会组织。该协会下设行业自律、知识产权、互联网治理、人工智能等工作委员会，积极服务互联网行业发展，保护网民合法权益。该协会先后推出《互联网行业自律公约》《网络版权自律公约》《抵制恶意软件自律公约》《终端软件服务行业自律公约》《搜索引擎服务自律公约》《APP创新要素知识产权保护自律倡议书》等，强化行业自律，保护创新生态发展和市场公平竞争，维护软件开发设计者和运营者利益和社会公共利益，促进互联网产业持续健康发展。[2]

从上述涉及计算机软件保护的行业组织的实践看，确实起到了有效保护协会成员利益的作用。行业协会除了通过各种形式的宣传活动，努力营造社会共同保护正版软件的氛围，还利用各个成员间信息互通的优势，在得知侵权线索后，尽早采取救济措施。如在法院审理的多起有关计算机软件最终用户侵权诉讼中，大多是由软件联盟协助发现

---

1 参见中国软件行业协会网站，https://www.csia.org.cn。

2 参见中国互联网协会网站，https://www.isc.org.cn。

侵权线索，协助向相关行政管理机关投诉，并在行政查处过程中做好公证取证工作。在此基础上，该联盟向涉嫌侵权行为人发出律师函，进行协商调解工作；协商不成则协助成员提起民事诉讼。这一方面使其成员节省了查找侵权线索、制止侵权所要付出的成本；另一方面其作为从事软件保护的专门组织，利用其保护工作经验，可加快制止侵权进程，使权利人得到及时有效的保护。

（二）集体管理组织的作用

1.著作权集体管理制度的发展

著作权集体管理，是指著作权人、邻接权人等授权有关组织，代为集中管理著作权、邻接权的行为。由于复制和传播技术的发展，作品的使用方式也日趋多样化、国际化，著作权人对作品的被使用情况很难了解，因而出现了著作权集体管理机构，从事著作权代理、介绍或者信托活动，其最早诞生于18世纪下半叶的欧洲，通过集体管理机构行使著作权最多的是音乐作品。集体管理机构的主要职能在于监督有关作品的使用情况，与作品使用者谈判、签约，发放使用许可，收取、分配使用费和追究侵权责任等。集体管理制度作为权利人行使权利的有效途径，在现代社会，尤其是技术发展日新月异的时代是极为重要的。这不仅表现在录音录像、静电复印、电缆电视等技术引起的著作权保护问题方面，而且表现在数字技术引起的著作权保护问题上。

在网络环境下，权利人一般很难知道网络侵权事实的存在，即使知道有时出于诉累的考虑，也很难逐一去主张权利，因为通常每一侵权行为的损害看来是微不足道的；而从网络内容服务提供者的角度看，网络的发展需要大量的信息、作品，如要求他们逐一取得使用许可并支付费用也是不现实的。因此著作权集体管理制度在网络环境下具有重要作用，不仅有利于权利人行使和保护其权利，因为权利人将权利交由集体管理机构来行使，免去了与网络内容服务提供者就作品使用逐一谈判的麻烦；而且还有利于作品使用者，如网络内容提供服务商，尽快找到集体管理组织并得到权利人的授权，而省去与相关著作权人一一谈判的麻烦。

2.我国著作权集体管理组织的发展

我国《著作权法》在2001年修改前，并没有著作权集体管理问题的具体规定，只是在其实施条例中规定"著作权人可以通过集体管理的方式行使其著作权"。自1992年中国音乐著作权协会成立，其曾是我国唯一的著作权集体管理组织。1998年中国版权保护中心成立，其职责之一就是组织文字、美术、摄影及多媒体等作品的版权集体管理。后中国文字作品著作权协会、中国音像著作权集体管理协会（以下简称音集协）分别于2000年和2008年成立，我国著作权集体管理组织逐步完善。

3.我国著作权集体管理的早期司法实践和理论探讨

在司法实践中，上海市第二中级人民法院曾于1998年审理了第一起以著作权集体管理组织为诉讼主体的案件，确立了集体管理组织代表权利人的主体资格，为我国集体管理制度的发展提供了宝贵的经验。[1] 北京市第二中级人民法院于2001年审理的中国音乐著作权协会诉东方歌舞团著作权侵权案，[2] 进一步为著作权集体管理制度的发展积累了经验。在此过程中，我国理论界对集体管理制度也多有探讨。许多学者都提出了确立著作权集体管理制度的立法建议，并对集体管理机构模式提出了一些适应我国国情的构想。为了解数字技术条件下国际上和发展中国家在著作权集体管理方面的通常做法，1999年国家版权局与世界知识产权组织还联合举办了涉及集体管理的两个研讨会。[3] 此外，还有学者提出了在我

1　许超：《评中国第一起著作权集体管理机构参与的诉讼》，载《中国专利与商标》1998年第4期，第9页。

2　邵明艳、张晓津：《著作权集体管理制度的发展与完善　北京首例中国音乐著作权协会通过诉讼代表会员主张权利案评析》，载《法律适用》2001年第10期，第2页。

3　《云南版权适逢交流好机缘》，载新浪网，上载时间：1999年10月13日，访问时间：2023年9月7日，https://news.sina.com.cn/society/1999-10-13/21488.html。

国由网络服务提供者充当集体管理者的设想，因为从技术的角度和发展的角度看，网络服务提供者在网络上具有管理网络系统的地位，也容易解决实践中可能遇到的问题。[1] 从表面上看，尽管网络服务提供者在技术上具有控制作品使用、传播的优势，但似乎集体管理组织仍应是一个独立于网络服务提供者的组织，作为处于权利人和作品使用者之间的一个起到桥梁作用的组织，其不应与任何一方存在其他关系，而网络服务提供者大多兼具网络内容提供者的职能，因此这种建议似乎不太妥当。然而随着新型网络技术的发展，这种看似不合理的机制也可能在实践中发挥作用。P2P文件交换网络曾是困扰计算机软件等作品权利人的盗版侵权方式，而为P2P技术条件下兼顾著作权保护与科技进步而设计的三赢商业模式建议[2] 就体现了网络服务商充当集体管理者角色的可能。

4.我国有关著作权集体管理的立法

有关著作权集体管理的大量实践为相关规定的出台提供了丰富的经验和素材，我国《著作权法》在2001年修改时，在第八条增加了有关著作权集体管理组织的条文，规定著作权人和与著作权有关的权利人可以授权著作权集体管理组织行使著作权或者与著作权有关的权利，著作权集体管理组织被授权后，可以以自己的名义为著作权人和与著作权有关的权利人主张权利，并可以作为当事人进行涉及著作权或者与著作权有关的权利的诉讼、仲裁活动。我国《著作权集体管理条例》2004年通过并自2005年3月起施行，后又于2011年、2013年进行了修改。根据我国《著作权集体管理条例》第四条的规定，《著作权法》规定的表

---

1 许若群：《网络作品集体管理制度初探》，载《知识产权》2000年第2期，第21—24页。

2 王立文：《P2P技术条件下兼顾版权保护与科技进步的双赢策略》，见沈仁干主编：《数字技术与著作权：观念、规范与实例》，法律出版社2004年版，第359—360页。三赢商业模式，即著作权权利人、P2P网络服务商和P2P软件用户三赢，主要方案为权利人授权P2P网络服务商代收版权使用费，网络服务商开发建立统计作品被交换数量的版权管理机制，作为版权使用费的分配基础。

演权、放映权、广播权、出租权、信息网络传播权、复制权等权利人自己难以有效行使的权利，可以由著作权集体管理组织进行集体管理。2020年修改的《著作权法》在第八条增加了有关使用费收取的相关规定，规定著作权集体管理组织根据授权向使用者收取使用费的收取标准，由著作权集体管理组织和使用者代表协商确定，协商不成的，可以向国家著作权主管部门申请裁决，对裁决不服的，可以向人民法院提起诉讼；当事人也可以直接向人民法院提起诉讼。

5.近期司法实践的发展

（1）欢唱壹佰公司诉音集协垄断案

北京知识产权法院于2020年审理了欢唱壹佰公司诉音集协垄断案，[1] 案件的审理涉及著作权管理集体组织的法律性质、运行机制、收费方式等诸多热点问题。判决最终明确了著作权集体管理组织的性质，认定音集协在中国大陆地区以类似摄制电影的方法创作的作品[2]（以下简称类电影作品）或录音录像制品（以下简称音像制品）在KTV经营中的许可使用服务市场具有市场支配地位，但现有证据不足以证明其实施了被诉《反垄断法》第十七条第一款第（四）项、第（五）项规制的限定交易、附加不合理的交易条件等滥用市场支配地位的垄断行为，判决驳回原告的诉讼请求。该案判决后，双方未提起上诉，案件一审生效。

该案中，欢唱壹佰公司主张，音集协要求其与天合公司相关子公

1　参见北京知识产权法院（2018）京73民初780号民事判决书，该案入选2020年中国法院十大知识产权案件，裁判文书获评第四届全国法院百篇优秀裁判文书。北京知识产权法院同期还审理了其他七家KTV企业起诉音集协的垄断纠纷案件，均判决驳回原告的诉讼请求。后六案提起上诉，最高人民法院判决驳回上诉，维持原判。参见最高人民法院（2020）最高法知民终1519号等民事判决书、北京知识产权法院（2018）京73民初781号等民事判决书。

2　2020年我国著作权法修改后，已将其归入视听作品予以保护。

司签订合同，属于限定交易相对人只能与其指定的经营者进行交易的行为；而且天合公司工作人员在签约过程中存在附加不合理的交易条件、私自收取相关费用等行为。上述行为违反了《反垄断法》第十七条第一款第（四）项、第（五）项的规定，属于滥用市场支配地位的垄断行为。法院经审理认为，集体管理组织是经权利人授权，集中行使权利人的有关权利并以自己的名义进行许可使用、收取使用费等相关活动的市场主体。被告音集协作为音像节目的集体管理组织，以自己的名义提供音像节目的使用许可等服务，属于《反垄断法》所规制的经营者。该案应首先界定该案中的相关市场，其次再判断被告音集协在该相关市场是否具有市场支配地位，如果具有市场支配地位再判定被告音集协是否存在滥用市场支配地位的行为。

在界定相关市场时，法院认为，被告音集协作为音像节目的集体管理组织，其向KTV经营者提供的服务应为类电影作品的放映权或信息网络传播权使用许可以及音像制品的信息网络传播权使用许可。该案的相关市场应界定为中国大陆地区类电影作品或音像制品在KTV经营中的许可使用服务市场。原告主张将该案的相关市场界定为集体管理的音像制品或作品在KTV经营中的许可使用服务市场，被告主张将该案的相关市场界定为全球范围的音像制品或作品的许可使用服务市场，均未能准确界定音集协作为经营者进行竞争的服务范围和地域范围，法院均不予采纳。

关于被告在相关市场是否具有市场支配地位问题，法院认为，音集协作为目前我国唯一的音像节目集体管理组织，主要管理受著作权法保护的类电影作品和音像制品等音像节目。根据《著作权集体管理条例》第六条、第九条和第十条的相关规定，"除依照本条例规定设立的著作权集体管理组织外，任何组织和个人不得从事著作权集体管理活动"；"申请设立著作权集体管理组织，应当向国务院著作权管理部门提交证明符合本条例第七条规定的条件的材料"等规定内容表明，著作权集体管理组织作为经国务院著作权管理部门批准成立、经国务院民政部门核准登记的社会团体法人，须按照该条例上述相关规定先取得著作权集体管理许可证，再办理登记手续。该条例第七条还明确规定，设立著作权集体管理组织，应当具备的条件之一为"不与已经依法登记的著作权集体管理组织的业务范围交叉、重合"。可见，在该案确定的相关市场中，即中国大陆地区类电影作品或音像制品在KTV经营中的许可使用市场，被告音集协是目前唯一的集体管理组织，即使另行审批成立其他集体管理组织，其业务范围也不会与被告音集协出现交叉或重合。故被告音集协所从事的相关类电影作品或音像制品的集体管理，应为其特有的业务范围，具有唯一性的特点。

在该案确定的相关市场中，KTV经营者既可自被告音集协处经授权许可取得其管理的相关类电影作品的放映权或信息网络传播权、相关音像制品的信息网络传播权，也可以从其他未纳入集体管理组织中的作品或制品权利人处经授权许可取得相关权利。根据该案现有证据，被告音集协所管理的类电影作品和音像制品数量超过11万首，相对于上述作品的权利人而言，音集协管理的作品数量显然远远大于上述权利人拥有的作品数量。卡拉OK曲库的歌曲通常有数万首之多，KTV经营者事实上也难以向类电影作品或音像制品的权利人逐一获得相关作品的放映权或信息网络传播权使用许可，而集体管理组织在海量作品使用许可的授权中具有明显优势。由于其获得授权管理的类电影作品或音像制品具有明显的数量和规模优势，从而在KTV经营中具有很强的代表性。故法院根据集体管理组织音集协的法律地位及KTV行业运作模式等情况，认定其在该案确定的相关市场具有支配地位。

法院在判决中还着重指出，根据该案已查明的事实，音集协已于2018年11月5日公告终止天合公司及各子公司的代收费资格，且已就与天合公司的相关纠纷向法院另案提起诉讼。音集协作为著作权集体管理组织，应当加强集体管理组织的有序运行，发挥其在海量授权使用许可中的天然优势，有效解决权利人与使用者之间就海量作品使用许可存在的争议和问题，在有效保护类电影作品或音像制品权利人相关权利的同时，积极促进KTV经营者的依法依规经营，推动文化产业有序发展。

（2）北斗卫星公司诉音集协垄断案

此后，还出现了因集体管理组织不与相关主体签约而引发的音集协被诉垄断纠纷案。如在北京知识产权法院审理的北斗卫星公司诉音集协垄断案[1]中，北斗卫星公司系VOD点播设备生产企业，北斗卫星公司认为音集协在KTV音像作品著作权使用许可市场具有市场支配地位，其拒绝与北斗卫星公司签订许可协议的行为以及许可协议的部分条款内容违反了《反垄断法》第十七条第一款第（三）项、第（五）项的相关规定，属于拒绝交易、限定不合理的交易条件滥用市场支配地位的垄断行为，故诉至法院，要求音集协以合理条件与北斗卫星公司签订许可使用合同等，并赔偿经济损失。法院经审理认为，音集协在中国大陆地区类电影作品及音像制品在KTV经营中的许可使用市场具有市场支配地位。鉴于北斗卫星公司在履行双方许可协议过程中存在违约行为，音集协在此前提下考虑该公司具有不良信用记录等情况拒绝与其签约具有正当理由，没有产生阻碍或限制竞争的效果。许可协议关于"应提示KTV经营者向音集协支付著作权使用费"等约定的目的在于协助音集协收取著作权使用费，亦没有产生阻碍或限制竞争的效果。故涉案行为未违反反垄断法的相关规定，据此判决驳回原告的诉讼请求。

该案明确，集体管理组织拒绝与相关VOD点播设备生产商等市场主体签约具有正当理由的，不属于反垄断法规制的拒绝交易的滥用市场支配地位的情形。一方面明确了相关生产商等市场主体的行为界限，促进其按照合同约定履行合同义务，依法依规经营；另一方面也明确音集协具有正当理由拒绝签约的，并不违反反垄断法的规定，对音像著作权

1　参见北京知识产权法院（2021）京73民初1527号民事判决书，该案一审生效，裁判文书获评2021年全国法院技术类知识产权和垄断案件优秀裁判文书奖二等奖。

的集体管理活动提供规则指引。

（3）音集协起诉合同纠纷案

在前述2018年音集协被诉垄断案审理过程中，音集协于2018年11月5日公告终止天合公司及各子公司的代收费资格，并就其与天合公司等的相关纠纷另案提起诉讼。在北京市高级人民法院审理的音集协与天合公司等合同纠纷案[1]中，法院判决解除音集协与天合公司之间的系列合同，天合公司及其子公司因违约支付著作权许可使用费及延迟支付利息等共计9900余万元，挽回了因天合公司等违约给著作权人带来的重大利益损失。该案判决对促进著作权集体管理组织充分发挥职能作用，进一步完善集体管理制度具有积极意义。

该案中，音集协与天合公司于2007年12月27日签订服务协议，约定音集协委托天合公司组建卡拉OK版权交易服务机构，代音集协向全国各地的卡拉OK经营者收取著作权许可使用费。后双方又签订了系列补充协议。天合公司为此成立了各省子公司共同执行著作权许可使用费的收取、转付等。双方合同履行过程中，音集协陆续发现天合公司及其子公司存在多项违约行为，故将天合公司及其20家子公司诉至法院，天合公司提出反诉请求。一审法院认为，服务协议及相关补充协议约定了双方实行许可使用费快速分配机制，天合公司及其子公司无正当理由延迟支付许可使用费。天合公司未兑现其在补充协议中的"三统一"承诺，且部分天合公司的子公司存在许可使用费不入共管账户、侵占许可使用费等行为，天合公司及其子公司构成违约，故判决解除涉案九份协议，天合公司向音集协支付许可使用费9530余万元及相应利息、支付延迟支付许可使用费利息410余万元，天合公司及其部分子公司向音集协赔偿损失33万余元等，同时驳回天合公司的反诉请求。天合公司等不

1　参见北京市高级人民法院（2021）京民终929号民事判决书，北京知识产权法院（2018）京73民初904号民事判决书，该案入选2022年北京法院知识产权十大典型案例。

服提起上诉，二审法院判决驳回上诉，维持原判。

上述案件的审理法院，针对集体管理组织运行过程中存在的有待规范和完善的问题，均对著作权集体管理组织的运行提出司法建议并收到音集协的相关整改回函。《知识产权强国建设纲要（2021—2035年）》已将完善著作权集体管理制度作为建设支撑国际一流营商环境知识产权保护体系的重要组成部分，通过著作权集体管理组织的集体管理活动，应属实现计算机软件著作权人的出租权和信息网络传播权的方式之一。因此，计算机软件的权利人可利用著作权集体管理组织的职能，将自己难以有效行使的权利授予著作权集体管理组织代为行使，全方位保护自己的权利。

三、开拓协商维权的新途径

计算机软件的权利人在得知侵权线索并取得相关证据后，可以采取与涉嫌侵权行为人进行协商的方式，来解决纠纷。权利人可自行或通过律师向侵权人发出侵权通知，并与之协商解决纠纷的具体方式。这既是当事人意思自治原则的体现，也是我国计算机软件保护侵权救济的需要。目前我国计算机软件盗版现象仍然存在，网络的快速发展也使侵权盗版软件的传播更为广泛。如果权利人与侵权人通过协商的方式解决纠纷，不仅节省了因诉讼所耗费的成本，同时也节省了司法资源。在法院受理的多起国内软件开发公司起诉计算机软件最终用户侵权的纠纷中，被告在收到法院送达的起诉状等应诉材料后，很快与权利人就涉案纠纷达成了和解，权利人撤回了起诉。据了解，产生这种现象的原因就在于权利人在起诉前未与侵权人接触和协商，径行向法院提起诉讼。如果在诉前协商解决，就可使权利人避免不必要的支出。因此，权利人应当加强自我保护意识，加强诉前沟通开拓协商维权的新途径。

| 第二节 |

计算机软件侵权的行政救济

要保证计算机软件权利人权利的实现，除采取自力救济外，还必须有适当的公力救济措施对其予以保护，这正是法律强制性的最终体现。即在权利人的相关权利受到侵犯、技术保护措施被破解、权利管理信息被删除或改变时，权利人可以诉诸一定的法律救济途径，实现自己的权利，否则对权利人的保护很有可能落空。公力救济方式包括行政救济、民事救济和刑事救济三种方式，本节主要结合计算机软件法律保护的特点，探讨上述救济方式适用中的主要问题。

全方位保护计算机软件权利人的利益，仅仅依靠审判机关提供的司法救济是远远不够的，行政救济手段的采用可以在很大程度上及时保护权利人的利益并有效节约有限的司法资源。由于软件侵权盗版行为长期存在，尤其是互联网技术的不断发展使侵权更为容易，仅通过民事和刑事司法救济措施来处理版权纠纷显然远远不能适应实践的需要；因此许多国家的著作权法都规定了通过行政机关或法律授权的裁判组织来处理这类纠纷的途径，这也符合TRIPS协议的要求。

我国1990年《著作权法》对著作权侵权的行政处理规定较为简单，后在《行政处罚法》颁布后，国家版权局于1997年发布的根据《行政处罚法》等制定的《著作权行政处罚实施办法》使行政救济措施趋向规范化和制度化。而我国著作权法于2001年修正后，《著作权行政处罚实施办法》也于2003年、2009年作了相应修改。根据上述法律和行政规章的有关规定，侵犯著作权的行政责任包括依法责令停止侵权行为，并给予警告、罚款、没收违法所得、没收侵权制品、没收安装存储侵权制品的设备、没收主要用于制作侵权制品的材料、工具、设备等行政处罚，以及法律、法规、规章规定的其他行政处罚。显然，行政责任中并不包含赔偿损失这一属于民事责任范畴的责任形式。

一、计算机软件侵权行政救济的相关发展

党的十八大以来，习近平总书记多次就知识产权工作作出重要指示，[1] 提出要加强知识产权保护工作，依法惩治侵犯知识产权和科技成果的违法犯罪行为；要加大知识产权保护力度，提高侵权代价和违法成本，威慑违法侵权行为。2020年11月30日，习近平总书记在十九届中共中央政治局第二十五次集体学习时强调，创新是引领发展的第一动力，保护知识产权就是保护创新。要促进知识产权行政执法标准和司法裁判标准统一，完善行政执法和司法衔接机制。要完善刑事法律和司法解释，加大刑事打击力度。要加大行政执法力度，对群众反映强烈、社会舆论关注、侵权假冒多发的重点领域和区域，要重拳出击、整治到底、震慑到位。[2] 2023年4月26日，国家主席习近平向中国与世界知识产权组织合作五十周年纪念暨宣传周主场活动致贺信，指出中国始终高度重视知识产权保护，深入实施知识产权强国建设，加强知识产权法治保障，完善知识产权管理体制，不断强化知识产权全链条保护，持续优化创新环境和营商环境。[3]

（一）关于软件产业相关政策出台推进情况

国务院2000年颁布的《鼓励软件产业和集成电路产业的发展的若干政策》指出，当前软件产业和集成电路产业作为信息产业的核心和国

1　《"平语"近人——习近平这样要求保护知识产权》，载最高人民法院网，上载时间：2018年4月26日，访问时间：2023年7月20日，https://www.court.gov.cn/xinshidai/xiangqing/92612.html等。

2　《习近平主持中央政治局第二十五次集体学习并讲话》，载最高人民法院网，上载时间：2020年12月1日，访问时间：2023年7月20日，https://www.gov.cn/xinwen/2020-12/01/content_5566183.htm?eqid=c8a8b35400004aaf00000003645c877c。

3　《习近平向中国与世界知识产权组织合作五十周年纪念暨宣传周主场活动致贺信》，载人民网，上载时间：2023年4月27日，访问时间：2023年7月20日，https://baijiahao.baidu.com/s?id=1764279689509606119&wfr=spider&for=pc。

民经济信息化的基础，受到各国的高度重视。我国拥有发展软件产业和集成电路产业最重要的人力、智力资源，在面对加入世界贸易组织的形势下，通过制定鼓励政策，加快软件产业和集成电路产业发展，是一项紧迫而长期的任务。国家版权局于2001年2月出台了《关于贯彻落实〈国务院关于鼓励软件产业和集成电路产业发展的若干政策〉的意见》。该意见明确要求各省、自治区、直辖市的版权局采取行动，促进使用软件正版化，查处营利性单位使用未经许可的计算机软件，并严厉打击软件盗版和走私活动。明确对营利性单位在其计算机系统中使用未经许可的计算机软件，各地版权局在进行教育的同时，可以给予警告、责令删除未经许可的软件、没收非法所得和罚款等行政处罚。

　　2011年国务院发布《进一步鼓励软件产业和集成电路产业发展的若干政策》，其中专门规定了知识产权政策，鼓励软件企业进行著作权登记。支持软件和集成电路企业依法到国外申请知识产权，严格落实软件和集成电路知识产权保护制度，依法打击各类侵权行为，加大对网络环境下软件著作权、集成电路布图设计专有权的保护力度，积极开发和应用正版软件网络版权保护技术，有效保护软件和集成电路知识产权。该若干政策还提出进一步推进软件正版化工作，凡在我国境内销售的计算机所预装软件必须为正版软件，禁止预装非正版软件的计算机上市销售。全面落实政府机关使用正版软件的政策措施，大力引导企业和社会公众使用正版软件。[1] 此后，2020年国务院发布的《新时期促进集成电路产业和软件产业高质量发展的若干政策》对上述问题进一步予以强调，并提出严格落实集成电路和软件知识产权保护制度，加大知识产

1　《国务院关于印发进一步鼓励软件产业和集成电路产业发展若干政策的通知》，载中国政府网，上载时间：2011年1月28日，访问时间：2023年8月8日，https://www.gov.cn/gongbao/content/2011/content_1803161.htm。

权侵权违法行为惩治力度，探索建立软件正版化工作长效机制。[1]

此外，在国务院2008年印发的《国家知识产权战略纲要》中，涉及扶持计算机软件、信息网络等版权相关产业发展，充分发挥版权集体管理组织、行业协会、代理机构等中介组织在版权市场化中的作用。依法处置盗版行为，加大盗版行为处罚力度。重点打击大规模制售、传播盗版产品的行为，遏制盗版现象。有效应对互联网等新技术发展对版权保护的挑战，妥善处理保护版权与保障信息传播的关系，既要依法保护版权，又要促进信息传播。加强版权执法监管，重点打击大规模制售、传播盗版制品的行为，积极推进政府部门及企业使用正版软件工作等内容。

（二）关于网络侵权行为行政规制的法律法规

针对网络环境下出现的著作权侵权问题，在2001年修正的《著作权法》增加信息网络传播权的相关规定的同时，我国相关部门也在制定相应的行政法规，对网络侵权行为通过行政途径予以规制。国家版权局、信息产业部曾于2005年发布《互联网著作权行政保护办法》规定，互联网信息服务提供者明知互联网内容提供者通过互联网实施侵犯他人著作权的行为，或者虽不明知，但接到著作权人通知后未采取措施移除相关内容，同时损害社会公共利益的，著作权行政管理部门可以责令停止侵权行为，并没收违法所得；处以非法经营额3倍以下的罚款；非法经营额难以计算的，可以处10万元以下的罚款。同时，为避免对网络传播造成过度限制，该办法还规定相关著作权人提出要求删除网络侵权内容的通知后，互联网内容提供者也可提出"反通知"，辨明被指控侵权的内容并不侵权的事实，并以此要求网络服务提供者恢复被移除内容。在这种情况下，网络服务提供者可不承担行政法律责任。

---

1 《国务院关于印发新时期促进集成电路产业和软件产业高质量发展若干政策的通知》，载最高人民法院网，上载时间：2020年8月4日，访问时间：2023年8月8日，https://www.gov.cn/zhengce/content/2020-08/04/content_5532370.htm。

此后，国务院于2006年发布《信息网络传播权保护条例》，规定对于擅自通过信息网络向公众提供他人作品、故意避开或破坏技术措施、故意删除或改变作品权利管理信息等相关侵权行为的，根据情况承担停止侵害、消除影响、赔礼道歉、赔偿损失等民事责任；同时损害公共利益的，可以由著作权行政管理部门责令停止侵权行为，没收违法所得，非法经营额5万元以上的，可处非法经营额1倍以上5倍以下的罚款；没有非法经营额或者非法经营额5万元以下的，根据情节轻重，可处25万元以下的罚款；情节严重的，著作权行政管理部门可以没收主要用于提供网络服务的计算机等设备；构成犯罪的，依法追究刑事责任。

二、计算机软件侵权行政救济实践的发展

针对计算机软件侵权盗版问题，国家相关部门曾开展了大规模的集中保护和治理的专项行动。国务院办公厅2004年曾发布《保护知识产权专项行动方案》，决定在全国范围内开展保护知识产权专项行动，其中包括会同工商行政管理部门整顿和规范存在侵权隐患的软件交易市场，坚决取缔分布在车站码头、校园周边等附近销售软件的不法摊点和游商小贩；重点打击盗版软件以及网上侵权著作权的行为；加强对软件预装领域和互联网软件传播的监管；推动地方政府使用正版软件等内容。全国整顿和规范市场经济秩序领导小组2004年指出，要加强知识产权保护，打击商业欺诈。后版权、工商、知识产权等部门会同信息产业、财政等部门，加大了推进政府使用正版软件、打击盗版光盘和专利、商标侵权的力度，提高了全社会知识产权保护意识[1]。

一些计算机软件权利人也希望借助行政救济这一周期短见效快的

1　《整顿和规范市场经济秩序要标本兼治》，载中国新闻网，上载时间：2004年11月16日，访问时间：2023年11月23日，https://www.chinanews.com.cn/news/2004/2004-11-16/26/506611.shtml。

途径来打击盗版，如微软公司曾自2003年开始陆续向镇江市版权局投诉镇江百家网吧安装使用盗版Windows视窗操作系统;[1] 2004年微软公司向杭州市网吧业主发出公开信，要求在规定时间内使用正版软件，并陆续向杭州市版权局投诉;[2] 2004年微软公司还曾向国家版权局投诉，称中新联公司和民族文化光盘公司未经著作权人授权，非法复制的"联想操作系统恢复光盘"内容为Windows XP操作系统，侵犯了微软公司的著作权，请求予以处罚。经查，两公司分别复制涉案光盘55000张、4000张，获利10405元、600元。国家版权局分别给予两单位罚款8万元、1万元和没收违法所得的行政处罚，相关责任人被移交公安部门立案处理。[3] 该案系微软公司在维权行动中首次投诉软件盗版的源头光盘生产厂商。在此之前，微软公司主要投诉作为软件最终用户的相关企业。[4]

2007年年底全国开展严厉打击企业非法使用未经授权软件行动以来，各地版权行政主管部门积极行动，先后对当地非法使用未经授权计算机软件的企业进行了查处，并对违规企业进行了行政处罚。广东省深圳市知识产权局与2008年1月接到投诉后，曾对深圳某电子公司进行执法检查，发现该公司工程部的多台计算机上安装了未经授权的奥多比公

---

1 《安装盗版WINDOWS系统 镇江百家网吧遭微软投诉》，载新浪网，上载时间：2004年7月6日，访问时间：2023年11月22日，https://news.sina.com.cn/c/2004–07–06/10523003891s.shtml。

2 《杭州百家网吧遭微软投诉》，载新浪网，上载时间：2004年6月1日，访问时间：2023年11月22日，https://tech.sina.com.cn/it/2004–06–01/0605369547.shtml。

3 据悉，非法委托复制软件的吴某、韩某、吴某军等人分别被北京市海淀区人民法院以非法经营罪判处六个月拘役到一年有期徒刑不等的处罚，并处5000元到15000元不等的罚金。参见蒋建科：《侵权盗版 法理难容——我国破获一批侵犯知识产权犯罪案件》，载《人民日报》2005年7月17日第1版。

4 《微软反盗版首次指向生产厂商 两企业盗版XP遭罚》，载新浪网，上载时间：2004年12月6日，访问时间：2023年11月22日，https://tech.sina.com.cn/i/2004–12–06/0710470415.shtml。

司、微软公司、奥腾公司的Adobe Acrobat、Windows、Office、Protel
等软件。最终对该公司罚款10万元并责令其删除盗版软件。北京市文化
市场行政执法总队根据权利人的投诉，2008年2月曾对北京某科技公司
进行了执法检查，发现该公司非法安装和使用了未经授权的奥多比公司
的Photoshop软件和PTC公司的Pro/E软件，对其予以责令停止侵权并处
以1.5万元罚款的行政处罚。广东省版权局曾于2008年对广东某玻璃有
限公司商业使用盗版微软Windows、Office软件处以3万元的行政罚款，
并责令其删除未经授权的软件。[1] 北京市文化市场行政执法总队2019年
查处的软件著作权侵权案件，没收侵权复制品36套软件加密锁并罚款
21.12万元，是其查办的首起利用盗版加密锁侵权的案件。[2] 山东省胶州
市综合行政执法局曾于2022年到某科技公司，对其技术部、行政部的3
台计算机进行抽检，共查获Windows103套、WPS1套、SolidWorks2套
等的版权信息，执法人员要求该公司提供以上软件的购买合同、发票及
使用授权，现场无法提供，涉嫌未经许可复制或者部分复制著作权人的
软件的事实。[3]

　　对于计算机软件权利人来说，行政救济这种迅速便捷的救济方式
能够最大限度地达到尽快制止侵权的目的。尽管对于权利人的经济损失
赔偿问题只能通过调解解决，调解不成的行政执法机关不能处理，但对
计算机软件盗版这种传播快的侵权行为，有的权利人还是首选行政救济
途径制止侵权。而且，由于计算机软件侵权证据难以取得等原因，实

1　《一批非法使用未经授权计算机软件企业遭处罚》，载找法网，上载时间：2019
　　年5月8日，访问时间：2023年8月8日，https://china.findlaw.cn/chanquan/zhuanli/
　　zlfal/20901.html。

2　《北京查处新型盗版案：利用盗版加密锁侵犯软件著作权》，载新京报社官方账号，上
　　载时间：2019年7月10日，访问时间：2023年8月8日，https://baijiahao.baidu.com/s?id
　　=1638655668774684460&wfr=spider&for=pc。

3　《胶州铺集镇某科技公司被罚！》，载精彩胶州微信公众号，2022年7月21日。

践中许多侵权证据都是在行政查处过程中通过公证机关现场公证取得的。如法院审理的多起涉及计算机软件最终用户法律责任的案件，权利人经向相关版权执法部门或是相关工商行政管理部门投诉，在执法部门进行行政查处过程中，权利人申请相关公证人员对侵权证据进行现场公证。可见，行政救济的最终目的并不只是进行行政处罚，其在某些情况下还成为权利人充分维权的途径。

三、关于损害社会公共利益的认定

由于我国相关法律法规所规定行政处罚的前提是相关侵权行为损害了社会公共利益，对于"损害社会公共利益"的认定就成为引起争论的问题。社会公共利益的内涵如何界定、如何判断是否损害社会公共利益等问题引起关注和讨论。

我国现行《著作权法》第四条规定，著作权人和与著作权人有关的权利人行使著作权不得损害公共利益。《著作权法》第五十三条规定，对于该条规定的八种侵权行为，应当根据情况，承担第五十二条规定的民事责任；侵权行为同时损害公共利益的，由主管著作权的部门责令停止侵权行为，予以警告，没收违法所得，没收、无害化销毁处理侵权复制品以及主要用于制作侵权复制品的材料、工具、设备等，违法经营额5万元以上的，可以并处违法经营额1倍以上5倍以下的罚款；没有违法经营额、违法经营额难以计算或者不足5万元的，可以并处25万元以下的罚款；构成犯罪的，依法追究刑事责任。该条规定中，对侵权人适用行政处罚，追究行政责任的一个重要前提就是侵权行为除损害权利人的利益外，还可能损害了社会公共利益。我国《计算机软件保护条例》《著作权行政处罚实施办法》也作了类似规定。实践中曾出现版权行政管理部门对侵权行为进行行政处罚后，被处罚人不服提起行政诉讼的情况，案件争议的焦点就在于该侵权行为是否损害社会公共利益。

对于公共利益的内涵和外延，法律、行政法规只在条文中涉及了

"公共利益"的概念，并没有明确的界定，因而在相关行政执法和司法实践中，对公共利益的理解和相关处理有时不尽一致。社会公共利益原则是在我国《民法通则》（已废止）中确立下来的，其中第七条规定"民事活动应当尊重社会公德，不得损害社会公共利益，扰乱社会经济秩序"，第五十八条第一款第（五）项规定违反法律或者社会公共利益的民事行为无效；我国《合同法》（已废止）第五十二条规定了合同无效的五种情形，其中之一是损害社会公共利益的合同无效。对于该条的理解，全国人大常委会法制工作委员会所编的《中华人民共和国合同法释义》中认为，损害社会公共利益的合同实质上是违反了社会公共道德、破坏社会经济秩序和生活秩序，如与他人签订合同出租用于赌博的场所。[1]我国《民法典》第一百三十二条规定，民事主体不得滥用民事权利损害国家利益、社会公共利益或者他人合法权益；第五百三十四条规定，对当事人利用合同实施危害国家利益、社会公共利益行为的，市场监督管理和其他有关行政主管部门依照法律、行政法规的规定负责监督处理。

对于社会公共利益的概念，有学者将其界定为一个特定社会群体存在和发展所必需的、该社会群体中不确定的个人都可以享有的权利。也有学者认为，公共利益是社会为所有成员而努力争取的基本目标的集合，与著作权法相关的目标主要包括鼓励作者的文学艺术创作力和言论自由，鼓励相关企业对作品的传播进行投资以及为公众提供自由选择文化产品的机会等。[2]还有学者认为，公共利益主要是指一个社会的"公序良俗"——公共秩序和善良风俗。其中公共秩序亦称社会秩序，是人们在共同的社会生活中必须遵守的行为规范和道德准则，它由法律、法规确定或者人们在日常生活中约定俗成；善良风俗是特定的群

1　胡康生：《中华人民共和国合同法释义》，法律出版社1999年版，第92页。

2　冯晓青：《论著作权法与公共利益》，载《法学论坛》2004年第3期，第43页。

体因长期共同生活相沿积久而成的良好风尚、礼节、习惯等的总和。[1]
本书认为，上述有关社会公共利益的界定都有一定道理，与我们通常对
社会公共利益的认识也是基本一致的。但问题在于，如何在具体的行政
执法实践中判断某侵犯著作权的行为是否同时损害了社会公共利益，仍
然是值得研究的问题。有观点认为，对此可从侵权行为是否妨碍了社会
公共秩序、是否有悖于善良风俗、是否对消费者利益造成侵害、是否给
国家公共管理活动带来干扰和破坏等方面进行考虑，如果侵权行为符合
上述条件之一并具有明确的商业目的，就可认定为损害了社会公共利
益；[2] 也有观点认为，损害公共利益就是指侵权行为不仅侵害了某些特
定人的权利，而且损害了非特定人的利益以及与非特定人相关的经济秩
序。[3] 本书认为，著作权行政执法实践中如何认定是否损害社会公共利
益是一个有待在实践中不断探索和解决的问题。相关法律规定中的损害
社会公共利益的含义一方面需要相关立法部门今后进一步明确，另一
方面尚需在版权执法实践中逐步积累经验进行探索。但总体上，应当注意
不宜将损害社会公共利益的范围认定过宽，主要应针对规模较大，对社
会经济秩序造成重大影响的侵权行为。

四、关于行政责任与民事责任和刑事责任的关系

司法实践中有观点认为，在适用民事责任、刑事责任等司法救济措
施时，应注意其与行政责任之间的关系问题，当行政责任与另外两种救
济方式发生冲突时，不应使侵权人就同一侵权行为重复承担法律责任。
其实该问题已经在2002年施行、2020年修改的《最高人民法院关于审理

1　王少杰：《"公共利益"与著作权行政保护的"度"》，载《中国版权》2004年第6
　　期，第32页。

2　王少杰：《"公共利益"与著作权行政保护的"度"》，载《中国版权》2004年第6
　　期，第32页。

3　许超：《关于著作权行政保护的几个问题》，载《中国版权》2004年第1期，第5页。

著作权民事纠纷案件适用法律问题的解释》第三条中作出了明确规定，对于著作权行政管理部门查处的侵犯著作权行为，当事人向人民法院提起诉讼追究该行为人民事责任的，人民法院应当受理，且规定人民法院应对案件事实进行全面审查。如在侵犯计算机软件著作权纠纷案件中，尤其是涉及权利人追究计算机软件最终用户法律责任的案件中，权利人大多采取先向版权或工商行政管理部门投诉，在行政部门查处时请公证人员现场取得侵权证据后，再向法院提起侵权诉讼，请求判令侵权人承担相应的民事责任；同时司法实践中也存在经相关行政部门查处后，侵权人仍持续其侵权行为，权利人后续再提起民事诉讼的情况。应当明确的是，无论哪种情况，侵权人所应承担的行政责任、民事责任都是性质不同的责任，不能因其承担了其中一种责任，而不再承担另一种责任，这里并不存在重复承担责任的问题。[1] 同样，刑事责任也属于与行政责任和民事责任性质不同的责任，也不存在重复承担责任问题。

| 第三节 |

计算机软件侵权的民事救济

对于计算机软件侵权行为，除了上述行政救济的途径，更多的纠纷还是通过司法审判程序，使权利人得到民事救济和刑事救济。计算机软件侵权的民事司法救济，在软件保护发展历程中可以说是举足轻重。北京市海淀区人民法院于1993年2月23日审结我国第一起计算机软件侵权民事案件，即微宏研究所诉中科远望公司侵犯计算机软件著作权案。该案原告是"unFox2.1反编译博士V2.1"反编译系统工具软件著

---

[1] 我国《著作权法实施条例》（1991年）第五十三条规定，"著作权行政管理部门在行使行政处罚权时，可以责令侵害人赔偿受害人的损失"。虽然该规定招致不少批评意见，但其目的在于防止"以罚代赔"，切实保障版权人的利益。参见郑成思：《版权公约、版权保护与版权贸易》，中国人民大学出版社1992年版，第133页。

作权人，发现市场上销售的相同软件是被告用价值5元的空白软盘现场复制被解密的原告软件并以380元的价格出售的。法院认定被告的行为侵犯了原告的涉案软件著作权，判决被告停止侵权、赔偿损失46000元并在《中国计算机报》一版位置刊登经法院审核的启事，向原告赔礼道歉。[1] 自该案审理至今，法院受理的涉及计算机软件侵权的案件持续增长，尤其是随着我国《著作权法》和《计算机软件保护条例》的施行和修改，以及网络环境下新技术、新业态、新模式的不断发展，涉及计算机软件侵权、计算机软件最终用户法律责任的案件有所增加。本节主要讨论计算机软件侵权民事救济过程中所出现的证据调取和认证及相关侵权民事责任承担等具体问题，总结相关民事救济实践并深入研究，为今后的司法实践提供参考。

一、关于计算机软件侵权案件审理过程中的证据认证问题

在审理计算机软件侵权纠纷案件的司法实践中，先遇到的往往是对证据的审查和认定问题。证据作为认定案件事实的基本依据，是计算机软件权利人提起侵权民事诉讼的前提和基础。但在软件侵权纠纷中，对被告侵权证据的调取又往往是困扰权利人的难题，尤其是对于最终用户侵权的情况，取证就更为艰难。

（一）法院在软件侵权纠纷中认证的主要方面

对于计算机软件侵权纠纷案件的审理，法院通常要从以下三个方面对双方当事人提交的证据材料进行认证。

1.关于权利人主张的软件权利依据方面的证据

权利人为证明其为涉案软件的著作权人，通常可能会提供以下证据材料，包括正版软件著作权登记证明；所销售或通过网络发行的正版

---

1 北京市高级人民法院：《北京知识产权审判案例研究》，法律出版社2000年版，第171-176页。

软件（软件外包装上通常标注有权利人的相关信息）；正版软件源程序及相关文档等。其中，正版软件的《计算机软件著作权登记证书》是较为常见的证据。

（1）软件著作权登记证书

我国《计算机软件保护条例》第七条规定："软件著作权人可以向国务院著作权行政管理部门认定的软件登记机构办理登记。软件登记机构发放的登记证明文件是登记事项的初步证明。"我国计算机软件登记机构为中国版权保护中心。[1] 中国版权保护中心发布的《2022年度全国计算机软件著作权登记情况分析报告》表明，2022年全国共登记计算机软件著作权183.5万件，登记数量连续第5年保持在100万件以上，使我国近10年软件登记总量达1000万件规模。2022年我国人工智能、大数据类软件的登记数量均超过3.5万件，年均增速超过50%，远高于全类别软件整体增速。2022年全国APP软件和小程序软件的登记总量超过25万件，约占登记软件总量的14%。[2]

因此，司法实践中权利人通常提交软件登记证明和正版软件本身来证明其为软件著作权人，而很少直接通过提交权利软件的源程序和文档来证明其权利主张。在此情况下，法院也往往据此初步确认原告的权利人身份。

（2）未经登记的软件著作权认定

司法实践中，有的计算机软件权利人并未履行权利登记手续，不能提供相关软件登记证明，在诉讼中仅提供在市场上销售的正版软件本身，能否就此确认其为该软件的著作权人呢？根据我国《著作权法》的相关规定，如无相反证明，在作品上署名的人为作者。如果被诉侵权人

1　国家版权局依据《计算机软件保护条例》的规定于2002年1月1日发布公告，认定中国版权保护中心为计算机软件登记机构。

2　《2022年全国共登记计算机软件著作权183.5万件》，载手机光明网，上载时间：2023年4月7日，访问时间：2023年4月26日，https://m.gmw.cn/2023-04/17/content_1303344804.htm。

无反驳证据证明其非权利人，应据此考虑确认正版软件上所标示的权利人为涉案软件的著作权人。当然，在有的案件中存在软件的实际权利人与软件上所标注的权利人不一致的情况，这时就要审查权利人所提交的该软件的相关权利已经转移的证明等证据材料，来判断计算机软件著作权的归属。

在北京市高级人民法院审理的石大数据中心诉江汉公司等侵犯计算机软件著作权案[1] 中，石大数据中心对其主张权利的Forward for Windows中"测井解释平台底层技术"计算机软件既未进行著作权登记，亦未作为套装软件对外批量公开销售，故在被诉侵权人对其权利人资格提出异议的情况下，法院认定石大数据中心应就其享有该软件著作权承担举证责任。法院认为，鉴于石大数据中心提供的其于1995年与总公司勘探局签订的技术开发合同书系涉及著作权取得的合同，可以作为证据使用。虽然该技术开发合同书涉及的软件与石大数据中心主张权利的软件名称不一致，在没有相反证据的情况下，应当推定石大数据中心为涉案软件的著作权人。

在北京市第二中级人民法院审理的曲某双诉张某明等侵犯计算机软件著作权案[2] 中，曲某双根据其与被告企网公司签订的企业网站架设合同中网站版权归其所有的约定，主张享有其中"晓风·彩票合买代购软件"的著作权。法院认为，根据行业习惯和通常认识，网站架设与建设网站的后台功能模块的软件的著作权归属无必然联系，且结合该案案情，涉案合同约定的网站版权应指网站页面版权，网站的源代码也应指与网站页面版权有关的源代码；网站页面的内容及其变化虽然与后台模块有关，但合同约定的网站版权并不包括与后台程序有关的计算机软件的著作权，网站的源代码也不包括与后台程序有关的计算机软件的源代码。

---

1 参见北京市高级人民法院（2002）高民终字第8号民事判决书。

2 参见北京市第二中级人民法院（2007）二中民初字第15441号民事判决书。

2.关于指控侵犯软件著作权方面的证据

在计算机软件侵权纠纷中，权利人为证明被告存在侵权行为，往往只能通过公证购买被告的侵权软件等形式，取得被告软件的目标程序，并通过对两软件目标程序相似性对比的情况，请求法院确认被告构成侵权。但在有的案件中，权利人也通过其他方式取得了被告软件的源程序代码，并予以公证封存。[1] 如果权利人未取得相应的源程序代码，被诉侵权人就应提供相应的软件源程序来证明其常常提出的被诉侵权软件系其自行开发完成的抗辩主张。如果被诉侵权人提交的源程序与原告已经公证取得的目标程序不能产生一一对应关系，或不能提交源程序，则被诉侵权人应就此承担相应的举证不能的后果。[2]

而在涉及计算机软件最终用户侵权的案件中，如前所述，软件权利人往往通过向相关版权或是工商行政管理部门投诉，在行政程序进行查处时，就查处过程进行公证取证的方式取得侵权证据；如果在诉讼前未提起行政查处程序，或未在行政查处程序过程中进行公证，权利人通常会向法院提起诉前或诉中证据保全，以取得被告使用软件侵权复制品数量方面的证据。如在北京市第二中级人民法院审理的Autodesk公司诉龙发公司侵害计算机软件著作权案[3] 中，原告虽在诉前经过了版权管理部门的行政查处程序，但其并未对该过程及被告公司使用相关软件的情况进行公证，为此向法院提出诉前证据保全申请。结合其已经进行的行政查处情况，法院在审查了其提交的相关证据和执行线索后，采取了诉前证据保全措施。法院对被告龙发公司相关营业店面的计算机进行了证据保全，具体保全措施包括对存有相关软件的快捷方式的"桌面"进行

1　如在北京市第二中级人民法院审理的亿中邮公司诉飞宇信公司案中，原告基于被告某员工系自原告公司离职后入职被告公司的情况，经公证取得了被诉侵权软件的源程序代码。

2　关于计算机软件侵权判断问题，在本书第二章第三节有所论述并附有相关案例。

3　参见北京市第二中级人民法院（2003）二中民初字第6227号民事判决书。

拷屏、对相关软件的运行界面进行拷屏、对计算机内使用相关软件制作的某建筑图文件的运行界面进行拷屏、在资源管理器中找到相关软件后对其地址及内部目录进行拷屏并予以保存，同时保存相关计算机的注册表文件。上述保全措施的采取为案件的进一步审理打下了良好的基础，如果原告提供了公证取得的软件或是法院保全了相关软件，而被告不能举证说明其使用该软件的合法根据，不属于不知道或没有合理理由应当知道所使用的软件为侵权复制品的情况，且被告属于商业性使用行为的，应当判定被告承担相应的侵权责任。

3.关于主张损害赔偿方面的证据

在计算机软件侵权纠纷中，权利人往往根据著作权法的有关规定主张其因侵权所受到的损失或被告因侵权所获得的利润，因而会提供其正版软件的单位销售价格和利润并请求法院对被告账册采取证据保全措施，以审计侵权软件销售情况及可能获得的利润，以根据正版软件的可得利润与侵权软件的销售数量计算其受到的损失或将审计取得的被告的获利状况作为其赔偿请求的依据。如果权利人基于被诉侵权人的侵权情节提出要求其承担惩罚性赔偿责任的主张，则还需进一步提供有关被诉侵权行为的"侵权故意"及"情节严重"等方面的证据，以符合2021年施行的《最高人民法院关于审理侵害知识产权民事案件适用惩罚性赔偿的解释》中所规定的惩罚性赔偿的适用条件。

在涉及计算机软件最终用户侵权纠纷中，原告通常会提供其与他人签订的软件销售合同及合同履行的相关票据，以及正版软件的销售价目表等来证明正版软件的市场销售价格，并在此基础上参考国家版权局《对〈关于如何确定摄影等美术作品侵权赔偿额的请示〉答复的函》，[1]

1　1994年国家版权局权办字〔1994〕64号《对〈关于如何确定摄影等美术作品侵权赔偿额的请示〉答复的函》中提出在确定侵犯著作权赔偿数额时，可考虑以侵权行为给著作权人造成的实际损失或侵权人的全部非法所得作为赔偿依据，也可按著作权人合理预期收入的2—5倍计算，如图书可按国家颁布的稿酬标准的2—5倍计算赔偿额。

或是北京市高级人民法院在《关于审理著作权纠纷案件若干问题的解答》[1] 中的有关规定，提出按照正版软件价格2—5倍计算得出的赔偿数额。北京市高级人民法院于2018年发布的《北京市高级人民法院侵害著作权案件审理指南》第8.8条规定，按照权利人的实际损失、侵权人的违法所得均无法精确计算赔偿数额，裁量确定赔偿数额时，除根据当事人提交的证据外，还可以考虑如下因素：①原告主张权利的作品市场价格、发行量、所在行业正常利润率；②侵权商品的市场价格、销售数量、所在行业正常利润率以及作品对商品售价的贡献率；③原告主张权利的作品类型、所在行业的经营主体盈利模式，如互联网流量、点击率、广告收入等对损害赔偿的影响；④其他因素。但计算机软件作为一种商品，其市场价格会因不同的市场情况而有所差异，因此法院在考虑确定正版软件的销售价格时，往往会综合考虑多方面因素予以确定，而不会单纯以某合同价格或价目表的价格确定软件的销售价格。而且，对于权利人主张的2—5倍的赔偿标准，从我国著作权法所规定的权利人的损失和侵权人的获利的角度考虑，往往也不在这类案件中适用这种计算方法。同时，鉴于根据被告获利计算赔偿数额的计算方式在该类案件中并不具有可适用性，通常权利人提出要求查封被告账册进行审计的证据保全申请也不具有必要性。

（二）关于侵权证据的取得方式问题

1.当事人取证的合法性问题

对于计算机软件权利人来说，确实在搜集侵权证据方面存在很大难度，因此权利人在取证时一定要注意取证方式的合法性。根据北京市高级人民法院于1995年发布的《关于审理计算机软件著作权纠纷案件

1　1996年北京市高级人民法院在《关于审理著作权纠纷案件若干问题的解答》中规定，著作权侵权损害赔偿可以采取以被侵权人因被侵权所受到的损失、以侵权人因侵权行为获得的全部利润、按国家规定付酬标准的2—5倍计算赔偿数额。

几个问题的意见》的有关规定，"当事人提供的证据必须是合法取得的，当事人以强迫、引诱、欺骗或者其他不合法手段收集的证据不予认定"。最高人民法院于2001年12月颁布的《关于民事诉讼证据的若干规定》也规定，"以侵害他人合法权益或者违反法律禁止性规定的方式取得的证据，不能作为认定案件事实的依据"。

（1）陷阱取证的合法性问题

司法实践中存在权利人通过"陷阱取证"的方式取得侵权证据的情况。如在最高人民法院2006年8月提审的北大方正公司等与高术公司等侵犯计算机软件著作权案[1] 中，北大方正公司是方正RIP、方正字库、方正文合软件的著作权人，也是某激光照排机在中国的销售商。高术公司曾为北大方正公司代理销售激光照排机，销售的激光照排机使用方正RIP软件和方正文合软件，后代理关系终止。高术公司与网屏公司签订销售激光照排机的协议，约定高术公司销售激光照排机必须配网屏公司的正版RIP软件或北大方正公司的正版RIP软件。北大方正公司怀疑高术公司在销售激光照排机时，随机销售并安装盗版方正RIP软件。北大方正公司为取得侵权证据，让北大方正公司员工以个人名义与高术公司签订电子出版系统订货合同，并让高术公司在该员工租住的房屋内安装激光照排机和盗版软件，公证人员通过对上述过程进行公证的方式取得高术公司非法复制、销售盗版软件的证据。一审法院认为，北大方正公司采取的是"陷阱取证"的方式，该方式未被法律所禁止，应予认可，判决高术公司等停止侵权、赔偿损失。高术公司等不服，提起上诉。二审法院认为，涉案公证书记载的事实表明，北大方正公司购买激光照排机是假，欲获取销售盗版方正软件的证据是真。该取证方式并非获取侵权证据的

1　参见最高人民法院（2006）民三提字第1号民事判决书，北京市高级人民法院（2002）高民终字第194号民事判决书，北京市第一中级人民法院（2001）一中知初字第268号民事判决书。

唯一方式，此种取证方式有违公平原则，故对该取证方式不予认可。鉴于涉案公证书记载了高术公司等售卖一套盗版软件的事实，故二审法院改判高术公司等赔偿该套盗版软件给北大方正公司造成的经济损失13万元及公证费1万元。北大方正公司不服，向最高人民法院申请再审。

最高人民法院认为，在法律和司法解释对此种取证方式的合法性没有明确规定的情况下，应根据该案的具体情况，按照利益衡量及价值取向的方法，对该取证方式的正当性进行分析。该案中，北大方正公司通过公证取证方式，不仅取得了高术天力公司现场安装盗版方正软件的证据，而且获取了其向其他客户销售盗版软件，实施同类侵权行为的证据和证据线索，其目的并无不正当性，其行为并未损害社会公共利益和他人合法权益。加之计算机软件著作权侵权行为具有隐蔽性较强、取证难度大等特点，采取该取证方式，有利于解决此类案件取证难问题，起到威慑和遏制侵权行为的作用，也符合依法加强知识产权保护的法律精神。此外，北大方正公司采取的取证方式亦未侵犯高术公司、高术天力公司的合法权益。北大方正公司等申请再审的理由正当，应予支持。最高人民法院经过提审后作出再审判决，判决高术公司等赔偿原告经济损失60万元。该案的示范意义在于，对法无明文规定的行为，不能简单地适用"法无明文禁止即允许"的原则，而需要根据利益衡量和价值取向决定其是否合法。

上述案件判决后，引起了有关"陷阱取证"合法性问题的讨论。因为该案涉及的取证方式与法院支持的许多案件的取证方式完全不同，其实质是预设陷阱、引诱被告复制销售盗版软件。有观点认为，该案的取证方式与刑事案件中的犯意诱惑型侦查圈套极为相像，法院对这种犯意诱惑型的陷阱取证方式不应予以支持；[1] 也有观点认为，应

---

[1] 周翔：《如何对待软件著作权侵权诉讼中的"陷阱取证"》，载《中国版权》2002年第5期。

对陷阱取证的合法性加以认定，以便更加完善地维护权利人的权利；[1]
还有观点认为，对于利用高科技手段侵权的民事案件，由于确实难以取
证，应当在一定范围内允许陷阱取证，在法律未作明确规定时，法官应
根据法律的精神结合具体案情进行判断。[2] 本书认为，该案的审理之所
以曾引起软件行业及法律界的广泛关注，就是因为在计算机软件维权过
程中，普遍存在侵权证据取证难的问题。该案的最终判决结果有利于解
决软件侵权诉讼取证难问题，对侵权人起到威慑作用并有效遏制侵权行
为，但其中涉及的法无明文禁止与行为正当性之间的关系，还需结合案
件具体情况进行综合判断。

（2）网络取证的合法性问题

网络环境下，涉及计算机软件的侵权行为具有隐蔽性、多样性的
特点，为计算机软件的权利人取证增加了难度。针对网络侵权行为在取
证方面的难度，《最高人民法院关于审理涉及计算机网络著作权纠纷案
件适用法律若干问题的解释》中规定，当著作权人确有证据证明被侵权
并向网络服务提供者提出请求时，网络服务提供者有义务向权利人提
供侵权行为人在网络上的注册资料，否则著作权人有权依据《民法通
则》（已废止）第一百零六条有关归责原则的规定，要求法院追究其民
事责任。《最高人民法院关于审理侵害信息网络传播权民事纠纷案件适
用法律若干问题的规定》于2013年施行后，该涉及计算机网络著作权
纠纷案件的司法解释已废止。新的司法解释规定，网络服务提供者在
提供网络服务时教唆或者帮助网络用户实施侵害信息网络传播权行为
的，应当判令其承担侵权责任。网络服务提供者对于网络用户侵害信息
网络传播权行为的明知或者应知的，属于具有过错应当承担教唆或帮助

---

1 陈健：《"陷阱取证"在计算机软件侵权案件中的应用》，载《科技与法律》2003年第
  1期，第115—116页。

2 卫跃宁：《取证方式法院不认可"陷阱取证"的运用与限制》，载《法制日报》2002年
  8月4日第2版。

侵权责任的情况。对于权利人向网络服务提供者发送以书信、传真、电子邮件等方式提交的通知，网络服务提供者未及时采取删除、屏蔽、断开链接等必要措施的，应当认定其明知相关侵害信息网络传播权行为。认定网络服务提供者采取的删除、屏蔽、断开链接等必要措施是否及时，应当根据权利人提交通知的形式，通知的准确程度，采取措施的难易程度，网络服务的性质，所涉作品、表演、录音录像制品的类型、知名度、数量等因素综合判断。

司法实践中，网络环境下著作权侵权案件中，双方的举证通常采用公证相关网页或是可信时间戳取证、区块链存证等方式进行，有的案件审理中需要在上述相关材料的基础上进行涉案网页的现场勘验，进一步查明被诉侵权行为的性质。在2018年发布的《北京市高级人民法院侵害著作权案件审理指南》中，第9.2条和第9.3条分别规定了原告和被告的举证责任。原告主张被告存在网络侵权行为的，可以采取公证等方式举证证明被告网站内容，但应保证其取证步骤及相关网页的完整性。被告主张其仅提供自动接入、自动传输、信息存储空间、搜索、链接、文件分享技术等网络技术服务的，应承担举证证明责任，被告未提供充分证据证明其系仅提供自动接入、自动传输、信息存储空间、搜索、链接、文件分享技术等技术服务的，对其前述主张不予支持。该审理指南第11.2条规定了涉及计算机软件最终用户侵权案件的取证方式，在最终用户类案件中，可以通过证据保全或者勘验的方式查明被告使用计算机软件的类型、版本及数量。在进行证据保全或者勘验时，如果需要检查的计算机数量过大，可以在征得双方当事人同意的情况下进行抽查，并由双方当事人明确确认抽查结果（侵害计算机的类型、版本及其比例）适用于全部检查范围。在最终用户类案件中也可以采取远程取证的方法。通过远程取证方法获得的证据应当符合民事诉讼法的规定。

关于运用计算机程序命令Telnet远程登录所获取证据的合法性和证明效力问题，司法实践中也曾存有争议。在江苏省高级人民法院审理的磊若公司与捷奥比公司侵害计算机软件著作权案[1]中，磊若公司作为Serv-U服务器软件的著作权人，通过Telnet远程登录的方式输入"telnetwww.geobyev.com21"命令后，显示有"220Serv-UFTPServerv6.4forWin sockready..."字样，据此主张可举证证明捷奥比公司使用了涉案软件。捷奥比公司抗辩称该远程公证不能证明存在侵权的事实，涉案软件的试用版本在30天试用期内使用不构成侵权。一审法院认为，磊若公司通过使用Telnet指令方式查看并连接被控侵权服务器域名远程目标服务器端口，以查询服务器所提供服务相关软件的信息，该检测方式和检测结果均具有客观性，应当认定其证明力。但该远程登录所获信息本身并不能够识别涉案软件是否在30天免费评估期内。因此，一审法院以磊若公司举证不足为由驳回其诉讼请求，磊若公司不服提起上诉。

二审法院认为，通过Telnet检测服务器的21端口，其反馈信息具有较高的确定性，已经可以达到民事诉讼证据高度盖然性的标准。磊若公司通过公证取证得到了涉案服务器的反馈信息，证明在21端口存在涉案软件服务，既已完成了初步举证，捷奥比公司主张不构成侵权，根据"谁主张、谁举证"的原则，应由其提交服务器日志等相关证据反证证明，但捷奥比公司未提交任何证据仅是简单否认，故对其观点不予支持。二审法院最终改判，判令捷奥比公司停止侵权、赔偿损失。

可见，如果权利人通过Telnet命令访问被诉侵权人的网站服务器，在权利人电脑上自动显示被诉侵权软件名称和版本的字符从而获取侵权证据，该证据具有较高的确定性，应当视为权利人已经完成了初步举证

---

1 参见江苏省高级人民法院（2015）苏知民终字第00108号民事判决书，江苏省苏州市中级人民法院（2014）苏中知民初字第00325号民事判决书。关于该案涉及的Telnet21端口方式，在IP地址的端口使用中，文件传输协议（FTP）服务使用21端口，该案取证即是通过Telnet探测21端口。Telnet协议是Internet远程登录服务的标准协议，为用户提供在本地计算机上完成远程主机工作的能力。

义务。如果被诉侵权人抗辩其未安装涉案软件或者安装的是免费使用的试用版、个人版以及付费使用的企业版等，则应提供相应的证据予以证明，如举证不能则应当承担不利法律后果。[1]

2.关于法院采取证据保全措施的条件问题

由于计算机软件侵权纠纷存在上述取得侵权证据的困难，权利人在提起诉讼之时往往先考虑向法院提出证据保全的申请。有的申请在立案前提出，属于诉前证据保全；有的申请在立案后提出，属于诉讼中的证据保全，但权利人此时也会请求法院在送达起诉书副本之前先行进行证据保全，以确保能够取得侵权证据。我国《著作权法》于2001年修改后增加了有关诉前证据保全的规定，该法第五十条规定，"为制止侵权行为，在证据可能灭失或者以后难以取得的情况下，著作权人或者与著作权有关的权利人可以在起诉前向人民法院申请保全证据。人民法院接受申请后，必须在四十八小时内作出裁定；裁定采取保全措施的，应当立即开始执行。人民法院可以责令申请人提供担保，申请人不提供担保的，驳回申请。申请人在人民法院采取保全措施后十五日内不起诉的，人民法院应当解除保全措施"。2020年修改的《著作权法》第五十七条仅保留了原第一款的内容，对于后续操作层面的相关问题未再作规定。

对于在该类案件中采取证据保全措施的条件问题，理论界和实践界主要存在以下两种争论。一种意见认为，软件权利人要取得被控侵权人的侵权证据存在相当大的难度，证据保全作为固定侵权证据的重要手段，对于保障权利人的权利实现意义重大，因此应加大证据保全措施在该类案件中的适用；另一种意见认为，应当对该类案件中的证据保全申请进行严格审查，并严格限定该措施的适用，避免对社会公众的利益造成损害。我国现行《民事诉讼法》对于证据保全的规定较为简单，第

1　秦元明：《运用计算机程序命令Telnet远程登录所取证据具有证明效力》，载《人民司法》2018年第5期，第15页。

八十四条第一款、第二款规定，"在证据可能灭失或者以后难以取得的情况下，当事人可以在诉讼过程中向人民法院申请保全证据，人民法院也可以主动采取保全措施。因情况紧急，在证据可能灭失或者以后难以取得的情况下，利害关系人可以在提起诉讼或者申请仲裁前向证据所在地、被申请人住所地或者对案件有管辖权的人民法院申请保全证据"。我国现行《著作权法》关于采取诉前证据保全措施的条件的规定也与之近似。上述规定中采取证据保全措施的条件就是证据可能灭失或者以后难以取得，如果以此标准衡量，几乎所有的计算机软件侵权案件的情况都可能符合采取证据保全措施的条件。

事实上，证据保全措施在计算机软件侵权纠纷案件中确实起到重要作用，尤其是在最终用户侵权案件中。法院在审查计算机软件权利人提出的证据保全申请时，在判断是否存在证据可能灭失或是以后难以取得情形时，会同时要求申请人提出证明被申请人实施侵权行为的初步证据线索。表面上看，似乎法院的做法超出了法律规定的具体条件，但实质上法院在司法实践中探索的经验和做法更符合司法审判的规律。因为如果不考虑权利人是否提供了初步权利证明以及证明被告实施侵权行为的初步证据线索，一方面会使该司法权力的行使显得不够严肃，另一方面可能给被申请人造成损失，不利于社会的稳定和发展。实践中，对于权利人有关初步权利证明的提交通常不存在争议，争议主要在于权利人提交证明被告实施侵权行为的初步证据线索应当如何把握。如微软公司等四家公司曾于2000年对四家商业使用盗版软件的最终用户提起了11起诉讼，提交了某调查公司的侵权调查报告并提出证据保全申请。法院认为原告提供的证据尚不足以证明被告侵权，据此无法进行证据保全，后原告撤回起诉。[1]

1　游闽键：《最终用户侵权判决第一案的法律思考》，载《电子知识产权》2003年第2期，第39页。

为防止权利人滥用证据保全措施，除了我国民事诉讼法规定的证据可能灭失或以后难以取得的条件，有的法官从程序条件和实体条件的角度对此进行了梳理，[1] 程序条件主要包括在法定时限（举证期限届满前七日）内提出；明确被申请人实施侵权行为的具体地点和设备、申请保全证据的具体内容、主要特征及基本的保全方法等；依照要求提供了相应的财产担保。实体条件主要包括提交初步证据，证明存在涉案事实；保全的证据与案件具有关联性；在向法院提出证据保全申请前，已为获取相应证据采取了相关措施并付出了努力；证据可能灭失或以后难以取得，如因证据自身原因容易灭失或失真、证据持有人有毁损或隐匿等行为、证据持有人处于强势地位拒绝提供等。

关于计算机软件权利人证明被告存在侵权行为的初步证据，实践中主要包括申请人提供被申请人不在其正版软件客户名单内的证据，调查公司的相关侵权调查报告，合法取得的被申请人实施侵权行为的详细线索（如版权或工商部门行政查处情况、被申请人单位员工的陈述等），公证机关出具的记录相关行政部门现场查处情况的公证书、申请人合法取得被申请人制作的产品，被申请人招聘广告中熟练使用某类软件技能的招聘条件等。本书认为，对初步侵权证据的掌握应考虑一个合理的限度，对于申请人已经尽到努力但仍无法取得相应侵权证据的，应当综合考虑全案情况，及时采取相应的证据保全措施。否则，将证据保全的条件掌握过严，可能会出现证据灭失等情况，不利于保护权利人的利益。

3.软件最终用户证据保全的典型案件

（1）奥多比公司诉掌趣公司案

在北京知识产权法院审理的奥多比公司诉掌趣公司侵害计算

---

[1] 倪红霞、叶菊芬：《最终用户软件侵权案中的证据保全及赔偿额确定》，载《人民法院报》2011年4月28日第7版。

机软件著作权案[1]中，奥多比公司诉称，其享有Adobe Photoshop、Illustrator、Flash、After Effects、Dreamweaver等5款软件的著作权，掌趣公司擅自复制、安装并商业使用了上述系列软件，侵犯了其对上述软件享有的著作权，故诉至法院。案件受理后，奥多比公司向法院提出证据保全申请，要求对掌趣公司经营场所内的计算机非法复制、安装及使用上述系列计算机软件的情况进行证据保全。法院在审查证据保全申请过程中，充分考虑计算机软件最终用户侵权案件中权利人取证难等因素，在权利人提供了初步侵权证据线索的基础上，认真确定证据保全范围，对掌趣公司办公场所内近500台计算机相关软件使用信息进行了保全，后双方达成和解协议，体现出司法机关充分运用程序措施依法保护权利人合法权利、加大知识产权司法保护力度的举措。

（2）沃福公司不当阻碍证据保全案

根据我国现行《民事诉讼法》第一百一十四条规定，诉讼参与人或者其他人有以暴力、威胁或者其他方法阻碍司法工作人员执行职务等行为的，法院可以根据情节轻重予以罚款、拘留；构成犯罪的，依法追究刑事责任。2020年施行的《最高人民法院关于民事诉讼证据的若干规定》第九十五条规定："一方当事人控制证据无正当理由拒不提交，对待证事实负有举证责任的当事人主张该证据的内容不利于控制人的，人民法院可以认定该主张成立。"2020年施行的《最高人民法院关于知识产权民事诉讼证据的若干规定》第十三条规定："当事人无正当理由拒不配合或者妨害证据保全，致使无法保全证据的，人民法院可以确定由其承担不利后果。构成民事诉讼法第一百一十一条规定情形的，人民法院依法处理。"

最高人民法院审理的西门子公司与沃福公司侵害计算机软件著作

---

[1] 参见北京知识产权法院（2016）京73民初168号民事裁定书，该案证据保全工作完成后，被告掌趣公司与原告奥多比公司达成和解协议，原告撤回起诉。

权案[1] 就涉及阻碍采取证据保全措施行为的法律后果问题。该案中，西门子公司主张其为NX8、10、11、12系列计算机软件的著作权人，该系列软件是面向制造业的高端计算机软件，可用于3D设计、数字仿真检测及辅助制造。沃福公司主要从事模具产品的制造，其未经许可使用涉案软件，侵害了其对涉案软件的相关著作权。

　　一审审理期间，法院根据西门子公司申请，前往沃福公司住所采取证据保全措施。沃福公司采取对抗措施，通过突然断电、不提供开机密码、要求留下保全拍照相机、关闭工厂大门阻止离场等方式阻碍保全进行。针对现场26台电脑，法院只完成其中17台电脑的保全，尚有9台未能保全。在17台保全电脑中，有9台电脑显示了13套NX软件的版权信息和版本信息。一审法院认为，沃福公司并未提供证据证明其购买过涉案软件，其至少使用了13套侵权软件，且有阻碍原审法院证据保全的行为，侵权恶意较大，情节较严重。一审法院判决以法定赔偿上限50万元确定沃福公司赔偿数额并支持10万元维权费用。双方不服提起上诉，二审法院改判赔偿损失261万余元及维权合理开支10万元，全额支持西门子公司的诉讼请求。

　　二审法院认为，西门子公司原审提供的计算方式为13套已查明的涉案软件乘以其售价，该计算方式是对其261万余元赔偿请求的具体理由说明，不应据此认定其已放弃针对9台未保全电脑所涉侵权行为提出赔偿请求。二审法院强调，证据保全诉讼措施是民事诉讼活动的重要组成部分，是人民法院行使司法审判权的重要手段。任何单位或者个人以暴力、威胁或者其他方法阻碍司法工作人员执行职务，不但严重违反了诉讼诚信的基本原则，而且是一种严重妨害民事诉讼的行为，该院在确定具体赔偿数额时将对此情节予以考虑。因此，二审法院根据《最高人

1　参见广州知识产权法院（2018）粤73民初1099号民事判决书，最高人民法院（2020）最高法知民终155号民事判决书。

民法院关于民事诉讼证据的若干规定》推定9台未保全的电脑上均安装了涉案软件，综合考虑沃福公司的侵权数量、涉案软件价格、沃福公司在该案中无正当理由阻碍法院证据保全的情节等因素，改判全额支持西门子公司的原审诉讼请求。

（3）达索公司诉阿尔特公司证据妨碍案

在北京知识产权法院审理的达索公司诉阿尔特公司侵害计算机软件著作权证据妨碍案[1]中，原告主张权利的CATIA系列计算机软件为计算机辅助设计、制造软件，经调查发现阿尔特公司未经授权，擅自复制、安装、商业使用涉案软件，侵犯了其对涉案软件享有的著作权，故诉至法院。为查明被告使用侵权软件的具体情况，原告向法院提出证据保全申请。法院经审查，裁定对阿尔特公司经营场所内的计算机和服务器内使用的CATIA系列计算机软件的情况进行证据保全。在证据保全过程中，经双方同意法院采用随机抽样的方式对被告两处经营场所内的343台办公电脑中的54台进行证据保全操作。

在该案证据保全过程中，发现保全检查的54台电脑中有42台显示启用锐起虚拟桌面软件，其余12台电脑未启用锐起软件，法院认为可以推定阿尔特公司在保全现场启用了锐起软件，42台启用锐起软件的电脑处于非正常办公状态，12台未启用锐起的电脑处于正常办公状态下。被告的主营业务包括汽车产品策划、造型设计、整车及部件工程设计、试验评价等，覆盖汽车设计的整个过程。通常情况下其研发设计部门需使用相关专业设计软件完成汽车产品开发流程，但在法院保全其研发设计部门中，启用锐起软件的42台电脑中未见任何相关专业软件，明显不符合被告汽车研发设计业务需求，而其并未作出合理解释。故法院认定被告并未如实披露涉案软件复制安装事实，构成证据妨碍。法院最终结合随机抽样保全涉案软件情况、被告购买及部署正版软件情况等因素，确

---

[1] 参见北京知识产权法院（2021）京73民初345号民事判决书。

定被告使用涉案软件为103套，与涉案软件合理价格33万元/套相乘，总价款远高于原告2000万元的赔偿请求，故予以全额支持。

二、计算机软件侵权民事责任承担的主要问题

依照我国《计算机软件保护条例》的有关规定，对于侵犯软件著作权的行为，主要应承担停止侵害、消除影响、赔礼道歉、赔偿损失等民事责任。

（一）关于停止侵害责任形式的发展

停止侵害是我国民法典、著作权法所规定的一种承担民事责任的方式，即要求侵权人停止侵权行为，其可以表现为停止非法使用、传播等行为，以及销毁侵权产品和专门用于生产侵权产品的设备等。随着相关法律制度的不断完善和网络技术的不断发展，停止侵害的民事责任形式也得到了发展。

1.行为保全

（1）我国行为保全制度的缘起

行为保全，是指在诉讼前或诉讼中可能因当事人一方的行为或者其他原因，使判决难以执行或者造成当事人其他损害的案件，法院有权根据对方当事人的申请，裁定责令其作出一定行为或者禁止其作出一定行为，以避免当事人或者利害关系人的利益受到不应有的损害或进一步损害的制度。我国现行《民事诉讼法》第一百零三条和第一百零四条分别对诉中行为保全和诉前行为保全作了规定，法院对于可能因当事人一方的行为或者其他原因，使判决难以执行或者造成当事人其他损害的案件，根据对方当事人的申请，可以裁定责令其作出一定行为或者禁止其作出一定行为；当事人没有提出申请的，法院在必要时也可以裁定采取保全措施；利害关系人因情况紧急，不立即申请保全将会使其合法权益受到难以弥补的损害的，可以在提起诉讼或者申请仲裁前提出申请采取保全措施。

此前，我国于2001年10月修正的《著作权法》第四十九条和2002

年1月施行的《计算机软件保护条例》第二十六条都对诉前采取责令停止有关行为的措施作了专门规定，因此也称为"诉前禁令"。根据2020年修正的《著作权法》第五十六条，著作权人或者与著作权有关的权利人有证据证明他人正在实施或者即将实施侵犯其权利、妨碍其实现权利的行为，如不及时制止将会使其合法权益受到难以弥补的损害的，可以在起诉前依法向人民法院申请采取责令作出一定行为或者禁止作出一定行为的措施。根据2013年修订的《计算机软件保护条例》第二十六条，软件著作权人有证据证明他人正在实施或者即将实施侵犯其权利的行为，如不及时制止，将会使其合法权益受到难以弥补的损害的，可在提起诉讼前向法院申请采取责令停止有关行为的措施。

由于计算机软件的生命周期有限，且网络传播具有速度快、范围广、规模化的特点，而软件侵权纠纷案件进入诉讼程序又需经过一审、二审等严格的程序才能得到终审判决，如果在案件审理终结时再承担停止侵权的民事责任，有时对权利人的保护极为不利。因此停止侵害这一救济措施在诉前或诉讼过程中的适用就显得尤为必要，我国上述法律法规中规定的诉前责令停止有关行为的措施也是世界知识产权组织1996年通过的WPPT和WCT两个条约的要求，根据条约关于权利行使的规定，缔约各方应确保依照其法律可以提供执法程序，以便能采取制止对条约所涵盖权利的任何侵权行为的有效行动，包括防止侵权的快速补救和为遏制进一步侵权的补救；而且上述诉前责令停止有关行为的措施也是对域外相关国家"临时禁止令"制度的借鉴，如美国版权法就规定对著作权侵权行为在法院作出判决之前，可采取发布禁令的救济措施。[1] 且在著作权侵权诉讼中，法院发布临时性禁令的频率较高。对于诉前禁令申请人提出的发布临时性禁令请求，法院通常要考虑以下几个因素：申请者具有胜诉的可能性；可能对申请者造成不可挽回的损

---

1 禁令主要包括临时性禁止令和永久性禁止令。

失；权衡双方当事人的损失，但只要申请者胜诉的可能性大，且有充分的侵权证据，则会考虑申请者的申请；考虑公共利益。其中最重要的是前两方面的因素，只要权利人表明胜诉的可能性和不可挽回的损失，法院就很有可能发布临时禁止令，制止侵权人的侵权行为。

（2）采取行为保全措施的条件

为统一行为保全措施适用的尺度和标准，最高人民法院曾先后作出《关于对诉前停止侵犯专利权行为适用法律问题的若干规定》和《关于诉前停止侵犯注册商标专用权行为和保全证据适用法律问题的解释》，对诉前禁令的审查条件等作了较为详尽的规定，目前上述两个规定均已废止。根据最高人民法院在2019年1月施行的《最高人民法院关于审查知识产权纠纷行为保全案件适用法律若干问题的规定》第四条，申请行为保全应当递交申请书和相应证据，其中第（三）项申请所依据的事实、理由，包括被申请人的行为将会使申请人的合法权益受到难以弥补的损害或者造成案件裁决难以执行等损害的具体说明。根据该规定第七条，人民法院审查行为保全申请，应当综合考量的因素，包括："（一）申请人的请求是否具有事实基础和法律依据，包括请求保护的知识产权效力是否稳定；（二）不采取行为保全措施是否会使申请人的合法权益受到难以弥补的损害或者造成案件裁决难以执行等损害；（三）不采取行为保全措施对申请人造成的损害是否超过采取行为保全措施对被申请人造成的损害；（四）采取行为保全措施是否损害社会公共利益；（五）其他应当考量的因素。"

对于审查是否采取行为保全的条件，通常对于是否构成侵权、是否提供担保等条件不存在太大争议，而对于如何认定可能给权利人的合法权益造成难以弥补的损害，不采取措施对申请人造成的损害和采取措施对被申请人造成损害的权衡等问题的把握是法院判断是否采取诉前禁令的难点问题。以北京法院知识产权审判实践为例，采取行为保全措施的案件总体数量相对不多，主要原因一是当事人提出申请的案件数量不多，二是提出申请的当事人也往往不能提出关于可能给其权利造成难以弥补的损害以及双方利益受损权衡等问题的令人信服的合理说明。随着我国知识产权保护力度的不断加大，对于当事人主张的程序性事项的支持程度作为加强知识产权保护的重要方面，越来越受到关注，采取了诉前禁令措施的案件往往体现出案件关注度高、社会影响大的特点。有的案件采取的诉前禁令措施，还成为促使当事人达成和解解决纠纷的推动剂。法院对于诉前禁令的适用条件还应进一步通过司法实践积累经验，尤其是对于在何种情况下属于给权利人的权利造成难以弥补的损害的认定，符合权衡不采取行为保全措施对申请人造成的损害是否超过采取行为保全措施对被申请人造成的损害等。

在杨某某与中贸圣佳公司等涉书信手稿著作权行为保全案[1]中，北京市第二中级人民法院对杨某某作为申请人对中贸圣佳公司、李某某等侵害钱钟书书信手稿著作权行为提起的诉前禁令申请予以支持。该案中，钱钟书（已故）、杨某某（笔名杨绛）夫妇及女儿钱某（已故），曾经与时任《广角镜》月刊总编辑李某某通信频繁。2013年5月，中贸圣佳公司发出公告，称其将于2013春季拍卖会上举行"《也是集》——钱钟书书信手稿"专场拍卖活动，计划公开拍卖钱钟书等三人写给李某某的私人书信手稿百余封。为此杨某某通过多种渠道表示不同意将其享有著作权的私人书信手稿公之于众，在制止无效的情况下，杨某某向法院提出诉前禁令申请，请求法院责令中贸圣佳公司及李某某停止上述行为。

法院经审查认为，涉案私人书信作为著作权法保护的文字作品，其著作权应当由作者即发信人享有。任何人包括收信人及其他合法取得

---

1 参见北京市第二中级人民法院（2013）二中保字第9727号民事裁定书。该案入选最高人民法院公布的2013年度中国法院十大知识产权案件，以及最高人民法院发布的保障民生典型案例。

书信手稿的人在对书信手稿进行处分时均不得侵害著作权人的合法权益。中贸圣佳公司在权利人明确表示不同意公开书信手稿的情况下，即将实施公开预展、公开拍卖涉案书信手稿等行为，构成对申请人杨某某发表权及复制权、发行权的侵犯，如不及时制止，将给权利人造成难以弥补的损害。据此，裁定中贸圣佳公司在拍卖、预展及宣传等活动中不得以公开发表、展览、复制、发行、信息网络传播等方式实施侵害钱钟书、杨某某、钱某写给李某某的涉案书信手稿著作权的行为。裁定送达后，被申请人发表声明决定停止涉案书信手稿的公开拍卖。

该案作为我国法院作出的首例涉及著作人格权的临时禁令，涉及我国著名作家、文学研究家钱钟书先生和我国著名作家、翻译家、外国文学研究家杨绛女士，[1] 案件的审理受到社会广泛关注。法院积极采取合理采取保全措施，准确把握保全措施的适用条件和程序，在社会各界对钱钟书书信手稿即将被大规模曝光一事高度关注的情况下，准确作出了司法禁令，有效保护了著作权人的权利。

2.网络环境下停止侵害救济措施的新发展

在网络环境下，停止侵害这一救济措施有了新的发展。在美国的《数字千年版权法案》中，规定网络服务提供者承担停止侵权责任的方式包括终止某一特定的实施侵权行为的注册用户的网络账号，或是阻止用户访问某一特定的传播侵权作品的网站。该法案还规定，法院在考虑责令网络服务提供者停止侵权时应考虑这是否会成为网络服务提供者及其系统或网络的运行的明显负担，是否在技术上可行，是否会干预注册用户访问其他网站上的非侵权材料以及是否存在其他副作用更小、更有效防止或制止访问的措施，对此我国可予以参考借鉴。在网络服务提供者采取停止侵权的措施时，要考虑其服务的特点，在制止侵权的同时不损害其他用户的利益。网络服务提供者可采取的措施是从网站中移除侵权材料或者通过技术

---

1 杨绛已于2016年身故。

手段限制或禁止用户对侵权材料的访问。此外，对于侵犯权利人所采取的技术措施及所加注的版权管理信息的行为，美国《数字千年版权法案》也规定了相应的民事责任，其中包括扣押任何设备或产品，下令改装或销毁任何设备或产品以及下达临时性和永久性禁止令的停止侵权的救济措施。我国《著作权法》和《计算机软件保护条例》只是将规避或破坏权利人所采取的技术措施、删除或更改权利管理信息的行为等列为侵权行为，而对于如何停止侵害并无具体的规定，因此我国也可借鉴相关做法，探索对该类侵权行为设定具体救济措施。

3.计算机软件最终用户的法律责任

我国现行《计算机软件保护条例》第三十条规定，软件的复制品持有人不知道也没有合理理由应当知道该软件是侵权复制品的，不承担赔偿责任；但是，应当停止使用、销毁该侵权复制品。如果停止使用并销毁该侵权复制品将给复制品使用人造成重大损失的，复制品使用人可以在向软件著作权人支付合理费用后继续使用。据此，无论是计算机侵权软件恶意持有人还是善意持有人都应先停止使用侵权复制品，承担停止侵害的民事责任。只有在停止使用会产生重大损失的情况下，才能在支付合理费用后继续使用。

（二）关于消除影响、赔礼道歉民事责任形式的运用

消除影响即由侵权人公开刊登启事或采取其他措施消除侵权行为给权利人带来的名誉损害和不良影响。公开赔礼道歉是常常与消除影响结合使用的一种责任形式，即由侵权人在报刊上发表其向权利人赔礼道歉的声明，同时书面赔礼道歉的形式往往也在许多案件中适用。赔礼道歉这种非财产责任形式是对我国民间调处民事纠纷的传统经验的总结，是将道德责任予以法律化的表现。将赔礼道歉作为民事责任的一种，在外国立法上是没有先例的。[1] 消除影响和赔礼道歉是在著作权侵权责任中的两

---

1 郑立、王作堂：《民法学》，北京大学出版社1995年版，第707页。

种重要责任形式，因为许多侵权行为都会对权利人的精神权利造成一定的损害。但在适用时，要注意赔礼道歉和消除影响的方式和范围问题。

通常，赔礼道歉和消除影响的方式和范围应与侵害所产生的影响和范围相适应。如传统的著作权侵权行为都是在报刊、书籍等传播媒介上进行的，因而相应的声明也只是在相对应的媒体上进行；但如果侵权行为发生在网络上，其侵权后果也延及整个网络，因此其承担责任的范围也应与之相对应。在有关网络著作权侵权的司法实践中，法院也一直采用了该对等原则。如在前述瑞得公司诉东方公司主页侵权案中，判决被告在《计算机世界日报》（电子版）的主页上刊登致歉声明；在审理六作家诉世纪互联公司侵犯著作权纠纷一案中，判决被告在其网站主页上刊登致歉声明。在涉及计算机软件最终用户侵权的案件中，被告仅在其终端上使用涉案软件，其侵权范围是相对确定的，是否应考虑书面赔礼道歉的方式，是否有必要通过在报刊上公开声明的形式消除影响和公开赔礼道歉，都是应当研究的问题。此前在北京市第二中级人民法院判决的Autodesk公司诉龙发公司侵害计算机软件著作权案及北大方正公司等诉浩日德公司案都支持了权利人要求公开赔礼道歉的请求，上海市第一中级人民法院审理的Discreet公司诉对点公司案也支持了原告要求被告公开赔礼道歉的诉讼请求。[1]

对此问题，也有学者提出赔礼道歉的责任形式应慎用。理由是在计算机软件侵权纠纷案件中，侵犯的通常是软件权利人所享有的经济性权利，而非带有人身属性的精神权利。根据我国现行《计算机软件保护条例》第八条的规定，软件著作权人享有的精神权利包括发表权、署名权和修改权，经济权利包括复制权、发行权等。在常见的计算机软件最终用户侵权纠纷案件中，并不存在侵犯精神权利的可能，因为其只是简

1　北京市第二中级人民法院民五庭（执笔人张晓津）：《软件最终用户法律责问题任研究（下）》，载《电子知识产权》2004年第7期，第40—43页。

单的复制，所侵害的只是相应的经济权利。因此，本书认为在审理这类案件时，应当考虑上述情况，对适用赔礼道歉的民事责任形式采取审慎的态度。事实上，在北京市第二中级人民法院审理的Borland公司诉智环公司等侵犯计算机软件著作权案中，就考虑到相关权利的非人身权属性，对原告提出的要求公开赔礼道歉的诉讼请求未予支持。

（三）关于赔偿损失责任形式的具体运用

赔偿损失即侵权人支付金钱以赔偿权利人因侵权行为而遭受的损失，知识产权的损害赔偿问题一直是理论界和司法界讨论的焦点问题。其中损害赔偿的原则、损害赔偿数额的计算方法及法定赔偿、裁量性赔偿、精神损害赔偿、律师费用负担等问题都广受关注。上述相关问题在计算机软件侵权纠纷中又具有不同的特点，侵权人通常应承担赔偿损失的法律责任，但在涉及软件最终用户侵权的案件中，就要区别不同情况具体分析。对于软件恶意持有人应当承担赔偿损失的民事责任；对于善意持有人，根据计算机软件保护条例的规定，其只承担停止使用并销毁软件的责任，而不承担赔偿责任，只有在其基于可能造成重大损失而要继续使用该软件时，才出现向软件著作权人支付合理费用后继续使用的问题。

1.关于损害赔偿的原则

（1）损害赔偿原则的争论

对于损害赔偿的原则问题，历来有损失补偿原则与惩罚性赔偿原则的争论。损失补偿原则，又称填平原则，即认为损害赔偿应针对权利人的损失；惩罚性赔偿原则是强调对侵权行为的威慑与惩戒作用，同时也充分体现了对权利人权利的保护。有观点认为，为防止原告滥用诉权获得过高的赔偿额，法院在确定侵权赔偿额时应当坚持实际损失赔偿原则；也有观点认为，损害赔偿的数额不可过低，否则对侵权人不能形成震慑，更谈不上对其他意图侵权人的警示作用，因此应当采用惩罚性赔偿原则确定损害赔偿数额。本书认为，在计算机软件侵权纠纷中，应根据案件的具体情况，结合惩罚性赔偿的适用条件，选择适用实际损失补偿或惩罚性赔偿确定损失赔偿数额，以对侵权行为形成威慑。

（2）惩罚性赔偿原则的发展

惩罚性赔偿原则在俄罗斯、英国及美国等国的版权法中都有所体现，是适合知识产权损害赔偿特点的赔偿原则。如前所述，我国国家版权局和北京市高级人民法院在有关侵权赔偿数额确定的相关规定中，提出的以权利人合理预期收入或国家规定稿酬的2—5倍计算赔偿数额的方法,[1] 就体现了惩罚性赔偿原则。从我国知识产权领域的立法看，2013年修改的《商标法》首次建立了惩罚性赔偿制度，2019年修改的《商标法》提高了惩罚性赔偿的倍数；2019年修改的《反不正当竞争法》引入了惩罚性赔偿制度；2020年颁布的《民法典》在侵权责任编第一千一百八十五条对知识产权侵权惩罚性赔偿进行了总括性规定；2020年修改的《著作权法》第五十四条和《专利法》第七十一条亦引入了惩罚性赔偿制度；2021年修改的《种子法》第七十二条将惩罚性赔偿数额的倍数上限由3倍提高到5倍；将法定赔偿额的上限由300万元提高到500万元。

在司法解释层面，2021年3月施行《最高人民法院关于审理侵害知识产权民事案件适用惩罚性赔偿的解释》，对知识产权领域惩罚性赔偿的适用提供了法律规范和规则指引。在地方法院裁判规则层面，北京市高级人民法院于2022年4月发布《关于侵害知识产权民事案件适用惩罚性赔偿审理指南》，在相关法律和司法解释框架内，针对侵害知识产权

1　国家版权局1994年《对〈关于如何确定摄影等美术作品侵权赔偿额的请示〉答复的函》提出在确定侵犯著作权赔偿数额时，可按著作权人合理预期收入的2—5倍计算，如图书可按国家颁布的稿酬标准的2—5倍计算赔偿额。1996年北京市高级人民法院《关于审理著作权纠纷案件若干问题的解答》规定，著作权侵权损害赔偿可按国家规定付酬标准的2—5倍计算赔偿数额。参见张晓津：《摄影作品侵权赔偿问题研究》，载《电子知识产权》2004年第3期，第33–36页。

不同类型案件特点，结合审判实践系统总结了适用惩罚性赔偿的一般规则，使惩罚性赔偿适用规则更清晰明确，具有较强的裁判指导意义；结合审判实践，该指南对惩罚性赔偿的适用条件从侵权故意的情形和侵权情节严重的情形两方面进行了梳理。该指南第2.2条列举了六项可以认定构成侵权故意的情形。虽然侵权故意强调侵权人实施侵权行为的主观状态，但在诉讼中仍需要通过相应的客观事实予以体现，如侵权人恶意抢注并使用他人驰名商标，在宣传或提供侵权商品或服务时有意针对权利人标识进行"擦标"，以及在知识产权行政主管部门发出侵权通知后仍继续实施侵权行为等，可以认定侵权人对实施侵权行为存在明显的主观故意。该指南第2.4条列举了七项可以认定为侵权情节严重的情形，其中不仅包括侵权行为本身较为严重的情形，如针对同一权利人或同一知识产权多次实施侵权行为；而且包括侵权结果较为严重的情形，如权利人商业信誉遭受重大损失；还包括侵权人在权利人维权过程中采取不当手段阻碍取证等情形。为减轻权利人的举证责任，同时便利司法裁判中对惩罚性赔偿适用要件的统一认定，该指南第2.5条规定了属于侵权故意且情节严重的情形。比如，侵权人在电影、电视剧、综艺节目等首播前或者热播期盗播的，不仅能体现侵权人明显的主观故意，而且能反映出侵权情节非常严重；在行政处罚和行政裁决认定侵权后，同一侵权人重复侵权，或者拒不停止侵权行为继续实施同样的侵权行为的，显然也属于故意严重侵权行为。[1] 上述审理指南为北京法院在司法实践中统一适用惩罚性赔偿提供了重要的规范指引，也有助于进一步加大知识产权保护力度和保护成效，完善知识产权司法保护制度体系。

（3）惩罚性赔偿适用的实践

关于惩罚性赔偿的适用问题，在第五次全国法院知识产权审判工

---

1 张晓津、曹丽萍：《〈北京市高级人民法院关于侵害知识产权民事案件适用惩罚性赔偿审理指南〉条文解读》，载《中国版权》2022年第3期，第61—65页。

作会议上，最高人民法院指出要依法适用惩罚性赔偿制度，用足用好惩罚性赔偿，显著提高侵权代价和违法成本，激励创新创造等工作要求。[1] 司法实践中，对于典型的重复侵权、故意侵权的情况法院通常会支持权利人提出的惩罚性赔偿主张，尤其是法院生效判决已经认定构成侵权，被诉侵权人仍继续实施侵权问题的情况。

在江苏省南京市中级人民法院审理的未来公司诉云蜻蜓公司侵害计算机软件著作权案[2] 中，法院以云蜻蜓公司侵权获利的3倍适用惩罚性赔偿确定300万元的赔偿数额。该案中，未来公司作为"未来网上投标文件制作工具软件"的权利人，发现被告云蜻蜓公司发布的"云蜻蜓软件—投标文件制作工具"软件与原告软件存在高度近似，经对比上述软件内部函数与原告软件完全一致，且被告刘某波原系原告研发部软件工程师，离职后就职于被告并参与了被诉侵权软件的研发和维护，原告为此曾就两被告的侵权行为提起诉讼。一审法院判决两被告停止侵权并连带赔偿原告经济损失等，二审判决驳回上诉，维持原判。[3] 在上述案件审理过程中，两被告的侵权行为一直处于持续状态。在终审判决生效后，原告发现被告仍提供"南京工程版投标工具"软件使用下载并收取费用，经比对该被诉侵权软件在功能及实现上与原告软件仍构成实质性相似，"南京工程版投标工具"中配置文件及代码中特有的部分标识、客户名称简称、程序文件的GUID以及拼写上的很多明显错误等与原告软件完全一致，为此再次诉至法院。

1　《张军在第五次全国法院知识产权审判工作会议上强调 全面加强知识产权审判工作 服务保障知识产权强国建设》，载中国法院网，上载时间：2023年12月15日，访问时间：2023年12月15日，https://www.chinacourt.org/article/detail/2023/12/id/7706492.shtml。

2　参见江苏省南京市中级人民法院（2021）苏01民初3229号民事判决书。

3　参见最高人民法院（2021）最高法知民终406号民事判决书，江苏省南京市中级人民法院（2018）苏01民初2523号民事判决书。

法院经审理认为，从主观上来看，被告云蜻蜓公司在经过关联案件审理且法院判令其停止侵害原告计算机软件著作权的情况下，仍然再次侵害原告未来公司相同权利基础的计算机软件著作权，属于故意侵权、重复侵权。从造成后果来看，被告的行为侵占了原告的市场，给原告造成了经济损失。因此，法院对原告在该案中适用惩罚性赔偿的主张予以支持，最终确定300万元的赔偿数额。

在适用惩罚性赔偿的案件中，除故意侵权、情节严重这两个重要的适用条件外，还应注意在赔偿基数的确定过程中要充分发挥惩罚性赔偿的制度效能，加大对权利人的保护力度。在最高人民法院审理的某科技公司与某图书公司侵害计算机软件著作权案[1] 中，某科技公司是"LIBNET图书馆集群管理系统"软件的权利人，其曾委托某图书公司代理和销售其涉案软件，双方代理关系终止后，某科技公司发现某图书公司未经许可，擅自破解涉案软件注册授权的功能模块，并销售给多个未经授权的用户使用。考虑到某图书公司的主观恶意，某科技公司主张应对其按涉案软件市场价值乘以销售数量之积的5倍进行惩罚性赔。一审法院认定构成侵权，被诉侵权行为符合惩罚性赔偿的适用条件，以双方当事人签订的协议约定的涉案软件增加分馆授权的价格按市场报价5000元/个的3折进行计算作为计算基数，判决某图书公司停止侵权、赔偿损失和合理支出40万元。双方当事人不服提起上诉，二审法院改判全额支持权利人的诉讼请求。

二审法院认为，惩罚性赔偿基数的确定，要确保能够有效发挥知识产权惩罚性赔偿制度对知识产权权利人的救济力度、对知识产权侵权行为人的惩戒力度，以及对潜在知识产权侵权行为人的震慑力度。一审法院在确定惩罚性赔偿基数时，继续遵循双方在正常合作情况下的每增加一个分馆的授权优惠折扣价（5000元/个的3折）作为确定著作权许可使用费的

1　参见最高人民法院（2022）最高法知民终1033号民事判决书。

计算依据，未充分考虑上述两方面因素，无异于纵容某图书公司的侵权行为，无法充分实现知识产权惩罚性赔偿制度的设置目的。某科技公司在一审中确认未经其许可所开设的分馆数量为70个，协议明确约定"集群模式"项下每新增一个分馆需要支付5000元授权费，因此某科技公司的实际损失为35万元。根据某图书公司侵权主观过错程度和侵权行为情节严重程度，惩罚性赔偿的倍数可确定为4倍。因此，某科技公司在该案中主张80万元（含合理开支）的索赔数额，理应得到全额支持。

　　司法实践中适用惩罚性赔偿的案件，大多为侵害商标权、著作权的案件，北京市海淀区人民法院一审审理的作业帮公司诉赵某侵害商业秘密案[1]中也适用了惩罚性赔偿。一审法院认定被告赵某侵犯了原告的商业秘密，且系恶意实施涉案行为、情节严重，故适用惩罚性赔偿全额支持了原告50万元的赔偿请求。该案原告主张其通过运营的"作业帮"APP提供在线教育服务，作业帮品牌在在线教育领域为消费者所熟知。赵某与原告签订劳动合同，主要负责初高中等业务的日常数据监控、专项数据分析等工作，并与原告签署了保密协议。原告发现赵某以接受一对一电话访谈的方式，向相关中介公司的客户披露原告与续报率、报名人次、预收收入、直播到课率、转化率、退款率、投资回报率相关的经营数据，侵犯了其商业秘密。法院认为，原告对于涉案数据采取了多种保密措施，赵某经过权限审批获取了涉案数据，其明知涉案数据属于原告商业秘密的情况下，仍然向案外人披露涉案数据并据此牟利，主观恶意极为明显。涉案侵权行为实施频率较高、次数较多、持续时间较长。由于披露对象绝大多数为不同企业，故涉案数据泄露范围较广、披露对象较多、侵权规模较大，且属于针对原告的涉案数据多次实

---

[1] 王栖鸾、裴可心：《员工多次向他人披露公司重要经营数据　被判惩罚性赔偿》，载中国法院网，上载时间：2023年5月19日，访问时间：2023年11月6日，https://www.chinacourt.org/article/detail/2023/05/id/7298607.shtml。

施侵权行为，赵某侵权获利数额较高。因此，涉案侵犯商业秘密行为属于恶意实施且情节严重，符合适用惩罚性赔偿的法定构成要件。

2.有关赔偿数额计算方法的法律规定

关于赔偿数额如何确定问题，根据我国现行《计算机软件保护条例》第二十五条的规定，侵犯软件著作权的赔偿数额，应依照我国著作权法的相关规定予以确定。我国现行《著作权法》第五十四条第一款、第二款、第三款规定："侵犯著作权或者与著作权有关的权利的，侵权人应当按照权利人因此受到的实际损失或者侵权人的违法所得给予赔偿；权利人的实际损失或者侵权人的违法所得难以计算的，可以参照该权利使用费给予赔偿。对故意侵犯著作权或者与著作权有关的权利，情节严重的，可以在按照上述方法确定数额的一倍以上五倍以下给予赔偿。权利人的实际损失、侵权人的违法所得、权利使用费难以计算的，由人民法院根据侵权行为的情节，判决给予五百元以上五百万元以下的赔偿。赔偿数额还应当包括权利人为制止侵权行为所支付的合理开支。"

在司法实践中，涉及损害赔偿数额的计算时，通常采用计算权利人因侵权行为而造成的实际损失或是侵权人因侵权行为而取得的非法利润作为赔偿数额。但实践中确定这两方面的数额都有一定的难度，尽管有时对双方账目都进行了审计，也难以判定其利润的增加或减少与侵权行为有直接关系，赔偿数额的确定成为司法实践中的难题。为此，我国《著作权法》在2001年修改时增加了有关法定赔偿的规定，在一定程度上解决了赔偿数额难以确定的问题。此前，在有的案件中，在权利人损失和侵权人获利都无确切证据的情况下，法院会综合侵权持续时间、侵权程度、侵权的主观过错等因素来确定赔偿数额。如在北京市海淀区人民法院审理的陈某华诉电脑商情报社侵犯著作权案[1]中，原告

---

1 参见北京市海淀区人民法院（1999）海知初字第18号民事判决书，该案双方均未上诉，判决一审生效。

以笔名撰写《戏说MAYA》一文并于1998年5月上载到其个人主页"3D芝麻街"，同年10月被告将该文刊载于其主办的《电脑商情报》第40期上，原告致函该报社无果故诉至法院。法院认定被告的行为构成侵权，对于损失赔偿问题，鉴于无论从权利人的损失还是访问的减少两个方面都无法计算权利人的损失，法院最终酌情确定了赔偿数额。

关于上述法定赔偿规定的性质，曾有学者作了深入的分析，认为我国法律中的法定赔偿制度与美国版权法中的法定赔偿（statutory damages）有所不同。[1]我国的法定赔偿制度实质上还是考虑了损害应当是对权利人所受损害的补偿，而并不包含惩罚作用；而美国的法定赔偿制度则是权利人按照法律规定的标准获得赔偿，其中可能包括惩罚性因素。如《美国版权法》规定，权利人在法院终局判决作出之前的任何时候均可要求侵权人支付法定损害赔偿。根据1978年实施的《美国版权法》，该数额为每部作品至少不低于250美元，最多不超过1万美元，具体数额由法院酌情判定。自1989年起又改为最低500美元，最高2万美元。[2]而且为加大对侵权人的惩罚，法律还规定在权利人承担举证责任的情况下，法院可酌情决定将法定损害赔偿增加到不超过5万美元的数额；对于故意侵权行为，还允许法院增加法定损害赔偿金。

在我国的司法实践中，对于法定赔偿额规定的适用也存在相关问题。一是实践中会出现过度适用的情况，有的当事人及代理人甚至明确不提供任何证明损失赔偿方面的证据，仅仅依据相关法律的规定主张数额不等的"法定赔偿"，法院也就此简单酌定赔偿数额；二是法院在适用法定赔偿时根据个案情况具有较大自由裁量权，可能导致同案不同判、司法裁判标准不统一的情况；三是相关当事人对法定赔偿额的上限

1　宋慧献：《唐广良：综论软件保护与相关立法》，载《中国版权》2004年第1期，第28-31页。

2　李明德：《美国版权法中的侵权与救济》，见郑成思主编：《知识产权文丛（第二卷）》，中国政法大学出版社1999年版，第213页。

或下限存有争议。虽然法定赔偿有助于权利人节约诉讼成本、提高维权效率，但权利人往往认为其虽然无法提供有关原告损失、被告获利的精准证据，但在其已经尽力举证且赔偿数额远远超过法定赔偿最高限额的情况下，法院仍机械适用法定赔偿确定过低的赔偿数额，不利于对权利人的保护；而被诉侵权主体，尤其是末端销售商等被告会提出其销售侵权产品数量少、侵权情节轻微等理由，并认为以法定赔偿额下限确定赔偿数额与其侵权获利相去甚远，过罚明显不当。

针对上述问题，最高人民法院曾指出要善于运用根据具体证据酌定实际损失或侵权所得的裁量性赔偿方法，权利人提供了用以证明其实际损失或者侵权人违法所得的部分证据，足以认定计算赔偿所需的部分数据的，应当尽量选择运用酌定赔偿方法确定损害赔偿数额。法院应当充分运用举证妨碍、调查取证、证据保全、专业评估、经济分析等制度和方法，引导当事人积极、全面、正确、诚实举证，提高损害赔偿数额计算的科学性和合理性，充分弥补权利人损失。[1] 北京市高级人民法院在2020年《关于侵害知识产权及不正当竞争案件确定损害赔偿问题的指导意见及法定赔偿的裁判标准》第1.8条规定了裁量性赔偿的适用，提出裁量性赔偿不是法定赔偿，属于对权利人的实际损失或侵权人的获利的概括计算。有证据证明权利人的实际损失或侵权人的获利明显在法定赔偿限额以外，综合全案证据情况，可以在法定限额以外合理确定赔偿数额。该标准第1.10条规定了法定赔偿的适用，提出在案证据难以确定权利人的实际损失、侵权人的获利、许可使用费，也难以采用其他合理方式确定赔偿数额的，可以适用法定赔偿。根据上述规定，在确定损失赔偿数额时，以权利人损失、侵权获利等为基础查明

---

1 《最高人民法院关于依法加大知识产权侵权行为惩治力度的意见》，载最高人民法院网站，上载时间：2020年9月15日，访问时间：2023年12月22日，https://www.court.gov.cn/fabu/xiangqing/255591.html。

赔偿数额确定的相关事实和证据等因素，则可通过裁量性赔偿予以确定，此时不会出现机械适用法定赔偿上限或下限而可能出现的赔偿数额过低或过高的情况。此外，实践中对于起诉末端销售商等的批量商业维权案件，要引导权利人追溯侵权源头，避免出现批量案件赔偿总额高于权利人实际损失的情形。

3.赔偿数额计算应考虑的主要问题

对于著作权法规定的权利人的损失、侵权人的获利、权利使用费和法定赔偿的方式，都可以用来计算软件侵权纠纷的赔偿数额，个案中需要根据具体的案件事实、相关损害赔偿方面的证据情况等选择适用。此外，有观点认为，当侵权后果特别严重，权利人丧失了继续获利的能力时，宜选用经济生命周期法。[1] 所谓经济生命周期法，是指按照计算机软件的投放市场后所经过的成长、成熟、衰老、消亡阶段的经济生命周期内可获利润的减少来确定损失赔偿数额。该观点认为，这种方法有其不合理性，因为我国计算机软件产业处于发展阶段，软件更新换代较快，而且极易受到国外软件技术的影响，软件的经济生命周期不易确定。此外，法院裁定侵权人停止侵权后，仍让其赔偿以后的软件经济生命周期内的利润，使权利人不劳而获，这对于侵权者来说也是不公平的。但当侵权程度特别严重，未加密的软件已广泛传播，致使权利人完全丧失了继续获得利益的能力时，采用经济生命周期法，还是有其科学合理性的。因此，在运用这种方法时，考虑到我国计算机软件市场还不成熟，可将软件的经济生命周期适当地缩短。

计算机软件经济生命周期法的运用，实质上是考虑了权利人的间接损失。在有的适用原告损失计算赔偿数额的案件中，往往也不局限于

---

1 蒋志培：《计算机软件诉讼》，载中国民商法律网，上载时间：2005年1月9日，访问时间：2005年3月9日，http://old.civillaw.com.cn/Article/default.asp?id=20102。该文提出不同的软件有不同的生命周期，但一般为3—5年。

权利人可自软件直接获取的利润，还考虑到间接的获利数额。如在黑龙江省高级人民法院审理的维时公司与东恪公司侵犯计算机软件著作权案中，就考虑到维时公司转让侵权软件的目的并非取得转让费，而在于通过销售符合IC卡自动交费系统定义格式的IC卡获取销售利润，涉案的IC卡自动交费系统是一个包括硬件和软件的系统，维时公司销售IC卡所取得的利润120万元是以整个系统为依托的，离不开硬件和软件的支持，尤其离不开软件所起的决定性作用，因此，应综合考虑120万元中软件、硬件所占的比例，最终确定赔偿数额为72万元。[1]

4.涉及计算机软件最终用户侵权赔偿的计算问题

对于计算机软件最终用户侵权纠纷中，最终用户应承担的赔偿数额应如何计算问题，虽然司法实践中的做法不尽相同，但往往会在考虑正版软件市场销售价格的基础上，综合其他因素具体判断。如在北京市第二中级人民法院审理的以判决方式结案的相关案件中，均基于权利人的实际损失确定赔偿数额，即以原告正版软件的合理市场价格乘以被告使用侵权复制品的数量所得数额为基础，参考其他因素综合确定。鉴于使用软件侵权复制品给计算机软件著作权人所造成的损失相当于其正常许可使用、销售该软件的市场合理价格，法院以涉案软件的合理市场价格为基准，考虑到个案的具体情况、被告侵权行为的方式、主观过错程度等因素，酌情确定赔偿经济损失的具体数额。[2]

在考虑以正版软件的市场销售价格为基础确定赔偿数额时，对正版软件价格的确定是关键问题。权利人往往会提交其与案外人就涉案软件所签订并实际履行的销售合同或是相关软件的销售价目表等作为参考，前述判决的案件即参考了原告提交的相关销售合同和价目表。计算

---

1 张辉：《侵犯DH01型电话用户IC卡自动交费系统计算机软件著作权纠纷案》，见最高人民法院民事审判第三庭编著：《最高人民法院知识产权判例评解》，知识产权出版社2001年版，第411页。

2 参见北京市第二中级人民法院（2003）二中民初字第06227号、06424号民事判决书。

机软件作为一种商品，其市场价格会因不同国家、不同地域、不同时期的市场情况有所差异，软件开发上市前期和其成为成熟软件时的价格通常会有明显差异，有时降幅还会非常明显。司法实践中，被诉侵权的最终用户往往也会据此提出其使用涉案软件时，该软件市场价格已经降低。法院在审理时，通常认为权利人发现侵权行为的时间应当作为确定相关软件市场价格的时间点；同时，也有观点认为，被诉侵权方无证据证明其使用侵权软件的时间的，应按照相应正版软件价格的最高值予以确定，从而在一定程度上体现制止侵权的力度。因此，能否根据相关软件在域外市场的销售价格、在发达地区的销售价格确定其在我国相关地区的销售价格等问题都值得思考。

在确定正版软件的合理市场价格时，有时也会出现权利人举证不充分的情况，如在上海市第一中级人民法院审理的Discreet公司诉对点公司侵害计算机软件著作权案[1]中，原告未能举证被告所使用的涉案软件相应版本号的市场价格，而只举证证明不同版本号的软件价格超过100万元，法院认为不同版本的计算机软件属于不同作品，原告无法据此证明其实际损失，最终酌定赔偿数额为50万元。在北大方正公司诉恒艺公司侵犯著作权案[2]中，虽然原告主张的软件版本号与其举证证明软件价格的版本号有所不同，法院还是考虑参考该价格确定了最终的赔偿数额。可见，实践中对此问题的看法还不尽一致。本书认为，不同版本的软件作品在严格意义上讲确实属于不同的作品，但版本号不同的软件实质上为同一软件，只是可能在某些细微之处存在功能的改变或升级的情况，因此其市场价格一般相差不大。在确定赔偿数额时，可以考虑以不同版本号的作品的市场价格为参考综合个案具体情况予以确定。而且，如果被控侵

1　参见上海市第一中级人民法院（2002）沪一中民五（知）初字第26号民事判决书。

2　参见北京市第二中级人民法院（2003）二中民终字第07485号民事判决书，北京市朝阳区人民法院（2003）朝民初字第11754号民事判决书。

权的最终用户取得了低版本号的软件使用授权，仅仅是未经许可使用该软件的升级版本的，[1] 应当考虑按照正版升级的相关费用确定其赔偿数额。此外，在确定经济损失的赔偿数额时，还应当考虑权利人为制止涉案侵权行为而支出的合理费用，包括公证费、律师费等费用。

上述通过确定正版软件的合理市场价格来确定权利人的实际损失进而确定赔偿数额的方法，已经得到软件产业界和法学界的认可。对于计算机软件产品而言，该合理的市场价格实质上即为软件的许可使用费。被诉控侵权人在支付该笔赔偿费用后，仍未取得相关软件的使用授权，要取得正版软件使用权仍需付费购买。但通常在因当事人达成和解意见而撤诉的该类案件中，双方协商的意见基本都是被诉侵权人支付正版软件的市场销售价格和少量的赔偿金后取得一套正版软件的使用授权。

除上述基于权利人的实际损失确定侵权赔偿数额的计算方法外，也有观点认为，可按照根据被告的获利来确定赔偿数额的方法，认为被告未支付相应的许可使用费而使用涉案软件，其未支付的使用费数额就相当于其非法获利。本书认为，这种计算方式实质上还是可以认定为系权利人的损失，这也与以往知识产权相关法律中所确定的赔偿计算方式相一致。[2] 而被告获利应当是指被告因使用侵权复制品行为而为其带来的利益，其中可能包括正版软件的许可使用费，但同时还应包括其使用正版软件的获益，而获益的情况显然与被告的经营状况等多方面的因素相关。因此，考虑到被告获利的这种不确定性，通常在审判实践中并不以该种方法确定赔偿数额。

---

1 该情况出现的概率很小，通常软件开发者对于升级版本所收取的费用极低甚至是免费升级。

2 根据最高人民法院相关司法解释，在司法实践中确定赔偿数额时，可以原告单位产品的利润乘以被告生产侵权产品的数量的方法，确定赔偿数额。

5.关于精神损害赔偿问题

权利人在遭受财产权利的损失时，还可能遭受到对其精神权利的伤害。各国对精神权利的保护程度并不一致，英美法系并未规定对侵犯精神权利的经济赔偿的救济措施；大陆法系则通常都规定了对精神权利的侵犯采取赔偿权利人精神损失的救济措施。[1] 对侵害知识产权的行为能否造成精神损害，能否要求精神损害赔偿问题，我国民法典[2] 和相关知识产权部门法并没有作出明确具体的规定。因而精神损害赔偿问题一直为理论界和司法实务界所关注。

（1）有关精神损害赔偿的相关规定

最高人民法院于2001年施行、2020年修改的《最高人民法院关于确定民事侵权精神损害赔偿责任若干问题的解释》，为在审理民事侵权案件中正确确定精神损害赔偿责任提供了具体的指导。在该司法解释施行之初的条文中，对于精神损害赔偿适用条件明确只有因侵权致人精神损害造成严重后果的，法院才可根据受害人的请求判令侵权人赔偿相应的精神损害抚慰金；如果未造成严重后果，对精神损害赔偿请求一般不予支持，而是根据情形判令其停止侵害、恢复名誉、消除影响、赔礼道歉；对于具体数额的确定问题，该司法解释明确精神损害赔偿金的性质为精神损害抚慰金，即是一种补偿性的赔偿，而非惩罚性赔偿，因而应避免出现过高的赔偿额。确定精神损害赔偿数额应参照侵权人的过错程度；侵害的手段、场合、行为方式等具体情节；侵权行为所造成的后果；侵权人的获利情况；侵权人承担责任的经济能力；受诉法院所在地平均生活水平等多方面的因素综合考虑。2020年该司法解释修改后，条文数量由12条减少至6条，基本保留确定精神损害的赔偿数额需考虑的六个方面的因素，不再涉及前述

1　吴汉东、曹新明、王毅，等：《西方诸国著作权制度研究》，中国政法大学出版社1998年版，第239页。

2　我国《民法典》第一千一百八十三条规定的可以请求精神损害赔偿的几种情况，均未明确提及相关知识产权问题。

规定的精神损害赔偿的适用条件、性质等问题。

2018年发布的《北京市高级人民法院侵害著作权案件审理指南》第8.16条和第8.17条规定，侵害著作人身权或者表演者人身权，造成严重精神损害，且适用停止侵害、消除影响、赔礼道歉仍不足以抚慰的，可以判令被告支付精神损害抚慰金。法人或者非法人组织主张赔偿精神损害的，一般不予支持。被告应当承担精神损害赔偿责任的，可以根据原告遭受精神损害的程度、被告侵权的主观过错、侵权方式、侵权情节、影响范围等因素综合确定精神损害抚慰金数额。

（2）适用精神损害赔偿的典型案例

在知识产权领域相关司法实践中，对于侵害著作权人人身权的问题，曾出现适用精神损害赔偿对权利人进行保护的典型案例。这也是知识产权侵权纠纷中涉及精神损害赔偿的最主要的类型。如在吴某中诉上海朵云轩、香港永成公司侵害著作权纠纷案中，两被告在香港拍卖出售一幅假冒原告署名的画作，法院认定被告侵害了原告的署名权，判令被告赔偿原告由此受到的损失，[1]该案是较早判决赔偿著作权人精神损失的案件。

后北京市高级人民法院2006年在庄某诉郭某明等侵害著作权案[2]中，亦支持了原告的精神损害赔偿请求。法院认定郭某明所著《梦里花落知多少》对庄某的《圈里圈外》整体上构成抄袭，判决郭某明和春风文艺出版社赔偿庄某经济损失20万元。同时，二审法院认为，侵犯著作人身权情节严重，适用停止侵害、消除影响、赔礼道歉仍不足以抚慰权利人所受精神损害的，还应当判令侵权人支付著作权人相应的精神损害抚慰金。抄袭既侵犯著作财产权，又侵犯著作人身权，郭某明的侵权主观过

---

1 周林：《"冒名"侵权探究》，见郑成思主编：《知识产权研究（第二卷）》，中国方正出版社1996年版，第158页。

2 参见北京市高级人民法院（2005）高民终字第539号民事判决书。

错、侵权情节及其后果均比较严重，因此需要通过判令支付精神损害抚慰金对庄某所受精神损害予以弥补，精神损害抚慰金的具体数额则根据侵权行为的严重程度予以酌定。

北京法院亦在部分案件中适用精神损害赔偿制度。如在北京知识产权法院审理的张某野与中影公司等侵害著作权案[1]中，《鬼吹灯》系列小说作者张某野以电影《九层妖塔》侵犯其署名权和保护作品完整权为由，对中影公司等提起诉讼。一审法院判决支持了有关署名权的诉讼主张，未支持有关保护作品完整权的主张，原告不服提起上诉。二审法院支持了有关侵犯保护作品完整权的主张，并改判停止涉案电影的发行、播放及传播，刊登致歉声明并赔偿张某野精神损害赔偿金5万元。二审法院认为，经综合判断涉案电影作品的改动客观上歪曲、篡改了原作品，中影公司等以公映涉案电影的方式给张某野造成了精神损害，影响较大，范围较广，仅适用停止侵权、赔礼道歉、消除影响的侵权责任承担方式不足以抚慰张某野所受精神损害，故应当向张某野支付精神损害抚慰金。法院根据侵权人的过错程度、侵权方式、侵权情节、影响范围等因素综合确定精神损害抚慰金的数额为5万元。

6.关于律师费和其他诉讼支出的承担问题

TRIPS协议第45条第2款规定，司法当局还有权责令侵权人向权利持有人支付其开支，其中可包括适当的律师费。《美国版权法》第505条也规定，法院在其裁量权范围内，可以判给任何一方当事人以诉讼费用和合理的律师费用。而且美国《数字千年版权法案》对于破坏技术措施和删改权利管理信息的行为也规定可以实行判给胜诉方以律师费的救济措施。我国《著作权法》自2001年修正后就增加了有关合理开支的相关内容："赔偿数额还应当包括权利人为制止侵权行为所支付的合理开支"（见现行《著作权法》第五十四条）。

1　参见北京知识产权法院（2016）京73民终587号民事判决书。

　　司法实践中,对于合理开支中的公证费、购买侵权产品费用等诉讼支出由侵权人全额承担通常没有争议,但对于权利人因制止侵权行为而支付的律师费等协商收费的数额较高的费用承担问题还值得研究。通常法院会参照司法部颁布的相关律师收费标准,结合双方的约定、案件的复杂程度、律师的具体工作量等情况,最终综合判定合理的律师费用。在权利人提供与律师签订的委托代理合同、律师费发票、律师工作日志等证据的基础上,重点考虑的是其合理性问题。法院通常会充分考虑律师协商收费等方式的实际情况与现行律师收费标准之间的差距,使之真正合理、适当,既要避免出现权利人"赢官司输钱"的情况,又要避免不当支持通过批量取证多次进行维权诉讼牟利的商业行为。在确定高额律师费用或诉讼支出时,则更要严格审查其相关证据。如在北京知识产权法院审理的某涉及"一种物理认证方法及一种电子装置"发明专利的侵害发明专利权纠纷案中[1],法院曾支持原告主张的以计时收费方式收取的100万元律师费用。该案即是在当事人提交完整的律师工作日志的基础上,结合律师代理的必要性、涉及相关技术领域的案情复杂程度、律师的实际付出等因素,对其主张的律师费予以全额支持。同时,在有的案件中,虽然当事人未能充分举证证明,但确有律师参与诉讼的,也会基于客观上当事人委托了律师出庭代理诉讼、搜集相关证据等成本支出情况,根据律师工作量等因素酌情支持部分合理维权支出。[2]此外,对于明显具有批量商业维权特征或相关费用支出明显不合理的情况下,法院通常也不会全额支持权利人的相关主张。

1　参见北京知识产权法院(2015)京知民初41号民事判决书。

2　参见最高人民法院(2022)最高法知民终1623号民事判决书、广东省深圳市中级人民法院(2021)粤03民初4208号民事判决书、北京知识产权法院(2021)京73民初607号民事判决书等。

| 第四节 |

计算机软件侵权的刑事救济

除前述对计算机软件侵权的行政救济和民事救济外，还应当研究计算机软件侵权的刑事救济[1] 措施。尽管刑事救济措施似乎不能直接为权利人带来经济利益，但实质上也属于对权利人的救济措施，该措施不仅达到了停止侵权的目的，其威慑作用还最大程度地遏制了侵权人继续实施侵权行为的可能。我国对知识产权侵权的刑事救济手段日趋完善，更好地实现对权利人的全方位保护。

一、刑事救济措施的国际发展状况

对于严重侵犯著作权的行为，各国通常都规定了刑事诉讼程序及制裁措施。从各国刑事处罚的规定来看，加重对这类犯罪的刑事处罚已成为一种趋势。如美国在《数字千年版权法案》中规定对于故意破坏技术措施和删改版权管理信息，其目的是获得商业优势或个人金钱的，如果是初犯，处以50万美元以下的罚金或5年以下的监禁，或二者并处；如果是再犯，则处以100万美元以下的罚金或10年以下的监禁，或二者并处。日本在1999年修改其著作权法时，也规定作品、表演、软件等为防止被任意复制而安装了技术性防复制装置的，他人不得规避这类防复制措施，制造和销售拆除这些措施的设备，将被追究刑事责任。对于以获得商业优势或营利为目的而规避技术措施者，可处以一年以下徒刑或100万日元以下的罚金；对于因故意增加虚假权利管理信息和故意去除、改变权利管理信息而严重侵犯了著作者人格权、著作权等权利

1　按照《牛津法律大辞典》的解释，法律救济方法通常包括民事救济和行政救济方式，而刑事诉讼一般不能向受害人提供救济，而是强制实施国家的社会政策，但刑事诉讼可间接地提供救济。参见《牛津法律大辞典》，光明日报出版社1988年版，第764页。

者，可以追究其刑事责任。[1] 根据2020年修改的《日本著作权法》，设链网站和设链应用程序进一步诱使公众接触侵权作品和主要用于公众使用侵权作品，经营设链网站和设链应用程序行为应受到刑事处罚（5年以下有期徒刑等，为自诉罪），并将在设链网站和设链应用程序中提供指向侵权内容链接的行为视为著作权侵权行为，应受到刑事处罚（3年以下有期徒刑等，为自诉罪）。[2]

TRIPS协议中也规定了对于严重侵犯著作权及邻接权的行为，成员方应提供刑事程序及刑事处罚，可采取的救济措施包括处以足够起威慑作用的监禁或罚金，或二者并处，以符合适用于相应严重罪行的惩罚标准为限。

二、我国有关侵犯著作权刑事责任的法律规定

我国现行《著作权法》第五十三条规定，"有下列侵权行为的，应当根据情况，承担本法第五十二条规定的民事责任；侵权行为同时损害公共利益的，由主管著作权的部门责令停止侵权行为……构成犯罪的，依法追究刑事责任"，并列举了八种情形。

我国1979年《刑法》仅涉及第一百二十七条规定的假冒注册商标犯罪的相关规定，1997年《刑法》修改后在第三章第七节规定了7个侵犯知识产权罪的罪名，其中有三条涉及侵犯著作权的犯罪。1997年《刑法》第二百一十七条规定的是侵犯著作权罪及其刑事责任，即对于以营利为目的，未经著作权人许可，复制发行其文字作品、音乐、电影、电视、录像制品、计算机软件及其他作品的；出版他人享有专有出版权的图书的；未经录音录像制作者许可，复制发行其制作的录音录像的；制作、

1　李明德：《数字化和因特网环境中的版权保护》，载《著作权》2000年第2期，第27页；第3期，第21页。

2　张广良：《国际知识产权发展报告2020》，中国人民大学出版社2022年版，第193页。

出售假冒他人署名的美术作品的行为，如果违法所得数额较大或者有其他严重情节的，处三年以下有期徒刑或者拘役，并处或单处罚金；违法所得数额巨大或者有其他特别严重情节的，处三年以上七年以下有期徒刑，并处罚金；1997年《刑法》第二百一十八条规定的是销售侵权复制品罪的刑事责任，即以营利为目的，销售明知是第二百一十七条规定的侵权复制品的犯罪行为，对于违法所得数额巨大的，处三年以下有期徒刑或者拘役，并处或者单处罚金；1997年《刑法》第二百二十条规定了对于单位犯第二百一十七条、第二百一十八条规定的犯罪的，对单位判处罚金，并对其直接负责的主管人员和其他直接责任人员依照该节的规定予以处罚。后最高人民法院于1998年发布《关于审理非法出版物刑事案件具体应用法律若干问题的解释》。2004年发布的《最高人民法院、最高人民检察院关于办理侵犯知识产权刑事案件具体应用法律若干问题的解释》，降低了四个罪名的起刑点，其中包括侵犯著作权罪。

2020年12月通过的《刑法修正案（十一）》是1997年《刑法》全面修改以来，对第三章第七节侵犯知识产权罪相关条款的首次修改。除第二百一十六条假冒专利罪未作调整外，该节其余七条均予以修改，并增加第二百一十九条之一为境外窃取、刺探、收买、非法提供商业秘密罪的相关内容；将侵犯著作权罪的最高刑期从七年有期徒刑提高到十年，将销售侵权复制品罪的最高刑期从三年有期徒刑提高至五年，进一步加大了惩治力度。同时，在侵犯著作权罪中对"通过信息网络向公众传播"这一侵权手段予以明确，首次明确规定避开或破坏技术措施的行为可构成侵犯著作权罪，加强对侵犯著作权犯罪行为的精准打击。其中《刑法》第二百一十七条修改为："以营利为目的，有下列侵犯著作权或者与著作权有关的权利的情形之一，违法所得数额较大或者有其他严重情节的，处三年以下有期徒刑，并处或单处罚金；违法所得数额巨大或者有其他特别严重情节的，处三年以上十年以下有期徒刑，并处罚金：（一）未经著作权人许可，复制发行、通过信息网络向公众传播其文字作品、音乐、美术、视听作品、计算机软件及法律、行政法规规定的其他作品的；（二）出版他人享有专有出版权的图书的；（三）未经录音录像制作者许可，复制发行、通过信息网络向公众传播其制作的录音录像的；（四）未经表演者许可，复制发行录有其表演的录音录像制品，或者通过信息网络向公众传播其表演的；（五）制作、出售假冒他人署名的美术作品的；（六）未经著作权人或者与著作权有关的权利人许可，故意避开或者破坏权利人为其作品、录音录像制品等采取的保护著作权或者与著作权有关的权利的技术措施的。"《刑法》第二百一十八条修改为："以营利为目的，销售明知是本法第二百一十七条规定的侵权复制品，违法所得数额巨大或者有其他严重情节的，处五年以下有期徒刑，并处或者单处罚金。"由此，可根据《刑法》第二百一十七条侵犯著作权罪中增加的第（六）项"未经著作权人或者与著作权有关的权利人许可，故意避开或者破坏权利人为其作品、录音录像制品等采取的保护著作权或者与著作权有关的权利的技术措施的"情形，以侵犯著作权罪的罪名规制故意避开或者破坏计算机软件技术措施的行为。

可见，我国刑法中规定的侵犯著作权罪和销售侵权复制品罪均涵盖了侵犯计算机软件著作权和销售侵权盗版软件等行为，是计算机软件侵权的刑事救济措施。尤其是《刑法修正案（十一）》对侵犯著作权罪增加的与计算机软件侵权密切相关的故意规避或破坏技术措施的行为，对于计算机软件作品的保护具有重要意义，有利于强化对权利人的保护。

三、计算机软件侵权刑事救济司法实践的发展

我国知识产权刑事保护力度不断加大。根据相关数据统计，自1997年至2009年，全国法院共审结一审知识产权刑事案件14509件，[1] 且其中加入世界贸易组织后的三年案件数量增幅明显，比前三年同比增长

1　参见最高人民法院于2010年4月颁布的《中国法院知识产权司法保护状况（2009年）》。

56.4%。[1] 2022年，公安机关破获侵犯知识产权和制售伪劣商品犯罪案件2.7万起，检察机关起诉侵犯知识产权和制售伪劣商品犯罪嫌疑人2.7万人，全国法院审结一审知识产权刑事案件5000多件，依法惩处涉及侵犯商标权、著作权、商业秘密等知识产权犯罪。[2]

（一）刑事处罚门槛的调整

1.2004年"两高"司法解释的调整

针对知识产权刑事司法实践中所出现的问题，为了加大知识产权保护的力度，进一步完善保护知识产权的法律体系，经过充分的调研和论证，最高人民法院和最高人民检察院曾于2004年12月联合发布《关于办理侵犯知识产权刑事案件具体应用法律若干问题的解释》。该司法解释对知识产权侵权案件的情节、数额、一案数罪等情况作了解释，降低了知识产权犯罪的起刑点。该司法解释第五条规定："以营利为目的，实施刑法第二百一十七条所列侵犯著作权行为之一，违法所得数额在三万元以上的，属于违法所得数额较大；具有下列情形之一的，属于'有其他严重情节'，应当以侵犯著作权罪判处三年以下有期徒刑或者拘役，并处或者单处罚金：（一）非法经营数额在五万元以上的；（二）未经著作权人许可，复制发行其文字作品、音乐、电影、电视、录像作品、计算机软件及其他作品，复制品数量合计在一千张（份）以上的；（三）其他严重情节的情形；以营利为目的，实施刑法第二百一十七条所列侵犯著作权行为之一，违法所得数额在十五万元以上的，属于'违法所得数额巨大'；具有下列情形之一的，属于'有其

1　《最高人民法院、最高人民检察院联合公布关于知识产权刑事司法解释》，载中国扫黄打非网，上载时间：2004年12月22日，访问时间：2023年1月5日，https://www.shdf.gov.cn/shdf/contents/767/46894.html。

2　《〈中国打击侵权假冒工作年度报告（2022）〉发布》，载最高人民法院网站，上载时间：2022年4月27日，访问时间：2023年8月10日，https://www.court.gov.cn/zixun/xiangqing/398272.html。

他特别严重情节'，应当以侵犯著作权罪判处三年以上七年以下有期徒刑，并处罚金：（一）非法经营数额在二十五万元以上的；（二）未经著作权人许可，复制发行其文字作品、音乐、电影、电视、录像作品、计算机软件及其他作品，复制品数量合计在五千张（份）以上的；（三）其他特别严重情节的情形。"该司法解释第六条第一款规定："以营利为目的，实施刑法第二百一十八条规定的行为，违法所得数额在十万元以上的，属于'违法所得数额巨大'，应当以销售侵权复制品罪判处三年以下有期徒刑或者拘役，并处或者单处罚金。"

该司法解释第十二条还对相关条款涉及的"非法经营数额"的内涵进行了界定，非法经营额是指行为人在实施侵犯知识产权行为过程中，制造、储存、运输、销售侵权产品的价值。已销售的侵权产品的价值，按照实际销售的价格计算。制造、储存、运输和未销售的侵权产品的价值，按照标价或者已经查清的侵权产品的实际销售平均价格计算。侵权产品没有标价或者无法查清其实际销售价格的，按照被侵权产品的市场中间价格计算。对于实践中出现的硬盘预装形式的盗版侵权行为如何计算非法经营额，如何认定相应的刑事责任的问题，通常认为虽然软件在与硬件捆绑销售中是零价格搭售，但二者有共同的利益，因此，可按该司法解释第十二条中侵权产品没有标价或者无法查清其实际销售价格的，按照被侵权产品的市场中间价格计算的规定予以处理。

2.2007年"两高"司法解释的调整

为依法惩治知识产权犯罪行为，进一步加大知识产权的刑事司法保护力度，2007年4月最高人民法院、最高人民检察院继2004年联合发布司法解释大幅降低知识产权犯罪刑事制裁门槛后，再次联合发布了《关于办理侵犯知识产权刑事案件具体应用法律若干问题的解释（二）》。该解释进一步降低了侵犯知识产权刑事案件的量刑标准，也对侵犯著作权罪中的"复制发行"进行了定义。该解释第一条规定："以营利为目的，未经著作权人许可，复制发行其文字作品、音乐、

电影、电视、录像作品、计算机软件及其他作品，复制品数量合计在
五百张（份）以上的，属于刑法第二百一十七条规定的'有其他严重情
节'；复制品数量在二千五百张（份）以上的，属于刑法第二百一十七
条规定的'有其他特别严重情节'。"该解释第二条规定："刑法第
二百一十七条侵犯著作权罪中的'复制发行'，包括复制、发行或者既
复制又发行的行为。侵权产品的持有人通过广告、征订等方式推销侵
权产品的，属于刑法第二百一十七条规定的'发行'。非法出版、复
制、发行他人作品，侵犯著作权构成犯罪的，按照侵犯著作权罪定罪处
罚。"该解释规定的上述两个侵犯著作权罪的数量标准，较之2004年
发布的司法解释缩减了一半。同时，该解释还根据知识产权犯罪的特
点，统一了单位犯罪与个人犯罪的定罪量刑标准，明确单位实施刑法规
定的侵犯知识产权犯罪行为，按照2004年发布的司法解释和该解释规
定的相应个人犯罪的定罪量刑标准定罪处罚。

此外，最高人民法院于2007年1月发布的《关于全面加强知识产权审
判工作为建设创新型国家提供司法保障的意见》亦明确提出，要依法严惩
知识产权犯罪，通过采取追缴违法所得、收缴犯罪工具、销毁侵权产品、
责令赔偿损失等措施，从经济上剥夺侵权人的再犯罪能力和条件。

3.2020年"两高"司法解释的调整

为依法惩治侵犯知识产权犯罪，最高人民法院、最高人民检察院
于2020年9月再次联合发布了《关于办理侵犯知识产权刑事案件具体应
用法律若干问题的解释（三）》，再次降低了涉及商业秘密罪等相关罪
名的入罪门槛。该解释第二条规定："在刑法第二百一十七条规定的作
品、录音制品上以通常方式署名的自然人、法人或者非法人组织，应当
推定为著作权人或者录音制作者，且该作品、录音制品上存在着相应权
利，但有相反证明的除外。在涉案作品、录音制品种类众多且权利人
分散的案件中，有证据证明涉案复制品系非法出版、复制发行，且出
版者、复制发行者不能提供获得著作权人、录音制作者许可的相关证

据材料的，可以认定为刑法第二百一十七条规定的'未经著作权人许可''未经录音制作者许可'。但是，有证据证明权利人放弃权利、涉案作品的著作权或者录音制品的有关权利不受我国著作权法保护、权利保护期限已经届满的除外。"该解释第三条规定："采取非法复制、未经授权或者超越授权使用计算机信息系统等方式窃取商业秘密的，应当认定为刑法第二百一十九条第一款第一项规定的'盗窃'。以贿赂、欺诈、电子侵入等方式获取权利人的商业秘密的，应当认定为刑法第二百一十九条第一款第一项规定的'其他不正当手段'。"

上述司法解释出台后，引起了法律界和计算机软件产业界等的广泛关注。上述司法解释中提出根据复制发行作品数量确定犯罪情节并定罪量刑问题，但并未明确上述侵权行为的持续时间和涉案金额等，为此，有观点认为，可参考《美国法典》第17卷第506条（a）款"在任何为期180天的期间内零售价值总额超过1000美元的，予以（刑事）惩处"的规定，借鉴其对犯罪时间长度和金额数量同时规定的做法。[1] 此外，还有观点认为，在网络环境下具体确定复制发行作品数量，是否应考虑点击次数和下载次数等问题。针对实践中出现的相关问题，可在个案中不断探索研究，但要注意根据上述相关司法解释严格掌握罪与非罪的界限，依托司法解释中的相关数量和情节等重要标准衡量相关主体、行为的社会危害性，区分知识产权民事侵权和知识产权刑事犯罪的界限。

（二）计算机软件刑事犯罪典型案例

涉及计算机软件保护的刑事犯罪案件中，有的按照侵犯著作权罪追究被告人的刑事责任，也有的案件按照非法侵入计算机系统罪、破坏计算

---

[1] 上海市协力律师事务所知识产权事务中心：《知识产权刑法保护体系的思考》，载《协力知识产权资讯》2005年第1期，第8页。

机信息系统罪、[1] 职务侵占罪[2] 等追究刑事责任。侵犯著作权罪，是指以营利为目的，未经权利人许可，复制发行其作品、计算机软件等行为，违法所得数额较大或者有其他严重情节的行为。涉及计算机软件的侵犯著作权罪，犯罪的客观方面应符合两个条件，一是以营利为目的；二是未经权利人许可实施了复制、发行或者复制和发行计算机软件的行为。以下结合相关司法实践，分析涉及计算机软件的侵犯著作权罪相关典型案例。

1.涉复制发行计算机软件案

（1）番茄花园网络盗版案

江苏省苏州市虎丘区人民法院曾于2009年审理了通过网络大规模进行软件盗版的番茄花园案[3]，判决认定被告构成侵犯著作权罪。被告共软公司与网联公司（另案处理）自2006年12月至2008年8月，以营利为目的，由被告人孙某忠指示被告人张某平和被告人洪某、梁某勇合作，未经许可复制微软Windows XP计算机软件后制作多款番茄花园版软件，并以修改浏览器主页、默认搜索页面、捆绑其他公司软件等形式，在上述软件中加载多家单位的商业插件，通过互联网在番茄花园网站、热度网站发布供公众下载。其中被告人洪某负责制作的番茄花园WINXPSP3V.3300等安装版和免激活版累计下载71583次，被告人梁某

---

1 我国《刑法》第二百八十六条规定的破坏计算机信息系统罪，是指违反国家规定，对计算机信息系统功能进行删除、修改、增加、干扰，造成计算机信息系统不能正常运行；违反国家规定，对计算机信息系统中存储、处理或者传输的数据和应用程序进行删除、修改、增加的操作；故意制作、传播计算机病毒等破坏性程序，影响计算机系统正常运行的行为。如果相关行为尚未导致系统无法运营，则难以认定构成该罪所要求的严重后果。

2 在王某辉等职务侵占案（第461号指导案例）中，认定行为人利用职务上的便利，在设定的游戏角色身上，通过修改数据生成"武器、装备"出售给其他玩家进行获利的行为构成职务侵占罪。参见苏敏华、吴志梅：《王一辉、金珂、汤明职务侵占案［第461号］——利用职务便利盗卖单位游戏"武器装备"的行为如何定罪处罚》，见《刑事审判参考（2007年第5集）》，法律出版社2008年版，第48—61页。

3 参见江苏省苏州市虎丘区人民法院（2009）虎知刑初字第1号刑事判决书，该案一审生效，入选2009年中国法院知识产权司法保护10大案件。

勇负责制作的番茄花园WINXPSP2V6.2等美化版累计下载8018次,郑某槟(另案处理)负责制作的番茄花园GHOSTXPsp3V1.0等累计下载117308次。被告单位共软公司违法所得共计292.4万余元。因此,被告单位共软公司、被告人孙某忠、张某平伙同被告人洪某、梁某勇共同以营利为目的,未经著作权人许可,复制、发行其计算机软件,违法所得数额巨大,情节特别严重,其行为均已构成侵犯著作权罪,对被告单位应当判处罚金,对各被告人应当判处3年以上7年以下有期徒刑,并处罚金。被告人孙某忠作为被告单位直接负责的主管人员、被告人张某平作为被告单位直接责任人员,应当承担刑事责任。在共同犯罪中,被告单位共软公司、被告人孙某忠、张某平、洪某均起主要作用,均系主犯,应按照其参与的全部犯罪处罚。后美国微软公司另行向江苏省苏州市中级人民法院提起民事诉讼,要求赔偿其经济损失800万元,后双方经法院主持调解达成赔偿300万元的协议。[1]

(2)涉及复制软件激活序列号案

在广东省深圳市南山区人民法院审理的黄某被控侵害著作权罪案[2]中,法院查明被告人黄某于2008年与欧科建联公司达成了销售思创CoinStor备份管理软件的合作意向。被告人黄某即预谋通过复制公司软件模块及激活序列号,并向公司少报售出模块、向客户多卖复制模块的方式谋取个人利益。后思创科达公司向成嘉公司出售思创CoinStor备份管理软件客户端许可2个、备份客户端许可2个。被告人黄某伙同李某东(另案处理)未经思创科达公司许可,非法复制其掌握的客户端许可及备份客户端许可序列号,向欧科建联公司出售思创CoinStor备份管理软件客户端许可15个、备份客户端许可12个,从中获利42275元。经国家

---

1 丁国锋、游冰峰、庄敬重:《"番茄花园"案民事赔偿和解 微软获赔300万元》,载新浪网,上载时间:2010年5月14日,访问时间:2023年7月12日,https://news.sina.com.cn/o/2010-05-14/133817511789s.shtml。

2 参见广东省深圳市南山区人民法院(2010)深南法知刑初字第6号刑事判决书。

版权局登记，思创CoinStor备份管理软件的著作权人为思创科达公司。法院认定，被告人黄某以营利为目的，未经著作权人许可，复制发行其计算机软件，违法所得数额较大，其行为已构成侵犯著作权罪。

2.涉创新领域侵犯著作权罪案

（1）涉及芯片的侵犯著作权罪案

在国芯公司等被控侵害软件著作权罪案[1]中，2016年至2019年12月，国芯公司销售人员陶某从市场获取沁恒公司生产的正版CH340芯片，该芯片广泛应用于导航仪、扫码枪、3D打印机、教育机器人等领域，芯片中包括内置固件程序软件。国芯公司总经理许某在明知未获得授权许可的情况下，委托其他公司对该芯片进行破解，提取图形数据系统[2]，再组织生产掩膜工具、晶圆并封装，以国芯公司名义对外销售G型芯片，牟取不法利益，累计制售830余万个，非法经营额达730余万元。

南京市雨花区人民法院认为，国芯公司未经许可，复制沁恒公司享有著作权的二进制代码制造芯片并对外销售，属于对计算机软件的复制发行，复制品数量、非法经营数额均达到情节特别严重，构成侵犯著作权罪。一审法院以侵犯著作权罪判处国芯公司罚金400万元；许某有期徒刑4年，并处罚金36万元；陶某有期徒刑3年2个月，并处罚金10万元。许某、陶某等不服提出上诉，二审法院终审裁定驳回上诉，维持原判。芯片作为高新技术企业创新发展的核心资产，具有重大的商业价值。该案侵权行为持续时间长、涉案金额大、影响范围广，准确把握侵犯著作权罪的罪名认定标准，在罪名适用、证据收集、鉴定方式等方面对涉芯片案件的审理具有借鉴意义。

1　国家版权局：《2021年度全国打击侵权盗版十大案件》，载国家版权局官网，上载时间：2023年2月28日，访问时间：2023年10月18日，https://www.ncac.gov.cn/chinacopyright/contents/12227/357352.shtml。

2　图形数据系统是用于集成电路芯片的工业标准数据文件，其中记录了芯片各图层、图层内的平面几何形状、文本标签等信息。

（2）涉小程序侵权案

在刘某某等涉微信小程序侵犯著作权罪案[1]中，昆山某公司盗取智永公司（后更名为宝宝巴士公司）开发的宝宝系列小程序源代码，修改添加广告后制作6款小程序通过微信社交软件公开传播非法牟利，非法经营额约25万元。该案被告人以营利为目的，擅自复制他人微信小程序的源代码并植入广告后，上架到微信平台公开信息网络传播，系属未经著作权人许可，通过信息网络公众传播他人计算机软件的行为，符合侵犯著作权的构成要件，应承担相应的刑事责任。福建省福州市鼓楼区人民法院以侵犯著作权罪判处刘某某等有期徒刑8个月至1年6个月不等，并处罚金80万元至120万元不等。[2]该案是国家版权局等四部门联合挂牌督办案件，涉案金额虽然不高，但该案涉及版权保护发展的新形势，是对新技术版权保护的有益探索。

3.涉网络游戏侵犯著作权罪案

（1）网络游戏外挂案

在江苏省昆山市中级人民法院2023年6月一审审结的何某良等涉外挂程序侵犯著作权罪案[3]中，法院对被告人何某良、王某端非法销售网络游戏外挂程序行为，以侵犯著作权罪判处有期徒刑4年，并处罚金2000万元，同时追缴违法所得及孳息。法院经审理查明，2018年9月至2021年1月，两被告人等人通过境外聊天软件与境外游戏外挂运营团队

---

1 第七届中国网络版权保护大会：《国家版权局等四部门发布"剑网2022"专项行动十大案件》，载国家版权局官网，上载时间：2023年2月28日，访问时间：2023年8月14日，https://www.ncac.gov.cn/chinacopyright/contents/12756/357395.shtml。

2 福建高院：《"微"中见大义！首例涉微信小程序侵权案判了！》，载搜狐网，上载时间：2023年3月20日，访问时间：2023年12月1日，https://www.sohu.com/a/656788823_672938。

3 《获利近三千万 全国最大"吃鸡"游戏外挂案两被告均获刑4年》，载新浪网，上载时间：2023年6月29日，访问时间：2023年7月2日，https://finance.sina.com.cn/jjxw/2023-06-29-doc-imyyyhsi1734403.shtml。

勾连，通过搭建网站，采用比特币交易结算等方式，面向国内外玩家销售针对腾讯公司《和平精英》《PUBGMOBILE》游戏的"鸡腿"外挂程序，从中获利。被告人何某良负责外挂程序的销售渠道并对接境外团队，被告人王某端负责外挂程序的资金结算。仅2020年2月至2021年1月，被告人何某良通过销售外挂程序违法所得1956万余元，被告人王某端通过销售外挂程序违法所得978万余元。

法院认为，涉案外挂程序通过破译并擅自使用网络游戏的通信协议，增加修改网络游戏记载动态库的数量、路径、读写游戏的内存数据等方式，未经授权获取、修改涉案网络游戏的内存数据，实现网络游戏本不具有的"自瞄""人物透视""显示物资"等功能，破坏了网络游戏的正常操作流程和正常运行，损害了网络游戏著作权人的利益、信誉，以及网络游戏的正常市场秩序。被告人何某良、王某端以营利为目的，未经著作权人许可，伙同他人发行网络游戏外挂程序，违法所得数额巨大，二被告人的行为均已构成侵犯著作权罪。在共同犯罪中，被告人何某良、王某端均系主犯，应按照其参与的全部犯罪处罚。

（2）网络游戏视听作品保护案

在上海市第三中级人民法院审理的谢某某、刘某某侵害著作权罪案中，法院查明2018年12月至2020年12月，被告人谢某某以营利为目的，开发"fly3d"游戏引擎及"龙途盒子"程序，未经著作权人许可通过互联网下载《热血传奇》游戏相关素材，并利用上述游戏引擎、程序、素材搭建运营《追忆传奇》游戏，收取用户充值钱款非法牟利。后被告人谢某某通过网络招揽客户，将上述游戏引擎、程序、素材提供给被告人刘某某等70余人使用，并编写教程、提供在线指导，帮助刘某某等人搭建运营侵权游戏，以收取授权费、月费或者约定对游戏用户充值钱款进行分成等方式非法牟利。其中，刘某某采用上述方式搭建运营《江南传奇》游戏，招揽用户充值并与谢某某分成。经鉴定，《追忆传奇》及《江南传奇》游戏与《热血传奇》游戏除少数游戏地图中显示的地图名称和1个传送坐标点不同、个别BOSS级怪物缺失以外，在相关地图名称、游戏路径、怪物形象上均相同，游戏主要场景可完全重叠。经审计，谢某某的违法所得为104.9万余元，刘某某的违法所得为19.7万余元。法院认定，被告人谢某某、刘某某以营利为目的，未经著作权人许可，复制发行他人作品，违法所得数额巨大，其行为已构成侵犯著作权罪。

该案对网络游戏作品的刑法保护，有别于以往将游戏作为计算机软件进行保护的模式，而是将游戏运行时的连续动态画面整体作为视听作品予以保护，游戏素材如人物形象、地图坐标及相关配乐等，都是权利人的美术、文字、音乐作品。通过鉴定机构对游戏运行中探寻BOSS级怪物的主要场景进行比对，人物形象、行进路径、主要坐标点等均相同，主要场景可重叠，据此最终认定谢某某、刘某某构成侵权。[1]

（3）私服网络游戏案

在浙江省衢州市衢江区人民法院审理的胡某某等被控侵害著作权罪案[2]中，被告人周某甲伙同他人在明知盛大公司是涉案网络游戏《热血传奇》在中国大陆地区唯一合法运营商的情况下，未经涉案网络游戏著作权人许可，非法获取涉案游戏程序并改编为《最新轻变》和《风云轻变》网络游戏，在互联网上发布并为游戏玩家提供服务。周某乙、胡某某先后帮助周某甲经营上述私服游戏，通过游戏玩家购买虚拟装备获取非法利益，非法经营数额共计4819万余元。其中周某甲负责涉案游戏数据源代码的非法获取、修改、服务器的租用、登录器代码更新、防攻击；周某乙负责提供银行卡、管理和提取非法获利、发放工资；胡某某负责游戏客服，通过QQ向游戏玩家提供虚拟装备购

---

1 《未经许可使用〈热血传奇〉素材 私自搭建运营游戏私服 法院：构成侵犯著作权罪》，载上海市高级人民法院官网，上载时间：2021年6月30日，访问时间：2023年8月30日，https://www.hshfy.sh.cn/shfy/web/xxnr.jsp?pa=aaWQ9MjAyMjcwMTYmeGg9MSZsbWdtPWtzNzQ2z。

2 参见浙江省衢州市衢江区人民法院（2015）衢刑初字第186号刑事判决书。

买等服务，非法获利20余万元。经上海东方计算机司法鉴定所鉴定，周某甲等人经营的《最新轻变》《风云轻变》传奇私服网络游戏与盛大公司的涉案网络游戏相同率为94%，存在实质性相似。法院经审理认为，被告人周某甲以营利为目的，未经著作权人许可，复制发行计算机软件，情节特别严重，被告人周某乙、胡某某明知周某甲实施侵犯知识产权犯罪，而为其提供银行账号或担任游戏客服等帮助，三被告人的行为均已构成侵犯著作权罪，且系共同犯罪。在共同犯罪中，被告人周某甲起主要作用是主犯；被告人周某乙、胡某某起次要或辅助作用是从犯，依法应当减轻处罚。

（4）修改网络游戏数据案

在上海市第一中级人民法院审理的王某辉等职务侵占罪案[1]中，盛大公司经与韩国Actoz公司签订软件许可协议，取得独家且排他许可使用、促销、分发、市场营销、改编或修改涉案《热血传奇》软件并将该软件转换为中文版本的权利。被告人王某辉等修改涉案网络游戏数据库的数据，使游戏装备增加或产生高级装备，并向游戏玩家销售牟利。上海市浦东新区人民法院经审理认为，被告人王某辉利用其在盛大公司担任游戏项目运维部副经理的便利，与被告人金某、汤某共同合谋通过非法手段获取游戏"武器装备"并销售，数额巨大，其行为已触犯《刑法》第二百七十一条之规定，构成职务侵占罪。一审法院判决三被告人犯职务侵占罪，分别判处5年、3年和2年6个月的有期徒刑等。三被告人不服提起上诉，二审法院裁定驳回上诉，维持原判。

该案审理中争议的焦点问题在于三被告人的行为是否构成侵犯著作权罪，公诉机关指控三被告人犯侵犯著作权罪罪名是否成立。公诉机关认为被告人修改数据生成、销售游戏"武器"及"装备"的行为属于复制、发行计算机软件的行为，因此三被告人构成侵犯著作权罪。三被

1　该案为最高人民法院第461号指导性案例。

告人的辩护人均提出其不构成侵犯著作权罪，相关理由包括：其实施的是修改游戏玩家数据库的相关数据的行为，而不是复制计算机软件的行为，且游戏中的虚拟武器及装备不能认定为软件，其行为不能认定是对软件的复制；其并未实施销售"热血传奇"游戏软件的行为，其销售的是该游戏软件的武器及装备，并非发行游戏软件的行为；数据并不是我国著作权法保护的范围，其对该游戏数据库中的数据进行修改，不构成侵犯著作权行为。

法院认为，三被告人的行为不符合侵犯计算机软件著作权罪的构成要件，复制、发行是构成侵犯著作权罪的两个行为要件。该案中三被告人实施的行为是修改游戏软件数据库中的数据的行为，而修改数据后产生的"武器"及"装备"是软件运行后产生的结果，并不是软件本身。根据《计算机软件保护条例》第六条的规定，对软件著作权的保护不延及开发软件所用的处理过程、操作方法等，故该案涉及的游戏中的"武器"及"装备"不属于计算机软件著作权的保护范围。三被告人通过修改数据而复制武器及装备不构成复制计算机软件，因此对三被告人的行为不应以侵犯计算机软件著作权罪论处。公诉机关指控三被告人犯侵犯著作权罪的罪名不成立。被告人王某辉在盛大公司任游戏项目运维部副经理，其有条件对游戏软件中的数据进行修改，符合职务侵占罪中"利用职务上的便利"的构成要件，其非法侵占的游戏"武器"及"装备"属于盛大公司所有。被告人金某、汤某虽然不是盛大公司的工作人员，但其与被告人王某辉共同侵占公司财产，应以职务侵占罪论处。

关于该案涉及的"武器""装备"等网络虚拟财产的保护问题，有观点认为，不应通过刑法予以保护，也有观点认为，网络虚拟财产包括网民、游戏玩家在网络游戏中的账号积累的装备、货币、宠物等"财产"，是游戏玩家投入了一定时间、金钱、精力积累取得的具有交换价值的无形财产。通过网络方式盗窃、诈骗等侵犯网络虚拟财产的犯罪，给公私财产造成很大损失，仅通过民事或行政处罚手段尚难以遏制相关网络犯罪活动，因此需要动用刑法手段进行惩处。[1] 对此，2000年《全国人大常委会关于维护互联网安全的决定》第四条就曾明确规定，对于利用互联网进行盗窃、诈骗、敲诈勒索，构成犯罪的，依照刑法有关规定追究刑事责任。

四、关于刑事责任与民事责任的关系问题

计算机软件侵权的刑事救济与民事救济措施本身并不相互冲突，对于构成侵犯著作权罪的侵权行为，权利人仍有权主张民事权利。我国《刑法》第三十六条规定："由于犯罪行为而使被害人遭受经济损失的，对犯罪分子除依法给予刑事处罚外，并应根据情况判处赔偿经济损失。承担民事赔偿责任的犯罪分子，同时被判处罚金，其财产不足以全部支付的，或者被判处没收财产的，应当先承担对被害人的民事赔偿责任。"实践中，对于权利人对该侵权行为主张民事救济的，可以通过刑事附带民事诉讼的方式解决，也可由权利人另行提起民事诉讼，由侵权人承担相应的民事责任。"先刑后民"模式是人民法院审理民刑交叉案件的主要处理方式。但是这种方式存在一定的弊端，有时会出现已认定构成犯罪的案件，在民事案件审理中对是否构成侵权提出相反意见的情况。鉴于是否构成侵犯著作权是确认是否构成侵犯著作权罪的前提，而对于计算机软件的侵权认定又具有很强的专业性，因此，有观点认为，对侵犯著作权罪等知识产权犯罪实行"先民后刑"的审理模式，[2]本书认为这倒不失为一种解决特殊问题的有效办法。这种模式在知识产

1　苏敏华、吴志梅：《王一辉、金珂、汤明职务侵占案［第461号］——利用职务便利盗卖单位游戏"武器装备"的行为如何定罪处罚》，见《刑事审判参考（2007年第5集）》，法律出版社2008年版，第48—61页。

2　张卉：《"先民后刑"思路在知识产权刑民交叉案件中的运用》，载《法制博览》2023年第8期，第85—87页。北京市高级人民法院知识产权庭在1997年提出的《关于著作权法修改的建议》中也提及可采用民事附带刑事诉讼的思路予以解决。

权民刑交叉案件的审理中具有正当性，可保持民事和刑事程序中对侵权认定的准确性和一致性。但不可否认，该模式亦存在一定的弊端，由于民事诉讼的证据不能直接用于刑事诉讼，刑事程序中还需重新组织举证质证，也存在司法资源配置问题。

我国着力推动知识产权案件民事、行政、刑事"三合一"审判机制改革，以提高知识产权司法保护效能为目标，不断优化包括审判标准、上诉机制、管辖协调等在内的配套审判制度。2016年7月召开的全国法院知识产权审判"三合一"推进会指出，全国法院要按照《最高人民法院关于在全国法院推进知识产权民事、行政和刑事案件审理"三合一"工作的意见》，全面彻底推进"三合一"工作。[1] 以最高人民法院知识产权审判部门为牵引、4个知识产权法院为示范、27个地方知识产权法庭为重点、地方各级人民法院知识产权审判庭为支撑的专业化体系进一步完善。[2] 本书认为，随着知识产权案件"三合一"工作机制的不断推进和完善，民刑交叉案件中可能出现的侵权认定标准不一等问题将在一定程度上得到解决，同时也可结合个案情况，根据不同案件的具体情况及权利人对民刑程序的不同需求，探索"先刑后民"与"先民后刑"两种模式双轨并行的审理思路。

综合本章相关论述来看，计算机软件侵权的公力救济途径，既包括司法程序以外的行政救济途径，也包括通过司法程序解决的民事救济和刑事救济途径。计算机软件的保护，可通过对三种途径的综合运用实现充分保护。行政救济程序相对简单，查处迅速，有助于权利人取

1　陶凯元：《充分发挥司法保护知识产权主导作用》，载中国法院网，上载时间：2016年7月8日，访问时间：2022年1月17日，https://www.chinacourt.org/article/detail/2016/07/id/2013934.shtml。

2　《中国法院知识产权司法保护状况（2022年）》，载中国法院网，上载时间：2023年4月20日，访问时间：2023年11月23日，https://www.chinacourt.org/article/detail/2023/04/id/7254547.shtml。

证，权利人可实现尽快制止侵权行为的目的；但如不能就民事赔偿请求与侵权人达成和解，权利人只能通过司法程序中的民事救济途径解决。民事救济途径可提供较为全面的保护，根据权利人的请求，侵权人依法应承担停止侵权、赔礼道歉、消除影响并赔偿损失等民事责任。刑事救济作为公力救济的途径之一，如果侵权行为确属情节严重，应依法从严追究侵权行为人相应的刑事责任。理论上讲，侵权人可能因同一侵权行为同时承担行政责任、民事责任和刑事责任，但实践中权利人往往会选择适用一种或两种确有必要的救济途径，在得到充分救济的同时，避免更大的成本支出和资源耗费。

主要参考文献

一、中文著作类

[1]李明德.美国知识产权法[M].2版.北京:法律出版社,2014.

[2]郑成思.计算机、软件与数据的法律保护[M].北京:法律出版社,1987.

[3]应明.计算机软件的版权保护[M].北京:北京大学出版社,1991.

[4]罗玉中.知识经济与法律[M].北京:北京大学出版社,2001.

[5]唐广良,董炳和,刘广三.计算机法[M].北京:中国社会科学出版社,1993.

[6]刘江彬.计算机法律概论[M].北京:北京大学出版社,1992.

[7]吴汉东.知识产权法[M].北京:法律出版社,2021.

[8]易继明.私法精神与制度选择[M].北京:中国政法大学出版社,2003.

[9]王迁.知识产权法教程[M].7版.北京:中国人民大学出版社,2021.

[10]寿步.计算机软件著作权保护[M].北京:清华大学出版社,1997.

[11]寿步,方兴东,王俊秀.我呼吁:入世后中国首次立法论战[M].长春:吉林人民出版社,2002.

[12]李扬.知识产权法基本原理I:基础理论[M].北京:中国社会科学出版社,2013.

[13]姚红.中华人民共和国著作权法释解[M].北京:群众出版社,2001.

[14]刘金凤,赵鹏舒,祝虹媛.计算机软件基础[M].哈尔滨:哈尔滨工业大学出版社,2012.

[15]杨林村.开放源码软件及许可证法律问题和对策研究[M].北京:知识产权出版社,2004.

[16]郑成思.版权法[M].北京:中国人民大学出版社,1997.

[17]易继明.技术理性、社会发展与自由:科技法学导论[M].北京:北京大

学出版社,2005.

　　[18]郭卫华,金朝武,王静,等.网络中的法律问题及其对策[M].北京:法律出版社,2001.

　　[19]孙海龙,曹文泽.计算机软件法律保护的理论与实践[M].北京:北京航空航天大学出版社,2003.

　　[20]程永顺.计算机软件与网络纠纷案件法官点评[M].北京:知识产权出版社,2004.

　　[21]沈仁干.数字技术与著作权:观念、规范与实例[M].北京:法律出版社,2004.

　　[22]王迁.版权法对技术措施的保护与规制研究[M].北京:中国人民大学出版社,2018.

　　[23][美]迈克尔·A.艾因霍恩.媒体、技术和版权[M].赵启杉,译.北京:北京大学出版社,2012.

　　[24]刘尚志,陈佳麟.电子商务与计算机软件之专利保护[M].北京:中国政法大学出版社,2004.

　　[25]张广良.国际知识产权发展报告2020[M].北京:中国人民大学出版社,2022.

　　[26]国家知识产权局条法司.新专利法详解[M].北京:知识产权出版社,2001.

　　[27]王京霞.专利审查规则适用及案例新解:新领域、新业态相关发明专利申请最新审查规则解析[M].北京:知识产权出版社,2022.

　　[28]国家知识产权局专利复审委员会.以案说法:专利复审、无效典型案例指引[M].北京:知识产权出版社,2018.

　　[29]程永顺,罗李华.专利侵权判定[M].北京:专利文献出版社,1998.

　　[30]尹新天.专利权的保护[M].2版.北京:知识产权出版社,2005.

　　[31]美国专利审查操作指南:可专利性[M].国家知识产权局国际合作司,国家知识产权局专利局审查业务管理部,译.北京:知识产权出版社,2021.

　　[32]邹斌.新业态、新领域发明专利申请检索及创造性解析[M].北京:知识产权出版社,2021.

　　[33]最高人民法院知识产权法庭.最高人民法院知识产权法庭审判指导

与参考:第一辑[M].北京:知识产权出版社,2021.

[34]最高人民法院知识产权法庭.最高人民法院知识产权法庭审判指导与参考:第二辑[M].北京:知识产权出版社,2022.

[35][英]安东尼·休斯.软件的可专利性:软件即数学[M].肖冬梅,译.北京:北京大学出版社,2023.

[36]国家知识产权局专利局专利审查协作湖北中心.电学领域专利审查实践[M].北京:知识产权出版社,2021.

[37]国家知识产权局专利局审查业务管理部.PCT国家阶段审查规则事物手册[M].北京:知识产权出版社,2021.

[38]李明德,闫文军,黄晖,等.欧盟知识产权法[M].北京:法律出版社,2010.

[39]吴汉东.中国知识产权理论体系研究[M].北京:商务印书馆,2018.

[40]李明德,闫文军.日本知识产权法[M].北京:法律出版社,2020.

[41]吴汉东.知识产权总论[M].4版.北京:中国人民大学出版社,2020.

[42]罗伯特·P.莫杰思.知识产权正当性解释[M].金海军,史兆欢,寇海侠,译.北京:商务印书馆,2019.

[43]崔国斌.专利法:原理与案例[M].2版.北京:北京大学出版社,2016.

[44]王迁.著作权法[M].2版.北京:中国人民大学出版社,2023.

[45]管育鹰.知识产权国际保护制度发展与中国应对[M].北京:知识产权出版社,2024.

[46]刘晓海.德国知识产权理论与经典判例研究[M].北京:知识产权出版社,2013.

[47]罗杰·谢科特,约翰·托马斯.专利法原理[M].2版.俞仲儒,译.北京:知识产权出版社,2016.

[48]威廉·M.兰德斯,理查德·A.波斯纳.知识产权法的经济结构[M].金海军,译.北京:北京大学出版社,2016.

[49]最高人民法院知识产权审判庭.最高人民法院知识产权审判案例指导:第七辑[M].北京:中国法制出版社,2015.

[50]最高人民法院知识产权审判庭.中国知识产权指导案例评注:第六辑[M].北京:中国法制出版社,2015.

[51]国务院知识产权战略实施工作部际联席会议办公室.知识产权强国

建设纲要:2021—2035年[M].北京:知识产权出版社,2022.

[52]杨东起.《北京市知识产权保护条例》解读[M].北京:知识产权出版社,2023.

[53]刘春田.中华人民共和国著作权法三十年[M].北京:知识产权出版社,2021.

[54]十二国著作权法[M].《十二国著作权法》翻译组,译.北京:清华大学出版社,2011.

[55]国家知识产权局.《"十四五"国家知识产权保护和运用规划》辅导读本[M].北京:知识产权出版社,2021.

[56]孙磊,曹丽萍.网络游戏知识产权司法保护[M].北京:中国法制出版社,2017.

[57]黄薇,王雷鸣.中华人民共和国著作权法导读与释义[M].北京:中国民主法制出版社,2021.

[58]国家知识产权局专利复审委员会电学申诉处.电学领域复审、无效案件特点和典型案件评析[M].北京:知识产权出版社,2012.

[59]杨东锴,朱严政.著作权集体管理[M].北京:北京师范大学出版社,2010.

[60]丹宁勋爵.法律的正当程序[M].李克强,杨百揆,刘庸安,译.北京:法律出版社,2011.

[61]关贸总协定与世界贸易组织中的知识产权协议[M].郑成思,译.北京:学习出版社,1994.

[62]郑成思.WTO知识产权协议逐条讲解[M].北京:中国方正出版社,2001.

[63]保护文学和艺术作品伯尔尼公约指南:1971年巴黎文本[M].刘波林,译.北京:中国人民大学出版社,2002.

[64]王先林.最新反垄断法条文对照与重点解读[M].北京:法律出版社,2022.

[65]李青.中国反垄断十二年回顾与展望[M].北京:中信出版集团股份有限公司,2020.

[66]最高人民法院案例指导工作办公室.最高人民法院指导性案例汇

编:2011—2021上[M].北京:人民法院出版社,2022.

[67]最高人民法院案例指导工作办公室.最高人民法院指导性案例汇编:2011—2021下[M].北京:人民法院出版社,2022.

[68]最高人民法院知识产权审判庭.最高人民法院知识产权案件年度报告:2008—2015[M].北京:中国法制出版社,2017.

[69]杜颖.社会进步与商标观念:商标法律制度的过去、现在和未来[M].北京:北京大学出版社,2012.

[70]胡康生.中华人民共和国合同法释义[M].北京:法律出版社,1999.

[71]世界知识产权组织.知识产权法教程[M].北京:专利文献出版社,1990.

[72]罗马公约和录音制品公约指南[M].刘波林,译.北京:中国人民大学出版社,2002.

[73]卡尔·拉伦茨.法学方法论[M].陈爱娥,译.北京:商务印书馆,2003.

[74]李雷霆,张晓津.知识产权典型案例解析[M].北京:知识产权出版社,2020.

[75]欧洲专利局上诉委员会.欧洲专利局上诉委员会判例法[M].6版.北京同达信恒知识产权代理有限公司,译.北京:知识产权出版社,2016.

[76]《民法典立法背景与观点全集》编写组.民法典立法背景与观点全集[M].北京:法律出版社,2020.

[77]欧盟《一般数据保护条例》GDPR[M].瑞栢律师事务所,译.北京:法律出版社,2018.

[78]孙占利,孙志伟.人工智能与互联网前沿法律问题研究[M].北京:法律出版社,2019.

[79]姜启波.中国数据要案:第一辑[M].北京:法律出版社,2023.

[80]黄益平.平台经济:创新、治理与繁荣[M].北京:中信出版集团,2022.

[81]周学峰,李平.网络平台治理与法律责任[M].北京:中国法制出版社,2018.

[82]张志成,张鹏.中国专利行政案例精读[M].北京:商务印书馆,2017.

[83]马克·A.莱姆利等.软件与互联网法:下册[M].张韬略,译.北京:商务印书馆,2017.

[84]崔国斌.著作权法:原理与案例[M].北京:北京大学出版社,2014.

[85]罗东川.中国著作权案例精读[M].北京:商务印书馆,2016.

[86]中国人民大学知识产权教学与研究中心,中国人民大学知识产权学院.知识产权国际条约集成[M].北京:清华大学出版社,2011.

[87]崔国斌.知识产权前沿问题研究[M].北京:法律出版社,2015.

[88]李玉萍.知识产权刑事案件裁判规则[M].北京:法律出版社,2020.

二、外文著作类

[1]Garner B. Black's Law Dictionary[M]. 7th ed. West Group, 1999.

[2]Gholz D, Hutchinson J. Court of Appeals for the Federal Circuit: Practice and Procedure[M]. LexisNexis, 2008.

[3]Luo D. Selected Chinese Patent Cases[M]. Wolters Kluwer, 2014.

[4]Shimanami R. The Future of the Patent System[M]. Edward Elgard, 2012.

[5]Bently L, Sherman B, Gangjee D, Johnson P. Intellectual Property Law[M]. Oxford, 2018.

[6]AIPPI. Japanese Laws Relating to Industrial Property[M]. AIPPI Japan, 2011.

[7]Howell R, Vincent L, Manson M. Intellectual Property Law: Cases and Materials[M]. Emond Montgomery, 1999.

[8]Henderson G, National Judicial Institute(Canada). Patent Law of Canada[M]. Carswell, 1994.

[9]Sherman B, Bently L. The Making of Modern Intellectual Property Law[M]. Cambridge, 2000.

[10]Vaver D. Copyright Law(Essentials of Canadian Law)[M]. Irwin Law, 2000.

[11]Kratz M. Obtaining Patents[M]. Carswell, 1999.

[12]Sterling J. World Copyright Law[M]. Sweet & Maxwell, 1998.

[13]Hughes R, Law Society of Upper Canada. Trade Secrets[M]. Law Society of Upper Canada, 1990.

[14]Rosenoer J. Cyberlaw: The Law of the Internet[M]. Springer, 1997.

附录 本书部分相关案例

序号	案例名称	对应页码
17	张某奎与五一嘉峪公司、姜某侵害计算机软件著作权案	074、083
18	美国莲花公司诉宝蓝公司案	074、126
19	汉王公司诉精品公司等侵害计算机软件著作权案	075、131
20	汉王公司诉名人电脑公司等侵害计算机软件著作权案	075
21	百度公司诉三七二一公司侵害著作权及不正当竞争案	089、103、343
22	思杰马克丁公司与李某侵害计算机软件著作权及不正当竞争案	090
23	安乐公司与时越公司等侵害著作权案	091
24	捷成公司与雷火公司侵害著作权案	092
25	爱奇艺公司与中国广电内蒙古公司侵害信息网络传播权案	092
26	王某某诉链盒公司侵害作品信息网络传播权案	094
27	奇策公司诉原与宙公司侵害作品信息网络传播权案	094
28	范某诉智链公司、王某某涉NFT数字藏品著作权侵权纠纷案	096
29	游戏天堂公司与机游公司侵害计算机软件著作权案	097
30	光荣特库摩游戏与三鼎梦公司侵害计算机软件著作权系列案	098
31	SCO v. IBM案	103、192、297
32	Vault公司诉Quaid软件公司案	114、389
33	Whelan v. Jaslow案	121
34	Computer Associates v. Altai案	121
35	英特尔公司诉东进公司侵害软件著作权案	125
36	曾某坚等诉帝慧公司等侵害计算机软件著作权纠纷案	129
37	外星电脑公司诉翁某文等侵害计算机软件著作权纠纷案	129
38	石某林诉华仁公司侵害计算机软件著作权案	133
39	英谱公司诉三锐公司等侵害计算机软件著作权案	133

续表

序号	案例名称	对应页码
107	字节跳动公司等与亿达公司等侵害商标权及不正当竞争案	312
108	金堤公司与天眼公司侵害商标权案	313
109	刘某冬与国家知识产权局、腾讯公司商标不予注册复审行政案	313
110	炬芯公司诉彭某等侵害技术秘密案	320
111	花儿绽放公司与盘兴公司等侵害技术秘密案	321
112	央视国际公司与盛力世家公司等不正当竞争案	327
113	山孚公司等与马某庆等不正当竞争案	328
114	爱奇艺公司与聚网视公司不正当竞争案	331
115	腾讯公司等与固乔公司等不正当竞争案	334
116	信达公司诉汤姆公司侵犯著作权案	338
117	瑞得公司诉东方公司侵害著作权案	338
118	星云公司等诉海瑛公司侵害著作权案	339
119	网星公司与英网公司侵犯著作权案	339
120	一笑公司与乐鱼公司不正当竞争案	340
121	云钻公司与博塔公司不正当竞争案	341
122	腾讯公司等与步步高公司、维沃公司等不正当竞争诉前行为保全案	346
123	搜狗公司等诉百度公司等不正当竞争案	347
124	二三四五公司与金山公司等侵害计算机软件著作权及不正当竞争案	349
125	微梦公司与淘友天下公司等不正当竞争案	351
126	微播公司与创锐公司不正当竞争案	353
127	腾讯公司与七啸公司等不正当竞争案	355
128	微播公司与永峻公司不正当竞争纠纷案	357

后 记

　　计算机软件的法律保护问题，是一个常议常新的论题，因为软件的保护与计算机网络技术发展密切相关，尤其是近年来人工智能、云计算、大数据、区块链等新质生产力的快速发展，如何应对商业方法软件专利、人工智能生成物的保护等新情况、新问题，如何建立与社会经济、科技、文化发展水平相适应的法律保护水平，如何积极有效参与计算机软件保护领域的国际治理，如何回应新形势下全球开源软件的发展，都是在司法实践中常常遇到又需要深入思考的问题。虽然目前我国对计算机软件已经逐步形成以著作权法律保护为主，强化专利法律制度保护，以商标法、反不正当竞争法、反垄断法、民法典合同编等法律保护为辅的综合法律保护体系，但其中仍然存在一些与计算机软件的特性并不相容的保护机制，仍然需要在具体考察相关计算机软件特点的基础上，在现有法律框架下，探寻适合软件保护的适当的、合理的途径。我国作为发展中国家，如何立足本国实际，结合国际发展趋势，确立对软件保护的平衡点，既是需要深入思考的理论问题，同时也具有现实意义。

　　随着全球新一轮科技革命和产业变革深入发展，新技术、新产业、新业态、新模式不断涌现，我国软件产业迎来新的发展机遇，同时软件的司法保护也面临更大的挑战。面对司法实践中遇到的计算机软件保护的种种新问题、新挑战，本书在梳理总结涉及计算机软件保护的相关典型案例的基础上，结合学术界、理论界的最新研究成果，提出了对计算机软件法律保护相关问题的思考，以期通过司法实践推进完善我国计算机软件的保护。对于这个具有重大挑战的研究领域，囿于个人的研究视野和司法经验，许多与技术发展密切相关的新问题还有待在审判实践中进一步被检验和完善。值此付梓之际，衷心感谢对本书写作给予支持、帮助的师长同仁，特别致谢敬业、专业的责任编辑。

张晓津

2024年6月